"十三五"国家重点出版物出版规划项目

诺/贝/尔/经/济/学/奖/获/得/者/丛/书
Library of Nobel Laureates in Economic Sciences

全球化与增长
后危机时代的含义

Globalization and Growth
Implications for a Post-Crisis World

迈克尔·斯彭斯（Michael Spence）
丹尼·莱普泽格（Danny Leipziger） 编
刘学梅 译

中国人民大学出版社
·北京·

编委会

迈克尔·斯彭斯（Michael Spence）
丹尼·莱普泽格（Danny Leipziger）
达龙·阿西莫格鲁（Daron Acemoglu）
菲利普·阿洪（Philippe Aghion）
戴维·E·布卢姆（David E. Bloom）
查尔斯·W·卡罗米瑞斯（Charles W. Calomiris）
戴维·坎宁（David Canning）
威廉·R·克莱因（William R. Cline）
理查德·N·库珀（Richard N. Cooper）
安东尼奥·易斯塔什（Antonio Estache）
玛丽安娜·费伊（Marianne Fay）
冈瑟·芬克（Günther Fink）
戴维·海莫斯（David Hemous）
拉维·坎伯（Ravi Kanbur）
艾尼塞·哈罗比（Enisse Kharroubi）
罗伯特·门德尔松（Robert Mendelsohn）
丹尼·罗德里克（Dani Rodrik）
沈联涛（Andrew Sheng）
戴维·惠勒（David Wheeler）

前　言

作为对两个观点的回应，增长与发展委员会成立于2006年4月。当我们认为增长的利益并没有被充分认识的时候，我们认识到增长的原因也没有被完全理解。增长作为解决世界上最紧迫的问题（诸如贫困、文盲、收入不平等、失业和污染）的一种手段，其作用往往被忽视和低估。与此同时，我们对于经济增长的理解没有我们通常想象的那么明确，即使有时以超越我们知识所能证实的更大的信心给发展中国家以建议。因此，委员会的任务是"衡量经济增长的理论和经验知识的状态，以找出对于当前和未来政策制定者的政策含义"。这项任务在2008年经济危机之后尤为重要。当发展中国家寻求修复危机对经济产生的损害并重整旗鼓试图重返持续高增长之路时，从未有过地迫切需要全新的理念和办法，以实现持续的高增长。

为了有助于衡量知识的状态，委员会邀请来自世界各地的著名学者和政策制定者在2007—2009年期间参加了在华盛顿特区、纽约、康涅狄格州纽黑文市和马萨诸塞州剑桥市召开的13个研讨会，并且定制了一系列专题论文。这些论文回顾了诸如金融危机的原因和后果、货币和财政政策、气候变化、不平等、经济增长以及城市化进程等主题。此外，25个定制的案例研究特定国家增长的动力。每篇演示文稿都从委员会成员的意见及其他研讨会的参与者关于政策、理论和实践的看法中受益。

这些研讨会是紧张而活泼的。显然，专家们并不总能达成一致意见，甚至在那些核心的增长问题上也未能达成一致意见。委员会没有设法掩饰这些不确定性和分歧；委员会不希望随意相信超出证据和经验积累支持的结论这一现象出现。研究人员并不总是知道正确的"模型"，以解释他们所观察到的世界，即使他们知道相关的因素，也不能总是令人信服地测量它们。

虽然研究人员将继续改进我们对世界的认识，但是政策制定者不能等待学者满足他们所有的疑问或解决他们的分歧。决定必须依赖部分知

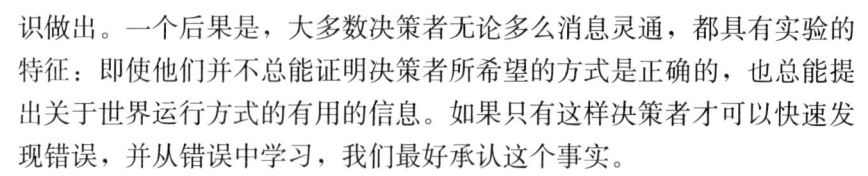

识做出。一个后果是，大多数决策者无论多么消息灵通，都具有实验的特征：即使他们并不总能证明决策者所希望的方式是正确的，也总能提出关于世界运行方式的有用的信息。如果只有这样决策者才可以快速发现错误，并从错误中学习，我们最好承认这个事实。

2007年9月，"全球趋势和挑战"研讨会在康涅狄格州纽黑文市召开；2009年4月，"金融危机及其对发展中国家增长战略和前景的影响"研讨会在马萨诸塞州剑桥市召开。我们从上述两个研讨会中获得了写作本书的大量灵感。我们从优秀的研究人员和经验丰富的从业者的智慧与见解中受益匪浅，深感幸运。我们感谢所有参与者，他们的名字将在本书中一一列出。全球化是一个与开放经济体增长方式息息相关的重要主题，全球化和增长的书籍与当前的环境尤其相关。这篇前言的其余部分不是研讨会或本书各章节详尽的总结；相反，它概述了本书的主要目标和主题，以及委员会关于危机的看法和建议。

面对对全球化命运日益加剧的怀疑和发展中国家在危机后的增长前景，委员会在《危机后发展中国家的增长：增长与发展委员会关于2008年金融危机影响的专题报告》（*Post-Crisis Growth in Developing Countries: A Special Report of the Commission on Growth and Development on the Implications of the 2008 Financial Crisis*）（2009年12月）中概述其观点。当前的危机引起了人们对实现持续增长和减少发展中国家贫困的最佳策略的许多质疑，其中首要的问题是金融系统的失灵是否也意味着以市场为导向的资本主义制度存在更为广泛的失灵。事实上，这也是对我们理解的在过去一直有效的增长策略在后危机时代的世界是否仍然有效提出的质疑。

委员会认为，危机是金融体系的失灵。轻度和不完全监管模式是先进国家制度的特点，特别是在美国和英国，这种监管模式存在根本的缺陷，需要改变。监管机构、中央银行、市场参与者和研究人员（有少数例外）没有意识到金融脆弱性的全部危险。展望未来，他们不能继续狭隘地关注消费价格和就业，而不管资产价格和资产负债表。在这样的监管制度下，若干实体将不得不对资产价格、杠杆和资产负债表的稳定性及可持续性承担责任。另一种选择就是回到危机前的状态，这样既不经济，在政治上也不可接受。

即便如此，我们还没有发现市场和资本主义经济具有更多失灵的任何证据。在实体经济已经在全球范围遭受破坏的时候，私人部门的回应从整体上适合于经济萎缩的现状。在委员会看来，外向型经济以市场为

前　言

导向的策略——如在原来的《增长报告》中所提到的——仍然广泛有效。然而，尽管这种策略仍然是最好的选择，但它可能不会像在危机前那样有效，因为随着近期动荡的出现，世界经济很可能会面临贸易增长速度放慢、更加昂贵的资本和更受抑制的美国消费。

委员会认为，政策的讨论应该集中在金融部门的稳定性和功能上。这场危机的性质已经不可避免地会使偏好扩大政府作用的做法得到加强。如果得到正确引导，也不一定是一个坏的结果，但也有很多机会犯错误或走得太远。大幅扩大政府参与的经济活动的范围可能会破坏私人的活力，正如我们都知道的那样，恰恰是私人部门成功地给我们的经济带来了高增长。我们认为，国家作用的扩张需要在危机消退时加以扭转。当私人信贷渠道恢复时，央行需要撤回其支持，同时，在恰当的时候，应该保持其政策的独立性。在面对极端的经济动荡时，政府应该更多地参与保护人们，作为补充以实现更大程度的经济和金融稳定。

在国际上，一些贫穷国家最近才采取了增长导向型政策。站在这些国家角度所达成的共识是，它们陷入危机时有些脆弱，可能会因此而出现问题。如果是这样，这些小国可能会更加贫穷，受害也最为持久。同时，它们的未来在很大程度上取决于其边界外的其他国家的发展：取决于外国融资恢复的速度以及出口市场复苏的速度。别处引起的一场危机却使这些国家的发展搁浅，这在道德上是不可接受的。这就是为什么国际货币基金组织（IMF）提供的资源必须与穷国及全球经济所面对的危机相对等。需要解决治理的疑虑，以便该机构能够权威并且迅速地采取行动。资源和改革齐头并进。应该在该机构中给予发展中国家更大的发言权，与世界经济的新发展相称。

从积极的一面看，也存在抗衡的力量。一些增长的根本决定因素相对来讲是危机的证据：比如，人口学，或者人的聪明才智。财富已被摧毁，但从损失中发展中国家可以学习和储备的诀窍丝毫未减。原则上，"追赶"增长的潜力只取决于发展中国家和技术前沿国家之间的差距。尽管危机造成的许多陷阱仍然存在，但是发展中国家仍然有机会设置和修改政策，恢复持续的高增长水平，继续取得进步。

很显然，危机会产生各种各样的政策影响，这些政策影响对于每个国家的发展阶段来说都是独一无二的。至于两种最重要的政策问题——发展中国家金融部门的结构及宏观经济政策框架——委员会强烈建议发展中国家采用更为保守的、更为昂贵的金融模式和站在对它们更为有利的位置，通过维持低水平的公共债务、充足的外汇储备以及国内高储蓄水平来抵御外部震荡。在增长率稳定和较高的时候，政策应该向反周期的方向倾斜。本书各章对与后危机时代发展中国家的增长密切相关的具体政策问题提供了更加深入的分析，触及财政政策、就业、不平等、人口和气候变化（仅举几例）等多个方面的问题。

作为一个介绍，丹尼·莱普泽格在第1章给出了对于世界经济状况及时的和全面的概述，并且提出了危机一结束围绕着全球化和经济增长的未来所展开的讨论。他的结论是：虽然目前的危机可能引发多个结果，后危机环境将会在很大程度上取决于目前各国政府所显示的领导地位，最明显的是美国、欧盟和新兴市场中的大国。围绕着全球化的好处所展开的政治辩论以及当前行动的长期财政和货币后果，将在很大程度上塑造并且影响领导地位。该书的剩余部分深入分析了导致危机的具体原因和带来的后果，以及发展中国家短期、中期和长期增长的结果。

第1部分——全球金融危机：原因、缓解和改革详细介绍了导致当前危机的事件和行为。第1部分向我们揭示了次贷危机的爆发、金融监管的缺陷，以及大型金融机构问题集中暴发带来的信贷市场和整个金融系统濒临崩溃的过程。作者达龙·阿西莫格鲁、查尔斯·卡罗米瑞斯、沈联涛、理查德·库珀和拉维·坎伯提供他们对于导致这场危机的智囊和政策失误的见解，也提供了他们对于更广泛的宏观经济和金融趋势等有利环境的见解。第1部分专注于缓解危机对贫困人口的影响，通过对潜在改革领域的强调得出其结论。

继第1部分对金融危机的描述及其深远影响的解析之后，第2部分——如何促进实际增长——考察了新兴和发展中市场经济体（EDMEs）的未来方向、突出具体问题和政策选择，以推动经济的实质增长。作者丹尼·罗德里克、安东尼奥·易斯塔什和玛丽安娜·费伊、威廉·克莱因以及菲利普·阿洪、戴维·海莫斯和艾尼塞·哈罗比关于危机对中期和长期增长产生的重要影响，提供了对新思路的有价值的洞察。这些主题涉及政府在促进可持续经济增长中的作用、有效的出口导向型增长模式的新思路、基础设施对长期增长的重要性以及反周期财政政策的恰当作用。

最后是经济增长面临的长期挑战。《增长报告：可持续增长和发展战略》（*The Growth Report*：*Strategies for Sustained Growth and Development*）（2008年5月）的第四部分全面考察了这些挑战；然而，这场危机使它们的紧迫感更强了。尽管所有国家的经济增长都面临着长期挑战，但发展中国家因为其地理和人口情况而面临着一系列障碍。在第

3部分——增长的长期挑战中，作者戴维·惠勒、罗伯特·门德尔松以及戴维·布卢姆、戴维·坎宁和冈瑟·芬克探索了气候变化、人口及新兴和发展中市场经济体增长的含义等问题。尽管这些主题似乎涉及的是消除当前危机的措施与促进长期经济增长，但实际上它们密切相关。人口趋势在今后几年将对财政政策和经济地理学产生巨大的影响。同样，气候变化将是新兴和发展中市场经济体面临的最重大的挑战之一，据一些机构估计，新兴和发展中市场经济体将遭受80％的相关损失。在促使许多国家重新思考财政政策时，危机已经迫使新兴和发展中市场经济体在毫无准备的情况下应对气候变化和人口问题。

作为结论，本书试图围绕金融危机对新兴和发展中市场经济体的增长模式的影响以及应对未来经济增长的挑战的新思路和新方法，对当前的争论提出一个总体看法。衰退的规模和范围毫无疑问会使危机前后的经济环境大不相同。尽管增长与发展委员会并不寻求对未来的经济前景做出具体的预测，但我们的目标是在当前的辩论中，表达我们对经济前景可能出现的情况以及发展中国家如何积极适应的看法。谨此代表委员会秘书处、委员和参与者，希望读者在本书的阅读中有所收获。

研讨会参与者

全球趋势和挑战
2007 年 9 月 29—30 日

Ahluwalia，Montek，印度计划委员会委员和副主席
Aninat，Cristobal，智利外交部
Annez，Patricia，世界银行
Barr，Nicholas，伦敦经济学院
Bhattacharya，Amar，G-24（二十四国集团）秘书处
Birdsall，Nancy，全球发展中心
Buckley，Robert，哈佛大学
Bosworth，Barry，布鲁金斯学会
Buckley，Robert，洛克菲勒基金会
Canning，David，哈佛大学
Cline，William，彼得森国际经济研究所和全球发展中心
Cooper，Richard，哈佛大学
Dadush，Uri，世界银行
Darlington，Muriel，增长与发展委员会秘书处
Derviş，Kemal，联合国开发计划署行政官员
Engel，Eduardo，耶鲁大学
Fay，Marianne，世界银行
Frankel，Jeffrey，哈佛大学
Gómez-Ibáñez，José，哈佛大学肯尼迪政府学院
Hanson，Gordon，加州大学圣迭戈分校
Harrison，Ann，加州大学伯克利分校
Hesse，Heiko，国际货币基金组织（IMF）
Hoekman，Bernard，世界银行
Holzmann，Robert，世界银行

Joshi，Manosh，华盛顿特区印度大使馆

Jousten，Alain，国际货币基金组织

Kharas，Homi，布鲁金斯学会

Leipziger，Danny，华盛顿特区增长与发展委员会副主席，主管世界银行减贫与经济管理工作的世界银行副行长

Lewis，Maureen，世界银行

Lim，Edwin，中国经济研究和咨询项目

Mahovsky，Madeleine，欧盟委员会

Manevskaya，Diana，增长与发展委员会秘书处

Mattoo，Aaditya，世界银行

Meadows，Graham，萨塞克斯大学欧洲研究所

Mendelsohn，Robert，耶鲁大学

Montiel，Peter，威廉姆斯学院

Nabli，Mustapha，世界银行

Nankani，Gobind，全球发展网络

Nordhaus，William，耶鲁大学

Nowak，Dorota，增长与发展委员会秘书处

Okonjo-Iweala，Ngozi，世界银行专员和常务董事

Ozer，Ceren，世界银行

Perry，Guillermo，世界银行

Pritchett，Lant，哈佛大学

Rajan，Raghuram，芝加哥大学

Rosenzweig，Mark，耶鲁大学

Shiller，Robert，耶鲁大学

Sjoblom，Mirja，世界银行

Spence，Michael，增长与发展委员会主席，诺贝尔经济学奖获得者，以及斯坦福大学名誉教授

Venables，Anthony，英国牛津大学

Viveros，Alejandra，世界银行

Wacziarg，Romain，斯坦福大学商业研究生院

Wheeler，David，全球发展中心

Zagha，Roberto，增长与发展委员会秘书处和世界银行

Zedillo，Ernesto，耶鲁大学全球化研究中心研究员和主任

金融危机及其对发展中国家增长战略和前景的影响
2009年4月20—21日

Acemoglu, Daron，麻省理工学院
Acharya, Viral，纽约大学
Aghion, Philippe，哈佛大学
Ahluwalia, Montek，印度计划委员会委员和副主席
Akerlof, George，诺贝尔经济学奖获得者，加州大学伯克利分校
Athayde, Christopher，英国财政部
Aziz, Jahangir，印度孟买J. P. 摩根公司
Bacha, Edmar，印度Casa Das Garças经济政策研究所研究员及主任
Banerjee, Abhijit，麻省理工学院
Bates, Jennifer，华盛顿特区英国大使馆
Blejer, Mario，阿根廷宏观经济顾问组
Boediono，博士，印度尼西亚中央银行委员及行长
Brahmam, Maya，世界银行
Brahmbhatt, Milan，世界银行
Brunnermeier, Markus，普林斯顿大学
Calomiris, Charles，美国哥伦比亚大学
Canuto, Otaviano，世界银行
Cooper, Richard，哈佛大学
Cox, Simon，《经济学家》杂志
Cran, William，伦敦PITV制作公司
Darlington, Muriel，增长与发展委员会秘书处
Derviş, Kemal，联合国开发计划署专员和前执行主任；华盛顿特区布鲁金斯学会副会长、全球经济和发展中心主任
Feldstein, Martin，哈佛大学
Frankel, Jeffrey，哈佛大学
Giugale, Marcelo，世界银行
Goldfajn, Ilan，巴西里约热内卢天主教大学
Han, Duck-soo，韩国驻美国专员和大使
Hausmann, Ricardo，国际发展中心和哈佛大学
Ito, Takatoshi，东京大学
Johnson, Robert，美国参议院银行和预算委员会前首席经济学家

Kanbur, Ravi，康奈尔大学

Kenen, Peter，普林斯顿大学

Khalaf-Hunaidi, Rima，联合国开发计划署阿拉伯国家区域局前助理秘书长和主任；约旦前副总理

Kharas, Homi，布鲁金斯学会沃尔芬森发展中心

Lee, Kwang suk，华盛顿特区韩国大使馆

Leipziger, Danny，华盛顿特区增长与发展委员会副主席，主管世界银行减贫与经济管理工作的世界银行副行长

Lewis, Jeffrey，世界银行

Lim, Edwin，中国经济研究和咨询项目

Lin, Justin，世界银行

Loewald, Christopher，南非财政部

Mahovsky, Madeleine，欧盟委员会

Malan, Pedro，巴西前财政部长

Marchal, Wijnand，华盛顿特区荷兰王国大使馆

Miller, Callum，国际发展、增长和投资集团

Mohieldin, Mahmoud，埃及投资部专员和部长

Monfort, Philippe，欧盟委员会

Nankani, Gobind，英国国际增长中心

Nowak, Dorota，增长与发展委员会秘书处

Okonjo-Iweala, Ngozi，世界银行专员和常务董事

O'Neill, Jim，高盛

Oya, Shin，日本国际合作银行

Pinto, Brian，世界银行

Portes, Richard，伦敦经济学院

Richardson, Matthew，纽约大学斯特恩商学院

Rodrik, Dani，哈佛大学

Romer, Paul，斯坦福大学国际发展中心和斯坦福大学经济政策研究所

Rostom, Ahmed，埃及投资部

Scholes, Myron，诺贝尔经济学奖获得者，斯坦福大学

Serven, Luis，世界银行

Shah, Ajay，印度国家公共财政和政策所

Sheel, Alok，印度总理经济顾问委员会

Sheng, Andrew，中国银行业监督管理委员会

Singh，Pavneet，增长与发展委员会秘书处
Söderbäck，Mikael，瑞典国际开发合作署金融系统发展中心
Solow，Robert，麻省理工学院专员和名誉教授，诺贝尔经济学奖获得者
Spence，Michael，增长与发展委员会主席，斯坦福大学名誉教授，以及诺贝尔经济学奖获得者
Steer，Cynthia，美国 Rogerscasey 公司
Thompson，SueLena，独立制片人及顾问
Thunell，Lars，世界银行集团国际金融公司执行副总裁兼首席执行官
Venner，Dwight，圣基茨和尼维斯东加勒比中央银行委员及行长
Watanabe，Hiroshi，日本国际合作银行专员和总裁兼首席执行官
Wolfson，Mark，斯坦福大学
Zagha，Roberto，增长与发展委员会秘书处
Zappala，Cara，世界银行

编辑和撰稿人的传记

达龙·阿西莫格鲁是美国麻省理工学院应用经济学的查尔斯·P·金德尔伯格（Charles P. Kindleberger）教授和2005年约翰·贝茨·克拉克奖章（John Bates Clark Medal）的获得者。他是加拿大高级研究院经济增长计划的成员。他还加入了国家经济研究局、经济表现中心以及经济政策研究中心（伦敦）。他的主要兴趣是政治经济学、经济发展、经济增长、科技、收入和工资不平等、人力资本和培训以及劳动经济学。他最近的作品专注于机构在经济发展和政治经济中的作用。

菲利普·阿洪是哈佛大学罗伯特·C·瓦格纳（Robert C. Waggoner）经济学教授，在此之前一直是伦敦大学学院的教授以及麻省理工学院的助理教授。他的主要研究工作是经济增长和契约理论。他与彼得·豪伊特（Peter Howitt）一起发展了所谓的"熊彼特范式"，并且在几个方面扩展了该范式；许多结论性工作被总结在他与豪伊特编写的题为《内生增长理论》（*Endogenous Growth Theory*）的书中。

戴维·E·布卢姆是克拉伦斯·詹姆斯·甘布尔（Clarence James Gamble）经济学和人口学教授、哈佛大学公共卫生学院全球卫生和人口部的主席、哈佛大学全球人口老龄化项目的主任。他也是艾滋病研究基金会（amfAR）的兼任受托人和国家经济研究局的副研究员。布卢姆教授是美国艺术与科学学院的会员及保罗·G·罗杰斯（Paul G. Rogers）协会全球健康研究的大使。他曾供职于卡内基-梅隆大学公共政策学院、哈佛大学和哥伦比亚大学的经济学系。他曾担任哥伦比亚大学经济学系主任和哈佛大学国际发展研究所副所长。他目前的研究主要集中在卫生、人口和经济增长之间的联系方面。

查尔斯·W·卡罗米瑞斯是哥伦比亚大学商务研究生院金融所亨利·考夫曼（Henry Kaufman）教授，并且是哥伦比亚大学国际和公共事务学院教授。他的研究跨越多个领域，包括银行、公司金融、金融史和货币经济学。他是影子金融监管委员会、影子公开市场委员会和金融经济学家圆桌会议（国家经济研究局的一个研究协会）的成员，以及胡佛产权研究所的工作组成员。卡罗米瑞斯教授是放松金融管制项目的联席董事，并且是外交理事会的高级研究员。卡罗米瑞斯教授供职于国际金融机构顾问委员会，该委员会为国会委员会，旨在向国际货币基金组织、世界银行、各区域开发银行和世界贸易组织（WTO）的改革提出建议。他已出版了许多书籍，发表了许多期刊文章和学术卷章，曾在许多杂志做编委，并且为许多政府和私人组织提供建议。

戴维·坎宁是哈佛大学公共卫生学院全球卫生和人口部的经济学及国际卫生学教授。他曾供职于伦敦经济学院、剑桥大学、哥伦比亚大学和贝尔法斯特女王大学。他的研究主要集中在健康作为一种人力资本的作用以及人口变化对经济发展的影响方面。

威廉·R·克莱因是彼得森国际经济研究所和华盛顿特区全球发展中心共同的高级研究员。在1996—2001年期间，克莱因博士向彼得森国际经济研究所请假，而任职华盛顿特区国际金融学会（IIF）的副董事总经理兼首席经济学家。自彼得森国际经济研究所于1981年成立至今，他一直是这一机构的高级研究员。他曾是布鲁金斯学会的高级研究员（1973—1981年）、美国国际事务助理秘书办公室发展和贸易研究处的副主任（1971—1973）、巴西福特基金会客座教授（1970—1971年）、普林斯顿大学经济学讲师和助理教授（1967—1970年）。他是包括《贸易和收入分配》（*Trade and Income Distribution*）（1997年）与《贸易政策和全球贫困》（*Trade Policy and Global Poverty*）（2004年）在内的22本书的作者。

理查德·N·库珀是哈佛大学国际经济学的莫里斯·C·博厄斯（Maurits C. Boas）教授。曾任全球发展网络副主席，曾是三边委员会、对外关系委员会、美国海军作战首席执行小组及布鲁金斯经济事务委员会成员。他曾多次在美国政府任职，曾担任国家情报委员会的主席（1995—1997年）、经济事务部国务部长（1977—1981年）、负责国际货币事务的国务院副助理国务卿（1965—1966年）和经济顾问委员会高级职员经济学家（1961—1963年）。他也是波士顿联邦储备银行主席（1990—1992年）。他最近的著作（与人共同撰写）包括《繁荣、危机与调整》（*Boom, Crisis, and Adjustment*）、《韩国的宏观经济管理（1970—1990年）》（*Macroeconomic Management in Korea, 1970—1990*）、《世界经济环境与资源政策》（*Environment and Resource Policies for the World Economy*）及《未来之动向》（*What the Future Holds*）。

安东尼奥·易斯塔什是布鲁塞尔自由大学经济学教授、担任 Bernard Van Ommeslaghe Chair（教席）以及欧洲高级经济研究中心委员。此前，他是世界银行可持续发展网络首席经济学家，在那里他花了 25 年（1982—2007 年）的时间跨区域从事公共部门改革各个方面的工作。他的大量出版物涉及网络行业（电力、电信、交通、供水和卫生设施等方面）的规制、公共部门的绩效评估以及发展中国家的环境、财政和部门政策的增长与分配效应。

玛丽安娜·费伊是世界银行可持续发展网络的首席经济学家和《2010 年世界发展报告：发展与气候变化》（World Development Report 2010）的联合主任。她曾在世界银行不同地区的分支机构任职（欧洲、中亚、拉丁美洲和加勒比地区以及非洲），就基础设施、城市化以及最近的适应气候变化开展工作。她的研究主要集中在基础设施和城市化在发展中的作用上，对城市贫困问题表现出极大的兴趣。她发表和出版了涉及上述主题的大量文章和书籍。

冈瑟·芬克是哈佛大学公共卫生学院全球卫生和人口部国际健康经济学助理教授。他的研究涵盖了广泛的与经济发展相关的主题，尤其注重健康、人力资本与经济增长之间的相互作用。目前他正在加纳首都阿克拉进行一个纵向的家庭健康和财富调查，调查疾病（特别是疟疾）在撒哈拉以南非洲地区城市的日常负担。从 2006 年以来，他还在赞比亚致力于对大规模反疟疾计划进行广泛的社会经济评价。

戴维·海莫斯当前正在推行一个哈佛大学经济学的博士计划，他的研究兴趣包括增长、贸易及环境经济学。

拉维·坎伯是康奈尔大学世界事务 T. H. 李（T. H. Lee）教授、应用经济学和管理学的国际教授以及经济学教授。他曾任教于牛津大学、剑桥大学、埃塞克斯大学、华威大学、普林斯顿大学和哥伦比亚大学。拉维·坎伯在世界银行担任多个职位，包括高级经济顾问、加纳的常驻代表和非洲地区的首席经济学家。他还担任过世界银行的《世界发展报告》的主任。拉维·坎伯教授的主要研究领域是公共经济学和发展经济学。他的著述涉及概念、实证和政策分析。他对将严格的分析与实际政策的制定联系起来尤其感兴趣。他是超过 150 本出版物的作者，作品涵盖了风险承担、不平等、贫穷、结构调整、债务、农业和政治经济学等等主题。他曾在领先的经济学期刊如《美国经济评论》（American Economic Review）、《政治经济学杂志》（Journal of Political Economy）、《经济研究评论》（Review of Economic Studies）、《经济理论杂志》(Journal of Economic Theory)及《经济学期刊》(Economic Journal)上发表文章。

艾尼塞·哈罗比是法国央行国际事务部的高级经济师。他在2003年从DELTA（现被称为巴黎经济学院）获得了博士学位。随后，他加入了法国央行的经济研究处，在那里他的研究涉及各种主题，包括宏观经济波动、金融一体化和劳动力市场制度。2007年，他加入了国际事务部，开展三大主题研究：国际金融和资本流动、流动性危机和银行业，以及开放经济体的货币经济学。他最近的著述包括《中央银行国际期刊》(International Journal of Central Banking)中的《流动性、道德风险与银行间市场崩溃》(Liquidity, Moral Hazard, and Inter-Bank Market Collapse)一文。

丹尼·莱普泽格是乔治·华盛顿大学国际商务专业教授和经济增长与发展委员会副主席。他是主管世界银行减贫与经济管理工作的世界银行副行长（2004—2009年）。作为副行长，他针对增长和减贫提出了银行的战略举措，对经济政策、债务、贸易、性别和治理问题以及银行与主要合作机构（包括国际货币基金组织、世界贸易组织、经济合作与发展组织和欧盟）的对话进行指导。他在世界银行工作的28年职业生涯中，曾在东亚—太平洋地区、拉丁美洲、加勒比地区以及世界银行学院担任管理职位。在加入世界银行之前，莱普泽格博士在美国国际发展代理处与美国国务院担任高级职位。

罗伯特·门德尔松是耶鲁大学耶鲁林业与环境研究学院的埃德温·魏尔霍伊泽·戴维斯（Edwin Weyerhaeuser Davis）教授。门德尔松教授致力于衡量环境保护的好处的研究。他的研究主题广泛，涉及范围从测量危险废物和传统的空气污染的损失到估算野生动物和非木材森林产品的经济价值。在过去的15年里，他一直在量化全球变暖的影响，并研究气候适应问题。

丹尼·罗德里克是哈佛大学约翰·F·肯尼迪（John F. Kennedy）政府学院国际政治经济学的拉菲克·哈里里（Rafiq Hariri）教授。他发表了大量的国际经济学、经济发展和政治经济学领域的学术成果。他的研究主要集中在什么是良好的经济政策，以及为什么一些国家的政府使用某一政策的效果优于别国方面。他隶属于国家经济研究局、经济政策研究中心（伦敦）、全球发展中心以及外交关系委员会。他在2007年荣获由社会科学研究理事会颁发的首届阿尔伯特·赫希曼奖（Albert O. Hirschman Prize），他因推进经济思想的前沿而获得了列昂惕夫奖。

他还获得了安特卫普大学的名誉博士学位,从卡内基公司、福特基金会及洛克菲勒基金会获得研究经费。罗德里克教授是《经济与统计评论》(Review of Economics and Statistics)及《全球化与发展杂志》(Journal of Globalization and Development)的编辑。

沈联涛是一名注册会计师,并曾在马来西亚国家银行、世界银行以及香港金融管理局拥有多个职务。从1998年10月到2005年9月,他曾任中国香港证券及期货事务监察委员会的主席。从2003年10月到2005年9月,他担任国际证券委员会组织的技术委员会主席。从2005年12月至今,他一直担任中国银行业监督管理委员会首席顾问。除了主持关于亚洲资本市场的经济合作与发展组织—亚洲开发银行研究所年度圆桌会议,他还是卡塔尔金融中心监管局董事会、马来西亚森那美有限公司、马来西亚国库控股公司以及伊斯兰金融教育国际中心理事会成员。他还兼任清华大学经济管理学院教授,兼任马来亚大学财政与货币经济学系教授。他为《财经杂志》(Caijing Magazine)的投资者教育专栏撰文。他是《银行重组:20世纪80年代的教训》(Bank Restructuring: Lessons from the 1980s,牛津大学出版社及世界银行,1995年)和《从亚洲到全球金融危机》(From Asian to Global Financial Crisis,剑桥大学出版社,2009年)两本著作的作者。

迈克尔·斯彭斯是胡佛研究所高级研究员和斯坦福大学企业管理研究院的菲利普·H·奈特(Philip H. Knight)荣誉教授。2001年,他被授予诺贝尔经济学奖。1990—1999年,斯彭斯博士是菲利普·H·奈特教授和斯坦福大学商学院院长。自1999年以来,他一直是橡树山资本合伙公司的合伙人。1975—1990年,他担任哈佛大学经济与工商管理教授。鉴于1978年在教学方面的优异表现,斯彭斯博士被授予约翰·肯尼思·加尔布雷思奖(John Kenneth Galbraith Prize)。鉴于"经济思想和知识方面的卓越贡献",斯彭斯博士于1981年荣获约翰·贝茨·克拉克奖章。1983年,他被任命为哈佛大学经济学系主任。1984—1990年,他担任艺术与科学学院院长。在不同时期,他先后担任《美国经济评论》、《经济学贝尔杂志》(Bell Journal of Economics)、《经济理论杂志》和《公共政策》(Public Policy)的编委。斯彭斯教授现在是增长与发展委员会的主席。

戴维·惠勒是全球发展中心的高级研究员,他的学术研究涉及气候变化和自然资源保护问题。1993—2006年,作为世界银行发展研究小组的首席经济学家,他指导了环境政策和问题研究团队与孟加拉国、巴西、中国、哥伦比亚、加纳、印度、印度尼西亚、墨西哥、菲律宾和越南等国家的政策制定者及学术界展开合作。他在1974年获得博士学位，之后在金沙萨的扎伊尔国立大学教授了两年经济学。1976年，他开始在波士顿大学经济学系任教，直到1990年他加入世界银行为止。

致　谢

编辑们十分感谢由增长与发展委员会的赞助者所提供的强大支持。赞助者包括：澳大利亚、荷兰、瑞典和英国政府，威廉和弗洛拉·休利特基金会，以及世界银行。特别感谢世界银行减贫和经济管理网络不遗余力地、慷慨地提供资源支持。

我们非常感谢"全球趋势和挑战"和"金融危机及其对发展中国家增长战略和前景的影响"研讨会的参与者。上述两个研讨会由增长与发展委员会赞助，并且分别在耶鲁大学全球化研究中心和哈佛大学肯尼迪政府学院举行。我们要特别感谢本书各章的作者们纷繁多样的见解及他们讨论问题时所奉献的时间。委员会的秘书 Roberto Zagha 不断地提出各种很好的想法、鼓励和促进措施。Roberto 在专注于驾驭手头问题的同时，也帮助其他人发挥其潜能。讨论的层次和论文的质量反映了他的热情和智慧。Luis Serven 贡献了他的时间和专业知识来审查专题论文与帮助组织研讨会。我们要特别感谢世界银行的顾问 William O'Boyle 在各个方面做出的奉献。他的研究、编辑和组织工作都有助于本书的及时完成。

委员会秘书处整个团队的同事们——包括 Muriel Darlington、Diana Manevskaya 和 Dorota Nowak——全部致力于使委员会工作的各个方面取得成功。他们给我们的感觉是一心一意地组织研讨会和制作本书，其中委员会面临着紧迫的期限并对误差低容忍。整个过程完全源于他们出色的组织和不断的努力。Aziz Gökdemir 在编制出版手稿时，秉承务实、包容和严谨的态度。他从不错过最后期限，但当我们偶尔要求更改最后期限时，他却给予我们超乎寻常的理解。Stephen McGroarty 以高超的技巧监督出版过程，Nora Ridolfi 的工作确保了本书以最高质量印刷。

迈克尔·斯彭斯
丹尼·莱普泽格

缩略语

AIG　美国国际集团
CCC　或有资本工具
CDO　担保债务凭证
CDS　信用违约互换
CO_2　二氧化碳
EDME　新兴和发展中市场经济体
EU　欧盟
FC　合成谬误
FDICIA　《联邦存款保险公司改进法案》
FHA　联邦住房管理局
G-8　八国集团
G-20　二十国集团
GATT　关税及贸易总协定
GDP　国内生产总值
GSE　政府支持企业
Gt　十亿吨
GtC　十亿吨碳
ILO　国际劳工组织
IMF　国际货币基金组织
IPCC　政府间气候变化专门委员会
ISIC　《国际标准产业分类》
LFPR　劳动力参与率
LFTP　劳动力占总人口的比例
LGD　违约损失率
MDG　千年发展目标
MIS　管理信息系统
Mt　百万吨，兆吨

NEP 新的经济大国
NGO 非政府组织
NIIP 净国际投资头寸
NRSRO 国家认证的统计评估组织
OECD 经济合作与发展组织
OLS 普通最小二乘法
OPEC 石油输出国组织
OTC 场外交易
PD 违约可能性
PPI 私人参与基础设施
ppm 百万分之一
R&D 研发
SDR 特别提款权
SITC 《国际贸易标准分类》
TFP 全要素生产率
TSLS 两阶段最小二乘法
UN 联合国
WTO 世界贸易组织

目 录

第1章 重新审视全球化 ... 1
- 当前争论的情况 ... 3
- 趋势和拐点 ... 5
- 危机管理将怎样塑造未来的增长 ... 9
- 长期趋势的影响 ... 13
- 本书的突出贡献 ... 18
- 参考文献 ... 25

第1部分 全球金融危机：原因、缓解和改革

第2章 2008年经济危机：经济学的结构性思考 ... 33
- 从我们的教条主义中得到的教训 ... 34
- 从我们的知识禀赋中得到的经验 ... 37
- 对缺位问题的思考 ... 39

第3章 金融创新、监管和改革 ... 41
- 出了什么问题和为什么？ ... 42
- 人类世界的监管改革 ... 48
- 总结 ... 58
- 参考文献 ... 60

第4章 金融危机和全球管理：网络分析 ... 62
- 理解金融网络 ... 63
- 当前全球危机的网络特性 ... 68
- 结论和政策影响 ... 79

参考文献 ·· 82
第5章　对全球性失衡的理解 ································· 86
　　人口和储蓄—投资平衡 ································· 89
　　为什么在美国投资？ ··································· 91
　　美国可以持续多长时间提供可购买资产？ ················ 93
　　评价 ··· 95
　　后记 ··· 97
　　参考文献 ··· 98
第6章　宏观危机和瞄准贫困的转移支付 ····················· 99
　　瞄准的权衡 ·· 100
　　永久性冲击下的权衡 ·································· 104
　　暂时性冲击 ·· 106
　　结论 ·· 110
　　参考文献 ·· 110

第2部分　如何促进实际增长

第7章　危机后的增长 ······································ 115
　　奇迹年代 ·· 117
　　在危机后会发生什么变化 ······························ 123
　　在没有贸易顺差的条件下推进工业化 ···················· 130
　　结语 ·· 136
　　参考文献 ·· 137
　　附录：一般均衡下的可贸易商品生产补贴 ················ 138
第8章　当前关于基础设施政策的讨论 ······················· 140
　　背景的关联性 ·· 141
　　基础设施部门的状态 ·································· 142
　　关于基础设施与增长的关系我们知道多少？ ·············· 145
　　多少基础设施建设是必要的？ ·························· 151
　　应该在哪里进行基础设施投资？ ························ 155
　　基础设施是否满足了贫困人口的需求？ ·················· 159
　　私人部门能发挥多大的作用？ ·························· 162
　　政府在基础设施中的作用是怎样不断演变的？ ············ 168
　　结论性意见 ·· 174

参考文献 …………………………………………… 174
第9章　工业制成品出口与经济增长：再论合成谬误 … 183
　　早期研究及后续文献 …………………………… 184
　　关于工业制成品出口表现的证据汇总 ………… 188
　　行业进口渗透率的证据 ………………………… 201
　　对贫困国家的影响 ……………………………… 212
　　美国的外部失衡：一个新的宏观合成谬误？ … 213
　　结论 ……………………………………………… 222
　　参考文献 ………………………………………… 223
第10章　产业增长与反周期刺激方案的案例 ……… 226
　　方法和数据 ……………………………………… 227
　　结果 ……………………………………………… 229
　　影响程度 ………………………………………… 231
　　结论 ……………………………………………… 233
　　参考文献 ………………………………………… 234
　　附录A　各国财政政策回归方程（10.2）的估计
　　　　　结果 ……………………………………… 235

第3部分　增长的长期挑战

第11章　温室气体排放量和气候变化：对发展中国家与公共政策的影响 ……………………………………… 239
　　气候变化的科学证据 …………………………… 240
　　非科学争论的来源 ……………………………… 245
　　全球变暖的来源：北方还是南方？ …………… 252
　　气候变化影响的全球分布 ……………………… 256
　　问题的解决 ……………………………………… 259
　　全球行动计划 …………………………………… 266
　　总结和结论 ……………………………………… 270
　　参考文献 ………………………………………… 271
第12章　气候变化与经济增长 ……………………… 275
　　有效策略 ………………………………………… 276
　　气候变化的影响 ………………………………… 277
　　减排成本 ………………………………………… 280
　　结论 ……………………………………………… 282

参考文献 ……………………………………………… 283
第13章　人口老龄化与经济增长 ……………………… 287
　　人口老龄化：事实、推动力和未来 ………………… 288
　　人口老龄化对经济的影响 …………………………… 301
　　总结与讨论 …………………………………………… 309
　　参考文献 ……………………………………………… 315
译后记 ……………………………………………………… 319

第1章　重新审视全球化[①]

丹尼·莱普泽格
(Danny Leipziger)

自从《增长报告》(*The Growth Report*) 2008年5月发布以来，世界经济遭受了一系列冲击。这些冲击已经威胁了许多贫困国家的经济安全，危害了由其他国家记录的强有力的宏观经济发展。除其他事项外，这些冲击将为《增长报告》提供一个重要的检验。在写作的时候，报告中的建议和双重危机之间的联系是显而易见的，但是长期的可持续的增长将不会遭到如此程度的危害。然而，在短短几个月后，随着住房、银行和股市危机的到来，情况彻底改变。如 Claessens、Kose 和 Terrones (2008) 所指出的，虽然困扰金融体系的这三个部分的组合是罕见的，但是它与程度更深、时间更长的经济衰退相关。[②] 此次危机出现的全新情况是：全球化的范围比早期的危机更加广泛，达到前所未有的程度；日益增强的一体化也将损失放大到一个全新的程度。[③]

全球化作为一种经济现象一直是经济一体化和几十年来全球经济增长的主要驱动力的主导力量，虽然全球化——包括贸易、金融、信息技术的流动、离岸外包——的速度在现代经济史上是前所未有的。国家之

[①] 感谢 William G. O'Boyle 的帮助以及 Philippe Aghion、Milan Brahmbhatt、Antonio Estache、José Antonio Ocampo 和 Andre Sapir 的有用评论。

[②] Claessens、Kose 和 Terrones (2008) 对 21 个工业化国家在 1960—2007 年期间的 122 次经济衰退作了经验研究。Reinhart 和 Rogoff (2009) 对比较严重的危机作了归类，并对接下来的几次危机的深度和持续时间作了量化研究。Freund (2009) 也对过去 50 年贸易对国内生产总值 (GDP) 的增长弹性进行了实证研究。

[③] Freund (2009) 计算得出，在经济危机前世界贸易对 GDP 的弹性从 20 世纪 60 年代的 2.0 上升到了 3.5。她还发现，随着 GDP 的增速放缓，贸易的增长率陡然下降，平均下降幅度是收入增长的四倍。

间的经济往来日益增加，并作为显著减少中国和越南贫困的一种驱动力量而广受赞誉，使欧洲的穷国搭乘欧盟的火车驶向更高收入国家行列，并且给一些持有科利尔悲观的预后理论——全球化对后来者存在偏见（Collier，2007）——的非洲国家以希望。资金流动的程度达到了新兴和发展中市场经济体（EDMEs）2007年GDP总和的8.6%，在某些情况下似乎弥补了国家的资本短缺，促进了国内投资。在2000—2007年期间，新兴和发展中市场经济体的出口驱动对世界贸易总量增长的贡献率大约占到三分之二，对世界总产出增长的贡献率占到了60%。[①] 这与20世纪90年代的十年间新兴和发展中市场经济体的出口驱动仅占世界贸易增长率的四分之一和世界产出增长率的约40%相比是非常显著的（World Bank，2008b，2009a）。

2009年泡沫的破灭大大改变了经济前景。对脱钩的谈论消失，讨论集中在未来，不仅涉及全球化，而且包括我们所知道的资本主义（Wolf，2009）。2009年全球产出在现代战后历史上首次出现萎缩。这一令人吃惊的事实由于衰退的规模而得到强化——不同机构的专家估计衰退的程度介于-2.9%~-2.5%之间。更加陡峭的衰退曲线意味着2009年全球收入至少已经退回到2007年的水平，出现了两年的衰退。世界贸易量下降了至少10%，2010年的前景预示着复苏乏力（IMF，2009；OECD，2009b；World Bank，2009a）。

世界收入的平均变化越来越明显，但是通常情况下，这些福利损失的分布是不对称的。早期Stiglitz（2002）和其他学者关注了全球化带来的不平等收益与损失之间的关系，当损失发生时，两者之间的相关性更强。危机前的论点是，公共政策错在没有充分处理全球化的输家，而现在的问题是有多少损失应分配给社会的哪个部分。例如，鉴于美国的国家债务的扩张，财政负担越来越趋于代际化（Barr and Diamond，2009；Burman，2009；OECD，2009a）。Estache和Leipziger（2009）以及他们的合作者最近的工作指明了衡量各种支出的受益者的重要性，特别是，由于经济政策的实施产生了不利影响，中产阶级的利益可能没有得到适当的保护（Estache and Leipziger，2009；Leipziger and Spence，2007；Stiglitz，2002）。

对于新兴和发展中国家来说，问题变成经济是否已经发生了根本性

[①] 请参阅Rodrik和Subramanian（2008b）对于在其他情况下为什么外国资本不能流向生产性投资的一个解释。一个类似的观点可参阅Bresser-Pereira和Gala（2007）。

改变，以致经济政策需要重新设计。在《危机后发展中国家的增长：增长与发展委员会关于2008年金融危机影响的专题报告》（以下简称《专题报告》）中，委员会认为，旨在实现长期增长的基本政策方向保持不变，但是，利用国际贸易体系的收益可能低于最近几十年的水平，过去依赖外资流动，现在可能需要重新考虑（Commission on Growth and Development，2009）。这里涉及了围绕着全球化问题展开的讨论，该报告中的论文为2007—2009年委员会研讨会的开展提供了准备，旨在帮助我们浏览全球化辩论的各种因素。

对于这场危机可能意味着什么并不缺少评论，但实际上，直到经济触底，复苏的道路明确的时候，对于未来都很难得出总的教训。这组文章包含了各种各样的观点，涵盖中长期政策问题。据说，2009年更多的教科书已经过时，并且超过大萧条以来的任何一年。作为一个必然的结果，学者们已经写了很多值得回顾的关于全球化的文献。这些论文从不同的视角考察了全球化的问题，并且对《增长报告》的建议提出了见解和观点。

当前争论的情况

对于当前的危机对未来的影响并不缺乏评论。有人认为这是贸易和金融的开放与一体化系统的一个暂时的挫折，该系统为全球体系中一体化程度最高的国家带来了二十年壮观的世界性增长和巨大的收益。对于全球化者——在这里我会对Bhagwati、Cooper和Mishkin明确地加以说明——来说，还有许多工作要做以恢复系统的健康运行，以及各国政府需要实施行政手段来抵制导致全球范围内福利减少的民族主义解决方案。全球化仍然为大多数人提供了最好的结果，尽管有些分配问题仍然存在。对于全球化效率的争论以及为保持系统运行而把各国拉在一起的政治需要被看作是非常重要的（Bhagwati，2004；Mishkin，2006；Cooper，本书第5章）。

至于其他人，诸如Stiglitz、Rodrik和Subramanian，他们认为系统已经损坏到一定程度，在许多基本方面未来不应该也不可能像过去一样。Stiglitz关注系统的治理要求、基本的不平等，以及不容易补救的市场失灵。事实上，Stiglitz也认为"市场原教旨主义"已经死了，在他看来确实迫切需要改革的观点有比以前更多的追随者。其他人则更多地依靠市场的自我修复，强调激励机制和与激励相容的监管（Barth, Caprio and Levine, 2006; Calomiris, 本书第 3 章）。Rodrik 也认为，目标应该不再是最大化贸易和金融的开放程度，而是为追求国内社会和经济目标留下足够的空间。Subramanian 认为，毫无疑问新兴和发展中市场经济体开放的资本市场和相伴随的大量跨境流动的日子一去不复返了，总的来说这是一件好事（Rodrik and Subramanian, 2008a; Barth, Caprio and Levine, 2006; Commission of Experts, 2009; Rodrik, 2009; Stiglitz, 2009）。

这些争论还有待于我们进行进一步的考察；然而，严格地恢复原状是不可能的。第一，监管环境不允许，并且，Rajan 等人提到的企业融资的形成会发生变化，国际流动也会发生变化（Dell'Ariccia, Detragiache and Rajan, 2005; Rajan, 2009）。第二，至少在美国，对于国内的失业与推动了离岸外包的行业利润之间的权衡需要复查。我们在下面参考 Blinder（2007, 2009）对这一重要问题的思考。第三，开放的、全球化的系统的未来将在很大程度上取决于新的经济大国（NEP）如何管理自己，以及它们如何影响系统的前进（Leipziger and O'Boyle, 2009）。

后危机时代全球化的性质有相当大的不确定性。例如，如果新的经济大国的需求从出口品转化为非贸易品是永久性的，那么较贫穷的发展中国家（比如非洲国家）也许能够胜任全球廉价制造商的角色。这能否足以抵消对发达国家出口的整体下滑，仍有待观察。但是，如果一种新的产业政策开始渗透，并且民族工业和银行获得经济合作与发展组织（OECD）以及新的经济大国的政府的偏好，那么系统本身将发生重大变革，而不是更好的变革。有一件事是肯定的，正如 Dominique Strauss-Kahn 在 2009 年 7 月八国集团（G-8）峰会上所说的，"全球化不只是《金融时报》社论版的话题"（*Financial Times*, 2009）。

美国对离岸服务的需求在最近几十年来一直是世界经济增长的一个驱动力，可以说是增长的引擎。Bhagwati、Panagariya 和 Srinivasan（2004）雄辩地并且带有附加条件地提出离岸服务具有提高效率的特性。Blinder（2007）极有说服力地阐述了美国企业离岸业务的扩张已经大大改变了当前和未来就业的前景。这一观点在当前的危机之前呈现，因此对于全球化的未来具有更大的潜在意义。Blinder 认为业务离岸化趋势作为美国的一个巨大的具有潜在破坏性的力量，对就业的影响相当于工业革命。他认为离岸业务非常重要，因为它可能会影响美国 20%～

30%的就业，尤其是那些"非个性化的"、不需要任何面对面或定制化的互动的业务。①

这对于世界贸易的未来来说不是一个好消息，因为我们现在已经看到了 Blinder 预计的美国劳动力市场燃烧着的三把大火：一是工作转换造成的摩擦性失业的增加，因为在当前的危机中公司倒闭导致的摩擦性失业的规模前所未有；二是由非个性化工作的出口造成的工作技能不匹配的结构性失业增加，据 Blinder 所说，这是一个持续的趋势②；三是周期性衰退期间失业增加，2009 年美国经济中因为个人收入、支出和信心的锐减，周期性失业已经达到了历史高点。虽然这些不是新现象，但是在失业迅速增加的时间里它们获得了相当大的牵引力。作为一个整体，政治经济后果将不可避免地站在创造和保护（无论通过什么手段）国内就业机会一方。对于未来更为重要的是，无论这是否会被视为正式的保护主义，全球化将毫无疑问地以不符合国家经济目标的一种高度政治化的方式被提出来。

趋势和拐点

关于我们能否预期到最近几十年的全球化模式会出现一个范式转换的讨论的一个有用的出发点在于，回顾我们在经济一体化中处于什么位置，然后将近期前所未有的危机与相当确定的长期趋势放在一起考虑。世界银行 2007 年的《全球经济展望》（*Global Economic Prospects*, World Bank，2007）是一个有用的指南，因为它正确地描绘了在日益相互依存的世界中，贸易增长速度超过了经济增长速度。其中，贸易占 GDP 的平均比重从 1970 年的 13% 上升到了 2005 年的 25%。该报告预测，到 2030 年世界贸易会增加两倍至 27 万亿美元，包括新兴和发展中市场经济体的迅猛增长和服务贸易的大量增加。2000—2007 年期间，发展中国家的出口增加了一倍多（增加 127%），南南贸易以更快的速度增长（增长 150%），这些趋势非常明显。这些趋势是否会继续下去

---

① Blinder（2007）认为，离岸外包远远超出了计费、预订和信息技术支持的范围，并指出甚至在医学领域，放射科要比小儿科更可能面临转移到海外——受到监管——的问题。
② Blinder（2009）指出了两个会使这种现象得以维持的大冲击：(a) 增加以前在全球经济体之外的劳动供给将对工资施加向下的压力，对资本回报率施加向上的推力；(b) 技术的提高将会使以前的个人服务更具人情味。

而不管目前经济遭遇挫折（WTO，2008）？

在发达国家，特别是在美国，社会安全网比在欧洲大部分地区要弱，其前所未有的高失业率将使决策者在应对失业方面承担巨大的政治压力。当然，增加服务贸易的主要驱动因素是离岸外包——1994—2003年仅仅在印度，服务贸易就增长了超过700%！我们已经见证了许多国家在经济刺激计划背景下的一些保护主义措施，尤其是在美国的"购买美国货"和中国的"购买中国货"的规定下。与世界贸易增长的未来走势密切相连的问题是保护或创造国内就业的公共政策（Anderlini，2009；World Bank，2007）。

退一步说，危机爆发前的调查报告——《2008年皮尤全球态度调查》（*Pew Global Attitudes Survey of 2008*）的结果显示，美国人对国际贸易的积极看法急剧减少。相较于五年前的受访者，只有53%的人认为贸易是一件好事，下降了25%（Pew Global Attitudes Project，2008）。这反映了发达经济体和新兴市场国家之间在全球化问题上的两极分化，在新兴市场国家全球化在很大程度上仍被看作一个积极的力量。对自由贸易的不满大多源于将其视为造成工业化国家失业的主要原因的观点。这是真还是假值得商榷，因为这是什么在推动失业的问题：缺乏教育，工资差别，或技术创新（Blinder，2009；Goldin and Katz，2007；IMF，2007；Lawrence，2008）。但是，有一点是很清楚的：在公众眼中，美国的工作正在被出口，当这种现象与房屋止赎、受损的股市资产组合以及记录的高失业率结合在一起时，在政治上是站不住脚的。因为可以说，美国为全球化的努力设定障碍，经济的现状可能预示着回归到经济民族主义，最近在世界各地该趋势随处可见。最近的证据表明，二十国集团（G-20）的19个成员中的17个在2009年制定了某种形式的保护，并且反倾销诉讼的频率也提高了（Gamberoni and Newfarmer，2009）。反倾销措施经常被看作一种策略：放慢进口，保护承受压力的国内产业（Leipziger and Shin，1991）。尽管针对避免保护主义，二十国集团和八国集团的公报中提到了一些整体的告诫，但是，国内政治压力来源于激进的保护主义者，特别是在经济低迷时期。

这带来了有关分配的前沿和中心问题。美国仍然是最大的贸易国，我们看到关于不平等的一个令人不安的趋势，这可能与美国的中产阶级把对国际贸易的满意度最低视为一个积极的现象的调查结果相关（Pew Global Attitudes Project，2008）。美国总体的基尼系数在20世纪60年代和70年代持平，在20世纪80年代开始回升，在1990—2005年间持续攀升至 0.47 左右。这不仅将美国置于 OECD 国家中事前（即再分配之前）的更加不平等状态，更为重要的是，事后也是分配最为不平等的国家。① 然而，尤其重要的是，根据美国人口普查局的资料（2009），不平等的大部分增加主要来自前 5% 的最富有者与中位收入者之间的不均等。最具有戏剧性的是，在 2001—2005 年期间，只有最富有的 7.5% 的美国家庭的实际收入增加了。与收入非常迅速的增长巧合的是高度倾斜地分享这些收益，以及在 2001 年至当前危机期间全球化达到的高点导致了在美国对于全球化的大量质疑（Subramanian, 2009a）。

Andre Sapir 指出，在欧洲的社会模式中，就业保护立法使用的增加与就业率较低相关。他指出大陆的最有效和公平的社会模式是北欧模式，这一模式通过高度灵活的劳动力市场与强大的社会安全网的结合达到了这一结果，即使这种模式的长期可持续性和它可以被移植到其他国家的程度是受到质疑的。在一个像 2008—2009 年所经历的同步的经济崩溃中，当面对一个缓慢复苏的可能性时，这些权衡的重要性可能消退，并且就业保护政策很可能全面出现。②

围绕资本市场全球化中心的未来的第二个主要关注是，央行和政府的批发市场去杠杆化以及前所未有的行动已经迎来了一段时间的极度波动性和不确定性（Kashyap, Rajan and Stein, 2008; Rajan, 2005）。为了应对金融部门的去杠杆化，流动性已经枯竭；然而，值得关注的是中期问题。正如 IMF 所指出的，2010 年新兴和发展中市场经济体的企业部门的再融资需求将达到 1.5 万亿美元，资金来源并不清楚（IIF, 2009; IMF, 2009; World Bank, 2009a）。这是否意味着国家将需要更自给自足地提供信贷？在 2009 年，我们已经看到主要的网络设备供应商国家，如巴西和印度，都依赖于国家开发银行提供信贷，这些信贷原来通常从国外获得。资金来源上的这种逆转，可以引起人们对于行业内政府干预的关注，并且可能使有关产业政策的旧有争论得到恢复（Ex-

---

① Jesuit 和 Mahler（2004）的研究表明，在财政再分配后，格局完全改变，大多数 OECD 国家的基尼系数都低于 0.30，而只有美国（0.345）和英国（0.323）超过了这一水平。

② Sapir（2005）指出，盎格鲁-撒克逊模式有效率但缺乏公平性。大陆和地中海模式缺乏效率，因此从长期来看这种模式是不可持续的。他发现就业保护立法（大陆和地中海模式用得较多）的严格程度和就业率之间成反比关系。关于对劳动力市场规章的信任的作用可参阅阿洪等（Aghion 和 others, 2008）。关于社会模式的适应性的分析可参阅 Algan 和 Cahuc（2006）。

man，2009）。

更为一般地，争论近来不仅转向对监管的失败的讨论，也转向对外资在发展过程中的适当角色的讨论。Subramanian 指出，依靠外国资本的"迷信"可能已经消失。当评论者质疑开放资本账户的可取性以及依靠外部资本的内在风险性的时候，以往的有关控制资本流入质量（例如限制短期资本流入的智利的储备税，甚至像马来西亚对东亚危机所做出的回应）的争论正在得到回答（Demirgüç-Kunt and Serven，2009；SAIS，2009；Subramanian，2009a）。正如本书第 5 章中 Cooper 所提到的，虽然一些人对市场的信心没有动摇，但是还有一些人，比如 Rodrik 和 Subramanian，看到了开放资本账户时代的结束，也看到了对于汇率、经济失衡以及其他政策变量进行更多管理的时代的到来。如果没有可供选择的方案，就需要对金融改革达成共识。[①] 当然，所选择的管理路径的性质将对资本流动的未来有重要意义，因此会对全球化的未来产生重大影响。

更少数量的可用资本———一个中期更小的不平衡———意味着资本的成本会更高，特别是如果在未来风险溢价更加明显并且更保守的资本充足率将成为常态。一张万能卡是现存的国际储备存量，在中国尤为突出，除了购买用美元计价的资产之外它没有更具吸引力的其他替代用法。尽管有特别提款权（SDRs）———在 20 世纪 70 年代出现的一个可使用数量非常有限的记账单位———但是，当前还没有大大削弱美元的实际作用的可行性（Eichengreen，2009）。这就是说，在许多国家，也有大量的储蓄，但是由于规避管制，其中很大一部分处于离岸状态。就阿根廷而言，在过去的两年里国内储蓄中至少有 450 亿美元已经离开该国（Leipziger，2009）。更少的资本外流意味着国内资本市场可以得到提升；然而，这不仅需要技术市场的发展，而且在某些情况下还需要更多的管制作为保证（Rodrik and Subramanian，2008a）。

有一点可以肯定的是，这场危机将加快对于日益加深的全球化的优点的反思。在此背景下，Stiglitz 是有先见之明的，因为他不仅吸引了赢家和输家对这一问题的注意，吸引了大家对于使用公共政策工具处理全球化后果的必要性的注意，而且吸引了经济大国的注意（Stiglitz，2006）。此外，那些指出中国和美国运行的巨大失衡的不可持续性的人

---

① 专家委员会（Commission of Experts，2009）。也可参见二十国集团（G-20，2009）关于加强金融体系的联合声明。

也是正确的，比如 Eichengreen 和 Park（2008）。美国的消费者不储蓄却购买沃尔玛销售的由中国低工资工人生产的廉价商品的模式，辅以有利的汇率，只能在经济持续增长并且具有大量信用的国家起作用。但是，当货币供应充裕和异常的利率所助长的泡沫破裂且全球需求上不去时，这种模式就失败了。① 这激起了人们对货币政策作用的兴趣，这一问题也深深吸引了大西洋两边的政治家。

一个正在出现的相关且有趣的辩论涉及资本主义和市场的本质，以及政府和私人部门各自发挥的作用。欧洲的许多国家责怪盎格鲁-撒克逊资本主义，并提出所谓的优越的国家资本主义模型（Davies，2009）。显然，美国和英国的市场去管制化造成了极端后果和大型公共救助——美联储和英格兰银行的资产负债表超过 2008—2009 年危机时的 2 倍。鉴于对效率和治理问题的担心，国家资本主义是否为正确的答案并不清楚。欧洲大陆的银行也蒙受了巨大的损失，预计它们由于在中欧和东欧的投资组合即将到来的损失而遭受重创（Gros，2009）。然而，显而易见的是，发展中国家无论是监管结构还是机构在政府前行的角色方面都处于两难境地。

所有国家的政府都被推回到中心位置，因为市场要么出现失灵要么剧烈波动，使企业运营遭遇困难。尽管大多数国家拥有财政调整的空间，采取了一些弥补总需求的措施，但是对于危机的政策反应有很大的差异。政府所做的及其作用对经济政策的未来运行已经产生了举足轻重的影响。在这种背景下，危机中采取的一些经济政策将限制未来的公共选择，影响未来的经济增长政策。即使是以投机的方式，危机及危机管理对未来的影响也是值得注意的。

危机管理将怎样塑造未来的增长

虽然《增长报告》使政府处于增长和发展过程的中心，但该报告汇集了适用于维持经济的长期高速增长而不是危机管理的建议方面的经验和判断。危机管理是政策制定者当前的最重要职责。毫不夸张地说，这些短期措施的运用将有持久的影响。这对于发达国家和新兴市场经济体都是正确的。

一个担心是，总需求的提升可能不是暂时性的。税率下降是难以逆

---

① IMF（2009）表明实际联邦基金利率为 4.6%，低于 2004 年第二季度泰勒规则的指导线。

转的，社会安全网覆盖范围的补充和扩展——虽然是经过深思熟虑的——也同样难以收缩。比较容易管理的可能是财政刺激方案的纯支出方面，尽管多年的基础设施建设计划——比如韩国正在实施的建设计划，或者中国的转向国内建设的计划——将是持续很多年的。对于在未来几年有望再次经历高增长的国家，财政方面的变化可能是可持续的。在其他国家，尤其是更先进的经济体，救助的财政负担以及增加的支出将使未来的价格精确化，该价格将遵循一个更加低增长的轨迹。

与财政政策行为有关的当然是货币政策行为。在美国和英国货币政策的托管人采取了与欧洲央行不同的方法，后者专注于通货膨胀，抵制需求的进一步扩张。这是一种有意识的权衡。在所谓的盎格鲁-撒克逊经济中，央行已想尽办法去救助金融机构，并试图恢复受到惊吓的在某种情况下不正常的资本市场流动性和人们对其的信心。这导致一些评论家如 El-Erian 提到了"新常态"。它指的是金融系统去杠杆化、去全球化和再管制化，其中许多市场的价格形成将受到传统的影响，并且在某些情况下，还受到持续的政府直接参与的影响（El-Erian，2009）。具体而言，这可以看作是从美联储的两个作用中分流出来的一个作用——价格稳定的作用——提高美国债务的水平，从而对限制未来增长的跨期性财政决策施加影响。

对于新兴和发展中市场经济体最为重要的是，发达经济体的政府作用已经发生了变化，新兴市场的政策制定者也重新修订了其担任的角色。根据《增长报告》的许多精神，政策制定者现在认为自己更加有权管理增长，创造企业和政府之间更加牢固的关系，引导信贷流向那些被国际市场拒之门外的公司，言外之意是，阐明更强硬的贸易政策，尤其是鉴于不断高涨的贸易保护主义情绪。在本书第 7 章，Rodrik 指出对于危机后增长的管理，政府需要采取更加实际的措施，并且指出了与之相反的观点——将危机后的增长交给市场——显然没有得到共鸣。虽然政府是否已经为承担这一扩展角色做好准备是一个独立的问题，但是，由于市场的崩溃和公共部门行动的必要性，人们的思想已经发生了转变。

由于经济增长放缓、需求下降，人们的注意力也转向大规模重新分配资源和新形式创新的必要性。现在回到讨论中，当生产性企业发生波动，并且失业接踵而至的时候，熊彼特经济学被视为一种积极的力量，这些波动和失业可以通过创建新的公司和新的就业机会来弥补（至少在总量上）（Schumpeter，1942）。Romer 在《增长报告》里很有说服力地阐述了这一波动，Romer 和 Aghion 独立地指出了创新作为经济增长驱动力的巨大利益（Aghion and Howitt，1992；Romer，1990）。在最近的工作中，Aghion 已强调了面临模仿者和创新者的不同的政策选择，以及增长政策、技术创新和制度的互补性（Acemoglu, Aghion and Zilibotti，2002；Aghion and others，2009）。这一直是整个 20 世纪发生在美国的故事；然而，当前的政治经济现实中最先进的国家不再能够接受大规模的创造性破坏。这是因为当前的经济放缓导致了大规模的失业，以及放款者保存资本且非常厌恶风险一度造成不能获得信贷。前者对保持企业与政府救助造成了巨大的压力，而后者则使新公司难以创立或扩大。可以说，熊彼特经济学在全球衰退中保护现有产业免受创新和变革的损害方面效果欠佳。不可避免的是，更少的创造性破坏意味着更少的创新，并且最终是速度较慢的长期增长。

许多评论家对危机带来的政策经验和教训展开评论。Subramanian 借鉴了印度的政策制定者的经验教训，Lin 和 Wang 从中国对其他国家的政策中吸取经验和教训（Lin and Wang，2008；SAIS，2009；Subramanian，2009b）。Krugman（2009）在《纽约时报》中写道，他看到了市场原教旨主义者和更加务实的认为市场失灵存在系统性风险的有影响力的经济学家新团体之间的分裂在不断扩大。在联合国（UN），Joseph Stiglitz 领导的专家委员会提出全球金融架构的极端变化，甚至包括一个新的致力于全球储备体系发展以及全球金融监管机构发展的建议（Commission of Experts，2009）。正如 Mike Spence 在委员会的特别报告中指出的那样，这场危机使很多理论和理论家感到尴尬，问题在于有多少理论可以修改挽救，有多少需要从根本上进行重新思考（Commission on Growth and Development，2009）。

过去争议的一个领域是公共部门银行的角色——经常是扮演巨额不良贷款和政治影响来源的角色。在危机的后果中，我们看到由大量涌入的资本（部分由世界银行贷款资助）撑住的印度的公共银行增加了信贷和金融基础设施投入；我们看到巴西国家社会经济发展银行——巴西的大型公共发展银行——大量增加贷款；当然，我们还看到中国政府主办的银行大量扩张信贷（*Economist*，2009；Exman，2009）。这些行动难道不如任何美联储的救市合理？只有时间才能告诉我们。但公共部门银行的复苏和公开收购私人银行是事实，我们已经知道不能认为它对全球化的未来有好处。

与全球化的根本联系是国家的政策复兴——私人部门的信贷领域、

公共基础设施投资、税收减免等手段的使用，以及在某一特定行业（例如，巴西汽车行业）培养需求的手段——对国际经济具有广泛而深远的影响。虽然过去几十年中国家政府以全球市场为重要线索，但是那个时代似乎已经过去，至少在最大的新兴和发展中市场经济体中是这样。对于更贫穷和更小的经济体来说，范式转变可能是小幅度的（Brahmbhatt，2008）；然而，意识形态的转变是显而易见的，国际金融机构主张纯粹的市场解决方案将更加困难。

关于危机管理的迫切需要和长期目标的实现，我们得出了一些最终的含义。更多依赖 2009 年的积极倡导者，围绕"脱钩"已经展开了一轮有趣的争论。（Economist，2009；Kose，Otrok and Prasad，2008）。关于哪个国家是全球体系负责任的管理者的观念已经发生了转变，而 G-20 峰会已经成为一个重要的新论坛，彰显未来新的经济大国的重要性（Leipziger and O'Boyle，2009）。当大型新兴经济体越来越多地被视为增长引擎并且将带领世界走出衰退时，一个期待已久的关于它们在金融和经济决策机构中的代表性的争论正在发生。从长期来看，大型新兴和发展中经济体将具有更多的参与体系的优先权，并且将有机会在国际体系中扮演领导角色。

由于危机导致增长放缓，维护和促进贸易将是世界经济体系的一个非常重要的挑战。尽管存在反对增加全球贸易保护主义的各种说辞，但是，最近的证据表明世界上最大的贸易国之间的贸易保护主义措施不断加强（Bown，2009，关于有资料可查的国家）。重回多哈回合谈判是重要的一步，这作为对世界多边贸易体制的承诺的考验在很大程度上具有象征意义（Commission on Growth and Development，2008）。但是，这一回贸易保护主义风波既处于世界贸易组织（WTO）法律规则的界限之内，又处于多哈协议的范围之外。这种后危机时代为主要贸易国——包括发达国家和发展中国家——提供了一个独特的机会来抵制保护主义，改善它们从中获得了巨大利益的贸易体系（Mattoo and Subramanian，2009）。

由于危机，全球金融框架的重塑是全球金融架构改革的另一个问题，其中主要发展中国家在发挥更大的作用。鉴于以上对金融全球化的机会与威胁的历史性辩论，这场危机促成了对其优点的重新评估。怀疑外部融资对经济增长的积极效应的经济学家已经处在本次讨论的前沿（Rodrik and Subramanian，2008b），政治行动已经导致了对跨境资金流动和跨国金融机构的监管力度加大。致力于将大型新兴市场国家包括进来的金融稳定论坛的改造，一直是朝着更有效的跨境监管迈进的一个具体步骤。新集团（即金融稳定委员会）将与国际货币基金组织紧密合作。合作涉及辨别和处理跨国宏观经济和金融风险（Economist，2009），并扩大在包括考核、监督、协调和信息交换能力等方面的职权（G-20，2009）。

除了面对所提出的迫在眉睫的挑战，危机对长期趋势产生了重大影响，其中不少在《增长报告》中得到了正确的反映。城市化是一个很容易识别的长期趋势。我们也看到政府将直接的财政刺激与培育"绿色投资"的长期愿望"联姻"，并且在某些情况下，如韩国，这种联动在政府的刺激计划中已经非常显而易见（Watts，2009）。短期政策的需求和长期趋势并不一定在劳动力市场问题上重合，这也许是全球化最棘手的问题之一，该问题由于人口结构的变化和收入不平等而变得更加复杂。

长期趋势的影响

在接下来的几十年中，人口结构的变化将会是世界环境的一个重要特征——这将对储蓄行为、养老金系统和财政稳定性造成影响。正如《增长报告》所提到的，世界人口将持续增长，而在增长的人口中有超过90%的人来自新兴和发展中市场经济体；而与此同时，发达国家却面临着人口老龄化的问题（World Bank，2007）。截至2050年，世界人口结构中60岁以上的人口比例将超过44%。这将对金融安全网和金字塔式的依赖（dependency pyramid）产生重大影响，正如Bloom、Canning和Fink在本书第13章所描述的那样。

按照国际货币基金组织的说法，人口结构的变化是对长期财政偿付能力的主要威胁。除了人口老龄化之外，由资产价格下跌导致的潜在的养老金负债，将对政府的财政偿付能力和长远的经济增长造成更严重的损害。政府所面临的主要风险既来自资产投资所产生的直接影响，也来自对个人资产的明确担保。对养老金损失进行私人补偿的政治压力也将持续。例如在美国，截至2009年年底，政府的固定收益计划已经损失了25%的价值。在未来五年中，如此严重的资本价格下跌所引发的资金亏空很可能是由政府、雇主乃至最终由纳税人去填充。正如Barr所指出的，养老金系统目前有四个出路：其一，增加纳税额；其二，减少支出；其三，延迟退休年龄；其四，政府出台增加国民产出的政策

(Barr，2009；Giles，2009；IMF，Fiscal Affairs Department，2009；OECD，2009a)。

上述与老龄化相关的成本，同一揽子紧急财政救援和刺激性政策的成本一道，必须由财政方面承担，因而不能指望其内在有多稳定。2008—2009年间，在发达经济体中，公共部门账户的跌幅是过去三十年中最大的。① 若得不到顺差国家的资金注入，这将在发达经济体内引发一场低等级的平衡增长。至于从新兴和发展中市场经济体进口的需求，即便是在经济已经开始恢复的情况下，我们也可以预期由外部推动的经济增长将会放缓，内需将起到更重要的作用。因此，总需求的组成部分很可能在发达和新兴市场经济体间移动以促进政府支出。这是一个主要的移动。

政府将面临如何运用短期资金而不损害长期增长的挑战。危机过后，政府债务的真实价格通常会暴涨，第二次世界大战后主要国家平均暴涨了86%之多（Reinhart and Rogoff，2009）。因此，财政政策应当大部分可逆，或对将来的经济情况及其补救措施有清楚的规定。若要恢复财政状况，要么在某个指定日期缓慢放松财政政策，要么随机应变（IMF，Fiscal Affairs Department，2009）。在危机中实施的减免税措施必须得到撤销，而这在政治上绝不会是一个有吸引力的选择。一旦稳定了经济，政府就会尽力在低政府收入和外部私有资本撤出的条件下增加税收。脆弱的外部私人资本流入在1990—2008年间平均只占流入方国家GDP的1.5%，以这个规模增加税收是完全可行的（World Bank，2009a）。世界银行所进行的研究表明，在取样的104个国家中，38%有着能够显著增税而不损害中期经济增长的能力（Le，Moreno-Dodson and Rojchaichaninthorn，2008）。

与公众的认知相反，导致政府债务迅猛扩张的原因并不是拯救银行系统和经济救援的支出需求，而是经济的长期紧缩所引发的未来税收崩溃。因此，政府将面临保证未来发展的计划不因缺乏资源而被放弃的挑战（IMF，Fiscal Affairs and Research Departments，2008）。在刺激增长的支出方面的这种削减已经被证明会降低未来税收收入的现值，在一

---

① IMF，Fiscal Affairs Department（2009）。国际货币基金组织的数据表明，在2007年，有数据的国家中54.5%有财政盈余，而那些没有财政盈余的国家的财政赤字平均占其GDP的1.68%。在2010年，这些国家中只有3%被预期有盈余，而那些被预期有赤字的国家的余额将平均占其GDP的-5.38%。

定程度上抵消对目前现金赤字的改善（Easterly, Irwin and Serven, 2007）。

当下，发达经济体的前景暗淡：国际货币基金组织预估，到2030年债务比率将上涨56个百分点。新兴市场的情况可能会稍微乐观些，因为它们的危机成本、主要赤字以及与老龄化相关的成本都要更少，并且有更好的增长前景。然而，发展中国家基础设施的私人参与已经减少了很多，而这一空白是否会被公共部门填补还不能确定。仅在2008年8—9月期间，项目的完成率就由于财政和需求放缓而下降了26%（World Bank, 2009b）。但是基础设施的投入目前在二十国集团一揽子刺激计划中却占了很大比重，这暗示着发达国家和大型发展中国家已经意识到维持未来投资的重要性。在2008—2009年，大约一半的通过投资刺激经济的手段中，有三分之二左右已经投资到或将要投资到基础设施上，这在2008年对二十国集团成员的GDP有着0.7%的贡献（IMF, Fiscal Affairs Department, 2009）。

如前所述，接下来几十年中人口的广泛增长多数将发生在发展中国家，为全球带来一次迅猛的城市化浪潮。在2008年，世界城市人口达到33亿。到2030年，这一数字预计会膨胀到将近50亿，平均每年增加6 500万人。特别地，这场前所未有的城市化浪潮在亚洲和非洲将在2000—2030年间翻一番。然而尽管变化巨大，城市人口增长在过去的30年间确实减缓了，峰值是1950—1975年间的每年3.7%。但是，由于城市人口的基数不断增长，每年的人口绝对增幅仍旧不容小觑，并且对许多人而言是不容乐观的（Spence, Clarke Annez and Buckley, 2009; United Nations Population Fund, 2007）。

目前的证据清楚地表明，不论在贫穷国家还是在富裕国家，城市都是经济、生产力及收入增长的重要催化剂（Quigley, 2009）。在所有已知的高度可持续增长中，城市制造业和服务业都是领头羊，而农业生产力的发展解放了劳动力，使劳动力向城市迁移。据调查，每个制造业或服务业的工人的平均生产力大概是传统部门的3~5倍。城市化和人均收入之间也有一个稳定的关系：几乎所有国家都是先完成了大部分城市化进程才进入了中等收入国家行列，而所有的高收入国家大部分已经完成了城市化。事实上，谁都没听说过有哪个国家能不经大规模、频繁的城市化而实现高收入或者迅猛发展的（Spence, Clarke Annez and Buckley, 2009）。

城市化给发展中国家的人们带来了巨大的挑战。虽然从城市区域经济和创新的角度来看，城市化有其潜在的利益可言，但也会带来交通拥堵、缺乏服务传递系统和各种不可控性等负面影响。对发展中国家来说，首当其冲的是如何鼓励能从城市区域和规模经济中获益的高生产力活动；在此之上还有管理经济崛起所可能带来的副作用——污染、区域不平等、高地价和高房价，等等——这是将经济增长所引发的分歧消弭于无形的关键。对宜居性和人均 GDP 的经验分析表明，城市只有改善拥堵、污染和安全等问题并加强城市经济管理，才能实现长期增长。基础设施和公众服务是这一问题的关键，而很可能也是最关键的。根据一些估计，满足发展中国家城市的要求需要在基础设施上花费 40 万亿美元。如何创造性地支付如此昂贵的开销，可能是发展中世界所面临的城市化政策中最大的挑战（Gill and Kharas, 2007; Gómez-Ibáñez, 2008; Spence, Clarke Annez and Buckley, 2009；参见本书第 8 章中 Estache 和 Fay 的论述）。城市化将推动工业和人口的迁移，尤其是在发展中国家；然而这些城市群的经济活动将成为增加温室气体排放的焦点。关于气候变化，《增长报告》引用委员会主席、诺贝尔经济学奖获得者 Michael Spence 以及其导师诺贝尔经济学奖获得者 Thomas Schelling 的观点，指出发展中国家不应该仅为了达到排放目标而放缓其增长（Schelling, 2007; Part 4 of World Bank, 2008a）。然而，发展中国家作为全球主要的排放者，更应该深入参与到气候变化的对话中来。事实上，其一，即使 OECD 国家明天全部停止排放，我们也仍将面临关于全球气温的冲突议题；其二，新兴和发展中市场经济体才是主要的排放增加者；其三，一些新兴和发展中市场经济体的碳排放强度的提高要远远超过发达国家（Energy Information Administration, 2009; World Bank, 2008a）。

那么，从上述证据中我们能得出何种结论？对全球经济增长和可持续发展有何影响呢？首先，《增长报告》从经济的角度指出重要的一点，即正确的政策是有效（即每吨成本最低）地减少排放，而不论污染在何处发生。当然，由于国家边界的存在，我们必须区分各个排放者，这就是第二原则的用武之地，即应当公平地分摊这些减排开销。这就意味着不仅要考虑支付能力，而且要记录我们达成这一观点的过程。然而，这一报告同样谨慎地没有把全部责任推给发达国家，因为世界上较贫困国家也应该为过去所取得的巨额增长（尽管不那么环保）负责。因此，担负责任的比率需要进行国际谈判，同时在这些谈判中也要考虑全球经济增长的形成机制。

《增长报告》讨论了如何在极端的不确定性下做出决策；尽管预期气候变化会造成全球损害，但其损害程度和确切的临界点仍具有极大的不确定性（Nordhaus，2006；分别参见本书第 11 章中 Wheeler 以及第 12 章中 Mendelsohn 的论述）。这一不确定性主张一个稳定的反馈系统，可以根据收集的新信息推出解决问题的方案，但是不能为了提出更好的解决办法而以极端的方式损害长远发展。总而言之，若要治理主要污染源，就必须以经济有效的方式做到这一点。

第四个明显的主流趋势是国内的不平等增加（关于国家间不平等趋势的数据，参见 United Nations（2006））。这在各国情况中都有报告，而且不出所料，其政策反应自然也是各种各样。世界银行的 Bourguignon 指出，越来越多的发展中国家在过去十年中取得了正增长，但更多的（59 个取样国家中的 42 个）却经历了自 1990 年以来收入平等上的倒退（Bourguignon，2007）。例如在越南，如果高增长率和不断上升的不平等（基数较低）这种孪生现象与相对贫困的快速下降相结合，就可以视为一个在发展过程中的良性发展。然而在诸如拉丁美洲的一些地区，潜在的不平等是巨大的，五等分中的顶层就占据了国民收入的 60% 以上。以巴西为例，2003 年收入最高的五分之一与收入最低的五分之二的收入之比为 8:1。在东亚等地区，潜在的不平等并没有那么明显；然而从 1996 年到 2004 年收入份额的变化仍触目惊心，每个更高的五分之一对应的收入份额都显著高于前一个（IMF，2007）。

OECD 报告，在 1995—2005 年间，以下发达国家的中间五分之三人群的收入份额在衰退：加拿大、丹麦、芬兰、法国、德国、意大利、挪威、瑞典和美国。而在所调查的 26 个国家中，除了意大利和墨西哥之外，五等分中的最底层人群的收入份额要么保持稳定，要么也在衰退。Estache 和 Leipziger 在关于中产阶级的书（Estache and Leipziger，2009）中，深入地考察了政府财政政策对于整个收入群体有何影响。暂且忽略中产阶级和全球化的负面影响在过去几年中对于国内外有关福利改善政策的政治支持所造成的威胁，尽管这种威胁很有可能继续下去。这是由于收入的决定因素有许多而分配问题却是地方政治问题。从没有像这样真实，当前这场危机造成了数以百万计的失业（Estache and Leipziger，2009；OECD，2008）。

在不同的国家，不平等的增加被视为全球化的必然结果，如中国、印度和美国。在现实中对这种增加有许多解释。国际货币基金组织指出，技术为主要驱动力，它将增加归因于这一因素的变化而非全球化本身（IMF，2007）。毫无疑问，中国的基尼系数从 1981 年的 0.28 上升到了 2004 年的 0.42，这伴随着城市化程度的大幅提高和新的工作岗位的创造；而在美国，根据 Goldin 和 Katz 的说法，自 1980 年以来教育所引发的工资急剧增长加剧了不平等（Goldin and Katz，2007）。根据 Lawrence（2008）的调查，美国蓝领工人的工资从 1981 年到 2006 年仅仅上涨了 4.4%，但每小时的产出却增加了 70%。[1] Blinder 的观点会使人相信重要的不再是广义上的教育投资，而是个性化服务同时抑制离岸外包的教育投资（Blinder，2009）。然而结果就是，在最近的几十年中收入变得越来越不平等，而大众则认为这应归咎于全球化——这对全球化者们来说可不是个好消息。

激进的全球化者如 Jagdish Bhagwati 认为，全球化的好处巨大，尤其是在贸易上，但同时存在着过渡和补偿的问题。Bhagwati 主张对较贫困国家调整援助，而 Blinder 指出调整援助在美国不适用。诸如 Stiglitz（2002，2006，2009）这些看到全球化进程中根本问题的人则将其归咎于补偿机制的不足、经济实力固有的不对称性以及金融监管的失灵。2007 年 Leipziger 和 Spence 认为，赢者和输者更关注的是实际需求而非公平，以维持对政策的政治支持和推进全球经济开放的国际协议（Commission of Experts，2009；Leipziger and Spence，2007；Stiglitz，2002，2006）。

一些人认为，全球化的未来走势仍不明确。但可以肯定的是，发展中国家将面临发展的新挑战，必须适时做出改变来适应当前的形势。本书中汇编的文献试图描绘出未来的发展动态，尤其是对于发展中国家，并提出可能的前进道路。

本书的突出贡献

在本书第 2 章，Daron Acemoglu 详细阐述了经济学家在应对当前危机时所犯的理论性错误以及这些错误带给我们的教训，这些分析为这本关于经济全球化的书籍提供了一个理想的开端。更重要的是，他提到国家经济增长的长期目标和经济发展的相关理论在全球化的背景下仍然

---

[1] Goldin and Katz（2007）；Lawrence（2008）。劳伦斯发现尽管工资不平等确实在增加，但造成工资差距的很大一部分原因是非蓝领工人的（绩效）量度问题以及教育。

适用，而且对政策的制定与实施都有着重要意义。Acemoglu 同时强调了技术创新对于资本主义经济繁荣和发展的重要性。然而，尽管技术创新对经济的长期发展有着积极影响，但是创新和收入再分配仍未出现在政治辩论中，也未曾在危机管理的对策建议中起到重要作用。另外，Acemoglu 也解释了为何聚焦于经济增长是必要的。假如全球体系失控，对大多数国家而言 GDP 的损失不过在几个百分点左右；相反地，即使细小的经济波动也将在 10 年或 20 年后累积成一个惊人的数字。因此，从政策和福利的角度来看，牺牲经济增长来应对当前的经济危机是一个不明智的选择。经济增长理应是被讨论的核心问题，而不应该是事后考虑的问题。

Acemoglu 也阐述了全球化进程以及经济持续增长所带来的弊端。他提醒我们注意经济增长所带来的收入再分配和创造性破坏，而且总会有一些群体——通常是强势群体——反对某些方面的经济增长。因此，全球化所面临的一个主要风险是消费者和政策制定者对未来经济增长和市场预期所持的悲观态度。根据 Acemoglu 的观点，这场危机归根结底不应被视为资本主义或自由市场的失败，而应该归咎于未受监管的市场。

在第 3 章，Charles Calomiris 阐述了政府监管不当是引发当前金融危机的原因。虽然他承认调控手段确实起到过积极作用，但是他强调引发这场金融危机的原因与其说是缺乏政府监管不如说是监管不当。由于政府在整个金融系统中承担着巨大的风险和损失，所以政府的监管不当是引发次贷危机的主要原因。政府在整个金融系统的风险和损失中扮演着极其重要的角色。事实上，引致经济危机的根本原因在于政府的作为，而非政府的不作为。Calomiris 援引文献指出，与缺乏政府参与的时代相比，如今的经济危机不仅发生次数频繁而且严重。

然而，在意识到有必要对当今复杂的金融环境进行适当监管的同时，Calomiris 详细描述了可以为这场次贷危机带来转机的六类政策性改革意见，包括：（1）使微观审慎资本监管更智能；（2）关于银行资本和流动性标准的宏观审慎监管的新观点；（3）制定针对大型综合性金融机构的详细的、定期更新的、预先设定的"过渡银行"计划；（4）关于消除由政府政策所鼓励的高风险和高杠杆率引起的住房信贷扭曲的改革；（5）关于改进银行股东纪律的改革；（6）关于促进金融衍生品交易更加透明的方案。

在第 4 章，Andrew Sheng 将网络理论运用到全球金融市场的行为上，并指出了监管的潜在影响。Andrew Sheng 认为网络金融领域内的新观点可能有助于理论家和实践者们更好地理解市场的运作机理以及改进现有政策的方法。Andrew Sheng 假定，除非政策制定者对金融系统的运作机理有一个完整的理解，否则该系统不可能受到监控。雷曼兄弟的垮台揭示了现代经济危机在复杂程度、深度、蔓延速度和传播方式上的特点。前所未有的巨大损失是政策制定者没能理解系统本质的必然结果。

Andrew Sheng 认为需要一套框架来简化对复杂市场的理解。在这套框架中，市场参与者之间基于不对称的信息而进行的互动是动态的，且并不总是稳定的。这套框架中的问题不仅需要从系统的视角处理，而且需要从细节层级上处理，其中细节层级的问题也是最脆弱的环节。虽然网络分析并不具有任何前瞻能力，但它至少可以勾勒出一个能够解读当前行为的框架，该框架揭示了我们缺乏对外部性问题、激励机制、薄弱环节、稳定性结构的正确认知。网络分析的主要论点是，变化的过程并不是线性的。事实上，变化是互通互联的，它是实验、事故以及金融机构、投资者、监管者和政策制定者等系统参与者的操纵的结果。

在第 5 章，Richard Cooper 提出各国之间经常账户上的不平衡是资本市场全球化以及人口结构变化的自然结果，在欧洲和东亚这两个正在迅速老龄化、年轻人口迅速减少的地区尤其如此。在这两个地区，多储蓄、少投资导致了储蓄的过剩。随着资本市场的全球化，这些过剩的储蓄自然会流到国外去寻求投资的机会。相比之下，人口趋势显著不同的美国（归因于年轻人的迁移）因其市场为这些过剩的储蓄提供收益、流动性和保障，并满足其交易需求和投资需求，最终使其在国内转化为财政支出。因此，这种"不平衡"现象并不明显地反映世界经济的失衡，而只是跨期交易在当前阶段的结果。

尽管当下发生了危机，Cooper 仍在世界银行 2009 年的会议上对全球化的未来做出了正面的展望。他提到，在过去半个世纪尤其是最近二十年中世界经济所取得的发展和一体化成就，不论是在相对数字还是在绝对数字上都史无前例地推动了贫困人口的减少。然而，他也谨慎地提到当前的这场危机确实潜藏着严重危险，其中最为严重的当属全球化和对外贸易的倒退。对外贸易大国的一项贸易保护政策将对经济的长期增长产生显著的负面影响。Cooper 认为对于现代经济体而言危机是不可避免的，但政策制定者面临的挑战并非如何避免危机，而是降低实际的损失，并通过有效的监管改革来准备迎接危机之后的转机。Cooper 认为迄今为止有关应对经济危机的策略在上述两个方面都宣告失败（Cooper，2009：320 - 332）。

在第 6 章，Ravi Kanbur 提出了政策制定者在经济危机中所面对的核心问题：如何在需求更大的情况下配置稀缺资源。从技术层面上来说，通过减少个人支出或将资源重新分配到更节约的计划上来对抗贫困的动机会导致更有效的资源运用——即使把额外的信息成本和对小微目标的刺激开销都计算在内。相反，政治经济学则认为减少资源占用而精打细算的行为是鼠目寸光的，适当放宽目标范围可能更为有利，因为这会把贫困人群和相对贫困人群的利益放在一起考虑。危机中贫困人群被推向绝对贫困的滚雪球效应、位于收入分配低端的群体及希望维持基本消费水平的劳苦大众的愿望表明，略微宽松的计划在经济灾难发生时可能更受欢迎。

Kanbur 的章节在当前环境下尤为适合，因为关于危机对贫困人群有何影响的讨论对于任何一本关注全球化、增长以及金融危机的书来说都是不可或缺的。虽然这场危机宣判了世界上一些最著名金融机构的死刑，但其对于贫困人群的影响则没有得到太多关注。根据世界银行的调查，截至 2009 年已有 9 000 万人口由于这场危机而生活在极度贫困中。在危机过后，我们急需能够缓和危机对贫困人口影响的策略。收入分配问题一直是重点，在收入减少期间它们也是重中之重。如何消除危机所造成的严重后果永远是复兴之路上的重点，也是发展中经济体在全球化道路中所要面临的重大问题。这一主题请参见本书第 2 部分。

本书第 2 部分重点研究金融危机对发展中国家的影响。在第 7 章，Dani Rodrik 概述了在金融危机中发展中国家所处的经济增长环境。对于 Rodrik 而言，答案取决于如何应对接下来的全球紧缩。一方面，全球经济需要保持外部增长平衡以维持其稳定性；而另一方面，贫困国家的发展需要世界经济能够产生与之相对应的巨大需求。

Rodrik 的观点有着重大的政策意义。他认为，可以令这两个需求彼此兼容，但在发展中国家需要政府的政策支持，发展中国家可以在不引起贸易逆差的情况下增强商品的流动性。他断言，经济增长的关键所在是现代贸易对商品的需求，而不是过剩的产能。对于出口导向型发展中国家而言，这一暗喻的意思是：只要内需能够随着国内产能的提高而扩大，就无须牺牲内需进行发展。

在第 8 章，Antonio Estache 和 Marianne Fay 在基础设施建设与经济发展之间存在关系这一大背景下对关于基础设施政策的主要争论进行了概述。他们就经济发展和消除贫困查阅了几个典型的宏观经济部门的数据，并论述了在制度上存在的主要争论，既包括公共和私人部门基础设施的相对比较优势在不同阶段的传递，也包括政府角色的转变。

由于基础设施行业的多样性，很难从给出的不同组别或国家中得出明确的结论，然而 Estache 和 Fay 仍从中得出了一些一般性的结论。第一，虽然基础设施和经济发展的文献告诉我们基础设施很重要，但其重要性由于国家的发展和限制条件的变化而在国内外不同时间段有所不同。第二，在满足世界上最贫穷国家的基础设施需要上，我们还有很长的路要走。第三，私有化在投资方面表现得差强人意，而深受其害的却是没有基础设施可用的那些人。Estache 和 Fay 发现缺少关于基础设施建设的明确答案的主要原因是缺少相关部门的客观数据，因此只能停留在理想化的模型中而不是实事求是。在他们的纵览中，数据的缺乏贯穿全篇，包括诸如成本和关税等基本问题，以及公共和私人资源被分配到扩大部门规模和维持部门日常运营上的份额。他们强调对于核心问题必须提供实质性的解决方案而不是依赖于理想化的模型。对于国际组织来说必须比以前更加重视数据问题。更进一步讲，由于经济危机和基础设施建设资金（特别是私人部门资金）的紧缩，急需新的政策来促进经济发展。

在第 9 章，William Cline 回顾了他在 1982 年关于"合成谬误"的文章，将其放在当前的环境中重新审视。Cline 原本对一般化"亚洲四小龙"——中国香港、韩国、新加坡和中国台湾——依赖出口迅速增长而实现经济腾飞模式的可行性提出疑问，因为如果所有发展中经济体都遵循它们的道路，那么最终会在工业化国家中引发贸易保护。他在 1984 年的书中提出了发展中经济体工业制成品出口每年增长 10%～15% 的安全限速，这比韩国和中国台湾在 20 世纪六七十年代的 25%～35% 低得多。

本书中 Cline 根据二十五年的经验重新审视了这个问题。他发现，发展中经济体的工业制成品出口总额以一个合乎限速的、每年大约 10% 的稳定幅度增长。但即便如此，在服装等关键部门，进口渗透水平也超过了之前预估的会引发贸易保护的临界值，这表明了 WTO 的作用在不断增强。贫困国家的工业制成品出口比起中国和"亚洲四小龙"来说仍然很少，因此对于这些新兴经济体来说还有较大的出口增长空间。虽然 Cline 并未明确提到后危机时代的经济形势，但从他的论述中可以得出的一个结论是，大型新兴市场出口需求的巨大转变为贫穷的发展中国家提供了更大的出口市场。在"南南"交易迅猛发展的同时，这为欠发达国家的出口导向型经济重新提供了一些希望。

在第 10 章，Philippe Aghion、David Hemous 和 Enisse Kharroubi 评估周期性财政政策对发展造成的影响，通过财政政策刺激内需在发达及大型发展中经济体中是一个备受关注的问题。与第 2 章类似，第 10 章对由来已久的短期和长期经济增长的表现的假设提出质疑。根据作者所说，宏观经济学严格界定了长期和短期增长的表现，并集中研究了宏观经济政策（财政政策和货币政策）在经济冲击之后维持经济稳定的作用。然而研究表明短期维稳政策会影响到长期经济运行。

第 10 章进一步研究了在产业受到融资约束的情况下反周期财政政策对产业增长的影响。实证证据表明，受到更严格的融资约束的产业在更稳定的财政政策下能够发展得更好。作者进一步指出，一个产业的融资约束与财政政策的反周期性的相互影响对产业增长具有积极的、显著的和可靠的影响，而且这种政策对产业增长的影响与更结构化的特点对产业增长的影响相比具有相当的（甚至更大的）重要性。这些分析对于如何实施整个经济周期的宏观经济政策具有深远的意义，这种政策对于创新和生产力具有事前和事后的影响。一个更具有反周期性的财政政策事前通过降低创新在未来由于不利的宏观经济冲击而失败的风险来增加创新激励，事后有助于降低那些在一个不利冲击后不得不削减提高生产力的投资的企业的比例。

本书的第 3 部分着眼于长期的经济增长所面临的问题。在第 11 章和第 12 章，David Wheeler 和 Robert Mendelsohn 分别描述了当下关于气候变化对经济发展的影响所存在的争论，认为在那些诸如倡议的规模、范围和时机等非科学的方面仍有着巨大的不确定性（World Bank, 2009c）。然而，虽然两人都同意温室气体的累积会导致全球变暖这一理论，但他们对变暖可能对经济造成的影响则持有不同的评价。然而，他们都认为发展一套至少能在经济和政策许可时保持实行更审慎措施的策略是当务之急。他们也同意发展中国家必须完全参与进来，因为它们将是全球变暖的最大受害者，而它们的排放量则在迅速追赶发达国家。

在第 11 章，David Wheeler 描述了气候变化对发展中国家以及公共政策的影响，认为有效的减排措施需要通过基于市场的工具（征收排放费或拍卖可交易许可证）进行碳定价。为了打下应付这一全球性挑战的基础，他提倡两个优先行动：其一，成立一个国际机构，委托其收集、核实并公开披露所有显著的全球碳排放源排放量的有关信息；其二，对应四个方面建立四个全球合作协会：减少温室气体排放量，加速清洁技术的发展，为它们迅速向发展中国家推广融资，支持发展中国家适应不可避免的气候变化的影响。应利用现有的最佳的科学、技术和经济评估手段设定目标和优先级。这些协会的动作应是透明的并进行独立的审计。

在第 12 章，Mendelsohn 认为气候变化对全球经济的影响在接下来的半个世纪内不会很大，而到 21 世纪末也未必会发生严重冲击，即使气候变化对长期经济增长的影响并不乐观。事实上根据 Mendelsohn 的说法，比起气候变化来说，激进的短期减排措施对长期经济增长的威胁更大。Mendelsohn 断言，因为随着温室气体的累积，边际损害会加大，因此最优策略会与时俱进而变得越来越严格。对这一问题的平和的经济的解决办法会以对经济增长影响最小的方式来应对气候的变化。这一动态的策略在一定程度上反映了技术进步可令温室气体越来越受控的事实。然而，短期减排计划越激进，气候变化对长期增长带来的风险就越大。

最后，在第 13 章，Bloom、Canning 和 Fink 考察了人口变化这一被国际货币基金组织认定为对长期财政偿付能力的最主要威胁（IMF，Fiscal Affairs Department，2009）。他们考察了人口老龄化对劳动力以及长期经济增长的影响。尽管据预测大多数国家的劳动力参与率在 2000—2040 年间都会降低，但由于人口年龄段组成的变动，大多数国家劳动力占总人口的比例却会上升。这是因为生育率下降意味着年轻人抚养比的下降将足以抵消成年人步入老年所引起的劳动力参与率的降低。劳动力占总人口比例的上升被与生育率下降相关的特定年龄段女性劳动力参与率的上升所放大。这些因素显示了即使人口在老龄化，经济仍然会保持高速增长。

对于 OECD 国家而言，劳动力参与率和劳动力占总人口的比例的预期下降显示了经济增长的些许放缓，然而这些因素可由针对人口老龄化的对策——以为退休储蓄、提高劳动力参与率、促进劳动力从劳动力过剩国家向劳动力短缺国家的输出等形式——来消弭，能促进这些变化的国家因此可以限制人口老龄化的不利后果。从这些消除不利影响的考虑来看，有理由认为发展中国家的人口老龄化可能不像一些人预期的那样会造成太大影响。另外，在改变退休激励机制、养老金筹资方式、投资改善老年人的健康状况以及移民方面的政策响应可能进一步改善人口老龄化对经济增长所造成的影响。

总的来说，本书在宽泛的、将会影响发展中国家接下来数年间的经济增长的主题上将世界各地的专业知识汇聚一堂。第 1 部分在国际国内水平上提供了对使得世界经济陷入当前沼泽之中的诸因素的详细分析，并提出了关于改革的新看法。第 2 部分探讨了关于危机过后发展中国家经济增长的特定政策主张。第 3 部分讨论了长远趋势，以及当前形势给所有国家在其寻求发展的道路上将带来的挑战。在当下这个金融和经济危机的节骨眼上,很显然危机将给一些国家尤其是那些较贫困国家的发展道路蒙上一层阴影。本书便是要尝试指明危机过后的世界以及可能的前进方向。

参考文献

Acemoglu, Daron, Philippe Aghion, and Fabrizio Zilibotti. 2002. "Vertical Integration and Distance to Frontier." NBER Working Paper 9191. National Bureau of Economic Research, Cambridge, MA.

Aghion, Philippe, and Peter Howitt. 1992. "A Model of Growth through Creative Destruction." *Econometrica* 60 (March): 323–351.

Aghion, Philippe, Leah Boustan, Caroline Hoxby, and Jerome Vandenbussche. 2009. "The Causal Impact of Education on Economic Growth." Working Paper. Harvard University, Cambridge, MA.

Aghion, Philippe, Yann Algan, Pierre Cahuc, and Andre Shleifer. 2008. "Regulation and Distrust." The National Bureau of Economic Research (NBER) Working Paper. NBER, Cambridge, MA.

Algan, Yann, and Pierre Cahuc. 2006. "Civic Attitudes and the Design of Labor Market Institutions: Which Countries Can Implement the Danish Flexicurity Model?" IZA Discussion Paper 1928 (January). Institute for the Study of Labor, Bonn.

Anderlini, Jamil. 2009. "'Buy China' Policy Set to Raise Tensions." *Financial Times*, June 16.

Barr, Nicholas. 2009. Comments at the Harvard workshop of the Commission on Growth and Development. Transcript. World Bank, Washington, DC.

Barr, Nicholas, and Peter Diamond. 2009. "Reforming Pensions." *International Social Security Review* 62 (2): 5–29.

Barth, James, Gerald Caprio, and Ross Levine. 2006. *Rethinking Bank Regulation: Till Angels Govern.* Cambridge, U.K.: Cambridge University Press.

Bhagwati, Jagdish. 2004. *In Defense of Globalization.* New York: Council on Foreign Relations.

Bhagwati, Jagdish, Arvind Panagariya, and T. N. Srinivasan. 2004. "The Muddles over Outsourcing." *Journal of Economic Perspectives* 18 (4): 93–114.

Blinder, Alan. 2007. "How Many U.S. Jobs Might Be Offshorable." Working Paper 60. Princeton University, Department of Economics, Center for Economic Policy Studies, Princeton, NJ.

———. 2009. "Offshoring: Big Deal or Business as Usual." In *Offshoring of American Jobs: What Response from U.S. Economic Policy?* ed. Jagdish

Bhagwati and Alan Blinder. Cambridge, MA: MIT Press.

Bourguignon, François. 2007. "The Challenges of Inclusive Global Development." Presentation to the Development Committee, World Bank, Washington, DC.

Bown, Chad. 2009. *Global Antidumping Database*. Washington, DC: World Bank (July). www.brandeis.edu/~cbown/global_ad/.

Brahmbhatt, Milan. 2008. "Weathering the Storm: Economic Policy Responses to the Financial Crisis." Working Paper. World Bank, Washington, DC.

Bresser-Pereira, Luiz Carlos, and Paulo Gala. 2007. "Why Foreign Savings Fail to Cause Growth." Final version of a paper originally presented at the São Paulo School of Economics, Getúlio Vargas Foundation, São Paulo. May 23, 2005.

Burman, Leonard E. 2009. "A Blueprint for Tax Reform and Health Reform." Research report (April 7). Urban Institute, Washington, DC. www.urban.org/url.cfm?ID=1001262.

Claessens, Stijn, M. Ayhan Kose, and Marco E. Terrones. 2008. "What Happens during Recessions, Crunches, and Busts? CEPR Discussion Paper DP7085. Centre for Economic Policy Research, London.

Collier, Paul. 2007. *The Bottom Billion: Why the Poorest Countries Are Failing and What Can Be Done about It*. New York: Oxford University Press.

Commission of Experts of the President of the General Assembly. 2009. *Recommendations by the Commission of Experts of the President of the General Assembly on Reforms of the International Monetary and Financial Systems*. New York: United Nations.

Commission on Growth and Development. 2008. *The Growth Report: Strategies for Sustained Growth and Inclusive Development*. Washington, DC: World Bank.

———. 2009. *Post-Crisis Growth in Developing Countries*. A Special Report. Washington, DC: Commission on Growth and Development.

Cooper, Richard. 2009. Presentation at the "PREM Knowledge and Learning Forum 2009," Washington, DC. April 28.

Davies, Lizzy. 2009. "Sarkozy and Merkel Tell U.S. That Europe Will Lead Way towards 'Moral' Capitalism." *Guardian*, January 8.

Dell'Ariccia, Giovanni, Enrica Detragiache, and Raghuram Rajan. 2005. "The Real Effect of Banking Crises." IMF Working Paper 05/63. International Monetary Fund, Washington, DC.

Demirgüç-Kunt, Aslı, and Luis Serven. 2009. "Are All the Sacred Cows Dead? Implications of the Financial Crisis for Macro and Financial Policies." Policy Research Working Paper 4807. World Bank, Washington, DC.

Easterly, William, Timothy Irwin, and Luis Serven. 2007. "Walking up the Down

Escalator: Public Investment and Fiscal Stability." Policy Research Working Paper 4158. World Bank, Washington, DC.

Economist. 2009. "Decoupling 2.0." *Economist*, May 21.

Eichengreen, Barry. 2009. "Commercialize the SDR Now." *Gulf Times*, May 3.

Eichengreen, Barry, and Yung Chul Park. 2008. "Asia and the Decoupling Myth." Department of Economic and Social Affairs Working Paper 69. University of California, Berkeley.

El-Erian, Mohamed. 2009. "A New Normal." *pimco.com*, May. www.pimco.com/LeftNav/PIMCO+Spotlight/2009/Secular+Outlook+May+2009+El-Erian.htm [accessed July 21, 2009].

Energy Information Administration. 2009. *International Carbon Dioxide Emissions and Carbon Intensity*. Washington, DC: Energy Information Administration (April).

Estache, Antonio, and Danny Leipziger. 2009. *Stuck in the Middle: Is Fiscal Policy Failing the Middle Class?* Washington, DC: Brookings Institution Press.

Exman, Fernando. 2009. "Brazil Injects Cash in State Bank to Boost Lending." *reuters.com*, January 22. www.reuters.com/article/euIpoNews/idUSN2254449520090122 [accessed July 21, 2009].

Financial Times. 2009. "No Free Lunches, Even at G-8, Says IMF Chief." *Financial Times*, July 9.

Freund, Caroline. 2009. "The Trade Response to Global Downturns: Historical Evidence." Policy Research Working Paper 5015. World Bank, Washington, DC.

G-20. 2009. *Declaration on Strengthening the Financial System*. Communiqué. London: G-20.

Gamberoni, Elisa, and Richard Newfarmer. 2009. "Trade Protection: Incipient but Worrisome Trends." Trade Notes. World Bank, International Trade Department, Washington, DC.

Giles, Chris. 2009. "Pension Strains Risk Decades of Social Crisis, Warns OECD." *Financial Times*, June 24, p. 4.

Gill, Indermit, and Homi Kharas. 2007. *An East Asian Renaissance: Ideas for Economic Growth*. Washington, DC: World Bank.

Goldin, Claudia, and Lawrence Katz. 2007. "The Race between Education and Technology: The Evolution of U.S. Educational Wage Differentials, 1890 to 2005." NBER Working Paper W12984. National Bureau of Economic Research, Cambridge, MA.

Gómez-Ibáñez, José. 2008. "Private Infrastructure in Developing Countries: Lessons from Recent Experience." In *Workshop on Global Trends and Challenges*. Cambridge, MA: Commission on Growth and Development.

Gros, Daniel. 2009. "Collapse in Eastern Europe? The Rationale for a European Financial Stability Fund." Commentary. Centre for European Policy Studies, Brussels.

IIF (Institute of International Finance). 2009. *Capital Flows to Emerging Market Economies*. Washington, DC: IIF.

IMF (International Monetary Fund). 2007. *World Economic Outlook: Globalization and Inequality*. Washington, DC: IMF.

———. 2009. *World Economic Outlook*. Washington, DC: IMF.

IMF, Fiscal Affairs Department. 2009. "The State of Public Finances: Outlook and Medium-Term Policies after the 2008 Crisis." IMF, Washington, DC.

IMF, Fiscal Affairs and Research Departments. 2008. "Fiscal Policy for the Crisis." Staff Position Note. IMF, Washington, DC.

Jesuit, David, and Vincent Mahler. 2004. "State Redistribution in Comparative Perspective: A Cross-National Analysis of the Developed Countries." Paper presented at the annual meeting of the American Political Science Association, Chicago, IL. September.

Kashyap, Anil, Raghuram Rajan, and Jeremy Stein. 2008. "Rethinking Capital Regulation." Paper prepared for the Federal Reserve Bank of Kansas City symposium "Maintaining Stability in a Changing Financial System," Jackson Hole, WY. August 21–23.

Kose, Ayhan, Christopher Otrok, and Eswar Prasad. 2008. "Global Business Cycles: Convergence or Decoupling?" IMF Working Paper 08/143. International Monetary Fund, Washington, DC.

Krugman, Paul. 2009. "How Did Economists Get It So Wrong?" *New York Times*, September 6.

Lawrence, Robert Z. 2008. *Blue-Collar Blues: Is Trade to Blame for Rising U.S. Income Inequality?* Washington, DC: Peterson Institute for International Economics.

Le, Tuan Minh, Blanca Moreno-Dodson, and Jeep Rojchaichaninthorn. 2008. "Expanding Taxable Capacity and Reaching Revenue Potential: Cross-Country Analysis." Policy Research Working Paper 4559. World Bank, Washington, DC.

Leipziger, Danny. 2009. "How to Explain Argentina and Where It Is Headed?" Note. Washington, DC.

Leipziger, Danny, and William O'Boyle. 2009. "The New Economic Powers (NEPs): Leadership Opportunities Post Crisis." *World Economics* 19 (3): 43–80.

Leipziger, Danny, and Hyun Ja Shin. 1991. "Demand for Protections: A Look at Antidumping Cases." *Open Economics Review* 2 (1): 27–38.

Leipziger, Danny, and Michael Spence. 2007. "Globalization's Losers Need Support." *Financial Times*, May 15, p. 15. http://dannyleipziger.com/documents/economicviewpoint14.pdf.

Lin, Justin, and Yan Wang. 2008. "China's Integration with the World: Development as a Process of Learning and Industrial Upgrading." Policy Research Working Paper 4799. World Bank, Washington, DC.

Mattoo, Aaditya, and Arvind Subramanian. 2009. "A Crisis Round of Trade Negotiations?" *iie.com,* March 30. www.iie.com/publications/papers/paper.cfm?ResearchID=1173 [accessed April 16, 2009].

Mishkin, Frederic. 2006. *The Next Great Globalization: How Disadvantaged Nations Can Harness Their Financial Systems to Get Rich*. Princeton, NJ: Princeton University Press.

Nordhaus, William D. 2006. "The 'Stern Review' on the Economics of Climate Change." NBER Working Paper 12741. National Bureau of Economic Research, Cambridge, MA.

OECD (Organisation for Economic Co-operation and Development). 2008. "Growing Unequal? Income Distribution and Poverty in OECD Countries." OECD, Paris, October.

———. 2009a. "Crisis Highlights the Need for Sweeping Pension Reforms, Says OECD." *oecd.com,* June 23 (accessed June 29, 2009).

———. 2009b. *OECD Economic Outlook* 85 (June). Paris: OECD.

Pew Global Attitudes Project. 2008. *Some Positive Signs for U.S. Image: Global Economic Gloom; China and India Notable Exceptions*. Washington, DC: Pew Research Center.

Quigley, John M. 2009. "Urbanization, Agglomeration, and Economic Development." Working Paper. World Bank, Washington, DC.

Rajan, Raghuram. 2005. "Has Financial Development Made the World Riskier?" NBER Working Paper 11728. National Bureau of Economic Research, Cambridge, MA.

———. 2009. "Cycle-Proof Regulation." *Economist*, April 9.

Reinhart, Carmen, and Kenneth Rogoff. 2009. "The Aftermath of the Financial Crisis." NBER Working Paper 14656. National Bureau of Economic Research, Cambridge, MA.

Rodrik, Dani. 2009. "The Bumpy Road Ahead." *Korea Times*, June 14.

Rodrik, Dani, and Arvind Subramanian. 2008a. "We Must Curb International Flows of Capital." *Financial Times*, February 25.

———. 2008b. "Why Did Financial Globalization Disappoint?" Working Paper 2008-0143. Harvard University, Weatherhead Center for International Affairs, Cambridge, MA.

Romer, Paul. 1990. "Endogenous Technological Change." *Journal of Political Economy* 98 (5): 71–102.

SAIS (School of Advanced International Studies). 2009. "New Ideas in Development after the Financial Crisis." Transcript. Johns Hopkins University, SAIS, Washington, DC.

Sapir, Andre. 2005. "Globalization and the Reform of European Social Models." Policy Brief. Bruegel, Brussels.

Schelling, Thomas. 2007. "What Development Economists Need to Know about Climate Change." PREM Seminar Series (December 18). World Bank, Washington, DC.

Schumpeter, Joseph. 1942. *Capitalism, Socialism, and Democracy*. New York: Harper.

Spence, Michael, Patricia Clarke Annez, and Robert Buckley, eds. 2009. *Urbanization and Growth*. Washington, DC: World Bank.

Stiglitz, Joseph. 2002. *Globalization and Its Discontents*. New York: Norton.

———. 2006. *Making Globalization Work*. New York: Norton.

———. 2009. "Wall Street's Toxic Message." *Vanity Fair*, July.

Subramanian, Arvind. 2009a. "Coupled Economies, Decoupled Debates." *Business Standard*, April 9.

———. 2009b. "India's Goldilocks Globalization." *Newsweek*, June 6.

United Nations. 2006. *World Economic and Social Survey 2006*. New York: United Nations.

United Nations Population Fund. 2007. *State of the World Population 2007*. New York: United Nations.

U.S. Census Bureau. 2009. *Historical Income Inequality Tables*. Washington, DC: U.S. Census Bureau (August).

Watts, Jonathan. 2009. "South Korea Lights the Way on Carbon Emissions with Its 23 Billion Pound Green Deal." *Guardian*, April 21.

Wolf, Martin. 2009. "This Crisis Is a Moment, but Is It a Defining One?" *Financial Times*, May 19.

World Bank. 2007. *Global Economic Prospects: Managing the Next Wave of Globalization*. Washington, DC: World Bank.

———. 2008a. *International Trade and Climate Change: Economic, Legal, and Institutional Perspectives*. Washington, DC: World Bank.

———. 2008b. *World Development Indicators*. Washington, DC: World Bank.

———. 2009a. *Global Development Finance*. Washington, DC: World Bank.

———. 2009b. *Private Participation in Infrastructure Database*. Washington, DC: World Bank (July).

———. 2009c. *World Development Report 2009: Reshaping Economic Geography*. Washington, DC: World Bank.

WTO (World Trade Organization). 2008. *International Trade Statistics 2008*. Geneva: WTO.

第1部分 全球金融危机：原因、缓解和改革

第2章 2008年经济危机：经济学的结构性思考[①]

达龙·阿西莫格鲁

(Daron Acemoglu)

我们还不清楚2008年的全球金融和经济危机是否将在历史上成为一个重大乃至灾难性的独特事件。历史上充满了同时代认为是划时代的最后却被长期遗忘的事件。与之相对，在大萧条的早期阶段，许多人都轻视它的影响。虽然指出2008年下半年的历史地位还为时尚早，但是毫无疑问，这将为认识经济学规则提供一个重要的机会。这为我们——这里指的是包括笔者本人在内的大多数经济学界成员——提供了一个令我们醒悟我们本不应当第一时间轻易接受某些观点的机会。这也是一个让我们退回去考虑，从理论和实证调查中学到了哪些重要经验，即当前情形下仍然正确的部分，并且思考它们能否为我们目前的政策讨论提供指导的机会。

本章将介绍笔者对错误观念以及这些错误给我们的教训的看法。但是主要目的并不是纠缠于过去的思潮，而是指出经济理论仍然可以在渡过危机上教给经济学家和政策制定者很多。笔者认为，一些经济学原则与最重要的经济表现即各国的长期增长潜力之间的联系仍然十分紧密，并且对于政策认知与实践非常关键。然而这些原则对最近的学术辩论影响甚小，以致完全缺席了政策讨论。作为学院派经济学家，我们应该提醒政策制定者这些原则以及当前政策对全球经济增长潜力的影响。

---

① 本章最初是发表在 CEPR Policy Insight，No. 28（January 2009）上的一篇论文。参见 www.cepr.org/pubs/PolicyInsights/PolicyInsight28.pdf. 笔者要感谢 David Autor、Ricardo Caballero、Simon Johnson、Bengt Holmstrom 和 James Poterba 提出的建议。

从我们的教条主义中得到的教训

危机仍在发酵，金融市场以及很多企业内部的情况仍然有很多不确定性。未来我们对这些还将了解更多。根据我们今天所掌握的部分，当前问题的许多根源已经很明显了。但对这些我们中的大多数人在危机前却没有意识到。三个观点促使我们忽视了这些问题及其原因。

首先是总体波动的时代已经走到了尽头。我们相信通过正确的政策或新技术，包括更好的通信和库存控制方法，我们已经征服了经济周期。我们对经济更加良性的认识使我们对股市和房市保持乐观。如果紧缩是温和的、短暂的，那么金融中介、企业和消费者不必再担心资产价值出现大幅缩水的观点就更加可信了。

尽管数据显示人均收入与经济波动性之间存在强健的负相关关系，而且许多衡量方法表明 20 世纪 50 年代以后，确切地说是战前时期之后，总体波动性明显下降，但这些经验模式并不意味着经济周期已经消失或是灾难性的经济事件不再可能发生。经济和金融变化使得我们的经济更加多样化，企业个体更加安全，同样也增加了它们之间的相互联系。由于分散非系统性风险的唯一途径是在众多企业和个人间进行投资，分散化的加剧也导致了大量的交易对手关系。因为新的金融产品成功地广泛分散了非系统性风险，减少了违约，这些相互联系使得经济制度对于小幅震荡更具弹性。它们还使经济更容易受到某些低概率尾部风险的影响，因为相互联系不可避免地在金融机构、公司和家庭间积累了分散化所引起的潜在多米诺骨牌效应。从这个角度看，也许我们不应该对多年经济平静后的显著波动感到惊讶。

另外，经济周期已然终结的神话也是与资本主义制度的基本性质相背离的。就如 Schumpeter 很久以前提出的，市场体系的运转以及创新动力的本质涉及了大量创造性破坏，即现有公司、工艺和产品将由新的所替换。很多创造性破坏发生在微观层面。但这并不是全部。许多公司都很庞大，它们的核心业务被新企业和产品所替换将会扩大影响。此外，许多通用技术被不同公司在不同业务上共享，所以它们的淘汰和被新工艺潜在替换将再次扩大影响。同样重要的是，企业和个人是在信息不完全、存在潜在的相互借鉴以及从过去的实践中学习的条件下进行决策的。这样的学习过程会引入更多的相关性以及经济主体的联动行为，也将使创造性破坏的影响从微观扩大到宏观。

资产价值的大幅缩水以及与之同步的一系列公司的破产提醒我们，总体波动是市场体系的重要组成部分。认识到这样的波动性是长期存在的，将使我们把注意力转移到那些帮助我们解释波动性的不同来源并界定出哪些部分和市场的高效运转有关、哪些部分又源于可避免的市场失灵的模型上。对于总体波动更深入的研究也要求探究我们的经济和金融体系日益增长的相互关联性对资源分配的影响以及企业与个人之间分配与分担风险方面的概念和理论。

我们第二个太过迅速接受的观点是，资本主义经济是在机会主义行为受到市场完美监控的缺少机构的真空中运转的。忽视市场的制度基础，我们错误地把自由市场等同于不受监管的市场。尽管我们明白，即使不受约束的竞争的市场也有一套规则以保障产权、确保合同的履行、规范企业的行为以及产品和服务的质量，但我们仍越来越多地把我们的市场概念从制度和法规的作用中抽象出来以支持市场交易。和以前相比，过去15年制度得到了更多的关注，但思路是我们必须研究制度的作用以理解为什么贫穷的国家会很贫穷，而不是探索制度确保发达国家持续繁荣的实质或它们应该如何随着经济关系的不断变化而进行改变。在对市场的制度支持的重要性的忽视上，我们和决策者是同步的，而他们与其说是受经济理论的诱导不如说是受到了 Ayn Rand 小说思想的影响。而我们却让他们的政策和措辞来安排我们对世界的思考，也许更糟的还要包括我们的政策建议。回想起来，我们不应该对不受监管的逐利者甘冒风险而参与零和博弈的行为感到惊讶。

我们现在的认识更深入了。今天我们中间很少有人还认为只靠市场监控就足以应对机会主义行为了。许多学术界内外的人可能认为这是经济理论的失败。笔者非常不同意这一结论。相反，市场需要依托制度基础即自由市场不是不受监管的市场这一认识丰富了理论和实践。我们必须现在开始建立与它们的体制和监管基础更适合的市场交易理论。我们也必须转向企业和金融制度的监管理论，依托当前经验赋予理论新的活力和更多认识。经济学学科深刻和重要的贡献在于从理论上来说贪婪是中性的。就健全的法律法规引导下的追求利润最大化、竞争和创新行为而言，贪婪可以作为创新和经济增长的动力。但是，当缺少适当的法律法规约束时，它会堕落成寻租、腐败和犯罪。面对我们的许多社会活动中不可避免的贪婪，管理贪婪是我们集体的选择。经济理论提供了如何创建正确的激励机制和奖励结构来对它进行遏制，以及把它变成前进动力的指导。

第三个被最近的事件所颠覆的观点不太明显，但也是笔者所强烈坚持的。我们的逻辑和模型表明，即使我们不能相信个人，特别是当信息不完善并且管理又乏善可陈时，我们也可以信任世界上的长寿大型企业，如安然、贝尔斯登、美林和雷曼兄弟等，它们会因为积累了足够的声誉资本而进行自我监督。在安然和其他巨头经历了21世纪初的会计丑闻风波后，我们对长寿大型企业的信任有所动摇但仍然维持着。但它现在可能已经遭受了致命打击。

我们对企业的自我监控能力的信任忽略了两个关键性难题。首先，即使在企业内部，监督也必然由那些个人——首席执行官、经理、会计师——负责。我们不会盲目信任股票经纪人愿意为别人的权益资产承担巨大风险的动机，同样地，我们也不应当仅仅因为负责监督的人是大型企业的一分子而信任他们监督他人的个人能力。其次，更加令人不安的是我们关于世界的思考方式：声誉监督需要对负面事件进行严厉惩罚。但具体资本和惩罚方式的匮乏意味着，这样的惩罚往往是不可信的。理论界的说法是，2008年秋季的金融救助对于那些显然应该为我们今天的困局负责的企业仍应予以帮助支持，因为它们是唯一拥有让我们摆脱目前困境的具体资本的希望所在。这是一个有效论据，而且在当前形势下并不特别。每当危及诚信、牺牲质量以及冒不必要的风险这种激励存在时，绝大部分企业都会这样做。而且由于事后处罚它们的具体技术、资本和知识的缺乏，使得这种行为对于社会来说，成本过于昂贵了，于是各种惩罚都失去了有效性和可信度。

我们从这一系列推理中得出的思考是双重的。首先，我们需要重新思考企业声誉在市场交易中的作用，把一般均衡也纳入考虑中——当许多企业同时遭遇负面的声誉事件时，它们的技能和专业知识仍具有稀缺性。其次，我们需要重新审视关于经济组织形式的关键问题，使公司声誉由董事、经理和员工的行为及相互作用决定，而不是由最大化企业的净贴现值的假定的资本决定。

当我们查看学术统计时，我们总是责怪自己错过了重要的经济学观点，不如政策制定者更有远见。我们甚至可能责备自己是引起当前灾难的学术环境的同谋。从有益的方面看，危机增加了经济活力，凸显了一些相关的具有挑战性的令人兴奋的问题。这些包括市场体系对创造性破坏进程所带来的风险、相互联系和崩溃的应对能力，与更好的监管框架相关的问题，以及关于根本制度与市场和组织运营之间的相互关系的问题等。最近十年，年轻有为的经济学家应该不太可能再去担心找不到新的相关问题以开展工作了。

从我们的知识禀赋中得到的经验

虽然各种概念需要我们重新认真思考，但是作为我们知识禀赋一部分的其他一些原则对于理解我们直到目前的发展以及为我们尤其是政策制定者在应对危机的尝试上最重要的政策失误提供预警也是有益的。从笔者当前的知识背景出发，得出这些与经济增长和政治经济学有关的原则是自然的。

首先，显然我们应当留意经济增长问题的原因。除非全球体系彻底崩溃，否则即使爆发严重的全球经济危机，大多数国家的国内生产总值（GDP）的可能损失也都在几个百分点的范围内，并且由于此前的经济扩张，这可能已经无法避免。相对地，经济增长最温和的变化都将在一二十年内积累大得多的数字。因此，从政策和福利的角度看，牺牲经济增长来解决当前的危机是个坏的选择应该是不言而喻的。

经济增长值得我们关注，不仅因为它对于有意义的福利计算作用显著，而且因为对增长的许多方面和其主要来源的理解应是充分的。目前，对于物质资本、人力资本和技术对产出与增长的关键作用已经有了广泛的理论和实证共识。但同样，我们也认识到创新和再分配对于促进经济增长作用显著，并且我们还认识到广泛的制度框架使得创新、再分配和长期增长成为了可能。

最近的事件并没有使得对创新的重要性产生质疑。相反，正是因为独立于金融泡沫和困扰之外的快速创新，才使得我们在过去二十年中保持繁荣。我们目睹了在软件、硬件、电信、制药、生物科技、娱乐、零售和批发贸易上的快速创新。这些创新使得我们在过去二十年中大幅增加了生产力总量。即使是在最近危机中蒙上阴影的金融创新，在大多数情况下也对社会有益，为增长做出了贡献。复合证券在风险承担上被滥用了，使得对此信任的群体减少了。但是只需适当调整，它们就能使更复杂的风险分担和分散化策略成为可能。它们本已成功，并且最终将再次成功降低企业的资本成本。技术创造是资本主义经济繁荣和成功的关键。新的创新的实施与市场化将在危机后经济增长的恢复中发挥核心作用。

经济增长的另一支柱是再分配。因为创新往往以熊彼特的创造性破坏的形式到来,它涉及生产工艺以及旧技术企业被新的所替代。但是这仅是资本主义再分配的一个方面。作为市场经济一部分的波动本身也通过不断在公司和服务间进行生产力和需求的调整来发挥作用。因为有了更多的全球互动,这样的波动现在也许比以前更剧烈了。这并不是说我们应当更多地保护自己,因为在大多数情况下,这对于市场经济是一个机会。资本主义制度可以通过把资源再分配到生产力和需求上来利用波动。过去二十年的发展再次凸显了再分配的重要性,因为经济增长像往常发生的一样,随产出、劳动力和资本一道从众多老牌公司转移到它们的竞争对手特别是国外竞争对手那里,远离那些在美国和其他先进国家不再有比较优势的行业并转移到那些自身优势更强的国家。

最终原则是,笔者将强调政治经济学和增长的相关性。经济增长仅会在社会制度和政策鼓励创新、再分配、投资和教育时发生。但这些制度不应该被认为是理所当然的。因为经济增长将带来再分配和创造性破坏,所以总会有一些群体——常常是强势群体——反对经济增长的某些方面。在许多欠发达的经济体中,增长政治经济学中的重要方面在于确保现任的生产者、精英和政治家不去劫持政治议程,创造不利于经济发展和增长的环境。经济增长的制度基础的另一个威胁来源于它的最终受益者。创造性破坏和再分配不仅危害老牌企业,也危害它们的工人和供应商,有时甚至会摧毁数百万工人和农民的生计。这很容易让贫困人口承受经济危机和负面冲击的痛苦,尤其是那些政治经济学还未产生有效社保系统的国家,会进而引起对市场体系的反对以及对民粹主义政策的支持,阻碍经济增长。这些威胁对于发达经济体和欠发达经济体一样重要,特别是在目前的经济危机中。

最近的事件已经强调了政治经济学的重要性。不参考政治经济学就很难讲述投资银行监管的失败和过去二十年中金融业的自由发展以及救市方案的批准。美国并不是苏哈托(Suharto)治下的印度尼西亚或马科斯(Marcos)治下的菲律宾。但是,我们并不需要达到这样极端的条件来想象这些,当金融业为美国国会成员竞选提供数百万美元的政治献金时,它将对改变其生存状况的政策产生大影响,或者当投资银行实施或无法实施监管比如不能实现对它们的前合作伙伴及同事的监督时,它就很可能引起政治经济问题。很难想象当前和未来的政策将不会受那些当前由于失去了房子和生计而抵制市场的人们的影响。

对缺位问题的思考

旨在遏制和结束全球危机的政策已考虑了很多经济因素。但它们对长期经济增长、创新、再分配和政治经济学的影响都没有在随后的讨论中突显。

救助包括银行、大型金融机构、汽车制造商和其他企业等的大型经济刺激计划无疑会影响创新和再分配。没有理由不认可刺激计划，但是全面考虑其影响仍然是重要的。再分配显然在许多方面受到了当前刺激计划的影响。在汽车行业，市场信号表明，劳动和资本应该从底特律三巨头那里撤出。同时高技能的劳动力也应从金融业转向更具创新性的部门。鉴于过去二十年华尔街吸引了众多最优秀的（也是最雄心勃勃的）人才的事实，后者的再分配尤其关键；我们现在认识到尽管这些优秀人才实现了金融创新，但是他们也用自己的才能设计了承担巨大风险的新方法，而这些风险他们是难以承受的。再分配的暂停也将意味着创新的暂停。

几个其他领域的潜在创新可能会直接受到当前危机以及我们的应对政策的影响。随着消费需求的萎缩，零售、批发贸易和服务业的改善无疑会变得缓慢。能源这一创新的关键领域在未来十年及以后很可能会受到冲击。危机前对替代能源的需求是强烈的，并且许诺了一个平台，类似于我们在计算机、医药、生物技术方面所享受到的，科学与利润之间具有强大的协同效应。油价下跌和转为反对汽油急需税的可能性无疑也会使能源创新丧失一些动力。如果救助无法促使汽车企业进行适当的重组，那么新节能科技的另一个重要推动力也将丧失殆尽。

所有这些问题都不足以使我们阻止一个全面的经济刺激计划。然而在笔者看来，刺激计划的目的不是缓解经济衰退的打击，而是与经济增长有关。我们面临的风险是一种预期陷阱——消费者和决策者对未来增长和市场承诺日益悲观。我们对预期陷阱的认识不足以使我们知道它们究竟如何发生以及它们会引起怎样的经济动态。然而，这并不否认它们所构成的危险。消费者推迟购买耐用品肯定有重大影响，特别是库存很高而信贷又紧缩时。这类预期陷阱将加深和延长经济衰退，形成广泛的业务失败和清算，而不是必需的创造性破坏和再分配。

不过在笔者看来，预期陷阱和深度衰退的更大危害还不在于此。我们可能会发现消费者和决策者开始认为是自由市场导致了今天的经济困局，从而不再支持市场经济。然后我们将发现矫枉过正，从而进入一个政府干预远超自由市场所需的基础性管理的时代。笔者相信，这样的转变与反市场政策及其后果将会威胁全球经济的未来增长前景。货物和服务贸易限制将会是第一步。阻碍再分配和创新的产业政策会是破坏性同样大的第二步。当救助和保护特定行业变为议题时，更系统的贸易限制与产业政策建议就指日可待了。

一个全面的经济刺激计划即使有这些缺陷，仍将是对抗这些危险的最佳方案，有充分的理由在学院派经济学家以及相关民众间取得平衡，保证支持当前措施以应对我们可能面对的严重后果。然而，经济刺激计划的细节应使该进程对再分配和创新的影响降到最低。出于对当前状况的恐惧而牺牲增长将会像不作为一样是一个严重的错误。

资本主义制度可能会崩溃的信念是不应当被排除的。毕竟，过去二十年里的一切都预示着资本主义的胜利，所以它们苦涩的后果必然是资本主义体系的失败。笔者并不同意这一结论是毫不奇怪的，因为笔者并不认为基于不受监管的市场可以实现或者找到资本主义制度的成功。我们正在经历的不是资本主义或自由市场本身的失败，而是不受监管的市场特别是不受监管的金融部门和风险管理的失败。因此，它不应该使我们对市场经济的增长潜力丧失信心——前提是市场存在坚实的制度基础。正是过去二十年把资本主义等同于不设监管的看法使得许多人失去了住房或者工作。

反弹是难以避免的。现在的问题是如何遏制它。过去几个月的政策反应只是让事情变得更糟。唯一确定的是，大多数人都认为市场并不像专家所承诺的那样运转良好。这与大众关于市场只是权贵牺牲他人的利益以便自己发财的借口的认识是处于完全不同的层面的。否则他们又会怎样理解那些由银行家设计、用于向银行家提供救助以便第一时间减少那些危机责任人损失的方案呢？

这里我们并不想提供改善刺激和救市计划的具体建议，笔者也并不具备相应的专业知识。虽然经济学界要部分为当前的危机负责，但是我们仍然有重要信息提供给政策制定者。它们并不像很多专家热衷发表的意见那样涉及救市计划的细节，而是着眼于长期发展。我们反而应该在强调当前政策建议对创新、再分配和资本主义制度的政治经济基础的意义方面发声。经济增长应当是讨论的中心内容，而不是事后的经验总结。

第3章 金融创新、监管和改革[①]

查尔斯·W·卡罗米瑞斯
(Charles W. Calomiris)

金融创新经常通过回避监管的限制来应对监管，否则监管将限制人们想要从事的活动。事实上，贷款的证券化（例如，信用卡应收账款或次级住房抵押贷款）经常被描绘成这样一种手段：通过从受监管银行的资产负债表中剥离资产来进行套利。针对这些贷款，贷款的发起人宁愿保持较低的股本，也不愿将来这些贷款被登记在资产负债表中。[②]

证券化的资本监管使得表外监管套利这种形式变得合理。针对银行所发行的资产的证券化处理以及通过这些渠道发行并由银行持有或担保的债券的资本需求规定，旨在允许银行对这些渠道分配较少的资金以抵御相关的风险，而不是承担其资产负债表中的类似风险（Calomiris，2008b）。对这些资本规定的批评明确指出：这些资本规定通过允许银行在承担次贷资产的单位风险中保持股本不足，促进了次贷危机的发生。

对商业银行的资本监管允许投资银行（简称投行）以没有充足的股本预算的方式经营具有次贷相关风险的业务。投行要面对的是在证券交易委员会的指导方针（类似于更宽松的应用于美国以外的商业银行的《新巴塞尔协议》）规定下的资本监管。因为这些资本监管比美国银行的

[①] ⓒ 2009 The Cato Institute。经许可摘录自 Cato Journal，Vol. 29，No. 1，Winter 2009，pp. 65 - 91。笔者感谢 Richard Herring、Charles Plosser 和 Peter Wallison 的有用讨论。

[②] 涉及监管套利的金融创新是复杂的。资产证券化常常和银行的资产负债表相联系，尽管通过证券化渠道发行的债务不受始发银行法律上的保护；银行不仅对其表外渠道提供明确的信用增级，还为市场提供隐性"担保"。这些隐性担保由市场定价，至少在大多数情况下市场希望让发起人自愿支持表外渠道发行的证券化债务。这种现象被称为隐式追索权（见 Calomiris and Mason，2004）。

资本监管更宽松，相比于商业银行，投行更能利用其优势。投行以隔夜回购协议作为融资的主要手段，这也允许它们在举债来为它们的风险资产融资时运用"骑乘收益率曲线"。抵押回购似乎提供了一个低息商业银行存款的替代品。① 但随着这些回购抵押品的价值下降并且风险增加，与回购抵押品相关的"估值折扣"变得不那么有利，并且投资银行无法延期它们的回购，暴露出它们弱点的流动性风险随着风险缓冲而使股本资产更加显得捉襟见肘。

毫无疑问，关于证券化和回购融资的金融创新至少部分由监管套利驱动。此外，毫无疑问，如果商业银行的表内资本规定确定了那些由次贷发行者所做出预算的股票发行量，那么银行系统的杠杆率将不会这么高并且来自回购资金的流动性风险就会大大减少，这都会降低金融危机的危害性。

然而笔者并不认同引发这场次贷危机的原因主要是缺乏政府监管的看法（这种看法认为银行可以逃避监管惩罚是因为现存监管应用不足）。引发次贷危机的主要原因反而是政府的监管不当，这对产生导致美国金融系统崩溃的巨大的风险和损失等方面至关重要。

出了什么问题和为什么？

次贷危机首先反映出，大型金融机构的管理者愿意冒险购买不当标价的金融衍生工具，而这样做违背了投资这些机构的股东的利益。Calomiris（2008b）表明，在事前的基础上，2003—2007年的次贷热潮期间，市场风险被大大地低估了。金融机构的高层管理人员故意忽视具有前瞻性的合理风险评估，为了让资产经理承担这些被低估的风险，精心安排了补偿方案，最大限度地增加对他们的奖励措施。由于不存在监管套利，预算稍多一点的监管资本将会减少所承担的风险，还会为系统提供较大的缓冲来管理亏损，但是低估次贷风险带来的巨大亏损仍将会发生。

财务经理冒险行为的错误并不是随机的精神错乱所导致的，相反，这种行为反映了其所处的政策环境强有力地鼓励财务经理低估次级抵押贷款市场的风险。冒险受政府政策的驱使，根源问题是政府的作为，而

---

① 回购规模增长如此之快，以至它们迅速超过了商业银行系统的资产总额，如 Gorton（2009）所讨论的。

不是政府的不作为。政府的政策行动如何导致大型金融机构做出灾难性的决定，承担不盈利的次级抵押贷款风险？接下来，笔者将回顾一下政府政策扭曲的每一个主要部分，以及它们如何促使有意去承担市场中被低估的风险（同样参见 Calomiris，2008a，2008b；Calomiris and Wallison，2008；Eisenbeis，2008）。

政府的四类错误对这场次贷危机的产生起了推动作用。第一，美联储宽松的利率政策——尤其是从 2002 年到 2005 年——促使放宽信贷，并使利率偏低且持续时间过长。战后货币政策经历了两个时期，其间实际联邦基金利率连续数年为负值，分别为 1975—1978 年的通货膨胀时期（1979—1982 年逆转，反通货膨胀加息）和 2002—2005 年的宽松政策环境。据圣路易斯联邦储备银行称，美联储在 2002—2005 年期间大幅偏离泰勒规则来设定利率；联邦基金利率大幅持续低于本应与泰勒规则一致的水平，即使泰勒规则一直以 3% 或 4% 的长期通货膨胀为目标。

不仅由于短期实际利率持续历史性的低值，而且由于债券市场关系到全球经济失衡和亚洲对中长期美国国债的需求的特殊性，国债收益率曲线在 2002—2005 年期间几乎持平。低短期利率和平滑收益率曲线相结合，意味着国债的长期实际利率相比历史标准尤其偏低，而国债长期实际利率是设定抵押贷款和其他长期固定资产的利率的最相关指标。

宽松货币政策和平滑收益率曲线意味着，以信用过度透支来支持房地产市场以异常低的利率扩张，这些都是高房价的诱因。大量实证数据显示，在货币政策宽松时，银行对于承担风险收费较低（Calomiris，2008b），这似乎是现在和过去许多国家采用的一种常见模式。一些行业观察家称，2002—2005 年的低利率促使一些更关心自己佣金而不是客户利益的资产经理，通过提供即使利率降低也能维持现有投资组合收益的服务来吸引客户；这种金融炼金术可行的唯一原因是，资产经理决定购买风险资产，但是却假装它们是没有风险的。

第二，很多政府政策尤其加大了金融机构承担的次贷风险。这些政策包括：(1) 政府支持企业——房利美和房地美——受到来自国会的政治压力，通过投资高风险的次级抵押贷款促进"经济适用房"；(2) 通过联邦住房贷款银行系统向提倡高抵押贷款杠杆和风险的成员机构提供补贴政策；(3) 联邦住房管理局对高抵押贷款杠杆和风险提供补助；(4) 在 20 世纪 90 年代和 21 世纪早期形成的政府和政府支持企业抵押贷款止赎缓解协议，目的是减少未能履行贷款债务协议要求的借款人的费用；(5) 甚至难以置信的是，2006 年的立法鼓励评级机构放宽衡量在次贷证券化中的风险的标准。

所有这些政府政策都鼓励低估次贷的风险，但是房利美和房地美的政治化以及国会议员鼓励政府支持企业以保障性住房的名义进行不计后果的放贷行为，可以说是导致危机的最有破坏性的政策行动。房利美和房地美为了维持它们隐性的（现在是明确的）政府担保债务——这大大有助于它们的盈利——不得不迎合政客们的突发奇想。在近期的背景下，这意味着高风险的次级贷款（Calomiris，2008a；Calomiris and Wallison，2008）。房利美和房地美最终持有1.6万亿美元的有毒抵押贷款，该贷款构成非联邦住房管理局有毒抵押贷款债务总额的一半（Pinto，2009）。

对风险经理和政府支持企业的高级管理人员之间的电子邮件往来的审查显示，他们不顾其他风险经理的反对而做出了这些安排，反对者认为那些做法是轻率的，并预言政府支持企业将引领其余的市场进入巨大的高风险抵押贷款定价过高的市场（Calomiris，2008a）。事实上，很有可能从2004年开始的次级贷款购买，如果房利美和房地美不参与进来，起初的有毒抵押贷款总规模将小于实际金额的一半，因为房利美和房地美涌入市场后参与多于挤出。

政府支持企业市场参与的哪些方面能表明它们在次贷和次优级抵押贷款上使私人投资涌入而不是挤出了私人投资？首先，政府支持企业参与的时机是非常重要的。2004年它们积极加大购买这些产品，正好与次级抵押贷款的加速增长相一致。次级贷款和次优级贷款的发放总额从2003年的3 950亿美元增长到了2004年的7 150亿美元，在2005年超过了1万亿美元（Calomiris，2008b：table 2）。此外，政府支持企业在2006年中期房价扁平之后的很长时间里仍存在于这些市场，这暗示许多其他银行需要退出次级市场；在次级贷款和次优级贷款大量发放期间的最后一年，尽管很明显要出现问题，但发放量仍保持在接近最高水平，政府支持企业是维护次级和次优级证券融资的关键。

政府支持企业的地位造就了它们也是抵押贷款市场唯一的大型受保护对象，因此能够以其他银行不能采取的方式设定标准和影响定价。这些特质表现为房地美的风险经理提到的房地美在为无文件抵押贷款做市时所扮演的角色。2004年之后以及2006年次贷市场下降持续很长时间之后，次级和次优级抵押贷款的发放者了解到政府支持企业随时准备购买不良承销票据，这种政府支持企业将不健全的承销行为合法化的做法给市场参与者做出了保证，保证有一个现成的对新产品的需求来源。这种保证对于初始加速、后期维持大流量的次级和次优级抵押贷款的交易以及促进对这些票据的过高定价和过度杠杆化都有着重要影响。政府支持企业市场决定者的角色对市场的扩张以及对次级和次优级抵押贷款及抵押贷款支持证券的定价有影响,该影响超过了对由政府支持企业购买或担保的特定证券的影响。

第三,政府监管条例对哪些人可在银行内部购买股票做出了限制,这类条例使得在大型金融机构进行高效的公司治理是不切实际的。这类政府条例允许银行管理层去投资那些在长期来看对于股东无益但短期对于银行管理层十分有益的投资,这造就了短期的薪酬管理体系。

养老金、互助基金、保险公司和银行受制于只能拥有某个特定公司的小额股份,这使得那些消息灵通的专业投资者无力改变那些经营不善的公司。恶意收购通常提供了对于那些管理不善的非金融公司的另外一种惩戒方法,但这种方法对于金融公司却不太可行;银行是金融服务的提供者(其特许权主要由人力资本构成)和恶意收购的主要牺牲品,因为一旦恶意收购战打响,人力资本就会流向竞争对手(一片毒药甚至好于标准的收购防御)。一个避险基金和私募股权投资者进入一个金融公司而成为其主要的大股东进而对其做出改变,这种可能性存在吗?这种可能性被《银行控股公司法案》排除,这个法案旨在限制非金融公司通过控股来获得银行控股公司的股权(对于控股权益大小的限制在2008年金融危机后有所松动,以鼓励大宗控股,但是这种改变姗姗来迟而且无关痛痒)。

当股东约束消失时,经理能够建立起风险管理,在公司内部他们以牺牲股东利益为代价来中饱私囊。资产泡沫(就像2003—2007年的次贷泡沫)提供了一种理想的机会;如果高层管理者建立了一种基于所管理的总资产和总收入而不重视风险和未来的潜在收益来奖赏下属的薪酬体系,那么下属就有在泡沫形成过程中不顾风险而迅速扩大证券投资组合的动机。于是高层管理者因为监督了所谓的"成功的"扩张而得到大量的短期奖金,并且确保当泡沫破裂时他们的股票期权能迅速套现,以便他们的大部分钱安全地投资于别处。

第四,政府对于商业银行的审慎监管已被证明是无效的。那些失败反映出:(1)衡量银行风险的问题,它起因于过于信赖信用评级机构的评估和银行内部评估风险的模式;(2)"太大而不能倒"(too-big-to-fail)问题(Stern and Feldman,2004),这使得对于那些规模庞大且复杂的银行难以实施有效的规制,即使监管部门探明这些银行已经遭受了重大损失和已经积累了巨大风险。

对于前者，笔者一再重申风险测度问题不仅仅是监管部门及其关于次级贷款的证券化不进行表上登记的规则；如果所有次级贷款都被登记在商业银行的资产负债表上，次贷风险的测度与预防的资本预算还是显得过于渺小。不同规模的银行评估风险的方法不尽相同。最简单的银行风险评估方法显示，尽管次级抵押贷款比大多数银行贷款的风险都大，但其风险权重很低（是商业贷款的50%）。更复杂的关于次贷风险的测度方法（适用于更大的美国银行）依赖于信用评级机构的评估或者银行内部评估，而且这两种评估都不是独立于银行管理的，这一点并不足为奇。

毕竟评级机构的目的在于迎合买方市场的参与者，当它们的评估结果被用于市场监管时，买方市场的参与者会因为风险被低估而奖赏评估机构，因为这有利于买方市场的客户规避监管。许多观察者错误地相信是这些债务的卖者（证券化的支持者）在为其埋单，但恰恰相反，正是这些债务的买者在为这些评估埋单，他们想要夸大的评估，因为他们将享受规避管制的利益。

"太大而不能倒"问题与缺少对大型银行的监管规制有关。对于小型银行，风险管理不善将招致监管部门的"介入"，颁布于1991年的《联邦存款保险公司改进法案》（Federal Deposit Insurance Corporation Improvement Act, FDICIA）规定：经营不善的资本化银行将被强制售卖或者清算。但是，对于大型银行的强制介入将对金融体系造成不可估量的破坏，因此监管机构常常有意避免介入。鼓励"自治"的政策使得监管机构很难使银行服从监管。

"太大而不能倒"问题放大了政府安全网所谓的道德风险问题；存款保险、美联储贷款、国库的紧急救助以及可以超越法纪的自信，使得大型银行相信它们能够承担更大的风险，因为风险爆发时纳税人分担了这些巨大的风险。由于受到政府市场纪律的保护，银行的管理不善将被极大地容忍，因为管理失误将被政府的保护伞隐藏起来。

2008年，在大型投行的行为中，"太大而不能倒"问题显而易见。2008年3月，在贝尔斯登公司获得国库的紧急救助后，雷曼兄弟、美林证券、摩根士丹利和高盛等投行坐等事态发展而无所作为长达六个月（它们所期待的是要么行情变好，要么美国政府援救）。尤其是，面对如此局面，雷曼兄弟公司在增加资本或者巩固其地位方面几乎没有任何作为。但是当2008年9月事态更加恶化并且预期的救济金没有如期注入雷曼兄弟——这表明联邦政府的慷慨是有限度的——的时候，其他主要投行随即要么获得了政府的支持，要么将自已转变为商业银行控股公司以期获得政府的支持。

"太大而不能倒"的道德风险问题不是大型机构存在的自然结果。就像所列举的其他失败的政策一样，这反映出政府的决定。对于"太大而不能倒"问题，政府主要有两点错误。第一，给予保护的频率过高（例如，1984年以似是而非的"系统性风险"担忧为借口，对大陆银行实施紧急救援是不合理的）；只有在应用原则时更具选择性，一些与"太大而不能倒"问题相关的道德风险成本才可以被消除。第二，对于那些遇到麻烦的大型银行机构，如果政府更致力于创造一个可信的干预和解决过程，那么"太大而不能倒"问题的成本就可以被消除。如果政府坚持一个可行并且可信的介入计划，并且对所有大型银行机构都一视同仁，那么当这些银行出现资本危机时，政府就不会纠结于是否介入。

出于可行且可靠的考虑，介入计划必须确保持续的无漏洞操作和对机构贷款的资助以及其他重要市场的正常交易，同时还必须提前确定系统内部各个互相交易的子公司的损失分担协议（这些损失分担协议必须事先被各子公司所在国的监管机构所承认）。存在于结构复杂的全球化银行内的一个最棘手的问题就是在经济危机中界定损失分担协议。对于处理控制权的平稳转移和资金交接，破产清算程序显得特别烦琐，并且由于对损失分担缺少预先达成的协议，这意味着对于公司破产（就像雷曼兄弟）将进行复杂且旷日持久的破产裁定。

"过渡银行"（bridge bank）结构作为一种转向新的控制和资金来源的方式而存在于美国和其他一些国家，但是这种结构在危机中并没有被运用。也许因为在危机之后其难以规定子公司之间的结构和损失分担协议。关于"太大而不能倒"问题的政策失误并不是在危机中不去介入的决定，而是没能很好地评估必须介入的可能性。

总而言之，金融行业政策必须面对的最大威胁与政府政策制定的游戏规则息息相关，这种规则蓄意促进过度的、具有价值破坏性的风险。在宽松货币政策时期，对价值毁灭风险的偏爱最容易出现，并且2002—2005年期间的低利率环境就出现于美国历史上货币政策最宽松的时期。在近期的次贷繁荣及破灭时期，价值毁灭性风险出现，而其受以下三个方面的驱动：（1）促使发放并不明智的贷款的政治压力（例如，政府政策促使房地美和房利美公司推动"经济适用房"的发展，尽管这样做会把成本转嫁给纳税人和不知情的购房者）；（2）银行代理问题（即允许银行绕过股东监管来谋取私利）；（3）使得价值毁灭性风险对金融家和其股东有利的安全网保护（包括"太大而不能倒"政策）。

人类世界的监管改革

对前面冗长描述的回应是将那些导致金融业危机的政府扭曲政策消除。如果没有政府安全网，没有政府对于信贷市场的操控，没有杠杆补贴，没有对市场上公司控股的限制，任何一个人都可以合理地反对审慎监管。事实的确如此，金融危机的历史告诉我们，当政府介入不存在时，金融危机相当罕见，而且就算有，也威力甚小（Calomiris，2007）。

但是，自由放任主义的论据忽略了两点。第一，巨大的负外部性和银行风险管理有关。一个银行由于减少风险而获得的部分利益将被其他银行共享（因为一个大型机构的失败将波及其他机构），并且这也意味着如果由银行自己来做决定，它们会选择高于社会最优水平的风险。

第二，不切合实际的监管改革是无益的。明确政府政策改革的愿望是有益的，概述出政策改革战略的主要内容也是十分有益的。如果不能消除政府安全网、政府信贷补贴和政府对企业控股的限制，那么政府审慎监管就是必需的，甚至对于那些不相信关于风险管理的外部性的论点的人们也是如此。除非以上三种政府政策扭曲被消除，否则我们必须建立有效的监管。

如果谁想设计出一个能在各种政策扭曲环境中奏效的监管体系，那么这个监管体系必定要建立在超越金融数学的基础之上。正如 Barth、Caprio 和 Levine（2006）所讲，银行家不是天使，也不是银行监管者、国会议员或者内阁部长。银行管理者经常利用股东或者玩弄政府安全网。监管者极易腐败，尤其是当其受到上级的威胁时，该上级鼓励其走政策阻力最小的道路。政客们对银行施压来使其贷出无利可图的贷款，并且在建立银行安全网方面非常慷慨，因为政客的赞助者将为这些行为而犒赏他们。

有效的银行监管会考虑这些人性的缺点并且设立相关机制来克制它们。监管改革的诀窍是在危机时刻利用公愤来迫使国会通过强有力的改革方案，这个改革方案将会在危机结束时以及在政治威胁、安全网和管理代理回归时发挥其效益。这样做很难一蹴而就，但是经验和实践证明这些解决问题的方法较为行之有效。

在本章的余下部分，笔者将回顾几个值得我们关注的关于监管改革的想法，这些想法可取不仅是因为其在测度和管理风险方面可操作性强，而且是因为其影响了银行家和监管部门的奖励措施；换句话说，是因为它们对于解决次贷危机的核心问题即政府政策问题和人性缺陷问题相对行之有效。这不是对金融监管甚至是银行监管的详细回顾。笔者主要关注银行审慎管理的结构和内容，并重点讨论如何构建在银行系统内部能改进风险测度和管理的效率的调控机制。

笔者将讨论六种类别的政策改革，它们指出了导致次贷危机的政策环境的缺陷，包括如上所述。这六种政策改革是：（1）使微观审慎资本监管更智能；（2）关于银行资本和流动性标准的宏观审慎监管的新观点；（3）制定针对大型综合性金融机构的详细的、定期更新的、预先设定的"过渡银行"计划；（4）关于消除由政府政策所鼓励的高风险和高杠杆率引起的住房信贷扭曲的改革；（5）关于改进银行股东纪律的改革；（6）关于促进金融衍生品交易更加透明的方案。

使微观审慎资本监管更智能

审慎资本监管（prudential capital regulation）指的是致力于测量银行风险和预算资本（股东权益加上其他资本账户）以防范与危机有关的潜在损失的一种监管方式。微观审慎资本监管指的是设置基于单个机构分析的资本。接下来笔者也会提到宏观审慎监管，其含义是资本和流动性的最低值随时间变化的情况，以及作为宏观经济调控功能而出现的银行损失准备金。

微观审慎资本监管中的两个关键挑战分别是：（1）找到准确的方法来衡量不同资产的价值和风险；（2）确保一旦银行出现资本严重不足就能够迅速介入，以防损失扩大。这些不仅仅是技术问题，银行、银行高管、监管部门和政客们经常刻意低估损失和风险以避免介入调查。但是，适时地介入调查是非常重要的。2005年，如果次贷风险被正确地识别，2006—2007年的次级贷款的积欠本可以避免；银行本应该增加更多预算来压制次贷的持续增长。另外，那些已经经历过巨大损失的银行常常倾向于增加未来的风险，因为它们已经没有什么可以损失的。对于那些资本严重不足的银行的这种"破罐子破摔"的冒险倾向，只能靠监管部门及时的发现和介入来制止。

监管是怎样确保精确地、及时地获得关于资产的价值和风险的信息的？关于测量资产价值和风险的当前制度的关键问题是，这一切都取决于银行报告、监管人员的观察和评级机构的意见。这三方没有一方对资产的价值和风险的正确且及时的测度有强烈的兴趣。另外，即使监管人员非常勤奋地去测量价值和风险，他们又怎样成功防御那些完全源于他们的模型和个人判断的价值低估或风险高估呢？

解决这个问题的本质是，把从市场上获得的客观信息纳入监管程序，并用债务市场的外部（市场）规则去惩罚银行的冒险行为。这些方法在美国以外的国家已经成功被尝试，并且它们常常是奏效的。关于用市场信息来衡量风险，一种衡量贷款风险的方法是用贷款利率作为一种衡量风险的参数。高风险的贷款要支付更高的利息。20世纪90年代，阿根廷银行资本标准通过用贷款利率设定资本要求成功地引进了这种方法（Calomiris and Powell, 2002）。如果当时用的是利息高的次级贷款，那么对那些贷款的资本要求就会很高。

另外一种补充性的测量方法是要求银行发行一些可靠的没有保险的债务。迫使银行进入没有保险的债务市场，可以使银行接触具有市场纪律的外部环境，这样意味着银行有很强的动力去消除市场对其资产价值与风险的担忧。并且，高风险债务所支付的利息提供了关于市场对银行风险的认知的有价值的信息，这将会免除银行家、银行高管、监管者和政客的操作。

Segoviano（2008）指出银行信用违约互换（credit default swap, CDS）的利差包含了许多翔实的市场对于2008年不同银行经历的不同风险的认知和对于大银行面对风险而相互依赖的认知。那种经历是很平常的；大量的证据支持了使用市场信息和纪律去衡量与控制银行危机的作用。证明这种方法有效的证据涉及许多国家，这种证据来自过去和现在的案例。

1999年的《金融服务现代化法案》要求美联储与美国财政部考虑这种采取次级债务要求的形式的方法。一份美联储的报告（Board of Governors, 1999）显示，大量研究支持这种方法，但是大银行游说以避免这种约束，而鼓励财政部长Lawrence Summers和美联储主席Alan Greenspan扼杀这种有发展前景的想法。现在正是时候实施这种想法，方法是让银行提供可靠的没有保险的债务工具作为它们资本结构的一部分。有很多工具可以提供关于风险与市场纪律的市场信息。影子金融监管委员会提供了一份关于如何制定最低次级债务要求的准则。该提议写于银行信用违约互换市场发展之前，它给次级债务提供了一种有用的选择，这些次级债务采取信用风险保险的市场定价的形式。Flannery（2009）讨论了或有资本工具（contingent capital certificates，CCCs）的潜在优势：当银行遭受贷款组合损失的时候，债务可以转换成股权而不是直接的次级贷款。Flannery认为考虑到当损失扩大时，或有资本工具更有可能产生损失，因而作为一种风险的信息来源以及作为一种形式的市场纪律，或有资本工具比次级贷款更有优势。

最后，至于使用评级机构的意见对银行资产风险进行评估，在监管者赞同信赖市场意见而愿意完全不使用评级机构的可能性很小的情况下，这是一种次优改革。用于监管目的的评级应以数值形式展示，因为字母评级作为具有前瞻性的方式并不能客观地评估以及事后因不准确而受到惩罚。但是，数值评级对于违约可能性（PD）和违约损失率（LGD）却能做出客观的评估。评级机构（所谓的国家认证的统计评估组织（nationally recognized statistical rating organizations，NRSROs））提供被监管者使用的评级，它们会对任何需要评估的工具进行违约可能性与违约损失率的评估，而不只是给出字母评级。

评级机构已经对它们的评估工具做出统计上的计算和报告，它们的字母等级被翻译成对这些等级编号的前瞻性的预测。但是，国家认证的统计评估组织有可能对风险评估过高或者过低。如果国家认证的统计评估组织由于对风险的过低评估而被罚（比如，有六个月的"闲置期"，在这期间它们的评级不被用于监管目的），它们会考虑自身的利益从而做出准确的评估，因为对它们服务的过低需求会减少它们的收入。很容易得出评级闲置的算法：如果它们对违约可能性与违约损失率的评估过低，它们将会遭到处罚，从而六个月不能开展评估工作。

另外一种让微观审慎监管更有效的提议是对大型、复杂的组织提高监管要求。这种政策将以高资本要求、高配置要求和高流动要求的形式出现。一种支持这项政策的观点认为，面对"太大而不能倒"问题，大型、复杂的银行（1）不太可能有效地管理风险，（2）当它们资本不足的时候，它们更有可能给金融系统带来问题。迫使它们维持高资本、高流动性会抵消一些与"太大而不能倒"问题相关的社会成本。

这些对微观审慎监管的改革意见是很有用的，但它们自己本身却是有不足的。最近的经验表明诚实的市场意见和信用评级的质量随着时间的推移会发生变化，并且监管机构对大银行的过多收费并不能阻止

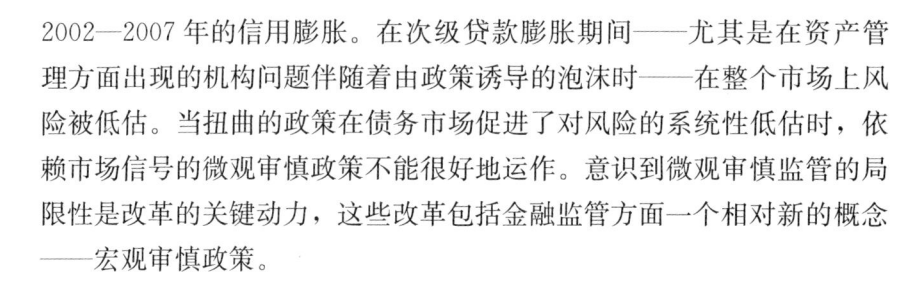

2002—2007年的信用膨胀。在次级贷款膨胀期间——尤其是在资产管理方面出现的机构问题伴随着由政策诱导的泡沫时——在整个市场上风险被低估。当扭曲的政策在债务市场促进了对风险的系统性低估时，依赖市场信号的微观审慎政策不能很好地运作。意识到微观审慎监管的局限性是改革的关键动力，这些改革包括金融监管方面一个相对新的概念——宏观审慎政策。

宏观审慎监管机制

宏观审慎监管是指根据宏观经济形势，相应地改变审慎监管的关键参数（包括资本要求、流动性要求、信贷损失准备政策）。这些变量包括两种形式：（1）作为反经济周期政策部分的最低资本要求的正常的周期性变量；（2）当资产泡沫看起来要发生时，对增加的审慎要求的特殊的触发器。

这些想法首先反映了长期存在的一种认识，即整个经济周期中不变的最低资本要求在影响上是顺周期的。这种顺周期的影响是指经济衰退造成银行贷款损失，这种损失减少了资本，迫使银行收缩贷款，加深经济衰退的程度。Repullo 和 Suárez（2008）根据巴塞尔标准，用动态优化银行模型模拟了银行资本和资产的决定，并且证明了该标准导致大量的顺周期性信贷供给。可以添加一个简单的杠杆限制（如已经存在的美国的一个附加资本要求的杠杆限制）来减少顺周期性信贷，但最好的办法是随着经济周期而改变审慎监管，以便在衰退冲击的初期稍微放松资本、储备和拨备标准。为了在经济衰退期间保持这些要求充足，必须在经济繁荣时期提高最低资本要求，可能要显著地高于当前适用于巴塞尔标准或美国杠杆标准的最低资本要求。

第二个宏观审慎的观点——在出现资产泡沫期间，当经济的繁荣伴随着高度的金融脆弱性的时候，把资本要求提高到正常水平之上——一直是过去十年争论的话题。它反映了普遍持有的观点：如果政策制定者采取行动去阻止泡沫的膨胀，2001年之前的互联网泡沫和2007年之前的次贷泡沫（以及在美国以外的地方发生的与之类似的相关现象）本来是可以避免的。

然而，在接受这个想法之前，宏观审慎监管的倡导者必须能够回答三个问题：（1）为什么审慎监管而非货币政策应该被用来阻止经济泡沫？（2）及时识别泡沫并且对此做出回应而改变审慎监管要求是否可行？（3）实施这种做法的潜在成本是什么？

作为对第一个问题的回答，美联储和其他国家的央行已经充分使用了一个工具（央行控制的短期利率）来达到两个目标（低通货膨胀和充分就业）。增加第三个货币政策的目标（即识别和打压资产泡沫）将是不合意的，因为它会使情况变得复杂并削弱使用利率来满足关键货币政策目标的能力。这种扰乱也使央行难以保持低通货膨胀和高就业：如果我们试图把次要目标纳入利率政策，那么我们可能为中央银行未能满足它们的首要目标而提供了一个借口。

此外，审慎监管非常适于对付资产市场泡沫，因为宽松的信贷供应一直被历史地认为与资产泡沫的增加紧密相连。显而易见，审慎监管通过资本、流动性、拨备要求来减少信贷供给是成功的，这是解决建筑物资产价格泡沫问题（假设这个问题被认识到）的最直接和有前景的方法。

我们在及时识别泡沫时能做到多好？考虑政策制定者能够足够快地识别泡沫，并且及时地调整审慎监管方法以减轻泡沫和增强银行体系在处理后果方面的应变能力是一个现实的想法吗？最近关于这一方面的研究和经验正在受到鼓励。Borio 和 Drehmann（2008）引入了切实可行的方法来识别泡沫的事前信号，决策者可以使用该信号及时地改变审慎监管方法以应对泡沫出现之初的境况。他们发现高信贷增长恰巧与快速的股市升值或异常迅猛的房价上升同时发生，紧随其后的就是异常严重的经济衰退。一个可以辨别泡沫的信号模型以此方式（当信贷增长迅速并且一两种关键资产价格指数迅速上升的时候）使决策者能够阻止一些最严重的最近发达国家所经历的"繁荣—衰退"的周期再次发生。他们发现模型的信噪比（signal-to-noise ratio）较高；调整审慎规则来对一个信号做出回应以显示一个泡沫的存在，这将几乎不错过一个泡沫并且很少有信号在没有泡沫的时候出现。

政策制定者最近的经验是鼓舞人心的。西班牙（倡导宏观审慎监管的思想领袖）显示出它在最近通过建立与信贷总量的增长相关的拨备规则来逆经济风向调整经济所获得的成功。哥伦比亚在 2007 年和 2008 年应用类似的办法获得成功（Uribe，2008）。哥伦比亚金融系统贷款的年利率从 2005 年 12 月的 10% 增长到了 2005 年 12 月 26 日的 27%。居民消费价格指数的核心增长率从 2006 年 4 月的 3.5% 上升到了 2007 年 4 月的 4.8%，2007 年的实际 GDP 增长了 8%，经常账户赤字占 GDP 的比例从 2006 年下半年到 2007 年上半年翻了一番，从 1.8% 上升至 3.6%。尽管中央银行试图利用利率政策进行逆风向调节，但是信贷繁荣还是发生了；利率从 2006 年 4 月开始上调，到 2008 年中期已经总共提高了 4%。2008 年央行和银行监管局采取了与以往不同的策略，提高准备金要求、贷款拨备金要求，并且实施其他规则来限制国外借贷。2008 年银行体系的风险加权资本比率升至 13.9%，信贷增长率下降到 13%。由于降低了信贷增长，加强了银行资本头寸，这将在一定程度上大幅减轻哥伦比亚银行由全球金融崩溃所引起的强烈反应。哥伦比亚当局目前正沉浸在因此而获得的赞誉之中。

宏观审慎监管可以使用一系列警告信号作为开启更高监管标准的扳机。Borio 和 Drehmann（2008）建议不能仅仅关注信贷增长，信贷增长与资产价格升值组合可能是最优的选择。Brunnermeier 和他的合作者（2009）提出了支持系统性杠杆和期限结构的度量的想法。

采用宏观审慎机制来应对资产泡沫会有什么样的经济成本？也许主要成本来自信息误报（即在不是泡沫时期而被误认为是泡沫时期与信贷放缓和银行增加资本相关的社会成本）。但是，这些成本可能很低。如果银行认为不同寻常的增长是基于基本面，而不是基于泡沫，那么银行就能够增加资本来支持持续的贷款扩张（事实上，在信贷膨胀期间，银行就是这么做的）。银行在信贷膨胀期间增加一点资本所付出的成本是相对较小的；这些成本基本上由逆向选择的成本构成（反映在投行的费用及股票的折价上），这些成本在资产价格膨胀时往往是很小的。事实上，有的研究者认为过热的市场往往导致股票价值过高，这意味着在这个时期内银行可以享受负成本（正收益）。

最为重要的是，宏观审慎银行监管机制将会提升银行的顺周期性股权比例，这将减轻那些鼓励银行在信贷膨胀时期提高杠杆率所带来的代理风险和道德风险。Adrian 和 Shin（2008）提出，在次贷繁荣时期，商业银行和投行（更加如此）大幅提高它们的杠杆率（这一举措被准许是因为资本监管标准低估了它们的资产风险）。

在政府安全网建立和其他前述政策实施之前，银行的表现不同。Calomiris 和 Wilson（2004）指出，在 20 世纪 20 年代繁荣时期，纽约市的银行信贷急剧放大，并且它们的借贷资产比（loan-to-asset ratio）也随着银行积极推动经济发展和股票价格上涨而提高。但是银行也意识到它们的资产风险在提高并且采取了相应的措施。资产风险的提高使得银行大量地增加股权资本。纽约市的银行在1920年经常在市场上融资，并且股权资产比率从1920年的14%上升到了1928年的28%。在大萧条时期，实际上纽约市的银行没有一家倒闭。在某种意义上，宏观审慎监管的主要目的是恢复银行股东权益比的自然的顺周期趋势，这种解除市场约束和奖励措施的做法并不被政府所鼓励，因此这将会阻止银行在繁荣时期提高资本预算。

预先设定的大型综合性银行的"过渡银行"计划

只有监管部门和银行同样地认为监管部门愿意并且能够及时地介入并解决大型综合性银行的资本不足问题，"太大而不能倒"问题才能够被充分地解决。在1991年的《联邦存款保险公司改进法案》中，美国制定了及时纠正行为指南，该法案旨在约束干预与解决的监管裁量权，避免监管宽容，并且确保监管部门的迅速行动。美国已经建立了"过渡银行"结构，可以应用于快速解决那些被监管部门接管的银行的问题（Herring，2009）。尽管存在这些机制，但是在最近的金融危机中出现资本不足问题的美国的大银行还没有一家是通过这种结构解决问题的。

迅速的纠正机制可以被放心地应用于大型综合性银行的唯一方法是当需要干预时干预这些银行的社会成本足够低；否则，出于政治和经济方面的考虑，干预将被阻止。出于这个目的，商业银行应该被要求保持最新的和详细的解决问题的计划，拥有专门的预先确定的损失分担方案，这些方案可以应用于跨国的子公司。这些损失分担方案必须被子公司所在国的监管部门预先认可。这种预先设定的计划将会使干预和解决更可靠。

要求详细的、可靠的预先设定和预先批准的解决方案将会对金融系统有着事前和事后的好处。在事前，这将使大型综合性银行在管理事务中更加谨慎并且将这些组织综合性的成本内部化。换句话说，因为综合性和风险性很难管理，计划解决大型综合性金融机构的问题更加困难并且成本更高。如果这些机构被强迫预先设计可靠的解决方案，并且如果对它们来说这样做成本过高，那么这些机构可能决定更加适当地精简化。在事后，对于陷入困境银行的控制将会改变，对其他金融机构产生最小的危害，并且资金问题将被迅速解决，管理不善将被迅速纠正，"冒险倾向复兴"将被避免。

住房金融改革

美国已经把获得负担得起的住房作为政府代际政策的核心。这个想法背后的原理是房主的利益与社区和社会息息相关，如此一来，房主可以成为更好的公民。该说法有一定的道理，获得住房的成本（特别是挤出非住房投资的成本）可以得到担保。但是高杠杆率的房主（例如房价的97%都是来自联邦住房管理局担保的那些人）几乎没有对其房子的权益；事实上，称其为名义上的房主和事实上的租赁者更为准确。

美国住房政策的关键错误在于将杠杆补贴作为政府鼓励自有住房的一种手段。只要潜在的住房购买者（或者他们的借贷机构）正在寻求低息贷款，他们就会得到政府的补助，并且他们收到补助的规模与他们的贷款意愿成正比。联邦住房管理局担保、联邦住宅贷款预付、政府支持企业（GSE）债务的政府担保都通过杠杆运作。

这些补助以一种低效并且扭曲的方式发送。对政府支持企业的补贴是低效的，因为绝大部分补贴归属于政府支持企业的股东；只有一部分以低息抵押贷款的形式发放给住房购买者。杠杆补贴通过鼓励银行和借款者将他们或者金融体系暴露于与利率波动和房价变动相关的大量风险中来使他们的决定变得扭曲。显而易见，美国的金融体系由于美国的平均住房价格小幅下降而一蹶不振。如果住房杠杆率一直维持在合理的水平，平均房价少许下跌的影响将会很小。①

现在接管的政府支持企业应当尽快结束营业，联邦住房管理局和美国联邦住宅贷款银行应当被逐步淘汰。这样，美国可以建立一个帮助首次购房者支付首付的可承担的住房计划（例如，给低收入人群一笔一次性补贴来支持他们的首付）。

改进银行股东纪律

对银行股东的规定应该彻底改变。如前所述，现行的规定几乎保证

---

① 正如Calomiris（2008b）所讨论的，在测量价格变化时由于区域性偏差和选择性偏差，最受欢迎的房价测度方法——凯斯-席勒指数显著夸大了房价下跌的程度。经测量，截至2008年底，美国平均房价由其峰值下降了不到10%。

大型银行将由一个分散的股东集团所拥有，从而股东无法对管理者加以控制，这样就鼓励管理者利用银行来中饱私囊。代理问题不仅在银行内部产生连续的浪费，而且造成经济体内资金分配的低效率。银行本来应该作为经济的大脑来运行，但如果银行的管理者的最终目标并不是追求股东利益最大化，那么银行的动机就会被扭曲，银行将不会成为经济运行的大脑。并且，在有利于形成泡沫的环境中，正如我们最近所看到的，激励问题可以转化为高成本的系统性危机，包括正常信贷流的中断、广泛的失业、整个经济财富的破坏。

最好的解决办法是彻底废除或者至少对《银行控股公司法案》对于银行所有权的限制做出重大放松，废除股东很难对管理者进行惩戒的限制条件（机构投资者持股的上限和《威廉斯法案》）。当前，这些改革似乎不会被颁布。由于持续存在的与公司治理有关的扭曲，那些本应是银行管理中防御不良风险的第一道防线的银行股东们无所作为。这意味着对监管者实施微观和宏观审慎监管方面的改革带来了更多的负担，也意味着需要采取更多的解决政策来限制与银行危机相关的社会成本。

提高衍生品交易的透明度

近几年场外交易（OTC）的增长对审慎监管提出了新的挑战。场外交易并不总是通过票据交换所进行清算。交易中的对手风险是一种不涉及票据交换所的交易风险，其风险由双边合同当事人共同承担，并且真正的交易对手风险很难测量，因为交易总额及任何一个交易方的净交易额并不被另一方所知晓。这个问题被"雏菊花环"效应所放大。如果A是B的交易对手，C是B的交易对手，那么A在与B的交易中所承担的交易对手风险是B在与C的交易中所承担的交易对手风险所导致的，而A却难以察觉。

交易对手风险缺乏透明度不仅造成了银行风险管理问题，而且使管理进程复杂化。如果监管者不能准确地观察风险，他们就不能监控或控制个别机构风险（通过微观审慎规则）或整体风险（通过宏观审慎规则）。另外，由于大型综合性银行场外交易的交易对手风险特别大，这些风险的不透明化加剧了"太大而不能倒"问题。因为大型综合性银行的复杂性和不透明性有助于其免于被介入调查，它们有动机去明确地承担更多的难以观测的风险。

审慎监管政策该如何应对这个问题？监管机构需要强调两个问题：鼓励清算，鼓励披露。与清算相关的政策改革主要处理交易对手风险透明度的问题。信息披露改革主要解决监测和控制个人银行的净风险头寸和这些头寸所导致的系统性结果。

关于清算,处理交易对手风险中不透明性的系统性后果的一种选择是,要求所有的衍生品交易合约都通过票据交易所进行清算。这与要求所有交易都必须在交易所进行不一样。一些场外交易衍生品即使不是在隶属于清算所的交易市场进行交易的,也是在清算所进行清算的。当通过清算所进行清算时,交易对手风险将不再是双边的;风险都转移到清算中心,清算中心作为交易对手有效地处于所有交易的中心,并且因此消除需要衡量交易对手风险的问题,或者消除对于"雏菊花环"效应问题的担心。当然,依靠清算所来集中交易对手风险需要相信那些确保清算所稳定性的自律规则的有效性(例如,保证金要求),但是,自律纪录到目前为止一直非常好。

要求所有场外交易都通过清算所清算存在的问题是这种方法对于高度定制化的场外交易合约并不适用。一个更好的方法是对不通过清算所清算的场外交易合同附加一个监管成本(以更高的资本和流动性要求的形式)。这将有助于鼓励而不是要求通过清算所进行清算。对于定制化的社会效益很高的合同,费用将弥补银行双边清算的更高的监管成本。

关于信息披露,一种选择是要求所有衍生品头寸都及时地公开披露。但是,这样一个政策将有不良后果。进行衍生品交易的银行相信,对衍生品头寸进行信息披露将使它们相较于其他市场参与者处于战略劣势的地位,并且这样做甚至可能会减少市场的总体流动性。例如,如果A银行不得不宣布它刚刚承担了美元兑日元的大量多头头寸,其他参与者可能期望A银行在未来会消除这种风险,这可能会导致市场上多头仓位的供应减少以及使市场出清价格显著变化。因此,加强信息披露的一个更好的方法是只对监管部门进行头寸的及时信息披露,并延迟对净头寸的公开披露。

总结

本章回顾了导致次贷风暴的主要的政策扭曲并且给出了应对这种风暴的稳健的政策改革(即考虑到现存的政策扭曲及监管的政治经济学方面的改革)。提出的改革将减少与代理问题、"太大而不能倒"问题及政府对住房信贷的操纵问题相关的扭曲成本。

提出的改革分为以下六个领域：（1）微观审慎监管；（2）宏观审慎监管；（3）提出解决大型综合性银行问题的可靠计划；（4）改革住房政策以消除作为可促进居者有其屋的手段的杠杆补贴；（5）消除银行股东纪律管理的障碍；（6）促进改善交易对手风险管理和场外交易透明度的政策。

以下总结了本章所提议的 12 种政策改革方案：

（1）为了对贷款设立最低的资本要求，在衡量应用于这些贷款的风险权重中使用贷款利率。

（2）设立最低未保险债务要求以及大型银行的其他资本要求；对这种要求的具体形式需要进行进一步的讨论（候选方案包括为次级债务、信用违约互换问题及或有资本工具专门设定一个等级）。

（3）使用信用评级机构的意见的改革既要消除它们的使用，也要要求美国证券交易委员会提供违约可能性和违约损失率的数值预测，而不是进行等级评定或者为这些评级的准确性负责。

（4）针对大型综合性银行机构的监管附加费（采取的形式包括要求更高的法定准备金、更大的流动性或者更加激进的配置）。

（5）进行宏观审慎监管，即在平时提升资本要求以便在衰退中降低资本要求。

（6）采取额外的宏观审慎监管机制，即增加资本要求、流动性要求或者作为信贷增长、资产价格增长和可能的其他宏观经济风险测量指标的函数的信贷损失准备。

（7）制定由所有大型综合性银行准备的详细的并且定期更新的计划，用于介入和解决这些银行所出现的问题，该计划将详细说明如果银行出现资本严重不足，如何控制银行的运营以转向一个设定好的过渡银行。这些计划也将详细说明一个机构的国际子公司分担损失的规则，并且说明这些损失分担安排的算法也将被子公司所在国的相关监管机构所认同。

（8）削弱房利美和房地美公司，淘汰联邦住房管理局和联邦住宅贷款银行，代之以向低收入者和首次购房者提供首付帮助的杠杆补贴。

（9）消除银行控股公司对控制银行利益的积累的限制。

（10）对《威廉斯法案》要求——拥有公司 5% 以上股份的投资者必须声明其在该公司获得了重要股份——的松动并取消对机构投资者在一个上市公司内可以拥有的持股百分比的监管限制。

（11）颁布鼓励通过清算所清算的场外交易的监管附加费规定（通过资本要求、流动性要求和准备金要求）。

（12）要求向监管部门及时披露场外交易头寸并延迟公开披露净头寸。

参考文献

Adrian, Tobias, and Hyun Song Shin. 2008. "Financial Intermediaries, Financial Stability, and Monetary Policy." Paper prepared for the economic policy symposium, "Maintaining Stability in a Changing Financial System," Federal Reserve Bank of Kansas City, Jackson Hole, WY. August 21–23.

Barth, James R., Gerard Caprio Jr., and Ross Levine. 2006. *Rethinking Bank Regulation till Angels Govern*. Cambridge, U.K.: Cambridge University Press.

Board of Governors of the Federal Reserve System. 1999. "Using Subordinated Debt as an Instrument of Market Discipline." Staff Study 172 (December). Board of Governors of the Federal Reserve System, Washington, DC.

Borio, Claudio, and Mathias Drehmann. 2008. "Towards an Operational Framework for Financial Stability: 'Fuzzy' Measurement and Its Consequences." BIS Working Paper (November). Bank for International Settlements, Basel.

Brunnermeier, Markus, Andrew Crocket, Charles Goodhart, Avinash D. Persaud, and Hyun Shin. 2009. "The Fundamental Principles of Financial Regulation." Geneva Reports on the World Economy 11 (preliminary conference draft). International Center for Monetary and Banking Studies, Geneva.

Calomiris, Charles W. 2007. "Victorian Perspectives on Modern Banking Crises." Working Paper. Columbia Business School, New York.

———. 2008a. "Statement before the Committee on Oversight and Government Reform, United States House of Representatives." U.S. House of Representatives, Washington, DC. December 9.

———. 2008b. "The Subprime Turmoil: What's Old, What's New, and What's Next." Paper prepared for the economic policy symposium, "Maintaining Stability in a Changing Financial System," Federal Reserve Bank of Kansas City, Jackson Hole, WY. August 21–23.

Calomiris, Charles W., and Joseph R. Mason. 2004. "Credit Card Securitization and Regulatory Arbitrage." *Journal of Financial Services Research* 26 (1): 5–27.

Calomiris, Charles W., and Andrew Powell. 2002. "Can Emerging Market Bank Regulators Establish Credible Discipline? The Case of Argentina, 1992–1999." In *Prudential Supervision: What Works and What Doesn't*, ed. Frederic S. Mishkin, 147–196. Chicago: University of Chicago Press.

Calomiris, Charles W., and Peter J. Wallison. 2008. "The Last Trillion-Dollar Commitment: The Destruction of Fannie Mae and Freddie Mac." AEI

Financial Services Outlook (September). American Enterprise Institute, Washington, DC.

Calomiris, Charles W., and Berry Wilson. 2004. "Bank Capital and Portfolio Management: The 1930s' Capital Crunch and Scramble to Shed Risk." *Journal of Business* 77 (3): 421–455.

Eisenbeis, Robert A. 2008. "Financial Turmoil and Central Bank Responses: US, UK, EU, Japan, and Others." Paper presented at the Brookings-Tokyo Club, Wharton conference, "Prudent Lending Restored: Securitization after the 2007 Mortgage Securities Meltdown," Brookings Institution, Washington, DC. October 16.

Flannery, Mark. 2009. "Market Discipline in Bank Supervision." *Oxford Handbook of Banking*, ed. Allen Berger, Phil Molyneux, and John Wilson. Oxford Handbook in Finance. Oxford: Oxford University Press.

Gorton, Gary. 2009. "Information, Liquidity, and the (Ongoing) Panic of 2007." NBER Working Paper 14649 (January). National Bureau of Economic Research, Cambridge, MA.

Herring, Richard. 2009. "Resolution Strategies: Challenges Posed by Systemically Important Financial Institutions." Paper presented at the Financial System Regulatory Summit, Federal Reserve Bank of Philadelphia. January 29.

Pinto, Edward J. 2009. "Statement before the Committee on Oversight and Government Reform, United States House of Representatives." U.S. House of Representatives, Washington, DC. December 9, 2008.

Repullo, Rafael, and Javier Suárez. 2008. "The Procyclical Effects of Basel II." Paper presented at the Ninth Jacques Polak Annual Research Conference, International Monetary Fund, Washington, DC. November.

Segoviano, Miguel. 2008. "Macroeconomic Stress Testing, Systemic Risk, and Banking Stability Measures." IMF Working Paper (November). International Monetary Fund, Washington, DC.

Shadow Financial Regulatory Committee. 2000. *Reforming Bank Capital Regulation: A Proposal by the U.S. Shadow Financial Regulatory Committee*. Washington, DC: American Enterprise Institute Press.

Stern, Gary H., and Ron J. Feldman. 2004. *Too Big to Fail: The Hazards of Bank Bailouts*. Washington, DC: Brookings Institution Press.

Uribe, José Darío. 2008. "Financial Risk Management in Emerging Countries: The Case of Colombia." Paper presented at the twelfth annual conference of the Central Bank of Chile, November.

第4章 金融危机和全球管理：网络分析[1]

沈联涛
（Andrew Sheng）

本章运用从社会学、工程学和生态学的研究中所得出的网络理论，来表明目前的危机应被视为网络危机。国际金融市场表现为一个复杂的、无尺度的和不断进化的网络，并且为了能稳定运行，它具有需要网络式管理的关键特性。[2]

当前的全球金融危机在政策和监管层面上都引起了专家的研究和探讨[3]，但这些研究大都侧重于分析导致危机的各种原因，却没有统一的框架来解释市场和政府的行为如何导致这场危机。

计算机与通信技术在过去 30 年的广泛应用使人们愈发意识到网络在高速发展的金融市场中所发挥的重要作用。例如，梅特卡夫定律假设网络的价值与网络节点数的平方成正比（Shapiro and Varian，1999）。这个定律所蕴涵的盈利前景促使金融市场中的参与者整合目前的细分市场和产品，如银行、保险、基金和资本市场。在 20 世纪 90 年代，随着银行、保险、证券、基金行业的监管日渐放松，金融公司通过合并或交叉控股，形成可为消费者和投资者提供一站式金融服务的巨大"金融超市"。

Manuel Castells 在《网络社会的兴起》（*The Rise of the Network Society*）一书中认为在信息时代全球化是社会的特征，"网络资本、管

---

[1] 笔者非常感谢专题研讨会的所有参与者，尤其是 Michael Spence，感谢他的评论和洞见。感谢清华大学的 Cheng Jiuyan 博士和 Wang Ting 女士、中国银监会（北京）的 Zhang Jingchun 先生对研究的协助。

[2] 无尺度意指网络节点间的连接并不随机，表现出幂次律特性。该术语由 Barabási（2003）提出。

[3] 参见 Brunnermeier and others（2009）；Commission of Experts（2009）；de Larosiere（2009）；Group of Thirty（2009）；Turner（2009）。

理和信息,谁更接近技术知识,谁就更具有生产力和竞争力"(Castells,1996:471)。到了1997—1998年亚洲金融危机时,增长预期在银行以及整个金融系统中迅速蔓延,并反映到贸易和金融层面(Sheng,2009a)。到了21世纪,网络模式在计算机信息系统、蜂窝移动网络和因特网中被广泛用作分析工具。

雷曼兄弟公司在2008年9月15日宣布破产,标志着现代金融危机的本质是其史无前例的复杂性、深度、传播蔓延速度和损失的程度。早期的论文都研究过危机的网络性质,但因为没有对危机的本质进行深刻理解,监管和政策方案会有缺陷(Sheng,2005,2009c;Haldane,2009)。

普遍认为,这场金融危机因其复杂性而非比寻常(Caballero and Simsek,2009),不仅因为市场和交易对手之间广泛的互相联系,更因为金融衍生品是如此复杂,以致没有一个人甚至没有一个发行商或者主要的做市商能对其危险性有一个完整的认识。每个参与者都自欺欺人,认为可以通过各种金融衍生品来规避风险,而实际上这些良莠不齐的衍生品在很多场合反而会增加投资风险。当环境变得过于复杂时,市场参与者便不能全面了解行情,从而任何一点风吹草动都会引发混乱乃至大规模的金融恐慌。

我们需要一个框架以简化对如此复杂的市场的了解,其中该市场的参与者持有非对称信息且他们之间具有动态、不总是稳定的联系。这样的一个框架在处理市场的脆弱性时不仅需要从系统的角度还需要从细节的角度(也即市场中最薄弱的一环)出发。我们应认识到网络分析并不具有预测能力——尽管它确实在铺展开一个用于解读当前行为的结构框架方面是有用的——正如人们所期望的,这揭示了我们并没有对外部性问题、错误激励、薄弱的结构和有缺陷的过程有一个清楚的认识。其主要关注非线性、互相关联和影响的变化过程,以及实验、事故或金融机构、投资者、监管机构和政策制定者等参与者所进行的调控的结果。

本章安排如下:在简短介绍以后,本章研究网络这一概念的定义、本质特性及其在金融市场的应用以及对监管的需求和国内国际政治的影响,使用网络分析考察当前的金融危机,并研究最近的金融监管及架构的改革,最后分析政策对网络分析的影响。

理解金融网络

网络是对复杂金融系统的一个有用的抽象(Allen and Babus,

2008)。既然关系网的形状和规模千差万别,因此不可能有一个单独的网络或框架可以涵盖所有应用场景。

一般而言,网络是一个结点集合及结点之间连接的描述。在网络中,关键元素是结点和连接。网络中的结点可根据设置被称为"顶点"、"个体"、"角色"或"玩家"。在现实世界中,结点可以是自然人、金融公司、国家或其他组织;一个结点甚至可能是属于某人或某组织的网页。只要两个结点互相连接,即形成了网络。①

结点间出于互惠互利的目的而相连。在此简单结构中,人类社会就是一个由居民出于满足自身需求的目的而结成的网络。网络一旦形成,其中的某些结点就由于对用户有卓越的效益而与其他结点连接得更紧密,这种结点通常称为"中心"。

例如,银行是为客户提供支付和贷款服务的中心。而中央银行是银行的银行,其中各商业银行归根结底通过它来进行跨行交易。证券交易所是证券经纪人(结点)交易、清算和结算的中心,反过来又通过自己的网络与其客户相连接。通过这个金融系统的简单例子,我们可以看到同一个客户可以通过不同的产品与不同的银行、经纪人或保险公司相连,这意味着在网络中的金融机构和交易对手之间表现出了高度的互相依赖以及直接或间接的关联。

网络的特点

正如所有组织或社会系统一样,网络也有其特性,诸如其架构或结构、共同目标、价值、标准、激励机制及流程等。然而,不同的网络之间如何进行连接或互相交易可能会引起不同的集体行为决策,或牵涉到冲突、谈判、合作、支付等不同博弈及策略的结果,而后者可能在完全未知的情况下发生。需要注意的是结点或中心永远在通过网络互相博弈,而全球金融市场就是由不断变化的网络所组成的一个网络。

有两种不同类型的网络:非正式的人际关系网络和有正式组织结构及平台的网络。类似蛛网的网络结构即是本章所讨论的正式框架,但也经常指控制和驱动正规机构的人际网络。② 网络几乎遵从达尔文进化

---

① 在 Jackson(2008)中可以找到对网络的有用的研究。也可参阅 Barabási(2003)以及 Newman、Barabási 和 Watts(2006)。

② 感谢 Venu Reddy 教授指出这一点区别。中文中称非正式的工作关系为"关系"或联系。

律，但与此同时，我们并不清楚为何某些网络幸存下来、发展壮大，而另一些则萎缩凋零直至消失。

第一，网络是一组带有特定架构的、互相连接的结点的集合。它可以是个人、公司或机构（市场参与者）为了互相交换信息、产品、服务或规避风险而连成的网络。这些参与者的目的或目标可能各种各样，但其共同的价值、规则、过程、准则或标准通常使互联互动成为可能，进而带来集体行动、规模经济、交易成本及风险的降低。具体来说，通用的标准例如语言会促使更有效地沟通并降低交易或摩擦成本。通用的标准越广为使用，网络本身就扩展得越广阔。

网络架构本质上是在效率和稳定性之间的权衡。有三种基本网络拓扑结构：星形或单中心网络、多中心网络以及分布式网络。其中，星形结构最有效率，因为其中只有一个中心，但在这一中心失效时网络最为脆弱（见图 4.1）。广域分布网络例如因特网对于病毒和黑客攻击有较强的抵抗力，因为其中存在多个中心。在广域分布网络中，即使一些重要的中心被毁坏，连接仍可以被关闭、被旁路绕过或被修复而不损伤整个系统。互联网的这一自组织行为保证了其自身的生存，而它并没有一个统一的架构。

在星形网络中，交易成本得以降低是因为连接是通过同一个中央结点进行的，这一中央结点贯彻标准并维护结点的财产权。但在效率之外，由于星形拓扑仅有唯一的中心结点，当被事故、灾难或竞争所毁坏时，它是极其脆弱的。连接间或用户间围绕中心结点的竞争通常会导致不同的架构以及不同的效益和成本。

第二，结点间的连接并不是随机的。根据梅特卡夫定律，每个中心都会尝试增加其连接或用户的数量以提高其自身价值，网络专家 Albert-László Barabási 将这种与连接相对应的结点间的竞争称为它们的适应。一个结点决定是否与另一个结点相连接被 Barabási 称为偏好连接，而影响此过程的决定性因素是通信成本。无尺度拓扑结构和偏好连接解释了在因特网的形成中谷歌、雅虎和其他网站争夺更多的链接以增强其自身的价值与对用户的价值的现象。为了吸引更多结点，中心应当按照"将欲取之，必先与之"的原则——或者称为网络利他原则——比其竞争对手提供更多的"免费品"。这个原则解释了超市里的"赔本甩卖"，以及谷歌是怎么通过提供免费网址和强大的搜索服务来吸引大多数用户的。

第三，中心和集群更有效率，因为遥远的两个结点间的最短路径可能途经一个中心。在社会网络中，这通常称为六度空间，即只需至少六

(a) 单中心　　(b) 多中心　　(c) 分布式

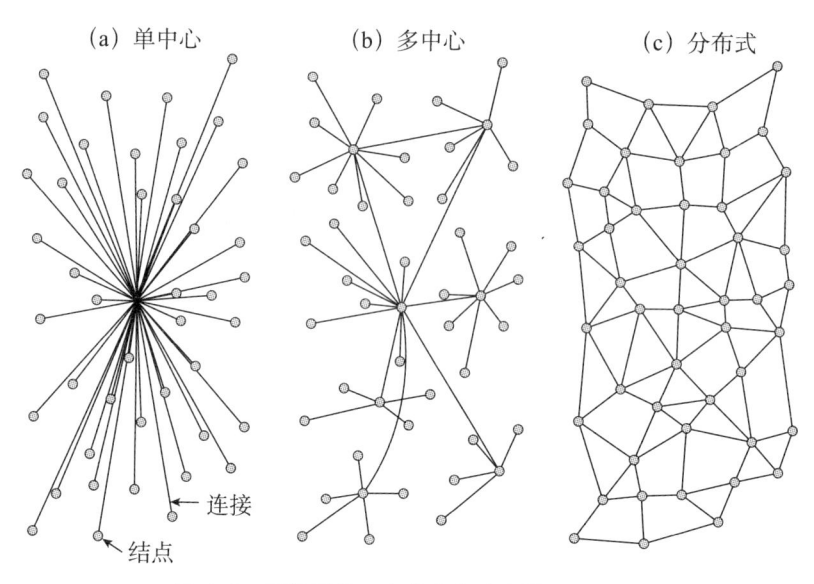

连接
结点

图 4.1　网络拓扑：在效率和稳定性间的权衡

资料来源：Baran（1964），在 Barabási（2003：145，fig.11.1）中进行了复制。

个人脉发达的人就可以把互不相干的人联系起来。结点的中心越高效地聚集在一起来分享、交换信息，网络的外部性就越广泛，因为每个结点都可以受惠于更高效的信息与知识访问，亦可互相合作以增强产出（Economides，1993）。这称为知识中心的集群效应。规模经济与集群和关键质量正相关，但最主要的是生产和配送流程（包括信息交换与决策）能够发生得更快，进而允许加快决策及削减昂贵交易量。

第四，偏好连接和网络外部性解释了网络中形成"赢家通吃"局面的原因。中心间的争斗以一个或数个领导者统领全局而告终。换言之，网络展示了幂次律特性。纵观全球，超过三分之二的金融信息通过两个主要的信息网络（路透社和彭博社）传播。相似地，机票预订也主要通过两个订票商或称航班联盟（星空联盟和寰宇一家）来进行。超过80%的国际信用卡业务通过威士、万事达和美国运通进行。

网络的这一"富者愈富"的现象在一定程度上被视为市场越来越集中化、一小部分庄家掌控经济而大量散户被边缘化。例如，在19世纪，整个美国有大约100家证券交易所，而随着电报的诞生及至如今因特网的到来，全球证券市场实际上已经被两家主要的交易所垄断：纽约证券交易所和纳斯达克证券交易所。物理学家也发现幂次律的介入往往标志着一场从无序到有序的变化（Barabási，2003：72）。

根据网络的这一特性，美国今天成为了全球金融市场的超级中心，而美元也成为了世界上最主要的货币。第二大金融中心是伦敦，这得益于（与美国）相同的法律背景和共同的语言——英语的优势，再加上伦敦与欧洲乃至世界各地历史、政治和经济的联系。因此，大量的银行、投资公司与资产管理基金都坐落在纽约和伦敦，并且这两个金融中心的交易占据了全球市场交易的半数以上。

一项国家研究委员会（隶属于国家科学院）和美联储进行的研究显示，联邦资金转账系统跨行支付网络每天需要处理 1.2 万亿美元的资金流动，旗下 66 家银行则占据了 75% 的资金，而其中 25 家银行是完全连接在一起的（Kambhu, Weidman and Krishnan, 2007, 在 May、Levin 和 Sugihara（2008）中引用）。

第五，网络是无尺度的、动态的，因为每个中心都试图通过各自的竞争或者协作策略来增加其连接。无尺度网络中的结点并非随机连接的，甚至可能并不相连。无尺度网络包括许多四通八达的结点，即决定了网络如何运作的互联中心。多连接的结点数与网络其余部分的结点数之比并不随网络规模的变化而变化。若某个中心占据统治地位，其他小中心可以通过合作或结盟的方式与其竞争。在地区层面上，一些网络可以通过对连接强加规则或标准来达成支配，但在全球市场上的网络并没有一个放之四海而皆准的规律，因此并没有一个统一的架构。世界随着不同中心在创新、技术甚至随机事件中的崛起而不断演化。正如存在标准之争一样，也有价值之争和网络之争。因此，网络是路径依赖的，因为它们脱胎于不同的社会、历史以及政治环境。

第六，因为市场天性即是竞争，因此它们可以适应环境并随之演化。一个由麻省理工学院的 Andrew Lo 教授等人组成的工作组主张，金融市场是可适应的，并通过竞争、适应乃至自然选择而变化（Lo, 2004, 2005）。市场通过四种关键套利交易来运作：成本套利、信息套利、税务套利和调控或监管套利。简单来说，市场会流向交易成本较低的地方。对于本地市场而言，若其发展受到阻碍，资本会直接逃离，这也是为什么我们观测到离岸金融中心相对于境内金融市场会有更迅速的发展。市场由于其竞争的本质，因而存在多元化的、有规矩的以及可适应的特征和良好的反馈机制（Kay, 2003）。

一旦我们通过工程学或社会科学视角将市场看作网络，我们就从古典经济学迈入了政治和制度动态学的王国。竞争行为以及通用标准和准则的使用通常导致顺周期的行为，尤其因为拥有不同信息和价值的市场参与者之间的互动带来了显著的差距。因此，网络有着内在的、时而稳定时而严重动荡的反馈机制。

对金融市场和机构应用网络理论

以上论点对于我们如何看待金融市场和机构有着很强的含义（Sheng，2005）。多重网络博弈的决策树向着复杂的领域伸展，有些是死路，有些则是通往新机遇的康庄大道。整个系统会周期性地遭遇危机。

我们可以看到，金融市场通过特定产品和标准的创新得到优化，这些创新能增强它们的偏好连接、吸引更多用户并最终支配其他网络。这些网络通过能产生规模经济的共同标准、过程和基础设施来扩展其外部性，这些外部性可吸引来自其他网络的连接。

换言之，国内市场是不同网络所连成的网络，而财产权在交易所和结算所清算，并能得到法院和监管机构的保护。当然，财产权也可以通过自主规制或集体行为而得到保护。

国际市场是地区网络的网络，其中最薄弱的环节可能也是最脆弱的结点、连接、集群、中心或区域网络。在系统不堪重负之前，我们一直不知道其为何或者何处脆弱。因此，我们需要纵观全球金融稳定性的历史或整个网络大局，才能识别出最脆弱的环节。

总而言之，网络视角强迫我们从长期角度看待问题。不仅是结点和中心，对关键的、可能导致脆弱性的连接也应执行压力测试。对于问题，我们必须追本溯源。

当前全球危机的网络特性

迄今为止，全球化前所未有地将具有高度地域性的金融市场连成网络，一系列历史事件和宏观趋势则诱发了当前的金融危机。

第一，全球经济的不平衡导致了流动性过剩。前者源于美国降低利率以及其对出口的依赖，而后者则导致过剩的信贷资本和杠杆。确切地说，美国银行业从传统的零售银行经过资产的证券化而发展为批发银行系统，由此加速了全球不平衡的增长。

在出口导向型经济体中，如日本，正是由于盲目的财政政策导致了20世纪90年代的经济泡沫，进而出台了宽松的货币政策以应对经济泡沫所带来的通货紧缩。低利率鼓励投资的套利交易，并在国家利率和汇率不等的前提下促进大规模的资本流动。1997—1998 年的亚洲金融危机和 2000 年的互联网泡沫都是过度杠杆化、大规模的资本流动和宽松的货币政策及财政调控的结果。

第二，柏林墙的倒塌带来了曾处于中央计划经济体制下的廉价劳动力，创造了低通胀，并加速了全球贸易和经济的增长。

第三，关税和资本控制的大规模放松管制鼓励了全球贸易和金融的增长。自由市场原教旨主义哲学所提倡的放松管制，在这个年代从会计、税务和监管标准中套取了巨大利润，最终促成了"影子银行"的崛起。金融工程学的创新则催生了新的金融工具和金融衍生品，表面上可用来对冲风险，但无意中导致了内在杠杆或嵌入式杠杆（embedded leverage）和巨大的系统风险。

第四，若没有信息和通信技术的迅猛发展，金融工程学和全球化将无从谈起。创新的速度和复杂程度使政策制定者和央行行长们眼花缭乱，使他们把繁荣归功于提高的生产力、改进的风险管理以及成功的货币政策。而现在回想起来，繁荣更像是杠杆创建的结果。

简言之，工资、利率、知识和监管套利这四大全球性浪潮导致了流动性过剩、过度杠杆化、风险的扩大和贪婪的过剩。

从根本上来说，美国经济已经陷入了难以为继的贸易赤字，而其次贷市场则是金融杠杆和金融工程的基础，即让消费者过度透支。房地产泡沫的破灭和次贷市场的问题最终在 2007 年戳破了美国经济的泡沫。

从区域性网络这一角度来看待全球金融市场，可以揭示当前危机的若干关键网络特性：

● 网络的架构决定了其面对危机的脆弱性。网络的集中化催生了一批掌管全球经济并且甚至比国家经济体还庞大复杂的金融机构。然而，它们又受陈旧的规章框架制约，被分隔成以国家为单位的区域并最终分成若干个部门的简单堆砌，丧失了从全局视角看待系统并识别全局风险的能力。

● 增加的网络复杂度与其脆弱性有关。脆弱性也与网络行为的外部性正相关，而几乎没有监管者能理解或量化这些外部性。

● 高度的互联性在驱动中心或金融机构的价值的同时，也在驱动其风险。一个诸如雷曼兄弟公司的金融中心的失效揭示了对监管者来说并不明显的关联性，例如对美国国际集团（American International Group，AIG）的冲击和由此而来的对银行支付能力和投资的冲击。

● 由于参与者间、中心间与结点间在互相竞争时的互动，网络有着其正负反馈*机制。监管者仅仅假设存在负反馈而认为市场能自行恢复平衡，其实不然。由于动量交易和顺周期性的规章制度或准则的存在，市场也有其正反馈机制。

● 并不存在所谓的缺乏信息或透明性，而是太多的信息无法让人理解。

● 即使有早期金融危机的前车之鉴，监管者仍然忽略了可增加风险且未能让道德风险最小化的、扭曲的激励体系。

● 网络监管者的角色和责任并不明确。在缺乏一个单一的全球金融监管者的前提下，跨越全球性网络的规章制度的有效执行需要不同监管者间的复杂合作。我们如何避免监管竞争以及"竞相杀价"？

系统地看待网络

当下的舆论一致认为，当前全球金融架构的主要问题是从交易层面来讲，网络金融是全球的，但从法律和监管层面来讲它却是国家性的。英格兰银行行长 Mervyn King（2009）比喻道："全球银行机构生是国际的人，死是国家的鬼。"这正是一个被限制在国家小圈子里的全球性架构的本质性问题。更糟糕的是，甚至在一国内的经济活动都可能被若干个部门所监管，以至对金融机构来说存在监管套利空间。这一监管套利行为的最经典例子莫过于 AIG 旗下子公司 AIG 金融产品公司（该子公司对 AIG 的损失负有最主要的责任）接受美国储蓄机构监理局的监管，在监管如此复杂的金融衍生品方面美国储蓄机构监理局其实并没有任何相对优势。

金融市场已经高度整合，但金融监管权仍然分散在各个单独的司法管辖体系之中，其结果就是没有任何人能对整个系统负责。每个机构——央行、金融监管者（无论是领导者还是其他跟随者）以及政府的财政部门——都觉得根源问题及其解决方案都不在它们自己的管辖范围之内。

三十国集团（Group of Thirty，2009：8）在其《核心建议第一部分》（Core Recommendation Ⅰ）里说得没错："审慎监管下的差距和弱点必须被消灭。所有大型金融机构——不论何种类型——都应处在某种审慎的监管之下。"

也有共识认为当前的监管竞争催生了一场"竞相杀价"现象，因为

---

* 正反馈指变化的结果会反过来加强这一变化，而负反馈则指变化的结果会削弱或抵消这一变化。——译者注

每个金融监管者都不敢放手作为，担心在自己的管辖范围内的金融资本流向不完善的或不受监管的其他金融中心。

为了阻止这种"竞相杀价"行为，所有的金融机构、市场和活动都应处在适应于它们各自风险的一致监管之下，不能留有未受监管的空白。然而，达成这一目标需要一个既全面有效同时又合法的综合性监管体系。换言之，我们需要一个能够公平分配金融活动损益的全球金融监管的有效体系。

由于以下两个主要原因，不可能产生一个全球的金融监管者：第一，没有一个财政机制能统一地分配货币和金融政策以及税收所带来的损失。没有一个主权国家会把财政和货币主权交给一个全球金融机构。第二，没有一个独立的全球司法体系能在经济损失的纠纷中保护财产权，尤其是当全球金融机构破产时。

欧盟可能是唯一一个能向上述方向努力的区域性机构，因为欧盟中的这些国家不仅处于相同的政治环境中、拥有同样的基础货币欧元、执行欧洲共同的法律，而且在一个机构框架中来分摊损益。但即使在欧盟，财政支出和银行救助也是备受争议的。并且，在短期内，这笔支出在很大程度上也是由某个国家埋单。

与上述未能产生全球金融监管者的事实形成对比的是，世界贸易组织按照一套基于协定的系统裁决全球贸易系统中的贸易争端。这一差别的基本原因是自由贸易的好处是显而易见的，与20世纪30年代贸易保护主义的错误一样明显。但是，因为对服务贸易的保护由于历史原因而更多地来源于国家层面，而金融服务技术水平又由盎格鲁-撒克逊（Anglo-Saxon）所主导，一些国家便迟迟不愿开放金融服务中的自由贸易。只要世界贸易组织不歧视外来人员，其成员国就是可以接受金融服务中的谨慎原则的。因此也不大可能诞生一个全球性的金融监管者，除非当前或将来的金融危机大得足以强迫执政当局向一个全球性的经济机构交出财政大权。

复杂性

网络的无尺度性和博弈性的本质暗示了网络一定会越来越复杂，那么增长的动机何在？

所有机构都有两个核心问题，其一是委托—代理问题，其二是信息不对称。在任何社会和经济中都会有内在的不平衡，因为知识的获取量和对信息的访问是不等的。然而，代理人可以借由这一增长的复杂性来利用委托人。信息越不对称或者网络越复杂，委托人就越容易受到欺骗，代理人也就越不值得相信。

因此，当前金融机构内部的刺激机制（参见金融工程学）只会把事情变得更复杂，因为较高的"知识溢价"使代理人能从委托人处收取更多的费用（参见投资者和监管者）。金融工程学的专家们劝说投资者和监管者，谎称他们的模型可以对冲和管理风险，而实际上这些复杂的金融衍生品所带来的高额利润来自更高的内在杠杆。遗憾的是，调控系统不能为了委托人也就是大众的利益而对此给予足够的关注。

以上分析得出的结论是，我们不能通过增加复杂性的方式来解决当前的危机。相反，我们应该通过简化那些太过空泛的规则并严格按照规定执行它来解决当前的危机。正如风险对冲基金经理 Richard Bookstaber（2007）在他的国会陈述中所指出的："如果系统风险的可能性是从市场复杂性而来，那么增加一层监管很可能会把事情搞得更糟，因为那样做增加了金融系统的整体复杂性。"

外部性

日内瓦关于金融监管基础准则的报告正确地指出，"当存在充足的外部性即市场失灵带来的社会整体成本超过市场失灵带来的私人成本加上监管的额外成本时"，金融监管是合法的（Brunnermeier and others，2009：2）。报告认为两个风险溢出的外部性是贱卖的外部性和互联的外部性。前者来源于每个单独的金融机构都不考虑自己贱卖给将来可能发生的流动性危机中资产价格带来的影响，而后者则意味着金融机构间的互联互通太过庞大，等到危机来临时就会产生救援的道德风险。

事实上，当前的系统补贴制度通过隐形的存款保险会给他人带来负的外部性。过剩的风险承担这种小动作会引发牵连甚广的系统危机。

在一项关于银行业复杂系统的重要调查中，分别来自海洋学、生物学和动物学的研究者们从生物系统到关于银行业的研究都得出了相似的结论。May、Levin 和 Sugihara（2008）指出，"拐点"、"临界值"和"断点"描述了一个复杂的动态系统从一个看似稳定的状态翻转到一个不稳定的、较低级的状态。相较于管理单个公司的常规风险，在研究系统风险上的投入简直可以忽略不计，然而一个国家或者全球经济的系统风险带来的成本要大得多，这样的事实让他们极度失望。

至于系统风险为什么会被无视主要有三种原因。一是纯粹的无知，私人部门的参与者可能根本不知道他们的所作所为会带来巨大的社会成本。二是他们可能已经意识到这些社会成本，但不能度量这种外部性，且假设相关部门或政府会妥善处理这些问题。这是一个经典的囚徒困境。三是金融监管者允许金融创新或金融工程创造巨大的杠杆效应却不对可能的社会成本加以测试或判定，道德风险便水涨船高最后演变成经济危机。

遗憾的是，外部性的本质正是其几乎无法让某一家单独的公司计算溢出所引发的外部性甚至互联所引发的外部性的大小。这就需要关于未来的信息和预期，但这些信息和预期是高度主观的并且很有可能是错误的。这确实是金融监管的一个富有争议的领域。在灾难发生之前，私人部门的参与者强烈地认为限制这两种外部性所带来的监管成本是：其一，阻碍金融创新；其二，对失败的代价估计过高。监管套利和金融中心间的竞争不可避免地会让交易向着"友好"的中心迁移，直到所有人都加入这场"竞相杀价"的运动中。

诚然，金融监管者可以为他们默许没有详细审慎调查的金融创新（就像美国药监局所做的那样）找一个借口，即他们的经验不足以应付这些外部性。到当前的危机为止，金融工程看上去都能把风险分摊到银行系统之外，诸如 Alan Greenspan 等广受尊敬的领导者还在口口声声地坚守这个未经考验的信仰。

互联性

机构、市场和系统间的互联性存在于产品、机构和活动内在的溢出性和外部性中。网络互联不只简单地通过互斥的渠道产生，也来自高度复杂的并不总能为人所透彻了解或观察的关系网。

经济史学家 Michael Bordo（2001）正确地指出，两个或多个结点间的传播应称为传输，即"在黄金时代，金融危机通过固定汇率的金本位制度在全世界传播"。

危机是如何通过网络传播和扩散的呢？德国经济学家 Friedrich Sell（2001）是第一个将流行病学中的传染和金融市场中的传播等同看待的人。他描绘了传染病的传播和金融市场中的扩散何以相似（见图 4.2）。在流行病学中，当病毒的繁殖速度突破一个临界值时，就会有更多的人被传染。然而，人类的免疫力也在增强，最终会在某个时间点上大多数人都对这种疾病免疫。流行病的传播过程就像博弈论中的决策树一样。

与疾病的传播类似，危机在（金融市场的）网络中也会一边传播一边滚雪球，因为一个结点的失败（或损失）会通过其连接影响其他结点。因此规避损失的行为会随着危机在网络中的传播而引发恐慌。

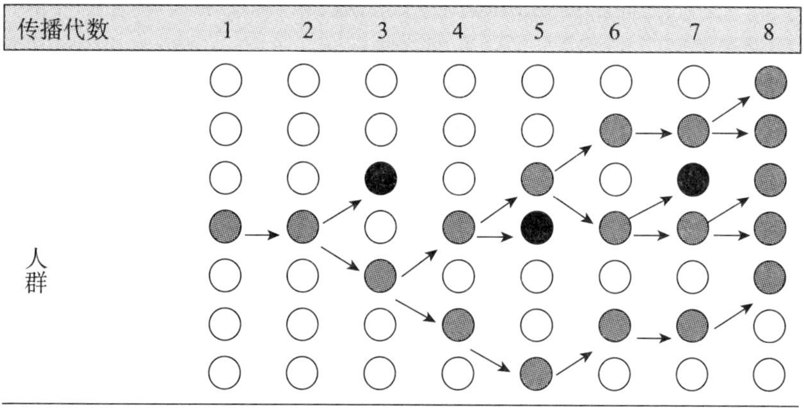

图 4.2 传染病的扩散过程

资料来源：Sell（2001）．

这种损失规避行为的连锁效应是在 2007 年美国国家研究委员会（隶属于国家科学院）和美联储的一份关于系统风险的研究（Kambhu, Weidman and Krishnan，2007）中提出的："基于市场的系统风险通常被认定是一种协调上的失败：市场上大量的参与者同时决定减少风险的承担，并有效率地抑制诸如证券交易、发行债券和股票、借贷等金融活动。"

互联性意味着监管者以及金融机构都需要有一套全新的管理信息系统（management information systems，MIS）来检测当前 MIS 模型下并不明显的连接和风险。例如，大多数银行并不拥有关于其交易对手的连接的有效信息，尤其是当交易对手以不同的形式互联时。

网络中反馈回路的互动

互动指不同的市场参与者之间以及私人部门参与者、监管者与政策制定者之间连续的互动及博弈。正如监管者可能为法律未预料到的结果所困扰一样，这一动态的博弈导致并不总能预见到结果。市场参与者间一个常见的谬误是一个单一市场参与者的行为并不能对市场整体造成影响。实际上，这是错误的，因为即使在一个很少有交易的市场中的极小的交易也可以导致巨大的价格波动。

互动——或称网络中的博弈——导致了反馈回路，进而解释了金融市场中内在的顺周期性。反馈机制因信息的不对称、网络交易中双方行为的领先与落后以及交易成本的不同而存在。流行的有效市场假说假定市场虽然有时会波动，但最终会恢复平衡，这就是工程师们口中的负反馈——波动终会归于零（Umpleby，2009）。

经验丰富的金融大鳄乔治·索罗斯（George Soros）曾指出，金融市场也有着正反馈，虽然他称其为反身性（Soros，1998）。随着市场活动的深入开展，信息偏差、羊群效应等驱使市场震荡得越来越剧烈，变动如同滚雪球一般越来越巨大直到整个系统崩溃。

监管者真正担心的并不是这种顺周期性是否存在，而是有没有一种工具能抑制或阻止这种顺周期性所带来的损害，以及他们该在何时介入。

应对顺周期性归根结底有三种选择。其一，去掉现行规章制度中具有顺周期性的元素，例如会计中按市值计价、《巴塞尔协定》以及动态放贷条件。监管机构在条件允许的情况下会选择这样做。

其二，构造规则以指导监管者如何采取反周期性的策略。例如，Goodhart 和 Persaud 建议在进行风险评估后应遵从几个简单而透明的规则来增加资本（Brunnermeier and others，2009）。西班牙央行随着风险的升级而使用变动的供给准则。监管者倾向于使用这种准则来逃避判断何时、如何实施反周期性策略的个人责任。因此，基于准则的决策在市场循规蹈矩时没有问题，但在复杂、互动且互联的世界上，支持上述决策规则的证据可能就没那么明显了，监管者和政策制定者必须在风险与是否采取反周期性策略间的权衡上做出明智的决策。

其三，认识到唯一能破除经典的集体瘫痪的途径是让个别领导者心甘情愿地采取强硬措施，即使在证据可能并不充分的状况下。按美联储前主席 William McChesney Martin 的说法，本质上一个人必须甘愿去扮"酒酣胸胆尚开张时败众人兴"的黑脸。

透明性和信息过载

透明性是指让关于现存的条件、决策和行动的信息可被市场参与者获得，而当前危机的特别之处在于它在完全透明的情形下出现在每个人面前。亚洲金融危机之后所做的改革已经让更多信息可获得及可见，而更大的改革还牵扯到会计核算和公司信息披露。雷曼兄弟公司、AIG、美联储、英国央行、欧洲央行和国际货币基金组织的网站上现在都公开披露了完整的风险警示和信息，然而危机还是发生了。

另外，这场危机的源头太过复杂以至没人知道该从哪里开始阻止它。问题并不在于缺乏信息，而在于读不懂的信息太多了。诸如担保债务凭证（collateralized debt obligations，CDO）、信用违约互换（credit default swaps，CDS）和管道之类的金融衍生品实在太过复杂，以至不但投资人甚至发行和销售它们的银行以及金融监管者都对这些产品的复杂性和风险性一无所知。关于透明性的法规还有用吗？我对此表示怀疑。

在实践中，透明性已成为一个信息过载的博弈，信息的接收者要么被误导，要么不想承认自己不懂，要么不知道该怎么处理大部分信息。虽然法律要求完全公开披露，但整个系统仍被公司和金融机构所玩弄，它们背后是财团高价雇用的律师，这些律师深谙如何只公开出事时不会给自己惹麻烦的信息。事实被埋没在繁文缛节的字里行间，只有深知规则的人才能发现。在"合法透明性"的幌子之下法律得到了遵循，但付出代价的却是整个社会。

这就是监管体系的关键之处。金融机构的执行董事会必须负起理解或索取能够用来评估风险——包括系统性风险和集中性风险——的信息的责任。如果董事会负起识别、披露这种风险的责任，即可采取措施、多加注意以了解真正的风险何在。继而，董事会必须彻底质询：如果利润高得太离谱了，那么它们就是假的。

因此，改革的关键点是我们不该使系统更加复杂，而应让事情更简单、更易懂。2 500年前中国的法学家和官员们就知道法令应当简单易懂、易于学习和执行。

刺激

一个共识是，经济体承担过多风险的一个主要诱因是管理人员的薪酬方案，该方案鼓励短期投资而忽略未来的风险或成本，并对这种行为给予补贴。与这种银行激励方式一致，基金经理们虽拥有大量资金，却基于短期风险将金融部门推向只追求眼前利益而不顾经济发展所固有的长期风险的进程。

许多市场实践又联合助长了危机。公允价值会计和用来度量金融衍生品的价值的模型的应用导致了把未来的收益用当前价值折现、忽略（难以度量的）潜在成本和负外部性。宽松货币政策和国际资本的高流动性所导致的利率越低，这些杠杆产品的价格就越高。随着这些产品按市场或模型定价，未实现的资本利得被归入利润中而不考虑如此高的利润是否具有可持续性以及因密集的交易或市场非流动资金而发生急剧衰退的概率。不用说，账面上的利润越高，奖金也越多。

因此，银行家们引入了杠杆，而金融监管者却不承认金融衍生品贸易的增长和估值只是空中楼阁。

尽管在亚洲金融危机之后经济学家一致认为，在有政府担保的金融体系中道德风险是最危险的危机诱因,但直到它随着 2007 年北岩银行的挤兑事件浮出水面,大多数监管机构仍几乎没有对道德风险采取任何预防措施。明明金融系统尤其是金融衍生品行业中内在的杠杆越高,道德风险就越大,人们怎么就是不作为呢?

一个可能的解释是,金融监管者未能意识到金融市场所固有的巨大风险。Soros 的观点常被用来解释信用违约互换的危险性以及为什么要禁止这种衍生产品,其观点基本上概括了金融市场所存在的所有金融产品的风险不对称问题。第一步是要认识到"证券市场的多空双方存在着不对称。多方拥有无限的上涨空间和有限的下跌风险,而空方则相反。这种不对称通过如下方式体现出来:输掉多头会减少一个人所受的损失,而空头则相反"(Soros,2009:166)。

换言之,系统中的巨大杠杆使得系统风险不是线性的而是指数的。既然金融监管者不能就应对整体杠杆的简单对策以及允许银行使用内部评价模型度量其自己的风险及资本需求而达成共识,内在的杠杆就会呈指数上升。全球金融系统的总杠杆(金融衍生品按照估值计算)可能是 GDP 的 14 倍,相比之下,传统杠杆的当前上限(以银行资产、股票市场资本和借贷市场价值来计算)仅仅是 GDP 的 5 倍左右(Sheng,2009b:331)。包括线下债务,美国五个投资银行在 2007 年底的杠杆是资本的 88 倍,这样一个事实意味着道德风险极其高。

第二步是认识到"信用违约互换(CDS)市场提供了卖空债券的方便方式。其中,风险—报酬的不对称性以与股票相反的方式起影响。买入 CDS 合同带来有限的风险和无限的收益潜力,相反,卖出 CDS 则提供有限的利润和无限的风险"(Soros,2009:166)。把 CDS 卖给市场是 AIG 最大的失策之处。

Soros 走得更远一点:"第三步是把自反性纳入考虑,并认识到金融工具的虚高标价可能影响市价所应反映的基本面。……这意味着针对金融机构的大量抛空可以是自我确证的,这与有效市场假说直接抵触"(Soros,2009:167)。

Soros 对风险、道德风险和自反性的不对称性创建了一个自实现的场景,其中金融机构的杠杆越来越高,直到它们自己的投机者纷纷抛售股票而毁掉整个系统。

在 1997—1998 年的亚洲金融危机中,数家央行的外汇储备不足以援助其本国过于依赖外汇及期限不匹配的银行或公司,使得本国货币在面对大量抛售时脆弱得不堪一击。货币体系的崩溃使经济倒退到许多年以前的稳定水平。

因此，我们应更留意监管者和政策制定者采取更有效和更强有力的反周期政策的原因。

最近在英国的辩论表明，应有一个独立的团体（金融政策委员会）对经济体系的宏观稳定性负责，而让央行去负责微观调控。可以假定，这个独立团体能加强外部监管的"信任和验证"功能，而不是如现在一样"遵守和解释"。

国内外监管者的劳动分工

监管的范围应当涵盖有重要系统性的金融机构和活动，这一共识意味着我们必须定义何谓"系统性"以及何人应做何事。当前的危机演示了，风险集中可能从未受监管的黑洞或监管不足的"影子银行"区域中迅速产生，而管理者、监管者和政策制定者对这些区域中所发生的事情所知甚少或一无所知。因此，大家都同意监管应更加一致，监管及其执行应与目前成熟的国际标准相一致。然而说起来容易做起来难。

第一，在一个成熟市场中非系统性的事物可能在一个新兴市场中是高度系统性的。例如，在一个庞大的成熟的国内市场中，一家并无系统重要性的对冲基金可能在一个新兴的市场中确实具有非常大的系统性，尤其是它可能在未受监管的场外交易市场中与其他对冲基金相互作用。问题不仅是关于交易或风险敞口的系统性大小的，也是关于不当销售、操纵市场、内部交易和诈骗的。

第二，最近的经验表明，之前并不是系统性的事物可能迅速发展而具有很大的系统性。诚然，几乎没有监管者警觉到 CDS 市场对银行业的健康度和有资本支撑的证券市场的流动性有着如此系统性的影响。必须援助 AIG 以遏制它破产时所引发的系统性传染。

第三，只要一家金融机构或一次可能涉及若干市场和 OTC 或未受监管的市场的金融活动没在其母国的监管之下，并且官方的合作与法律权威缺位，那么官方就不可能得到足够的信息以评估这家机构或这次活动的系统性影响或者进行调查与强制执行。缺乏有效的国际合作，任何外国监管者都保护不了其国的投资者和交易方。

第四，当前本国和外国监管者之间的谅解备忘录在两国的监管者间发生分歧时并没有足够的法律立场或效力来介入。

诚然，de Larosiere 的报告中所提到的关于欧盟中重大监管失效的问题可以直接套用到国际领域（de Larosiere, 2009: 39 - 41），包括：

- 过于强调对单个公司的监管而忽视宏观监管。

● 无效的预警机制，尤其是没有机制保证对风险的评估能转化为实际行动。

● 缺乏竞争力；监管的失败意味着在任何国家都需要有人手充足、经验丰富、训练有素的监管人员。

● 未能跨国境影响监管实践；没有一个能让外国有效地影响未能识别风险的本国监管者所做决策的机制。

● 监管者间缺乏开诚布公的合作；不同国家的监管者并未准备好进行一场预先的、关于他们所监管的金融机构的脆弱性所在的开诚布公的讨论。

● 成员国间缺乏一致的监管力度；这些区别尤其是破产法中的区别需要对法律做出修改。

● 监管者无法做出统一的决策；这可能是由于缺乏做出决策的法律权力，或者不能从国内或跨国交易伙伴处得到协作响应。

结论和政策影响

在 2009 年 1 月 27 日的达沃斯会议上，论坛主席 Klaus Schwab 表示："我们在当前金融危机及其后果中所经历的正是一个新纪元的开始——这将颠覆我们的机构、系统以及——最重要的——我们的思维方式。"以下笔者将就如何使用网络框架来增强金融部门监管提出非常初步的意见并做一总结。

第一，认识到市场行为的动态性意味着太多的稳定性或过度监管可能引发市场参与者的自满情绪，以及作为其结果的对市场波动缺乏免疫力。这需要对风险有更高的耐受度并且在面对压力时甘愿受控地逐步开放市场。逐步开放似乎比一揽子计划更能培养系统的免疫力。开放或模块化改革看起来是一个久经考验的、合理的方法。

第二，网络的适应性来自对多样性和新观点、新技术的开放。网络的适应性通过实际市场压力来磨炼，即让市场参与者从错误中学习。换言之，免疫力并不能靠保护来形成。对市场风险采取一种开放的态度并且相信市场参与者能从其错误中学习，这种做法比对中介过程进行微观管理更有帮助。允许产品、机构和过程间更多的竞争性和多样性将避免"单一栽培现象"及所引发的更高集中性和脆弱性。

第三，网络不仅通过互联性、互动性运作，也通过互相依赖性运作。在网络中，政策及其结果并不是某一个人或机构的责任，而是多个利害相关方共同作用的结果。网络中监管的合作是一个假定事实。如何合作或处理缺乏合作的后果将定形网络行为或其结果。当前这场危机的结果就是一个国际性的共同悲剧：缺乏合作导致了一场竞相杀价的竞赛以及金融和生态的灾难。

第四，网络视角意味着给予监管干预更多的关注。网络的自组织力意味着有一种生存和恢复的本能。银行参与到衍生活动中就是参与到风险分担中。政府拯救基本上破产的机构的干预行为可能有大大超出我们预想的意外结果。困境在于诸如道德风险之类的负面激励根深蒂固，这解释了为何在许多被拯救过来的机构内薪水并没有像实体经济部门中降得那么多。

如果复杂的网络不能（甚至不能在国家层面）迅速梳理、修复完毕，那么假设国际金融架构也不能这样迅速或主动地改革就是很现实的了。网络将从系统内部的竞争中得到进化。

总的结论是，即使随着当前经济危机的逐步深化，在金融部门改革中也不大可能存在一个一揽子计划，除非对金融市场的生态方面的改变的起因和特性有一个更加深入的理解。这意味着，一项关于网络分析的研究日程可能提供许多对如何改进金融和全球监管的深入观点。

那么问题随之产生了：以上关于当前全球金融架构和监管方针的变化的网络框架的简要研究暗示了什么？回顾一下，网络分析将全球金融结构视为一个复杂的、不断进化的、由地域网络连成的、高度集中、高度互动并包含着服从指数分布的交易的网络，且易受由于结构不平衡和政策失误而导致的脆弱资本流动所带来的金融不稳定性的损害。即使经济力量的平衡正由于诸如中国和印度等新兴大国而改变，游戏的基本规则仍保持不变。保持现状的势头仍然强劲，因此来自资产泡沫和高杠杆的既得利益的内在推动仍然不变。

除非社会遭受灾难性的损失，否则我们只能接受这一现实：现状只会一点一点改变而不会一下子发生巨大变化。既然诸如大而复杂的金融机构和既得利益者这样的权力枢纽持续保护它们的利益，当权者就不大可能心甘情愿地放开手里的权力。欧洲在金融稳定委员会中的存在感确实随着西班牙和欧盟委员会的加入而进一步增强，目前已占到20个席位中的6个。

网络框架如何协助我们思考对当前全球金融架构的改革？第一，网络拓扑或称网络结构至关重要。我们需要一个透彻理解最脆弱环节和风险所在的系统视角。根据网络内在的幂次律特性，我们必须承认网络不是平等的，而"尾大不掉"和"一荣俱荣，一损俱损"也确实是真实存在的风险。我们需要更多地考虑向全球网络中引入更多竞争和多样性，以避免形成寡头垄断和"单一栽培现象"而阻碍创新。Avinash Persaud和其他人指出了单一会计标准（公允价值会计）和类似模型的应用是如何鼓励市场向一个方向移动进而增强其顺周期性的。这在相似的交易模型使用基本一致的信息时尤其显著，引起巨大的羊群效应并使得动量交易和自我实现预期变得持久。

第二，金融监管当局应当使用不同的工具和技术来描述复杂性问题。笔者只介绍两点。正如 J. Doyne Farmer（2001）、Khandani 和 Lo（2007）以及 May、Levin 和 Sugihara（2008）等先驱者所发现的，监管者应使用更多的金融市场模型，将金融市场视为动态的、进化的、有适应性的、会经历不稳定时期的生态系统，而不是会回复均衡的稳定系统。使用资产负债和现金流的系统建模将让监管者和市场得以更好地理解压力水平和对杠杆的耐受限度。

监管当局应更多地借用法医的技术，在一个"端到端"的角度上管理产品的跨司法管辖边界的轨迹，即关注金融产品如何沿着产生、交易、清算、结算以至最后在整个系统内传播的轨迹进化。审计轨迹应当关注每个投资者或中间人是如何管理其风险的。这一跨区域的研究相较于当前强调基于机构的压力测试和检验将提供多得多的关于整个业界的行为模式及信息。监管者也必须通过强制要求常见交易品在中央清算平台清算或备案来获得有关内在杠杆的系统层面的数据。金融监管当局需要采纳公共卫生政策的观点。

作为一条监管哲学，监管当局必须尝试削减系统内的复杂性，使得产品、标准和规则能一致地易于为各方所理解。不管任务多么艰难，所有的规则和过程都应被缩减到关键的原理和目标上，使得规则可按照这些基本原理来解释。这需要更多既来自监管者也来自被监管者的判断。

总体上，监管当局应接受的是，少数清晰、简要的规则更能影响大众行为、更能得到执行，而许多繁杂的规则则不易影响大众或得到坚定执行。

第三，关于互联的问题，信息技术领域的网络工程师了解模块化的重要性。技术突破经常是以模块的形式达成的。网络改革应当将系统分为模块、相关的防火墙和风险控制，以便改革能在一个模块级别执行（Beinhocker，2007：175）。例如，互联和相关的杠杆可通过在模块的、逐一产品的基础上建立关键的结算和清算基础设施并分析相应数据来加以理解。监管者未能投入足够的资源来挖掘他们应掌握的信息。

在大而复杂的金融机构是否因其互联性而太过庞大和复杂的问题上，模块化解决方案暗示我们应当在关键的业务种类之间建立防火墙，以便高风险的区域能被隔离到银行业的公众业务区域之外。

第四，互动或反馈机制的问题应被描述为去除当前规章制度中的顺周期偏向性，这是当前关于这一行动的共识。然而，监管者必须认识到重要的是市场参与者对他们所观察到的监管者行为的反应。如果监管者容忍有风险的行动或不坚决制止道德风险行为，那么市场参与者就会按照监管者默许了这种行为的方式来行动。在某种意义上，加以实施的监管准则就是制止市场参与者承担过多风险的红色警戒线。

笔者个人的意见是，尝试大刀阔斧地实施简明扼要规则的行动有点过头了。在金融市场的互动博弈中，没有一条规则能放之四海而皆准。事实是，这样的规则所需要的信息在制定明确决策时可能难以获得。等待决定性证据的风险可能意味着监管行动采取得太少、太晚。监管者总是必须基于不完整的甚至某些时候不可靠的信息来做决断。大规模的经济体必须支持独立的监管者做出明智的判断，并接受这些判断在某些时候回避风险的事实，因为金融危机的代价不可预测。

第五，在激励结构上，美国议会最近通过了立法，允许监管者控制或禁止对被视为鼓励承担过多风险的财务管理人员的特定补偿安排。华尔街内部有强烈反对降低红利和薪水的声音，认为他们（财务管理人员）的财务技能稀缺，降低薪水将降低金融业的绩效。这种争辩是自私自利的。

在我看来，红利和利润水平并不是来源于财务管理人员的技能，而是来源于他们嵌入系统的杠杆的大小。因此，如果监管限制了杠杆的水平，红利就会封顶，而这就产生了一个基本问题：金融产业是否可持续发展并比实体经济赚得更多？问题的核心是整个经济在部门层面和国家层面上对杠杆的耐受限度。没有一个固定的公式能计算出这个杠杆限制，但对于每个经济体以及在全球的水平上来说，必须有一个应被识别、被严格执行的限制。

总之，希望网络框架能开辟出新的研究金融部门复杂性及其与实体经济的关联的康庄大道。

参考文献

Allen, Franklin, and Ana Babus. 2008. "Networks in Finance." Working Paper 08-07. Wharton Financial Institutions Center, University of Pennsylvania, Philadelphia.

Barabási, Albert-Laszlo. 2003. *Linked: How Everything Is Connected to Everything Else and What It Means to Business, Science, and Everyday Life.* New York: Plume Books.

Baran, Paul. 1964. *Introduction to Distributed Communications Networks*. RM-3420-PR. Santa Monica, CA: Rand Corporation. www.rand.org/publications/RM/baran.list.html.

Beinhocker, Eric D. 2007. *The Origin of Wealth: Evolution, Complexity, and the Radical Remaking of Economics*. Cambridge, MA: Harvard Business School Press.

Bookstaber, Richard. 2007. Testimony submitted to the House Financial Services Committee on Systemic Risks: Examining Regulators' Ability to Respond to Threats to the Financial System, Washington, DC. October 2.

Bordo, Michael D. 2001. "An Historical Perspective on the East Asian Crisis." In *The Political Economy of the East Asian Crisis: Tigers in Distress*, ed. Arvid Lukauskas and Francisco Rivera-Batiz. Cheltenham, U.K.: Edward Elgar.

Brunnermeier, Markus, Andrew Crockett, Charles Goodhart, Martin Hellwig, Avinash Persaud, and Hyun Shin. 2009. "The Fundamental Principles of Financial Regulation." Geneva Report on the World Economy 11 (January). International Center for Monetary and Banking Studies, Geneva; Centre for Economic Policy Research, London.

Caballero, Ricardo J., and Alp Simsek. 2009. "Complexity and Financial Panics." NBER Working Paper 14997 (May). National Bureau of Economic Research, Cambridge, MA.

Castells, Manuel. 1996. *The Rise of the Network Society, The Information Age: Economy, Society, and Culture*. Vol. 1. Oxford: Blackwell Publishers.

Commission of Experts of the President of the General Assembly. 2009. "Recommendations on Reforms of the International Monetary and Financial System." United Nations, New York. March 19. www.un.org/ga/president/63/letters/recommendationExperts200309.pdf.

de Larosiere, Jacques. 2009. "The High-Level Group on Financial Supervision in the EU." European Commission, Brussels. February 25. http://ec.europe.eu/internal_market/finances/docs/de_larosiere_report_en.pdf.

Economides, Nicholas. 1993. "Network Economics with Application to Finance." *Financial Markets, Institutions, and Instruments* 2 (5, December): 89–97.

Farmer, J. Doyne. 2001. "Toward Agent-Based Models for Investment." In *Benchmarks and Attribution Analysis*, 61–70. Charlottesville, VA: Association for Investment Management and Research.

Group of Thirty. 2009. *Report on Financial Reform*. New York: Group of Thirty (January). www.group30/pubs/reformreport.pdf.

Haldane, Andrew G. 2009. "Rethinking the Financial Network." Speech delivered at the Financial Student Association, Amsterdam. April.

Jackson, Matthew O. 2008. *Social and Economic Networks*. Princeton, NJ: Princeton University Press.

Kambhu, John, Scott Weidman, and Neel Krishnan, eds. 2007. *New Directions for Understanding Systemic Risk*. A Report on a Conference Cosponsored by the Federal Reserve Bank of New York and the National Academy of Sciences. Washington, DC: National Academies Press.

Kay, John. 2003. *The Truth about Markets*. London: Penguin.

Khandani, Amir E., and Andrew W. Lo. 2007. "What Happened to the Quants in August 2007?" *Journal of Investment Management* 5 (4, fourth quarter): 5–45.

King, Mervyn. 2009. Speech to British Bankers' Association, Mansion House, Bank of England, London. June 17.

Lo, Andrew. 2004. "The Adaptive Market Hypothesis: Market Efficiency from an Evolutionary Perspective." *Journal of Portfolio Management* 30 (August 15): 15–29.

———. 2005. "Reconciling Efficient Markets with Behavioral Finance: The Adaptive Market Hypothesis." Massachusetts Institute of Technology, Sloan School; National Bureau of Economic Research, Cambridge, MA.

May, Robert M., Simon A. Levin, and George Sugihara. 2008. "Ecology for Bankers." *Nature* 451 (21, February): 893–895.

Newman, Mark, Albert-László Barabási, and Duncan J. Watts. 2006. *The Structure and Dynamics of Networks*. Princeton, NJ: Princeton University Press.

Sell, Friedrich L. 2001. *Contagion in Financial Markets*. London: Edward Elgar.

Shapiro, Carl, and Hal R. Varian. 1999. *Information Rules: A Strategic Guide to the Network Economy*. Cambridge, MA: Harvard Business School Press.

Sheng, Andrew. 2005. "The Weakest Link: Financial Markets, Contagion, and Networks." Working Paper (December). Bank for International Settlements, Basel.

———. 2009a. "The First Network Crisis of the Twenty First Century: A Regulatory Post-Mortem." *Economic and Political Weekly*, India (special issue on global financial and economic crisis, March): 81–98.

———. 2009b. *From Asian to Global Financial Crisis: An Asian Regulator's View of Unfettered Finance in the 1990s and 2000s*. New York: Cambridge University Press.

———. 2009c. "From Asian to Global Financial Crisis: Third Lall Memorial Lecture." Indian Council for Research in International Economic Relations, New Delhi. February. www.icrier.res.

Soros, George. 1998. *The Crisis of Global Capitalism: Open Society Endangered*. New York: Public Affairs.

———. 2009. *The Crash of 2008 and What It Means: The New Paradigm for Financial Markets*. New York: Public Affairs.

Turner, Lord Adair. 2009. *The Turner Review: A Regulatory Response to the Global Banking Crisis*. London: Financial Services Authority (March).

www.fsa.gov.uk/pubs/other/turner_review.pdf.

Umpleby, Stuart. 2009. "From Complexity to Reflexivity: The Next Step in the Systems Sciences." PowerPoint slides, George Washington University, Washington, DC. www.gwu.edu~umpleby.

Underhill, Geoffrey R. D. 2007. "Global Financial Architecture, Legitimacy, and Representation: Voice for Emerging Markets." Garnet Policy Brief (January). University of Amsterdam.

Williams, George M., Jr. 2008. *The Macroprudential Regulator: Modeling the Financial Network*. Research report for Alert, Dewey, & LeBoeuf LLP (September 11).

World Economic Forum. 2009. "The Global Agenda 2009." World Economic Forum, Geneva.

Xafa, Miranda. 2007. "Global Imbalances and Financial Stability." IMF Working Paper WP/07/111 (May). International Monetary Fund, Washington, DC.

第5章　对全球性失衡的理解[①]

理查德·N·库珀
(Richard N. Cooper)

在本章，笔者将对两个被广泛接受为真理的相关命题提出质疑：其一，美国民众的储蓄过少；其二，美国的经常账户赤字在高位运行，在2006年达到7 880亿美元，这是不可持续的，而且这将导致在相对较近（通常未指明）的未来产生危害世界经济的无序调整的风险的累积。笔者的质疑不应该被认为是新的真理，而应该被看作是关于当今世界如何运转以及如何达到这么大的全球性失衡的合理替代假说。

笔者将从美国的储蓄开始，因为它通过国民收入恒等式涉及更广泛的全球性失衡的主题，该主题连接着经常账户赤字以及国内投资与国民储蓄之间的差额。经常账户赤字在过度投资超过储蓄的情况没有改观时是不会减少的。少数人认为，美国应该减少投资（可能除了房地产业，因为房地产市场正处于繁荣期），这意味着近年来接近美国国内生产总值（GDP）6%的经常账户赤字将得以减少，而国民储蓄即私人与公共储蓄之和也将增加。如果像一些分析所揭示的那样（例如Cline，2005），那么赤字将不会超过GDP的3%，反过来储蓄会增加GDP的3%，占2006年GDP的比例将从13%上升到16%。（笔者使用的是总储蓄和总投资，因为这对当今技术进步迅猛的世界来说是恰当的。"重置"投资通常在技术上优于它的前身，而且运行良好的公司无论如何都将重新评估所有的大型投资，如果经济上可行就把折旧费转移到新的项目上。）

国民经济核算中的投资与储蓄——在60多年前工业时代鼎盛时期设立的概念——界定的主要依据是建筑和设备（尽管最近添加了计算机

[①] 本章利用了库珀（Cooper，2007，2008）的研究成果。

软件)。这是难以适用于所谓的知识经济的。经济学家们认为今天的储蓄像消费一样可能为了自身或者未来世代在未来某一时点的大量消费而被推迟。利用这一储蓄的定义,几个项目应该在国民经济核算中被添加到当前的"储蓄"中。这些项目的清单明显应当包括教育支出、研究和开发支出、采购耐用消费品的支出以及企业在科研、培训和品牌建设上的"无形"投资(Carrado, Hulten and Sichel, 2006)。添加这些项目后,2005年储蓄和投资的数量将分别从占GDP的13.5%和20.1%(按照国民经济核算中的定义)提高到占增广GDP(根据扩展后的投资的概念而增广15%)的39%和44%。这些数字并不表明美国人的未来会在短期内改变,特别是应对教育和研发投入的高回报做出修正。最近的民意测试结果显示,未来美国人的状况与目前这一代相比恶化是极不可能的。到目前为止,笔者仍然要说明,未来的创新管道已满;我们将不得不面对研发与教育的重大挫败以及相关的投资到期不能转化为更高的人均收入的局面,无法像它们在过去的半个世纪那样进展稳定。我们留给下一代人最大的遗产是我们成功的体系,这包括进行创新与技术变革的机构以及激励机制。

从家庭的角度看,修正还应反映在房地产和金融资产的资本利得以及可预期的遗产上。其中资本利得受益于金融市场的创新,如房屋净值贷款及反向抵押贷款所提供的日益增长的灵活性。与新的投资不同,这些不会增加未来的社会回报(虽然股票的资本利得的某些部分也许反映了公司的无形资产投资),但它们从家庭的角度来看是合理的"储蓄"。家庭资产净值在1990—2005年期间每年增长6.5%,并且仅2005年一年就增长了8%,请别忘了那个引人注目的国民经济核算中的个人储蓄为负的头条新闻!

当然,这些都是加总数额,它们没有描述分布情况。毫无疑问,许多家庭应当被建议为了自身的利益而更多地储蓄。此外,在2008年随着房地产和许多金融资产价格的下降,家庭资产净值也跟着下降了。但是,这大概只是一个暂时现象。

全球性失衡是什么情况呢?储蓄与投资的修订计算并不影响它们之间的差额,因为积蓄和投资增加了相同的数量。这些意在表明,除了通过联邦预算,进一步提高美国国民储蓄即使不是不可能的,也将是极为困难的。当房价下跌或在一定时间内保持稳定时,私人储蓄可能会自愿地有所上升,但家庭是不太可能接受它们的消费在长期内显著减少的。

每年经常账户赤字都超过7 000亿美元、超过GDP的5%的情况是否可持续？从技术经济学的角度来看（从心理学或政治学角度分别进行研究的结论并没有列在这里），回答是明确的肯定。一些人认为这样大的数额是没有先例的，达到了过去发展中国家陷入支付危机时的"危险范围"。一些人认为它是不可持续的，不管是因为外国投资者将不再愿意在美国投入足够多的资金，还是因为美国资产将丧失对外国投资者的吸引力，抑或二者同时成立。有人承认，这一数额维持在目前的高位也许是可持续的，但增长趋势将难以持续。有些人判断它是不受欢迎的，理由是它允许较高的当前消费，但把更高的负债遗留给子孙后代。当然，它是否受到人们欢迎，主要取决于是否存在可行的替代方案，而不是抽象的思考。

在这一部分笔者将定量地解决两个问题：其一，国外的储蓄是否足以为持续的甚至不断上升的美国赤字提供资金？其二，美国的金融债权是否足以满足潜在的外国投资者对它们的需求？同样，笔者还将解决国外投资者投资于美国的动机问题。

美国的经常账户赤字（相当于外国投资者在美国的净投资）在2006年达到7880亿美元，确实空前地大。但它仍然比假设世界金融市场已经完全全球化所导致的赤字要小得多。对于金融市场的完全全球化，我们的意思是，世界各地的储户根据国家经济的相对规模分配自己的储蓄，消除任何对国内投资的偏好。这样的世界资金流动的"引力模型"当然是一个巨大的简化，但它仍是一个有用的起点。

在2000年，美国占世界经济的份额（按市场汇率计算）为30%，该值在2001—2002年度略有上升，然后到2006年下降为27.5%。如果没有对国内投资的偏好，世界的其余地区将按照该份额把它们的储蓄投资到美国。美国人出于同样的原因，在2000年将把70%的积蓄投资到世界其余地区，并且这一比例在2006年将上升到72.5%。把这些储蓄百分比（来自国民经济核算）分别应用到世界其余地区和美国的储蓄上，与2000年4170亿美元的实际流量相比，美国应产生4800亿美元的外国投资净额，而与2006年7880亿美元的实际流量相比，这一数字将上升到1.2万亿美元。可以预期这个数字将随着时间的推移而增长，直到美国所占的份额缓慢下降到完全抵消了外国储蓄的增长或者直到美国储蓄大幅上升足以抵消每年外国储蓄的增长。

此项计算把总储蓄视为给定，而忽略实际投资机会，包括收益、风险和流动性。在这方面，它类似于贸易的引力模型，即专注于经济规模和差距而忽略比较成本的结构以及因该动机而引起的贸易。现在笔者想谈一谈动机的问题。

人口和储蓄—投资平衡

经常账户盈余意味着国民储蓄超过国内投资。这些为什么会发生？特别是考虑到许多吸纳过剩的私人储蓄的国家都存在财政赤字。油价自2002年以来的一个显著上升增加了石油输出国政府的收入，这些国家率先产生了预算盈余。大量的这些储蓄都将短暂地作为政府收入而进入收入流，提高私人收入和进口需求，直到石油价格下跌为止。然而，现在一些石油输出国已经开始效仿科威特和挪威，为后代着想，留出它们的大量石油收入的一部分在世界各地进行投资，所以这些国家的大规模储蓄还将持续很多年。

高储蓄率有很多原因，尤其是与不确定性相关，甚至与对未来的不安全感相关；对消费者大宗采购的信贷的不完善安排；管理激励倾向于保留而不是分配企业的收益；对过去的逆境时期的回忆；等等。但是有一个因素受到的关注太少，甚至被错误地认识，那就是许多国家正在经历的剧烈的人口规模的变化。关于社会的老龄化，很多学者都在适当关注由政府承诺的养老金和医疗服务的资金没有落实的问题，并已经有了很多讨论。老龄化是由两个完全不同又极度不相关的因素造成的。一个是人们的寿命延长，就平均寿命而言，美国人比过去半个世纪多活8.2年，而日本人则多活30年；另一个是出生率的下降。

寿命越来越长，但工作年龄并未相应延后，为退休生活而增加家庭储蓄也就是理所当然的，同时还会促进预防性储蓄的增长，因为寿命不仅更长，而且这一历程也充满不确定性。对于消费行为发生在老年时期的生命周期储蓄行为标准模型来说，通常会假定一个已知的或预计已知的死亡时间。在现实中，有很多的不确定性，并且由于稳步发展的医疗技术，甚至死亡的时间的不确定性可能也在增加。在其他条件相同时，这将使人们增加储蓄。这已经超出了为退休考虑的范畴，尤其是在许多有关公共养老金计划的财务可行性的不确定性也在增加的背景下。美国人一直清醒地意识到未来美国的社会保障存在问题，但许多其他国家的公共养老金计划的情况更加糟糕。

由于较低出生率而造成的老龄化社会，减少投资对于国民储蓄—投资平衡的影响可能更大。低出生率意味着，随着时间的推移，年轻的成年人数量下降，新的家庭更少，对学校和住房以及所有与房屋相关的附属设施如家电、家具等的需求降低。将产生更少的新资本，却仍然需要为劳动力市场的新成员匹配平均的生产资本。此外，这些年轻人就地域和职业平均而言将是劳动力市场中学历最高与适应性最强的成员。对于一个科技不断进步以及需求组成不断变化的时代而言，在其他条件相同的情况下，他们的人数下降会给生产力增长带来负面影响。

日本的储蓄率下降了，虽然比生命周期理论的拥护者预期的要少，但投资下降得更多。德国的私人储蓄上升了，但这些储蓄主要被2000—2005年增加的4%的公共赤字吸收了，投资也急剧下降。大致相若的模式在新兴的富裕的亚洲经济体也已经发生了。与此相反，在亚洲发展中国家，投资有所上升，到2005年超过GDP的37%，同时在这些快速发展的经济体中储蓄上升得更多。

这些国家的人口前景是令人震惊的。大多数富裕国家，以及中国，现在有一个一致的低的净繁育率，即人口规模将无法维持。德国和日本每个育龄妇女的子女平均数为1.4，中国香港为1.0，新加坡为1.0（该数值为2.1时才能满足维持人口规模）。尽管人均寿命一直在延长，但德国和日本的人口都已经达到顶峰。年轻人的数量已经持续下降了一段时间，而且这种趋势还将继续下去。

在这些富裕国家，美国脱颖而出，是一个有力的反例：出生率有所下降，但仍高于2，并且美国每年还增加超过100万的移民，这些移民一般比较年轻，而且随着时间的推移，将会很好地融入美国的劳动力大军。美国人口普查局对世界上最大的经济体加上四个亚洲新兴经济体的年轻人（15～29岁）数量的预测如下：在2006年它们的经常账户盈余（在计算德国时加上了它的两个经济近邻荷兰和瑞士）相当于美国赤字的90%。（石油输出国的盈余等于美国赤字的另外的46%。反过来，美国的赤字相当于世界总赤字的70%。）在中国、德国、日本和四个新兴的亚洲经济体，年轻人的总量每年下降大约1%。与此形成鲜明对比的是，预计未来二十年中美国的年轻人数量将上涨7%，而实际增幅甚至可能会更大，这主要是因为对移民数量的保守估计。

中国的情况当然与德国、日本以及其他富裕国家的情况不同。农村人口占总人口的比例在过去二十年下降了20%，但仍然庞大，所以可以预期将会有更多农村人口向城市迁移。城市劳动力的持续快速增长是可以预期的，而随着它的增长，对住房、学校和生产性资本存量将会产生更大的需求。此外，可以预期的是，中国人收入的快速增长仍将持续，随之而来的是房地产市场的繁荣，因为人们不仅改变居住地点，也提升他们生存空间的数量和质量。中国的投资率很高。在每年人均收入增长超过 7% 的情况下，面对对粗放支出的需求以及糟糕的资本市场，伴随着消费的快速增长，中国的储蓄率仍在提高。此外，许多中国国有企业已进行现代化和精简，提高了它们的盈利能力，而另一些仍享受着准垄断带来的利润。在 2008 年以前，中国的国有企业不必向政府支付红利，从而增加的盈利都计入了企业储蓄。

为什么在美国投资？

一些最大和最富裕的国家都有过剩的储蓄，一些不那么富裕的国家如中国也一样，为什么过剩的储蓄会大量注入美国？毕竟，在新古典经济学的简单假设下，过剩的国民储蓄应该流向世界各地区中资本回报率最高的地方。与其他要素相比，那些地区的生产活动被认为更为缺少资本。这些其他要素中最主要的是劳动力，也可以是可用耕地和具体的自然资源。

这个被广泛接受的命题是高水平的国际化。经济学家对于高水平的国际化感觉不错并且似乎对其更加偏爱，而眼光敏锐的投资者则对其并无偏好。细节总是重要的，并且有些细节得到越来越多的重视。现在可以越来越普遍地看到一个重要的条件限制即"风险调整后的"收益率差额而不仅仅是收益率差额被提到。投资的安全性是非常重要的，这对很多投资者来说常常要胜过高收益，尤其是那些为退休生活做准备而投资的人。最近在阿根廷、玻利维亚、俄罗斯和委内瑞拉的实例提醒大家，私人投资并不总是安全的，尤其是当它是外国私人投资时。此外，在资本最匮乏的国家，收益也往往较低，这是由于资本投入与制度建设之间有很强的互补性，制度建设大致可解释为包括但不限于以下因素，即公共基础设施以及受过教育或至少守纪律和有识字能力的劳动力。

近年来很多外国私人资本无视这一条件限制，进入到发展中国家，主要集中在东亚和中欧，净值在 2005 年超过 5 000 亿美元，在 2006 年超过 7 000 亿美元，在 2007 年超过 9 000 亿美元。但与之相对的是，外国私人资金在美国的投资额在 2005 年为 1 万亿美元，而 2006 年和 2007 年都接近 1.6 万亿美元。

有许多原因促使外国资本把资本丰富的美国作为投资的目标。首先容易理解的是美国经济的规模。在美国，产权的安全是有保证的，争端也能比较迅速与公正地解决。美国仍是一个动态经济，忽略它的财富，它具有有利的人口变化趋势、高度的创新性以及比其他成熟经济体（以及许多不成熟的经济体）相对更大的灵活性。比起GDP，美国的金融市场相对于世界其他地区来说更为庞大，超过世界证券（股票和债券）总量的40%，去除那些不可交易的其他国家企业的很多股份（例如，因为它们是在政府手中）后，占到有价证券的大概一半以上。

由于其规模和制度设置，许多有价证券在美国金融市场比其他市场更具有流动性，增加了对被动投资者的吸引力，同时该市场提供的金融资产在风险特性上也具有广泛的多样性。最后，在最近一个时期，美国债务工具的收益率已比许多其他发达经济体特别是日本和欧洲大陆更高。（在英国和澳大利亚收益率甚至更高，它们也具有一些美国所具有的特性。在这些国家的外国净投资也一直居高不下也许不是巧合；也就是说，它们的经常账户赤字相对于GDP要超出很多。加拿大可能被认为处于类似的处境，但其经常账户却体现为盈余；这也许是因为它的对外贸易集中发生在拥有巨大贸易赤字的美国的缘故，伴随而来的是加拿大债券的收益率通常也比美国债券的收益率低。）

在美国的外国投资绝大部分是美元投资；事实上，它只是代表购买美国国内资产的居民或机构恰好居于国外。因此他们在进行资产买卖操作时大多要承担用本国货币衡量的汇率风险。风险会压倒收益率差额吗？显然不会。一个可能的原因是，外国投资者可能对他们进行资产买卖操作时的汇率风险并不敏感。这似乎不太可能，因为大多数投资者是成熟的金融机构，且一些经济学家一直毫不留情地指出了所存在的汇率风险，并进行了足够多的宣传。

外国投资者必须找到有足够吸引力的投资理由来克服汇率风险。或者，他们可能降低了对外汇风险的估计。一个可能的原因是，他们相信汇率变动大得足以超过收益率差额是不太可能的，因为他们隐含地接受这里所给出的结构性原因即巨额经常账户赤字是可持续的或者其他一套解释。或者，他们可能会认为大型货币升值将对其他经济体带来足够的损害从而引发货币当局的反制行动，使主要货币之间的汇率变动被各国央行采取的行动所限制。

许多事实表明，一些美国赤字的资金来自其他国家央行购买美元计价资产。在某些个案中，这些央行只是作为其选择不直接投资于国外资产或者不被允许直接投资于国外资产的老龄化民众的金融中介。有足够的理由认为，流入美国的资金绝大多数来自私人（并不总在受益权层面上），其数额为2005—2007年总额的五分之四。

美国可以持续多长时间提供可购买资产？

在美国投资的可能性有多大？外国人可购买的可用美国资产会不会很快达到极限？不会很快。首先考虑一些简单的债务动态，然后看一看美国外债与可用美国资产之间的关系。

经常账户赤字的累积会影响一国的净国际投资头寸（NIIP）。如果我们令 D 代表 NIIP，$Y=$ GDP，$r=D$ 的净收益，且 $B=$ 在货物和服务贸易（不包括投资收益）以及单方面转移上的赤字，则有 $dD=B+rD$。D 与 GDP 之比趋于稳定意味着 dD/D 等于名义 GDP 的增长。如果我们假设在未来几年美国名义 GDP 增长率将为 5%，那么一个稳定的 D/Y 将要求 $B/D+r=0.05$。

截至 2005 年底，美国的 NIIP 为 $-23\,000$ 亿美元，大约为美国 2006 年 GDP 的 17%。经常账户赤字约为 GDP 的 6%。从这个出发点我们可以对美国未来的国际投资头寸得出什么认识？

需要针对简单的债务动态和美国的情况做出几点不精确的调整。首先，美国的 NIIP 反映国外对美国和美国对世界其他地区资产要求权的巨大差额。对美国的资产要求权的平均收益率显著超过对其他国家资产要求权的平均收益率。美国 NIIP 转负始于 1987 年，而其对外国投资的净收益在 20 年后的 2007 年仍然为正。对于美国，以上等式中的 r 已经为负值很多年了，最近是在 1%～2%之间。

其次，从累积的经常账户头寸过渡到净国际投资头寸需要根据美国对外的和外资对美国的非交易性资产要求权变动进行调整。这些都对美国很有利。因此，在 1990—2005 年期间，累计的美国经常账户赤字为 44 000 亿美元，而增加的净债务国头寸是 20 400 亿美元，还不到前者的一半。这一差别的主要原因是现有的资产要求权的市场价值的增加。换句话说，美国的海外投资以及外资在美国的投资的"总回报"超过了这些投资在国际收支表上记录的收益金额。美国海外投资年均总回报自 1990 年以来（包括汇率的影响，下面会讨论）为 10.0%，与其相对的外资在美国投资的总回报是 6.2%。因此，如果计算总回报，则美国进行海外投资的平均盈余比国际收支账户报告上的投资收益更大，尽管伴随着显著的负 NIIP。这里的主要原因是股权投资——包括直接投资和间接投资——占美国对国外资产要求权的比例（61%）比占外资在美国的投资的比例（35%）要大得多。美国人充当世界经济的风险承担中介，销售具有固定收益的债权并投资于权益资产，从而获得世界经济中的权益风险溢价。

此外，兑换美元时的汇率变化造成的价值变动会影响美国 NIIP 的估值。美国的大部分国外资产以其他货币计价，而大多数外国投资的美国资产以美元计价。当美元兑其他货币贬值时，美国的国外资产的价值相对于在美外国投资的价值就会上升，当美元升值时则相反。这些对价值的影响可能是巨大的。因此，在 2005 年，美国经常账户赤字为 7 290 亿美元，但 NIIP 实际上仅增加了 2 000 亿美元，这样的反差也出现在 1999 年。值得注意的是，NIIP 占 GDP 的比例有所下降，从 2001 年超过 23% 到 2006 年低于 17%，尽管在此期间经常账户赤字是不断增长的。

最后，NIIP 占 GDP 的比例远远低于它在一个"无国内投资偏好"的世界里应占的比例，外国人的资产将有近 30% 是在美国的，是现有资产比例的 2.5 倍。基于这些理由，该比例仍可能显著上升。

外资是怎样持有美国资产的？这里有必要在扣除美国海外投资之前，来看一看外资在美国的投资总额。对美国的总的外国资产要求权（银行的净资产要求权）在 2005 年底为 111 000 亿美元，占当年 GDP 的 89%，与占私人非住宅存量固定资本的比例大致相同。外国资产要求权份额在过去二十年稳定增加。但是外资一般不买入股权，其份额根本不像人们可能想的那样单纯基于美元价值增长迅速。美国经济的显著特点是，金融资产的总价值的增长明显比实体经济更快。美国联邦储备委员会估计在 2006 年底美国经济中的金融总资产已经达到了 1 290 000 亿美元（这个数字当然是使用了对账户资金流动灵敏的分类系统得到的，而且不包括金融衍生品），是当年美国 GDP 的 9.7 倍。在 40 多年前的 1965 年，金融总资产只有 GDP 的 4.8 倍。换种说法，自 1965 年至 2006 年名义 GDP 的年增长率为 7.4%，而金融总资产的年增长率为 9.2%。

这种现象反映出，除去其他因素，金融部门通过创新设计新的金融工具，以对更广泛的情况与需求有吸引力。不是所有这种组合后的金融资产都被证明是高质量的，就像次贷危机已向许多外国人和美国人所证明的那样。于是，外资广泛投资于各类金融工具。尽管投资于美国的外资总额相当于美国的 GDP，但它仅相当于美国金融总资产的 11%。相对 20 世纪 80 年代中期，该比例已上升了 3%，但增速仍然缓慢。

金融总资产包括一个部门对另外一个部门的资产要求权。我们可以说，美国经济基本上被"所有"的美国家庭加上非营利组织（教会、基金会、大学等）再加上外国人所拥有。外资所占份额从1980年的7%增长到2000年的17%及至2006年的23%，这代表拥有对美国经济未来产出的要求权。该比例仍远低于在"无国内投资偏好"的世界外国资产要求权应达到的水平。它也仍远低于外国资产要求权（占GDP的份额）在许多其他国家包括澳大利亚、法国、德国、意大利、西班牙和英国已经达到的份额水平。因此，尽管外资在美国金融资产中所占的份额无法无限制地增长，但在美国提供金融资产的能力耗尽前，它仍可以增长很多年。

评价

考虑到其他富裕国家的全球化进程以及人口变动，只要美国人投资资金是有效的，那么美国庞大的经常账户赤字就既是可以理解的，从全球视角看也是会提高福利的。世界各地为退休做准备的投资者都对他们认为获利丰厚和安全的项目进行投资。如果是这样，政府削减赤字的巨大努力将弄巧成拙，并积累引发金融危机和它的提倡者希望能阻止的经济衰退的严重风险。原因是美国的财政紧缩并没有与其他地区的财政扩张相匹配，因而投机资本将大量转移到通货上，预期从其他币种兑美元的升值中获利。

不久前，有人认为，作为一个富有的国家，美国应该拥有经常账户盈余，而不是经常账户赤字。最近，已经有人提出为了满足可持续性的需要，赤字应降低到不超过GDP的3%的程度。这样的削减需要美国相对于产出把支出降低相当于美国GDP的3%的量，约合世界其他地方GDP总量的1%。国外的总盈余也将不得不下降相当于美国GDP的3%的量，这意味着世界其他地方的需求相对于产出要上升。

人们常常说，为了对产品需求实现替代性补偿，美元必然要贬值，而且可能是大幅度的，将达到贸易加权基础的30%。因此，世界其他地区的额外需求必须是内需。对于出口导向型经济体如中国、德国和日本来说，货币升值很可能会阻碍而不是促进生产性投资。因此，额外的需求必然来自国内消费者或政府。许多国家的政府一直对近几年过多的政府赤字感到担忧，并进行"财政整顿"来不断减少赤字。对于德国和日本来说更是如此，因为这两个国家都拥有大量的经常账户盈余。什么

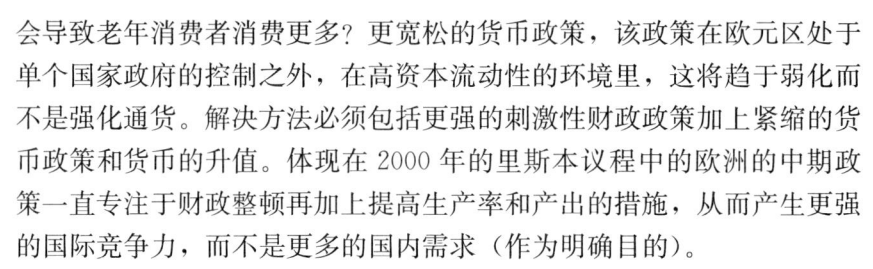

会导致老年消费者消费更多？更宽松的货币政策，该政策在欧元区处于单个国家政府的控制之外，在高资本流动性的环境里，这将趋于弱化而不是强化通货。解决方法必须包括更强的刺激性财政政策加上紧缩的货币政策和货币的升值。体现在2000年的里斯本议程中的欧洲的中期政策一直专注于财政整顿再加上提高生产率和产出的措施，从而产生更强的国际竞争力，而不是更多的国内需求（作为明确目的）。

中国控制着自己的汇率，可以选择像许多人催促的那样，让人民币升值。但是，即使中国能够消除经常账户盈余，也只有一小部分会被美国获得，因为美国会由从中国进口切换到从其他低收入国家进口。经常账户赤字仍然会超过目标水平。此外，中国货币大幅升值，使经常账户盈余消失会对中国经济有什么影响？中国对哪里的出口带动了经济增长？出口需求并不是中国唯一的增长来源。公众与私人建筑的建设蓬勃发展，并且在1989—2005年间中国的消费每年增长超过8%，这是全世界增长最快的。但是出口一直是中国发展的主要推动部门。

这里阐述的论据表明，美国的赤字可以继续一些年，甚至增长到超过目前的水平。当然，在这一过程中美元出现一个显著的贬值是可能的。金融市场是由心理因素和经济因素推动的。如果有足够多的人决定抛售美元，美元就将贬值。如果外国人集体决定把在美国的投资减少到低于美国的经常项目赤字（加上美国的资本流出）的水平，那么美元就会贬值。

如果美元出现大幅贬值，将会造成严重的经济后果，其他富裕国家也将减少出口，减少吸纳投资。正因为如此，它们的货币当局很可能会在某个时候对外汇市场进行干预，以限制所导致的经济下行，用官方投资有效替代在美国的私人投资，从而对美元的贬值施加有效的限制。

当然，经常账户赤字占GDP的比例不能无限制地上升；外资所拥有的资产占美国总资产的份额也不会一直上升。迟早金融全球化的进程将会放缓，并且最终停止，这很可能发生在"无国内投资偏好"的假设实现之前。此外，老龄化社会将最终达到，停止收购新的海外资产，并开始清算其未决的赔偿准备金。那么美国的赤字必将下降，而且很可能是大幅度的。贸易赤字甚至要下降得更早，原因是外国人将会开始消费其在美国投资的收益。但是，达到这一点并不需要很多年，特别是当人们工作时间变得更长，并且就像许多人所做的那样，在传统的退休年龄过后仍保持节俭时更是如此。

由于亚洲人和欧洲人开始对他们的海外收入和他们的资产进行消费，其国家的总支出将会相对于产出上升，盈余将会下降，并最终消失。这个过程本身将有助于减少美国的赤字，而不会发生任何美元兑外国货币的贬值。美元到底需要贬值多少将取决于老龄化社会新兴的消费模式，特别是贸易和非贸易货物与服务的组合，时刻牢记，这些分类本身也在不断变化，随着越来越多的非贸易品加入了贸易品的范畴，离岸外包的可能性也增加了。甚至非贸易品也可以进入国际账户，只要它们是由把收益汇给自己国家的临时移民工人提供的。照顾老人可能涉及两个过程，远程测量症状进行诊断以及流动工人的现场帮助，而老人的儿孙甚至曾孙们则选择留在劳动力队伍中。

另一种可能涉及亚洲人和欧洲人退休后到美国养老，就像一些加拿大人现在所做的那样。那时他们的资产便不再是外国对美国的资产要求权。

调整的过程涉及一个更复杂条件下的经典的转移问题。在必要的调整发生之前，美元到底最终会贬值多少取决于所有这些因素，这并不能提前很多年预言。

美国经济充满活力与创新。其人口趋势与其他富裕国家明显不同，出生率没有下跌得那么严重，而且移民集中为青壮年，并且预计将继续保持一定的规模。从这些方面而言——不考虑美国富裕与政治上的成熟——美国可以说是一个年轻的、正在发展的国家。特别地，它有一个富有创新能力的金融部门，该部门不断地推出新的产品，以满足多元化的资产组合需求。在一个全球化的市场中，在提供有价证券和把高风险权益资产转化为低风险债务方面，美国具有比较优势。这并不奇怪，世界各地的储户都把自己越来越多的积蓄投入到美国经济中。涉及跨期交易的美国经常账户赤字和对应的外国盈余被描绘为失衡，然而对于高度全球化的世界经济而言，这并不一定是一个体现经济不平衡的信号。它们很可能在未来几年继续保持庞大的规模。

后记

本章内容首次发表于2007年9月，而后又根据2007年全年的数据进行了更新与修订。它没有预测到金融系统的部分冻结，这尤其应归因于2008年9月开始的美国住房价格和许多金融资产价格的下降。虽然金融危机起源于美国，但它迅速扩展到全球范围，尽管不是均等地爆发。这导致了严重的经济衰退，使得银行和其他金融机构变得极为厌恶风险并对其资产负债表去杠杆化，使信贷变得困难。不管中央银行在降低短期利率和增加金融市场的流动性上如何做出显著调整，都收效甚微。

许多跨国债权——包括资产和负债、债券以及股票——都将在2008年底进行削减，并且这个时候对美国的净国际投资头寸的影响也是不确定的。美国经常账户赤字在2008年因经济放缓而下降到7 000亿美元，2009年甚至可能会因为美国的经济衰退以及石油进口价格的下跌而下降到4 000亿美元。

这些都是剧烈的变化。但是，笔者认为没有理由改变本章内容的基本逻辑，即把重点放在长期的金融市场的全球化以及许多国家的人口结构变化的差异性上。

被大型全球性失衡所震惊，一些分析师预测了金融危机的发生。但是金融危机并不是起源于被预测的资金逃离美元资产以及随后急剧上升的美国利率。讽刺的是，当许多美国证券（尤其是抵押贷款支持证券和基于它们的担保债务凭证）后来被回避和缺乏流动性时，这种风险厌恶倾向的急剧提升以及对安全及流动性高的资产的投入，提升了美国国债的吸引力，并导致了它们的利率显著下降，以及美元在2008年下半年的升值。

金融危机可以有很多来源。大型的全球性失衡并不是2008年危机的根源之一，除了美国获得过剩外国储蓄而形成了低抵押贷款利率，从而促成了美国住宅建筑和按揭贷款的繁荣，而且这种发展也发生在其他几个国家。但长期的低利率只是一个促进因素，而不是危机的主要原因。相反，它存在于对于金融市场兴奋的情绪中，与对参与者的主要基于短期业绩且没有充分认识到长期风险的金融激励相结合并得以强化。

参考文献

Carrado, Carol, Charles R. Hulten, and Daniel E. Sichel. 2006. "Intangible Capital and Economic Growth." NBER Working Paper 11948 (January).

National Bureau of Economic Research, Cambridge, MA.

Cline, William R. 2005. "The United States as a Debtor Nation." Peterson Institute for International Economics, Washington, DC.

Cooper, Richard N. 2007. "Living with Global Imbalances." *Brookings Papers on Economic Activity* 2: 91–107.

———. 2008. "Global Imbalances: Globalization, Demography, and Sustainability." *Journal of Economic Perspectives* 22 (3): 93–112.

第6章 宏观危机和瞄准贫困的转移支付[①]

拉维·坎伯

(Ravi Kanbur)

本章将关注当前的全球宏观经济危机,特别是如过往危机一样凸显出的贫困人口应对其影响的困境。[②] 特别重要的是,利用现有政策工具或者设计和实施新政策,从而在危机期间保护贫困人口,维持其能力,使其在经济回暖时受益。当然,有大量文献涉及再分配及瞄准贫困的内容。本章的目的是将这些一般性的文献与宏观危机中涌现的问题联系在一起,并思考相同的原理是否可以用于阐明政策制定者在对付危机对贫困人口所造成的后果时所面临的权衡问题。特别考虑的核心问题是,在危机中实施更严格地瞄准贫困的转移支付方案是否必要。

宏观危机有许多种类。一个共同特点是,危机中的平均购买力急剧下降(否则不会出现宏观危机)。虽然收入分配总是围绕平均值,但是它的变动却可以有不同的方式。围绕分配的个体变动也可以有许多不同的模式。所有这些因素都将影响贫困瞄准方案的设计,本章把瞄准的相关文献作为分析宏观危机下扶贫方案的基础。

即使在"正常时期",固有的平衡效率与分配的权衡也是错综复杂的。有的文献主要在拥有有限政策工具的次优世界中再分配具有效率损失的条件下考虑二者的平衡。一个更新的文献则非常正确地强调了同一

[①] 本章是为增长与发展委员会而写的。它第一次发表于 *Journal of Globalization and Development* (vol. 1, issue 1, January 2010)。ⓒ 2010 The Berkeley Electronic Press。经许可后转载。

[②] 为了对本章有一个很好的概览,请参阅 Ravallion (2008),该文章也涉及了一些被涵盖在本章中的观点。

个次优世界中再分配政策的效率收益。① 无论如何，在一定程度上这些净收益即总效率收益和再分配的总成本间的差额总是与再分配效率成本最小化政策的设计具有相关性。

催生了本章观点的政策工具就是那些明确瞄准贫困人口的方案或干预措施。这些措施包括对一系列商品进行补贴，比如食品、燃料、能源和水等。这些补贴本质上是可以一般化的，依靠瞄准穷人与富人之间对于不同商品的消费差异，对穷人与富人一视同仁地实施。或者它们也可以只针对那些满足了贫困标准界定的人。另一类方案在一些发展中国家已经存在了很长的时间，但最近二十年才出现巨大发展，即有条件的现金转移支付。② 这些现金给付的根据是受益人的一些工作情况，比如在为就业计划而设立的公共工程点工作，在学校看护孩子，或参加保健诊所服务。有时，这些条件被组合使用。这些方案被进一步限制在那些满足一定贫困标准的群体身上。

一般的教育和卫生系统也可以被看作是一种再分配机制。事实上，人们经常认为，这些国家支出很少向穷人倾斜。然而，这些系统的改革是一个长期的问题。一般的税收制度也可以被看作再分配工具。即使只被视为上述资源配置方案的收入来源，税收制度的安排本身——其累进性——也会整体影响政府的财政转移支付目标。但同样，这些改革也具有长期性。本章不关注教育和卫生政策或一般税收政策。那些源自政府政策性支出而使得贫困人口获得购买能力的政策工具，才是本章的关注点。

本章是如此安排的。首先，回顾瞄准理论，强调针对贫困人口的精细瞄准方案和更广泛的覆盖方案之间的权衡。其次，在宏观冲击永存的前提下探讨权衡的性质是如何改变的，得出使用替代性政策工具以及新政策工具的设计准则。再次，将认识扩展到宏观冲击是暂时的情况：在这种情况下应该如何在危机中改变现有政策工具的部署以及如何在更极端、更衰败的暂时世界中设计新政策工具？最后一节是总结。

瞄准的权衡

当代的瞄准理论至少可以追溯到 Akerlof（1978）对运用有限数量

---

① 对于该文献，世界银行（World Bank，2005）进行了评论。
② 最近的评论参见 Fiszbein 和 Schady（2009）。

第6章 宏观危机和瞄准贫困的转移支付

的政策工具最大限度地减少贫困策略的规范化,他同时考虑了信息和激励约束,扩大和丰富了 Mirrlees(1971)、Diamond 和 Mirrlees(1971)的最佳税收框架。Besley 和 Kanbur(1988,1993)为发展中国家情景下的瞄准理论提供了关键概念元素的解释。本节通过考察瞄准的基本原则和确定一些相关的关键权衡对危机中的瞄准进行探讨。①

考虑一个有一定减贫预算的政府,这里贫困被定义为消费额处于规定的贫困线以下。假设一开始不存在信息或行政问题,政府可以无成本地识别每个个体的消费与贫困线的相对关系。进一步假设不存在行为响应,因此政府的替代干预措施没有激励效应。在这种情况下,政府应该如何最好地使用它的预算来进行扶贫呢?

答案取决于政府贫困目标的确切性质(Bourguignon and Fields,1990)。如果一方面该目标是"人口比例"——处于贫困线以下的人口比例——最小化,那么答案就是先从贫困线下方最接近贫困线的位置开始提高贫困人口的所得,直到耗尽预算。如果另一方面该目标是总贫困差距——来自贫困线以下群体的消费总和——最小化,那么在边际意义上贫困人口中谁获得转移支付并没有差别,因为总的贫富差距会以相同的量减少。最后,考虑最贫困人口占较大权重的目标,如总平方贫困差距。现在策略如下。先从最贫困的单位开始。给这个单位转移支付,直到它到达下一个最贫困单位的水平。然后给这些单位转移支付,直到它们达到再下一个最贫困单位的水平。一直这样做,直到耗尽预算。这将是 Foster、Greer 和 Thorbecke(1984)家庭贫困措施中应对所有贫困策略的后续,该措施的贫困厌恶程度(即"FGT 阿尔法")大于 1(平方贫困差距测量的贫困厌恶程度是 2)。

这种分析作为"完美瞄准"的基准是很有用的,这意味着给予贫困人口的刚好足以使他们达到贫困线,而避免漏损给非贫困人口。为此所需的总资源为所有的贫困差距的总和。如果没有这么多资源可用,那么贫困就不能被再分配所消除。但是,即使有这么多资源可用,消除贫困也是极不可能的,因为完美瞄准当然是理想的,不太可能在实践中得到满足。就像 Besley 和 Kanbur(1993)所证明的,这其中有三个中心问题:信息、激励和政治经济学。

信息的问题相当简单,就是确定谁是和谁不是贫困人口,以及精确测量每个贫穷人口的贫困差距,而这些不是没有成本的。换句话说,现

---

① 对原则和经验的更全面的讨论参见 Grosh 等(2008)。

有可用的政策工具远比完美瞄准所要求的粗糙。在另一个极端，由于弄清所有的个体差异是不可能的，这迫使我们给所有人提供相同的转移支付。这种"全民式补助"工具的瞄准并不明确，但它是信息要求成本最低的。在实践中，两种类型的工具都可供决策者使用，用来弥合完美瞄准和"最不完美"瞄准之间的差距：指标瞄准和自瞄准。

指标瞄准（更多地）简单使用个体容易观察到的特征调节转移支付，依托可观察到的属性（相对更容易）和收入—消费—购买能力（更难于观察、验证和监测）之间的相关性。每一个拥有相同指标变量值（例如居住地、肤色、性别、年龄）的个体都是被完全同等看待的，于是会由于一些分类中的个体所处的位置高于贫困线而产生了一些"漏损"。但是，如果决策者知道该指标变量与消费之间二元分布的统计特性，比如说，通过代表户调查，那么（例如）对应不同的指标变量值的转移支付就可以进行调节，来实现与给所有人相同转移支付相比更大量的减贫。这种转移支付理论发轫于 Akerlof（1978），由 Kanbur（1987）以及 Besley 和 Kanbur（1988）正式提出。本质上，不同转移指标变量值对应的不同转移支付应随着贫困人口之间贫困差异的增大而增大。

与此相反，自瞄准利用富裕和贫穷人口之间的行为差异，这些行为差异又由例如偏好差异或时间的机会成本差异所导致。依据消费模式的差异，运用减贫预算对商品的消费进行有差别的补贴。就像 Besley 和 Kanbur（1988）表明的那样，关键的瞄准指标是贫困线以下人口的商品消费占总消费的比重。两种商品之间的价值差异决定着它们之间的补贴差别。如果转移支付和得到转移支付所花费的时间成正比，那么时间的机会成本可用于自瞄准。这方面最明显的例子是工资给定的公共工程计划。显然，只有那些时间的机会成本（替代活动的收益）小于工资的人会转移到这些工作地点。如果是这样，反过来就能够利用其与贫困状况的负相关关系，通过公共工程计划的转移支付施加影响，降低工资，收紧对贫困人口的瞄准。①

上述所有论述都假设转移支付计划本身没有激励效应。为了看一下这些激励效应的后果，考察在没有信息约束的情况下，考虑每个贫困人口都得到给定的转移支付，恰好让他们达到贫困线而没有剩余的完美瞄准方案。这句话的意思是，贫困人口所占有的计划外资源增加多少，计

---

① 公共工程计划的瞄准属性已经被 Ravallion（1999，2006）广泛地分析过了。

划转移支付就一对一地减少多少。也就是说，有效边际税率为100%。这将消除贫困人口通过他们自己的努力增加资源（比如收入）的所有激励。事实上，它甚至消除了维持他们在计划实施之前的收入水平的激励。在极端情况下，处于贫困中的人将不会赚取任何收入，消除贫困的费用也将增加，而且很可能是大幅地增加。

完美瞄准隐含并要求100%的有效边际税率。这就导致了一个包含获取收入（产生非计划资源）激励的权衡。在另一个极端，全民式补助有零有效边际税率，但它是非常糟糕的瞄准。Kanbur、Keen 和 Tuomala（1994）表明，如果目标是最小化贫困，则没有一个极端情况是合适的；事实上，对贫困人口最佳的转移提取率——换句话说，有效边际税率——为60%~70%。根据这一数据，我们可以对激励效应使得政策偏离完美瞄准基准的程度得出一个定量的体会。

当考虑到预算的来源时，给定减贫预算下完美瞄准的第三个问题产生了。在一定程度上这个预算来自政治经济力量对于国内该问题讨论的博弈，事实上那些位于贫困线以上的民众将从完美瞄准中一无所获（事实上，这种"零漏损"是完美瞄准定义的一部分），却可能决定这一计划可用预算的规模。就像 Besley 和 Kanbur（1993）所建议、Gelbach 和 Pritchett（2000）所规范化的那样，精细瞄准的代价之一是减贫总预算的规模可能会变得更小。[①] 较粗糙的瞄准涉及对非贫困人口的漏损，但也正是由于这个原因，它可以帮助建立一个贫困人口和接近贫困人口之间的政治联盟，从而增加该方案的预算。因此，对于减贫，Gelbach 和 Pritchett 用了一个生动的句子来叙述："漏损一些，更好一些"。当然，这些讨论在富裕的福利国家的"普遍主义"对抗"经济状况调查"的争论中很好地显现出来。但是，它们和贫穷国家的贫困瞄准也特别有共鸣。

上述内容描述了有关瞄准的大量文献的框架——这些只谈到这里——还涉及了一些为了确保减贫转移支付可以惠及贫困人口的权衡。当一个经济体经历了一个巨大的负面冲击，该负面冲击降低了平均收入和购买力并可能显著地改变了收入分配方式时，这些权衡会如何改变？下一节将探讨永久性冲击的情况。

[①] Anand 和 Kanbur（1991）认为，这些力量体现在20世纪70年代后期的经济危机中斯里兰卡推广水稻补贴的瞄准的后果中。

永久性冲击下的权衡

本节讨论宏观危机永久改变收入分配的情况。正如先前所提到的，分配的平均值必然大大降低，这是任何危机时期都有的标签。如果分配的规模保持不变，这本身就会增加贫穷。但分布的规模会发生什么变化？这取决于危机的性质和经济体结构的具体情况，可能会非常复杂。金融危机对上层收入的影响可能会更为剧烈，从而减少整体的不平等性。但是，如果金融危机（通过收缩出口）直接影响就业，显然会增加不平等性。因此，尽管危机肯定降低了分配的平均值，但还是有必要考虑两种情况，即总体不平等性的减少或者增加。

除了总体不平等性变化的不确定性，分配的组成也可能以复杂的方式改变。特定职业、地区、社会经济团体可能比其他职业、地区、社会经济团体等损失得更多，同时有些人就像另一些人损失巨大那样获益甚丰。如果这些分组被用来进行瞄准，那么宏观冲击——通过对分配具体组成的冲击——可能也会影响瞄准的权衡。分配的变化也会以其他方式影响瞄准的权衡。此外，预计危机将首先减少减贫的可用资源，这也会影响权衡。具体而言，冲击对精细瞄准有利与否呢？这是一个核心的策略问题，考虑两方面的观点，直觉和本能让我们难以定夺。

让我们按顺序考虑前面强调的三个问题——信息、激励和政治经济学。从完美瞄准的信息约束开始，可以证明现在用更多资源来识别贫困人口，了解他们的贫困程度，从而更好地部署更有限的资源以达到减贫目标是值得的。确实有文献研究瞄准的管理成本，它表明精细瞄准并不廉价。现在又面临是否使用多一些的资源以减少对非贫困人口的"漏损"，然后留下更少的部分进行实际转移支付的权衡。最终的答案是模糊的，这取决于提升瞄准的精细性要付出多少管理成本，以及危机中需要增加多少转移支付来满足贫困人口的需求。

谈到使用瞄准指标来应对信息限制，考虑根据不同族群贫困程度的不同实施人均不同的转移支付的建议。削减减贫整体预算并不会改变这一结论。即使有影响，它也会强化这一结论，在某种意义上，当资源紧张时，偏离规则会对贫困最小化的目标造成更大的损失。底层的收入分配将会怎样改变？答案将在很大程度上取决于整个政策相关群体间贫困发生率的变化。如果贫困的增加是一致的，那么至少分配的方向不会受到影响。然而，如果是另一个极端，即由于危机而使两组贫困的等级发生了逆转（甚至两个群体的贫困都上升了），则分配规则将改变优先级。细节很重要，因此关于危机对突出社会经济群体贫困的影响情况对确定最佳的响应至关重要。

自瞄准通过货品类别实施差额补助。关键比率是贫困人口商品消费总量占经济中商品消费总量的比值。广义收入的减少可能会根据每种商品的恩格尔曲线的确切性质改变这一比例，但它难以逆转商品间的排序。不过，由于贫穷增加，贫困最小化计划将需要更多的可用资源去补贴关键比率最高的商品。如果可用于转移支付的资源总量减少，同样也会如此。因此在这个意义上，危机要求收紧对贫困人口的瞄准。因为总可用资源下降，自瞄准通过选择公共工程计划的工资要求随可用资源的减少而降低工资，特别是当危机也降低其他活动的回报，造成在公共工程点工作的机会成本下降时。在这个意义上，再一次表明了危机时需要收紧瞄准制度。

现在让我们来权衡精细瞄准的激励效应。正如上一节所提到的，Kanbur、Keen 和 Tuomala（1994）认为，最佳的、最小化贫困的所得税安排意味着对贫困人口的有效边际税率为 60%～70%。这是在 Mirrlees（1971）的最优所得税框架下完成的。研究结果还表明，随着收入分配平均值的下降，贫困人口的最佳边际税率会上升。这背后的原因是贫困人口现在更为贫困了，于是对于提供给最贫困人口的支持有了更大的拉动。但是，预算约束要求随着收入的提高，"回复"更快，因此，穷人自己的边际税率就会更高。类似的直观联系还适用于平均收入保持不变，底层收入分配的整体不平等性增加的情形。[1] 贫困人口现在更为贫困，需要更大的支持，因此需要较高的边际税率，以满足预算约束。这些较高的边际税率当然会对贫困人口产生激励效应，但这面临着和支持最贫困人口的精细瞄准之间的权衡，因为危机使他们变得更贫困了。如果危机期间不平等性减轻，那么论证就完全相反。然而，危机增加了不平等性同时也降低了平均收入，于是具有激励效应的瞄准理论也建议收紧对最贫困人口的瞄准。

现在从政治经济层面考虑瞄准。如前所述，精细瞄准通过定义排除了近贫与非贫困人口，使减贫的可用资源得到最佳利用，但降低了转移支付方案的政治支持，因此也减少了方案的可用资源总量。该信息倾向

---

[1] 正式的分析参见 Kanbur 和 Tuomala（1995）。

于支持在危机中实施精细瞄准，并且还表明精细瞄准的激励效应并不会推翻这一结论。但精细瞄准趋向于减少用于转移支付方案的总可用资源，由于危机的原因，资源会确切地减少。事实上，在这个推理中，有产生恶性循环的危险，即资源较少导致精细瞄准，而这又导致资源进一步减少，进一步缩紧瞄准，等等。当整体资源减少时，紧缩导致需求增加，如果目标是在有限的时间里最大限度地对最贫穷者进行转移支付，那么政治经济理论会转而支持松弛、不紧缩的瞄准。这些论证呼吁那些状况好的民众分担危机的重负并"一起共渡难关"。

那么，瞄准理论是否不得不提到宏观危机时期瞄准贫困人口的转移支付呢？答案在很大程度上取决于瞄准机制或资源是否具有外生性。如果该资源独立于瞄准机制，在这种情况下即使把激励效应考虑在内，精细瞄准的作用也很强劲（虽然并不明确）。然而，如果瞄准机制可以由技术专家选择，那么国内政治经济状况将决定资源配置，精细瞄准不一定会奏效，事实上，在这种情况下可能出现更宽松的瞄准。在这两种情况下，额外的外部资源的作用都很强大，不仅可以补充国内可用减贫资源的不足，而且可防止精细瞄准与越来越少资源间的恶性循环。

暂时性冲击

在前面的讨论中，宏观冲击被视为永久存在，从而把现有的瞄准理论以"比较静态的方式"简单应用到收入分配不同并且减贫资源减少的新形势中。但如果宏观冲击像有的人所希望的那样是暂时的，又会怎样呢？这会导致与之前在永久性冲击下呈现的情况不同的几个变化。

关于贫困的文献强调了风险和贫困带来的脆弱性、这些带给穷人的损失以及解决这些问题的安全网的重要作用。这一大型文献的焦点是特异性冲击和风险分担（或缺失的情况）中的贫困人口。[1] 但是宏观危机并不具有特异性；它将全面影响所有人。如果金融危机让一些人受益，而另一些人受损，那么可能存在一定范围的风险分担，但这不是政策制定者思考宏观冲击时头脑里最先浮现的情形。在本章中，此处所考虑的冲击是系统性的，不是特殊的、有差别的。

如果宏观冲击真的是暂时的，在这个意义上，一个对等的相反的冲

---

① 这些文献中具有代表性的论文请参阅 Dercon（2004）。

击（在一定意义上）将最终使经济回归到长期平均路径，也就是原则上，没有必要变更转移支付政策。适用于经济长期平均状态的等量的资源、相同的瞄准机制对顺境和逆境同样适用，政府为了维持平稳可以适当地进行储蓄和借贷。

但（至少）有两个文献质疑了暂时性冲击实际上是否总是暂时的。第一，贫困人口临时消费不足可转化为对经济和人类发展的长期影响，使长期经济和社会贫困人口改善路径受到负面冲击；它并不能被等量反向的正冲击所抵消。第二，政府解决暂时性冲击的行动当冲击逆转时无法逆转，这会给长期发展留下一个不恰当的再分配结构。首先建议积极应对暂时性冲击，就好像本质上是应对一个永久性冲击。其次建议保持谨慎，只在可逆的政策变化发生时行动，有时这甚至意味着一些暂时性冲击不被解决而具有长期影响。

在这种背景下，让我们考虑伴有一个临时的（但重度的）负面宏观冲击的更精细瞄准。上述论证结构允许我们得出给予决策者的共同意见："在宏观危机中不要扩大计划，如广义补贴，这些并没有很好地瞄准贫困人口。这些都不是惠及贫困人口的有效方式，否则当危机过去时，政府就会被低效的扶贫瞄准机制所困扰。"很显然该建议的有效性将取决于瞄准的技术层次与其政治经济层次的具体相互作用。

如前一节所讨论的那样，在冲击下（暂时但对于贫困人口有长期影响），假设更精细的瞄准确实如非政治经济学分析所表明的：面对资源减少和更大的需求，在困难时期对最贫穷人口给予更大支持，需要该支持具有快速回复性。这种观点肯定不适用于宽松的瞄准。并且，它进一步指出，宽松的瞄准将难以扭转，因为当经济回归到长期路径时，改变会面临政治经济压力。但这个论证的第二部分显示出其整个体系的概念性问题，即政治经济学层面有其自身的逻辑，不可逆转地以微妙的方式起着作用。

如果瞄准机制的改变确实不可逆转（或至少难以扭转），并且面向扶贫的转移支付的政治经济资源调动可以根据瞄准机制进行调节，那么"漏损一些更好"的分析表明，在危机之后的减贫不应排斥更宽松的瞄准。如果转向更精细瞄准出现问题，那么更宽松的瞄准有助于增加扶贫资源。如果更精细的瞄准不可逆，那么未来的扶贫转移支付资源整体将处于较低水平，这甚至可能在短期内发生。在限定资源下不那么精细的瞄准对于减贫的效率较低，但是，如果这是不可逆的，那么未来扶贫转移支付将有更多资源甚至立即增加资源。因此，如果考虑政治经济层面瞄准制度的不可逆转性，实施更精细的瞄准以渡过暂时但严重的负面冲击的政策建议并不一定有效。

然而，有一类政策举措在面对暂时性冲击时却可以得到明确的支持：即投资解决刚才导致出现困境的不可逆性。提高贫困人口的收入以及改进平滑消费的工具，去除负面冲击对他们的长期影响明显是一个办法。有大量的文献阐述了这一点，在此就不进一步讨论了（参见 Dercon，2004）。我们的重点是通过各种操作提高收入转移方案的灵活性。关于这一点将在技术和政治经济层面进行讨论。

为了说明所涉及的问题，可以考虑一类经常在危机中被用来帮助贫困人口的方案：公共工程计划。具体来说，可以考虑印度的《全国农村就业保障法案》，其目的是保证农村家庭一年有 100 天实现就业（按当地最低工资）。[1] 当农村就业下降时，这个计划可以提振收入。它从就业就是提供工资给那些需要的人的意义上看是设计灵活的；因此，该计划可以随着就业状况的改善而扩大或缩小。但是有两个关键问题。首先，就业的劳动者做什么工作？其次，扩展计划的资源从哪里筹措？

公共工程计划的评估表明，资产价值创造是这些计划功效的重要组成部分。确实有人认为在许多情况下，创造的资产价值应该足以满足支撑该计划的公共开支。[2] 人们也认识到，中心设计的特点决定了创造价值的资产是现成的还是当危机产生从而就业需求增加时"项目框架"就能立即启用。如果没有这些，工人就确实是"挖坑然后再填起来"。尽管这一形式的瞄准转移支付仍然有用（回忆在上一节中所做的机会成本的论证），而且显然更可能被实现，但这需要危机前规划并消耗资源来准备和更新只在必要时激活的项目。这项对于灵活性的投资是非常值得的，但它并不是一个会获得捐助者等人欣赏与支持的标准评估系统。消耗资源来准备可能无法立即实施的计划似乎并未完成对捐赠系统的整合。社区主导的参与性项目的筹划也是一个问题。向当地社区解释这些它们花了大量时间来帮助筹划的项目要在发生就业危机前对有直接需要的人一直关闭的原因并不容易。但这些障碍在地方、国家和国际层面将必然得到克服，以增加公共工程计划的灵活性，从而提升它们在危机期间瞄准转移支付的作用。

---

[1] 关于这一计划的介绍可参见 Basu、Chau 和 Kanbur（2007）。
[2] Ravallion（1999）以及 Murgai 和 Ravallion（2005）认为，《全国农村就业保障法案》的效果主要取决于创造的资产价值。

第6章 宏观危机和瞄准贫困的转移支付

上面假设在发生危机后现有的可用资源（增加雇佣的工资成本以及计划的非人工费用的补充）会随着就业需求的增加而增加。如果资源不增加，就会实施限量的雇佣，如果雇用的都是条件较好的，那么就不会改善贫困状况，甚至会恶化贫困状况。但如何才能保证增加资源呢？印度所用的方法是法律保证。实际上，政体决定了中央政府和联邦政府在提供就业机会上各自的法律责任。如果它们不履行责任，就可以通过法院向它们提起诉讼。希望通过公益诉讼带给政府高昂费用的做法将足以确保政府提供足够的可用资源。换言之，在政治经济层面上通过提高关键行动者违约的成本来保证资源的供给。

实现这个方法的灵活性以及确保危机期间资源流向贫困人口，至少有两个方面值得讨论。第一，保障是难以监控的。基层官员有多种方法来阻碍就业申请。（例如，实施远离村庄的公共工程项目。）虽然其中一些可以在法律上予以规定（例如，要求公共工程距申请人的村庄不能远于一定距离），但是残留的自由裁量权根本无法得到解决。[①] 第二，它依赖于官员被法院裁决将付出很大代价以及官员、公众都遵守法院的判决。以这种方式增加和继续使用法律很可能随着时间的推移而减少策略的有效性。

类似的实践可以在每个转移支付计划中进行，要求其技术设计更灵活，使得对于给定精细程度的瞄准，可以很容易地扩展或收缩，该灵活性既是一个技术问题也是一个政治经济学问题。在这样的背景下对于个别计划，可以把全部计划当作一个整体进行设定，作为危机期间帮助贫困人口的工具，当危机中需求变得明显时，整个计划中个别计划对应资源的再分配也可以进行调整。[②]

最后，如本节和之前几节提到的几点所阐述的那样，外部资源可以帮助政策制定者缓解危机期间需要面对的许多痛苦权衡。从长远来看，它们可以帮助落实更灵活的转移支付方案，随着危机的爆发而进行快速变动与调整。在短期内，它们可以减少更宽松瞄准的需求或减少使用法律的支持保障，得到更多国内资源。更多外部资源使宽松的瞄准成为可能，有助于减少精细瞄准所造成的信息和激励成本。[③]

---

① Basu、Chau 和 Kanbur（2009）提出了以可信保证为核心的就业保证理论。
② 把集体转移支付计划作为一个系统的讨论参见 Kanbur（2009）。
③ 对于像世界银行这样的捐助者的进一步分析，参见 Kanbur（2009）。

结论

政策制定者的中心问题是如何在宏观危机中对有限的资源进行瞄准，帮助穷人满足其需求。技术论证表明，更为精细的瞄准通过收紧个体计划或者朝着更紧缩的瞄准计划重新分配资源，更有效地推动了减贫。这些论证即使在信息成本更大并且把更精细瞄准的激励效应考虑在内时，也仍然成立。但是，政治经济学论证表明，更精细的瞄准最终会以把更少的资源分配给该项目而告终，相反，较为宽松的瞄准尽管存在一些"漏损"，但由于它把贫困人口和近贫人口的利益结合在一起，可能会获取更多资源，从而更有效地减贫。综上所述，所得出的政策建议是，在危机期间，避免较为宽松的瞄准计划的决策需要相当慎重。但是，在转移支付系统的设计上，建议留有更大的灵活性，上述技术和政治经济学论证强化了这一观点。外部援助的例子——通过事前设计灵活的转移支付系统缓解危机期间瞄准的痛苦权衡——也被证明是卓有成效的。

参考文献

Akerlof, George. 1978. "The Economics of 'Tagging' as Applied to the Optimal Income Tax, Welfare Programs, and Manpower Planning." *American Economic Review* 68 (1): 8–19.

Anand, Sudhir, and Ravi Kanbur. 1991. "Public Policy and Basic Needs Provision in Sri Lanka." In *The Political Economy of Hunger*. Vol. 3: *Endemic Hunger*, ed. Jean Drèze and Amartya Sen, 59–92. Oxford: Clarendon Press.

Basu, Arnab, Nancy Chau, and Ravi Kanbur. 2007. "The National Rural Employment Guarantee Act of India, 2005." In *The Oxford Companion to Economics in India*, ed. Kaushik Basu. New York: Oxford University Press.

———. 2009. "A Theory of Employment Guarantees: Contestability, Credibility, and Distributional Concerns." *Journal of Public Economics* 93 (3-4, April): 482–497.

Besley, Timothy, and Ravi Kanbur. 1988. "Food Subsidies and Poverty Alleviation." *Economic Journal* 98 (392, September): 701–719.

———. 1993. "The Principles of Targeting." In *Including the Poor*, ed. Michael Lipton and Jacques van der Gaag, 67–90. Washington, DC: World Bank.

第 6 章 宏观危机和瞄准贫困的转移支付

Bourguignon, François, and Gary Fields. 1990. "Poverty Measures and Anti-Poverty Policy." *Recherches Economique de Louvain* 56 (3-4): 409–428.

Dercon, Stefan, ed. 2004. *Insurance against Poverty*. New York: Oxford University Press.

Diamond, Peter, and James Mirrlees. 1971. "Optimal Taxation and Public Production II: Tax Rules." *American Economic Review* 61 (3, pt. 1, June): 261–278.

Fiszbein, Ariel, and Norbert Schady. 2009. *Conditional Cash Transfers for Attacking Present and Future Poverty*. Policy Research Report. Washington, DC: World Bank, Development Research Group.

Foster, James, Joel Greer, and Erik Thorbecke. 1984. "A Class of Decomposable Poverty Measures." *Econometrica* 52 (3, May): 761–766.

Gelbach, Jonah, and Lant Pritchett. 2000. "Indicator Targeting in a Political Economy: Leakier Can Be Better." *Journal of Policy Reform* 4 (2): 113–145.

Grosh, Margaret, Carlo del Ninno, Emil Tesliuc, and Azedine Ouerghi. 2008. *For Protection and Promotion: The Design and Implementation of Effective Safety Nets*. Washington, DC: World Bank.

Kanbur, Ravi. 1987. "Measurement and Alleviation of Poverty: With an Application to the Impact of Macroeconomic Adjustment." *IMF Staff Papers* 34 (March): 60–85.

———. 2009. "Systemic Crises and the Social Protection System: Three Proposals for World Bank Action." Working Paper 235. Cornell Food and Nutrition Program, Cornell University, Ithaca, NY. www.kanbur.aem.cornell.edu/papers/SystemicCrisesAndTheSocialProtectionSystem.pdf.

Kanbur, Ravi, Michael Keen, and Matti Tuomala. 1994. "Labor Supply and Targeting in Poverty Alleviation Programs." *World Bank Economic Review* 8 (2): 191–211.

Kanbur, Ravi, and Matti Tuomala. 1995. "Inherent Inequality and the Optimal Graduation of Marginal Tax Rates." *Scandinavian Journal of Economics* 96 (2): 275–282.

Mirrlees, James A. 1971. "An Exploration in the Theory of Optimum Income Taxation." *Review of Economic Studies* 38 (114): 175–208.

Murgai, Rinku, and Martin Ravallion. 2005. "Employment Guarantee in Rural India: What Would It Cost and How Much Would It Reduce Poverty?" *Economic and Political Weekly*, July 30, pp. 3450–3455.

Ravallion, Martin. 1999. "Appraising Workfare." *World Bank Research Observer* 14 (1): 31–48.

———. 2006. "Transfers and Safety Nets in Poor Countries: Revisiting the Tradeoffs and Policy Options." In *Understanding Poverty*, ed. Abhijit Banerjee, Roland Benabou, and Dilip Mookerjee. Oxford: Oxford University Press.

———. 2008. "Bailing out the World's Poorest." Policy Research Working Paper 4763. World Bank, Washington, DC.

World Bank. 2005. *World Development Report 2006: Equity and Development.* New York: Oxford University Press.

第 2 部分 如何促进实际增长

第7章 危机后的增长[①]

丹尼·罗德里克
(Dani Rodrik)

过去50年是世界经济史上的一个卓越时期。我们不但遇到了前所未有的技术进步和经济增长，而且越来越多的北大西洋经济核心外围的贫困国家前所未有地参与了本次进步。当前的危机预示着一个新的时代，一个贫困国家的发展变得显著困难的时代。现在要判定发达国家金融稳定性的重建时长以及经济何时开始恢复还为时尚早。但即使危机的最坏时期已然过去，很可能我们仍将进入一个世界贸易增长步伐放缓的时期，外部融资将会更少，而且美国和其他富裕国家维持巨额经常账户收支的愿望也将显著变弱。

本章的重点是这种情况对于发展中国家增长前景的影响。特别地，我们将探讨是否可以调和世界经济体系中两个明显矛盾的需求。一方面，全球宏观经济的稳定要求我们避免全球经济过去的那种引发危机的庞大的经常账户失衡。美国、中国两国的双边贸易关系仅是其缩影，这些不平衡对于引发金融危机至少起到了重要的推动作用。在下一个阶段的世界经济中，那些出现巨额顺差或逆差的国家将面临通过宏观经济政策或货币调整来减少失衡的巨大压力。

另一方面，发展中国家为了回归高速增长，需要这些国家恢复其对可贸易商品和服务的推动。就像笔者在下面所提出的，在战后时期快速增长的是那些其工业产品和其他非初级产品在世界市场中的份额能够获得增长的国家。在2008年的危机以前，这一推动迎合了美国和其他一

---

① 笔者非常感谢 Roberto Zagha 说服他自己写作本章内容，同时感谢 Mario Blejer、Robert Lawrence 和 Arvind Subramanian 的评论。

些发达国家维持大量贸易赤字的意愿。对于大型或中等收入的发展中国家来说，这将不再是一个可行的策略。

全球宏观经济稳定和经济趋同的要求相互矛盾吗？发展中国家大量增加可贸易商品供给的需求必然和世界对贸易失衡的零容忍相冲突吗？

这并不是必然的。事实上一旦我们明白发展中国家经济增长的关键并不是它们贸易盈余的规模或者对外出口的规模，就会发现内在冲突并不存在。就像笔者在本章所呈现的那样，增长的关键是无限制地随内需扩大而同步扩大非传统可贸易商品的产量。维持币值的低估由于可以补贴可贸易商品的生产而同样具有促进作用，同时由于它给国内可贸易商品的消费带来阻碍又会产生抑制作用，这就是它引发贸易顺差的原因。通过直接鼓励可贸易商品的生产，使这一政策只有促进作用而没有抑制作用是可能的。本章将用很大的篇幅来阐述这一简单、重要而容易被忽视的观点。

通过许多方法都可以使可贸易商品的盈利能力增强，包括适当地对基础设施进行有针对性的投资，减少非贸易投入和服务的成本。预期产业政策将成为国家战略的一部分是合理的。因此，外部政策环境将允许更宽容的政策，包括明确的可贸易商品补贴（只要通过对实际汇率的适当调整使其贸易平衡的影响保持中性）。放任的产业政策将付出实际汇率和外部贸易失衡的双重代价。

本质上，只要这个崭新世界的国内和国际政策的作用是很好理解的，那么发展中国家的增长潜力就不会受到严重影响。

为了跟踪危机对经济增长可能造成的影响，我们就需要确认经济增长的驱动因素。于是，笔者在本章的开始提供对二战后世界经济增长表现的解释。笔者认为经济增长的引擎是发展中国家发生的快速结构性变化——从传统的初级产品到非传统的工业产品的变化。笔者所说的成功国家的生产主义政策为这种结构性转变提供了便利。然后笔者考察危机后的世界经济轮廓可能会如何影响这一过程。发达国家的缓慢增长和国际贷款需求的减少间接威胁了发展中国家的经济增长前景。这种威胁将降低从发展中国家进口（或接受从发展中国家进口）的需求，从而使这些国家难以进行迅速的结构调整。面对这种威胁，发展中国家可以通过利用可贸易商品的消费能够随着生产的扩大而扩大的更均衡的发展策略来避免。笔者提出的对可贸易商品补贴的简单分析，展示了如何设计可贸易商品的结构调整，以避免随之产生贸易顺差的可能。对于这一类可能用到的政策，笔者也做出了一些说明。

奇迹年代

1950年后的时代有着独特的经济增长。就像图7.1所显示的那样，这个时代引人关注的真实原因并非经济增长的总体速度按历史标准一直保持较高水平。作为一个整体，1950年后的时期的增长并没有大幅度超过1870—1913年这一标准的黄金年代。1950年后的时期突出的是表现最好的国家所实现的惊人高速增长。日本、韩国和中国分别是1950—1973年、1973—1990年和1990—2005年这三个时期的增长冠军，每年的人均增长率都达到了6%~8%。这样的增速是历史上前所未有的，大大超过早期时代的增长冠军。举例来说，在古典金本位制下增长最迅速的国家挪威所记录的人均年增长率仅仅略高于2%。

所以，在大约1950年后世界经济发生了某种变化，这种变化允许它支持低收入国家更快的经济积累。这种变化是什么呢？商品价格主导的繁荣和资本流动周期可以解释经济绩效的短期变化，而这些显然与整个发展中国家普遍出现的在2008年的危机以前数十年的高速增长有关。但增长边界扩展的长期性表明一些更基本的并且更世俗的性质也发生了改变。

传统观点受到过去25年中国经济奇迹的巨大影响，强调全球化的促进作用。这也提供了一个糟糕的解释。商品和资产市场的国际一体化聚集速度缓慢，仅仅在20世纪90年代后才达到极盛，但是一部分有成就的国家最近的增长却和1950年后的二十年一样迅速。中国之前有韩国，更前面还有日本，依次高速增长。它们和别的国家一定有什么区别，毕竟亚洲、拉丁美洲和非洲的大量发展中国家在第二次世界大战后初始的几十年经历了比最近数十年更快速的积累（Rodrik，2007b：ch. 1）。

对于日本、韩国和中国，它们的共同点是制定基于发展工业能力的发展策略，而不是根据它们的（静态）比较优势进行专门化发展。它们每个都迅速成为了制造业大国——远比根据它们的资源禀赋预期的更为迅速。中国通过运用策略性的产业政策迫使外国公司转让技术实现了大批量出口，结果使一个国家积累了三四倍的财富（Rodrik，2006）。韩国从很低的制造能力起步，快速从简单制造（在20世纪60年代）向更复杂的产品制造（在20世纪70年代）转移。日本——不像其他两个国家——拥有发达的工业基础（第二次世界大战前），但这个基础在战争中被完全摧毁，后来由于贸易和保护国内生产者的产业政策而得以恢复。

从这些战后经验得出的普遍结论是，增长冠军符合以下条件：高增长国家是那些快速完成从低生产率生产（"传统"）到高生产率生产（"现代"）结构转换的国家。这些现代化的生产在很大程度上是可贸易商品的生产，而且大多是可贸易商品中的工业制成品（尽管可贸易服务显然也变得重要了）。① 换句话说，贫困国家通过生产富裕国家生产的产品而变得富裕了。这个过程跟19世纪的增长模式完全不同，那时的增长是基于大宗商品和初级产品的专门化生产。这解释了为什么战后时期的高增长国家能够比早期时代的增长冠军（例如，墨西哥在1870—1913年或挪威在1913—1950年；见图7.1）增长得更快。

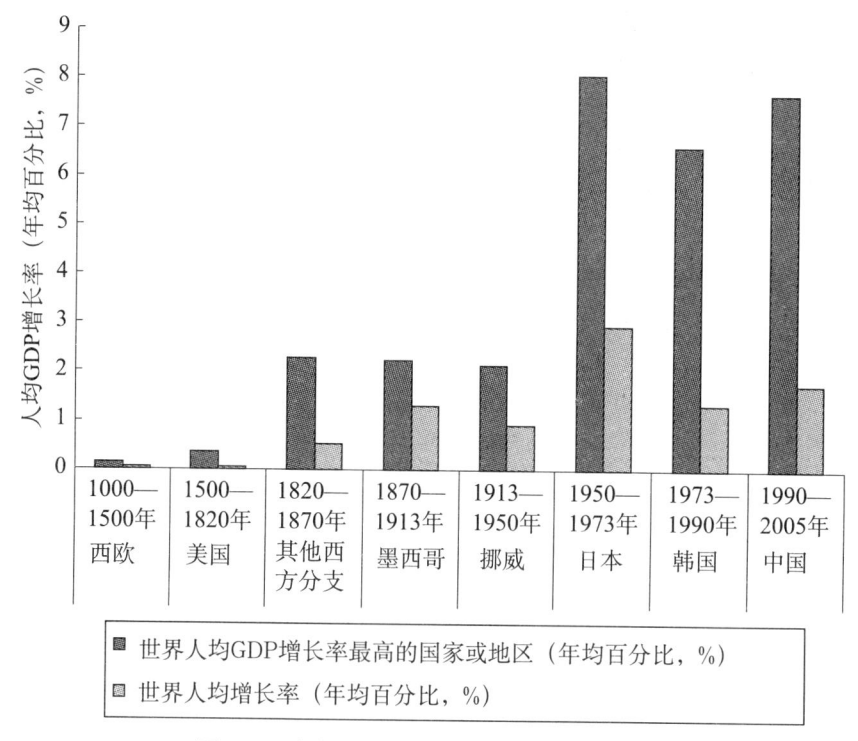

图 7.1 选定地区与时段的人均 GDP 增长率

资料来源：Maddison，2001；世界银行的历年数据。

产业转型和高增长之间的密切联系在战后数据中尤为明显。图

---

① 可参阅 Felipe 等（2007）最近对亚洲的结构性变化的模式的分析，它强调许多服务已成为全要素生产率和产业增长的重要的贡献者。

7.2和图7.3给出了两种工业活动的衡量方式，分别为国内生产总值（GDP）中工业增加值的份额和总就业人数中工业就业人数的份额。笔者针对工业活动平均值，控制增长的初始收入水平以及国家和时段的固定效应，对每五年平均的经济增长进行回归。这里经济上相关的区别是现代与传统之间的，而不是工业和经济的其余部分之间的。农业（例如，园艺）和服务业（例如，呼叫中心）也有现代的可贸易活动。但对于缺乏数据的足够大的国家样本，笔者用"工业"代替非传统活动。

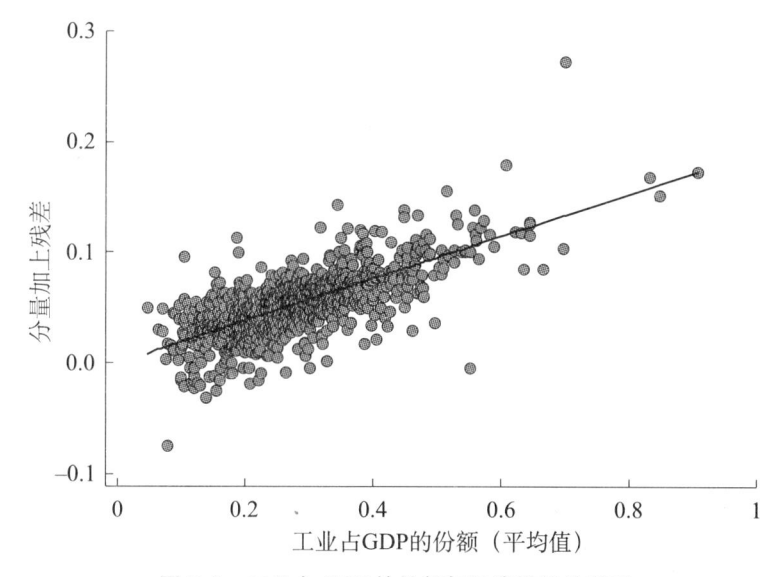

图7.2 工业占GDP的份额与经济增长的关系

资料来源：笔者利用世界银行的历年数据以及国际比较中心的历年数据得出的计算结果。

散点图显示了一个国家内的工业产出或就业随着时间推移的变化。（注意针对每个经济体，国家固定效应被不随时间改变的因素所吸收）。在每种情况下，信息都是显著而明确的。产业活动的拓展与快速的经济增长密切相关。此外，不像一个简单的比较优势报道所暗示的那样，这种关系在低收入国家并没有任何减弱。对于不同收入区间，该斜率系数的变化非常小。

为什么向现代工业活动过渡是经济增长的引擎？正如笔者在Rodrik（2008）中所讨论的，与拥有悠久传统的二元经济模型相符，答案似乎是发展中经济体中传统和现代部门间在社会边际生产率上存在显著差距。即使是非常贫困的经济体，也有生产力水平和我们在发达经济体

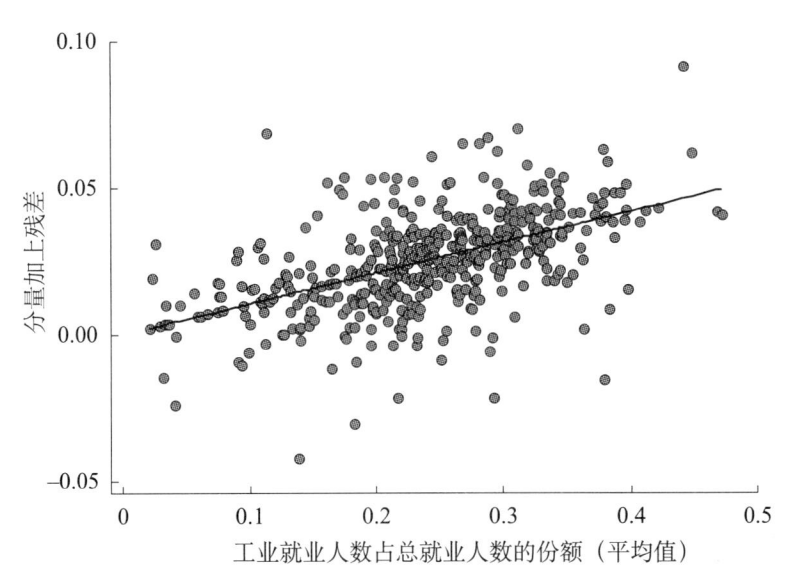

图 7.3　工业就业人数占总就业人数的份额与经济增长的关系

注：图中的每个点都代表 1960—2004 年间特定国家每五年的平均值，增长率在控制初始收入水平以及国家和时段的固定效应的条件下得出。

资料来源：笔者利用世界银行的历年数据以及国际比较中心的历年数据得出的计算结果。

所观察到的差距不大的经济活动，如埃塞俄比亚的园艺、印度的汽车装配、中国的消费电子产品等。① 随着资源从传统活动向现代活动转移，整体的生产力水平提高了。这些生产力差距可能是由欠发达国家一系列广泛存在的特征引起的。笔者将讨论 Rodrik（2008）中的两大类。一类是体制上的弱点，如对财产权缺乏有效保护和契约难以履行，会对交易活动产生强烈影响。另一类是与现代活动有关的各类市场失灵和外部性——例如学习外溢和协调失灵。在这两种情况下，工业活动和投资在市场均衡条件下均供应不足。任何在关键方面促进结构转型的因素都将加快经济增长的速度。

实现这一结构转型的秘诀是什么？虽然在成功国家间实际政策的差别很大，但人们还是可以找出一些重要的共同要素。首先，完善的"基础"发挥了重要作用，我们对这个词汇进行宽泛解释，不将其与任何专

---

① 同样引人注目的是在现代生产活动中生产力存在显著的异质性。这由详细的麦肯锡生产力研究（McKinsey Global Institute，2001，2003）以及最近的学术著作（Bartelsman，Haltiwanger and Scarpetta，2006；Hsieh and Klenow，2007）所证明。解释这些发现的一种方法是认识到我们通常所认为的现代部门其实更接近传统部门，要考虑部门之间的结构转型。

门的政策清单（如华盛顿共识或任何当前流行的管理改革）相对应。于是，发现所有取得成功的国家都拥有优先考虑经济增长的政府，实行有利于市场发展的政策，维持宏观经济的稳定。这似乎是经济增长的必要条件。但这些原则可以付诸实践的方式是如此之多且实施的环境也各不相同，因此单单阐述它们很难得出政策上的建议（Rodrik，2007b）。

其次，所有成功的国家都遵循可以被人们称为生产主义的政策。这些都是旨在提高现代工业活动的盈利能力、加快推进向现代工业活动投入资源的积极政策。它们已经大大超出了减少繁文缛节、腐败和商业成本的常规建议。此外，它们蕴涵以下内容：

● 支持新经济活动的明确产业政策（贸易保护、补贴、税收和信贷刺激政策，以及特殊的政府关注）。

● 低估本币汇率以促进可贸易商品的出口。

● 一定程度的金融抑制，使信贷补贴、银行业发展和本币汇率的低估成为可能。

的确，产业政策常常失败。可是无论在亚洲（韩国、中国台湾和中国）还是拉丁美洲（智利），都发现一个国家（地区）没有运用它们却发展得很好几乎是不可能的，这也是事实。就财政政策或者说教育政策而言也同样如此，将好效果与坏效果区分开来的并非政策存在与否，而是这一政策的实施技巧。

低估本币汇率对于经济增长有巨大推动作用的原因是它被作为一种产业政策来使用。通过提高经济活动生产的可贸易商品在国内的相对价格，提高这些活动的盈利能力，并且刺激对增长来说非常关键的现代工业部门的生产能力及就业创造能力。表 7.1——改编自 Rodrik（2008）——显示了其运作机制。第（1）列和第（2）列是面板回归的固定效应，通过产出或者就业进行衡量，建立了实际汇率（低估本币汇率）与庞大的工业部门之间的高层次联系。第（3）列和第（4）列是两阶段最小二乘法（TSLS）回归分析的第二阶段，它表明，受到低估的货币通过它们对工业规模的影响引发了高速增长。正如 Rodrik（2008）详细讨论的那样，被低估的货币和高增长之间的关联在战后数据上具有稳健的特征，特别是对于低收入国家。

低估本币有实际的好处，相较于明确的产业政策，它是一个全面的政策，不存在选择，因此将会导致更少的代理问题（寻租和腐败）。这也许揭示了其在促进发展上的广泛成功，就像文献所提到的那样。但它也有一些缺点。第一，它要求宏观经济政策框架足够灵活来适应低估币值的要求：实际汇率贬值只可能在经济体中储蓄相对于投资增加时出现，这对于财政政策和其他政策有明显影响（Rodrik，2008）。第二，低估本币在瞄准现代经济活动上并不完美：传统初级产品也和新的工业活动一样获得利润的提升。第三，低估本币不只对可贸易商品生产提供补贴；它也是一项对它们的消费的国内税（它提高了进口商品的相对价格）。这就是为什么它创造了可贸易商品的超额供应——贸易顺差。最后一点和本章的主题有特殊的联系，下面会回过头来讨论它。

表 7.1　本币低估对工业活动的影响：1960—2004 年每五年的面板数据

自变量	工业占 GDP 的份额		增长（两阶段最小二乘法）	
	(1)	(2)	(3)	(4)
当前收入	0.079**	0.025		
	(9.99)	(1.51)		
初始收入			−0.134**	−0.071**
			(−8.33)	(−4.39)
本币低估的程度	0.024**	0.042**		
	(3.62)	(4.87)		
工业占 GDP 的份额			1.716**	
			(7.59)	
工业就业人数占总就业人数的份额				1.076**
				(6.15)
时间虚拟变量	是	是	是	是
国家虚拟变量	是	是	是	是
观察值的数量	985	469	938	459

注：工业与农业占 GDP 的份额是以当地货币单位计量的。在第（3）列和第（4）列，工业份额按本币低估、收入以及第一阶段的滞后收入回归。

** 在 1% 的水平上显著。

资料来源：笔者的计算。

最后，一个重要的外部因素引发了战后的增长奇迹。世界上的发达国家尤其是美国对发展中世界的政策本质上是采取善意忽视态度的，这也使得产业转型成为可能。关税及贸易总协定（GATT）制度对发展中国家施加的限制很少。在贸易政策上管制很少，也不存在对于补贴与其他产业政策的限制。尽管面对国际货币基金组织（IMF）的货币政策和财政政策制约时也可能会很艰难，但这仅针对那些出现外部赤字（并且存在货币高估）的国家。没有推论支持金融自由化和资本账户开放，因为进入 20 世纪 70 年代，许多发达经济体自身也保留了有效的金融管制。即使要付出从国外借贷的代价，美国消费者也乐于吸收世界市场上超额可贸易商品的供给。

随着时间的推移，全球环境变得不再那么自由。不像它的前身，世界贸易组织（WTO）对中等收入的发展中国家施行的产业政策加以严格限制。随着未来发展中国家被金融自由化和资本流动的"最佳实践"覆盖，金融自由化和资本流动也将成为常态。（尽管在亚洲金融危机之后，过快的自由化可能并不必要的看法得到了认可。）最后，中美两国间的贸易赤字和人民币汇率的低估成为了严重的问题，国际货币基金组织也一直对"货币操纵"进行监控（尽管实践中这一努力并不会有结果）。

尽管有这些变化，但直到目前发生危机为止，发展中国家进行工业产品多样化以加速它们成长的需求在全球背景下仍然是良性的。现在情况还不明朗，我们并不能说未来环境的发展走向也是一致的。

在危机后会发生什么变化

认为美国和其他发达国家最终会以这种或那种方式恢复金融稳定是一个安全的赌注。考虑到危机的严重性，它的影响很可能会持续一段时间。特别是，发达国家可能不会迅速恢复，而且在未来若干年它们的增长可能依然很低或根本不增长。在20世纪90年代初期的危机后日本就开始了停滞，一段高速增长变成了一个令人担忧的前因。很难确定美国和欧洲是否会复制这样的过程，但肯定不可能排除这种可能性。

尽管发达国家经济增长将要放缓是一个坏消息，但是其对发展中国家的影响在很大程度上是间接的。当富裕国家增长缓慢（或根本不增长）时，可用于贫穷国家企业的知识和技术并不会减少。潜在的生产力提升和追赶仍然完全存在。从经济学的观点来看，发展中国家的增长率并不依赖于富裕国家的增长速度，而是依赖于它们与富国之间收入水平的不同——也就是说，积累的差距。前者会影响后者，但只是随着时间的推移缓慢影响。

间接影响是通过国际贸易和金融渠道起作用的。三种可能的发展将引发潜在的关注：(1) 跨境贷款需求的减少，(2) 世界贸易增长放缓，(3) 对大规模外部贸易失衡容忍程度的降低。下面将对它们依次展开讨论。

跨境贷款需求的减少

发展中国家金融市场的脆弱和2008年金融危机的出现关系并不大。尽管如此，但由于当前去杠杆化并在恢复安全状态后逆转的趋势仍然要持续一些时间，因此预测资本流动会对发展中国家造成负面影响是合理的。

人们是否重视上述影响取决人们对于发展中国家增长进程的看法。如果我们相信制约发展的约束是在储蓄方面，那么我们可以得出资本净流入的减少将带来显著增长惩罚的结论。这是来自新古典增长模型和贫困国家比富裕国家的私人投资回报率更高这一假设的惯常推论。但是过去几十年的经验为我们提供了充分的理由来对这种观点持保留意见。大多数贫困国家受到严重储蓄限制的假设与一个重要的典型化事实矛盾：对于发展中国家来说，高增长和资本净流入呈负的（而不是正的）相关关系。这被 Prasad、Rajan 和 Subramanian（2007）的重要论文所证实，图 7.4 展示了其主要发现。中国当然是一个最知名的拥有贸易顺差的高增长国家，但就像 Prasad、Rajan 和 Subramanian 所证明的那样，中国的经验并不是一种反常现象。迅速增长的国家比起成为资本净输入国更容易成为资本净出口国（即使去除往往不成比例地流向最贫困国家的援助资金，这也是真实的）。

鉴于前面一节给出的增长故事，这并不是一个令人惊讶的结论。在对此的解释中，约束条件并不是可贷资金的供给，而是可贸易商品的投资需求。限制增长的并不是融资途径，而是（私人）现代可贸易商品的低利润率。因此，增长的关键不是更多地融资，而是提升私人可贸易商品的利润率。此外，典型的次优趋势是，如果融资带来更多显著的制约因素，那么更多的融资只会导致更低的增长。怎么产生的呢？通过资本流入影响实际汇率。就像 Prasad、Rajan 和 Subramanian（2007）以及 Rodrik（2008）所展现的那样，拥有较多的资本净流入和更加开放的资本账户的国家倾向于更多地高估货币。该机制以一种曲折的方式解释了为什么金融全球化会使绝大多数发展中国家失望（Rodrik and Subramanian，2009）。

毫无疑问，对于一些国家，较低的国内储蓄的确具有约束作用。这种约束至少原则上可以通过获得外国融资的途径放松。比如巴西已经建成了多元化的农业和工业基地（这在很大程度上归功于几十年前的产业政策），但所有迹象都表明，现代经济活动的投资水平基本受到国内低储蓄率所引起的较高资本成本的限制（Hausmann，2008）。土耳其也面临类似的情况。巴西和土耳其的增长和投资随着资本净流入而上下浮动。然而，由于资本流入极易波动而且可能"突然停止"，所以不管是巴西还是土耳其，自 20 世纪 80 年代末期以来都未产生持续的高增长。

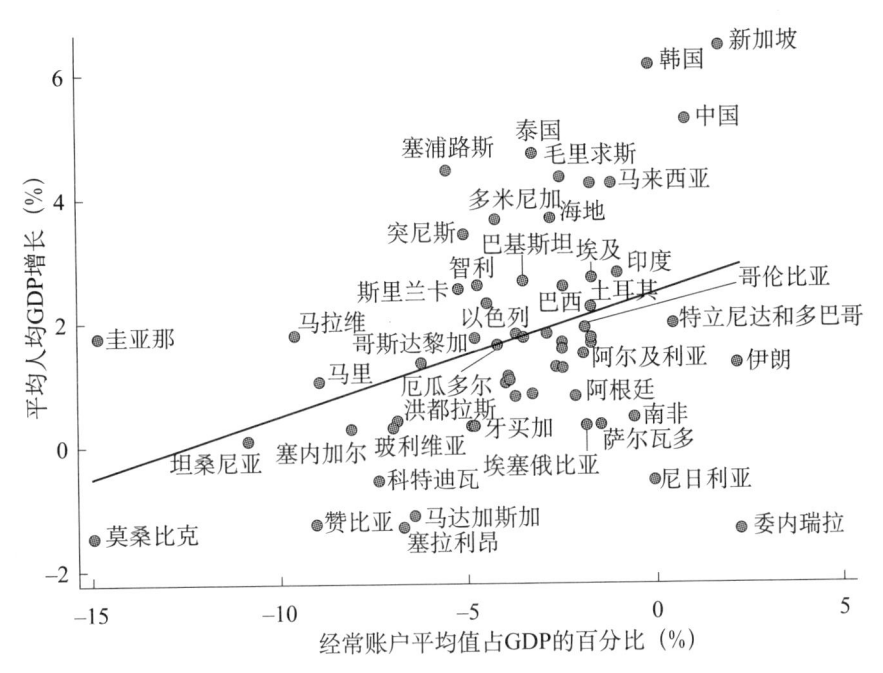

图 7.4　在 1990 年前及 1990 年后不同国家的净资本流出与经济增长

注：图中每个点都表示 1960—2004 年中特定国家每五年的平均值，增长率在控制初始收入水平以及国家和时段的固定效应的条件下得出。

资料来源：Prasad，Rajan and Subramanian（2007）。

因此，即使在如上所述储蓄有限的情况下，适当的补救措施也并不是重启金融全球化，而是专注于国内政策（例如，在这种情况下，减少财政赤字并鼓励私人储蓄）。

引发全球风险分担减弱的因素并不是很多。原则上，更高水平的总（双向）流入允许各国确保自己免受个别风险。但在这里，实证同样否定了其他方式。Kose、Prasad 和 Terrones（2007）发现实际上自 20 世纪 90 年代以来发展中国家的消费风险分担就变得减弱了（尽管它在富国有所改善）。金融全球化的世界中金融危机的大流行是一个显然的原因。

本质上，如果世界经济经历了一些金融去全球化，发展中国家并不应该太过难过。接受大量资本流入的国家甚至可能最终看到它们增长前景的改善，因为它们面临的实际汇率升值的压力将变得更小。而经历更少金融危机更是没什么值得不高兴的。

不那么活跃的世界贸易

先进国家的低增长也意味着其进口需求的较低增长，这将在价格和数量两方面影响世界贸易。

在价格方面，有两个相对价格对发展中国家非常关键——贸易条件和工业产品的相对价格——它们的移动很可能是反方向的。首先考虑贸易条件。发达国家与发展中国家共享同样的贸易条件，互为对手方。笔者的前提假设是内需在发达国家比在发展中国家回暖得更慢，那么贸易条件就有可能向有利于富裕国家的方向移动。这将造成发展中国家实际收入的净亏损，但它不太可能进一步阻碍它们的发展速度。在一定程度上，发展中国家能够继续多元化，进入新的产品领域（富裕国家的生产类型），它们可以避免贸易条件的大幅下跌，就像迄今为止迅速增长的国家所成功做到的那样。

第二个相对价格是世界市场上工业产品和初级产品间的相对价格。这对于发展中国家有着特殊意义，因为它会影响它们的现代贸易部门的相对收益，从而通过已经讨论过的机制影响结构调整与经济增长的速度。这种相对价格并不完全和发达国家的贸易条件相反，但它很可能和贸易条件负相关（因为发达国家是工业净出口方和商品净进口方）。因此，这种特殊渠道对发展中国家的经济增长前景提供了一些好消息。发达国家经济增长放缓降低了发展中国家未来感染"荷兰病"的概率。

数量效应又是怎样的呢？我们通常把出口规模增长放缓与较低的经济增长联系起来，但仔细观察会发现前者与后者的因果关系并不完全清晰。从短期来看，来自出口需求的凯恩斯效应有可能是正的。但是，很难相信，出口可以作为增长的引擎，并且在凯恩斯意义上超额作用到中长期。如果它们可以，那么发展中国家就可以简单地用它替代财政刺激并以该方式获得增长！

对于出口数量与长期经济增长的联系，我们必须相信那些已经很难记录的来自出口的学习溢出以及其他溢出效应，或者前面提出的模式即可贸易商品源于高生产力生产活动的特殊性。这两种不同的原因对于出口行为本身的依附性并不相同。"来自出口的溢出效应"的模式依赖于可贸易商品跨越国界所创造的科技或营销的外部性。而"可贸易商品的特殊性"的模式则与国际贸易是否实际发生关系不大。

表7.2中展示了允许两个假设相互竞争的回归结果。每一列都是对某一国家（地区）和时段间不同固定效应的回归估计，使用了每五年一个分期的面板数据。回归因子除了固定效应外还滞后于收入（由于收敛）、

国内生产总值中工业增加值的份额以及出口在GDP中的份额。为了允许比较工业份额和出口份额的估计系数，笔者对这些指标进行了标准化。所以这一系数将告诉我们相应变量中标准差变化对估计效果的影响。

表7.2 出口与工业产出对人均GDP的决定作用：1960—2004年每五年的面板数据

自变量	全样本 (1)	1990年之后的样本 (2)	1990年之后剔除出口异常值的样本 (3)	发展中国家的样本 (4)
初始收入	−0.043**	−0.125**	−0.125**	−0.045**
	(−7.98)	(−8.56)	(−8.32)	(−5.57)
工业占GDP的份额	0.016**	0.028**	0.028**	0.021**
	(4.54)	(3.57)	(3.53)	(4.06)
出口占GDP的份额	0.007**	0.006	0.006	−0.001
	(2.67)	(1.69)	(1.49)	(−0.34)
时间虚拟变量	是	是	是	是
国家虚拟变量	是	是	是	是
观察值的数量	850	417	410	527

注：工业份额与出口份额都是标准化变量，第（3）列去除了那些出口份额超过100%的观察值，第（4）列去除了人均GDP超过6 000美元的观察值。

** 在1%的水平上显著。

资料来源：笔者的计算。

第（1）列对整个1960年后存在数据的样本进行了回归。工业份额和出口份额均是统计显著的，而且估计的工业活动的影响大出两倍多：工业份额一个标准差的增加预计将带来增长1.6个百分点的提升，而相应出口份额的增加只会带来增长0.7个百分点的提升。此外，出口份额的结果不是稳健的。当限制在1990年后的样本数据（第（2）列）时，出口的估计系数变得不再显著。而且效应幅度差异达到了一个因素的4～5倍（0.028与0.006）。当把少数具有非常高出口份额国家（地区）的观察值（例如，卢森堡、中国香港和中国）排除在观察对象之外时，出口变量的显著性进一步减弱了（第（3）列）。也许最重要的是，当我们把样本限制在发展中国家时，出口份额的系数变为略微为负（并且在统计上不显著），相反，工业份额的系数却上升了（为0.021），而且仍然是明显显著的（第（4）列）。二者之间的比较结果是相当明确的。

只要工业（和其他非传统的）产出还是关键的，世界贸易的增加对于许多发展中国家就是一件喜忧参半的事。撇开笔者将放在下一节中讨论的巨大的贸易失衡，出口增长影响着进口的增长。如果前者增加了国内生产的可贸易商品的需求，后者则会减少它。因此国际贸易的均衡增长将不创造额外的国内可贸易商品的净需求。如果就像许多发展中国家那样，进口以工业产品为主，那么扩大贸易甚至可能不利于国内工业产出。

不同类别的发展中国家在这方面的经历各不相同。对于中国和许多其他可以低成本制造工业品的国家来说，它们正在迅速完成工业产品的多样化，并成为初级商品的大型进口国，扩大全球贸易将明确给它们的工业部门带来好处。但许多其他国家发现未来它们的工业部门将面临这些低价货源的激烈竞争。从埃塞俄比亚到墨西哥的那些国家都发现自己的制造业企业越来越受到进口产品的挤压。

进口替代糟糕的回报是否超过出口的较高回报（并且贸易对于工业活动的净效应是否为正）在很大程度上取决于其他经济政策是否合适。证据似乎表明中国和其他以低成本生产的国家大规模进入世界市场对于中等收入国家产生了尤为不利的影响。图 7.5 显示了 1990 年之前和之后收入水平与工业活动之间的关系。1990 年之前二者的关系是相对（对数）线性的，但 1990 年之后明显变得凹了。该图清楚地表明，相比于 1990 年之前，低收入水平国家能够在 1990 年以后支持更高水平的工业活动，而中等收入和高收入国家则正好相反。对中国和印度有利的环境对墨西哥和巴西来说则几乎毫无益处。

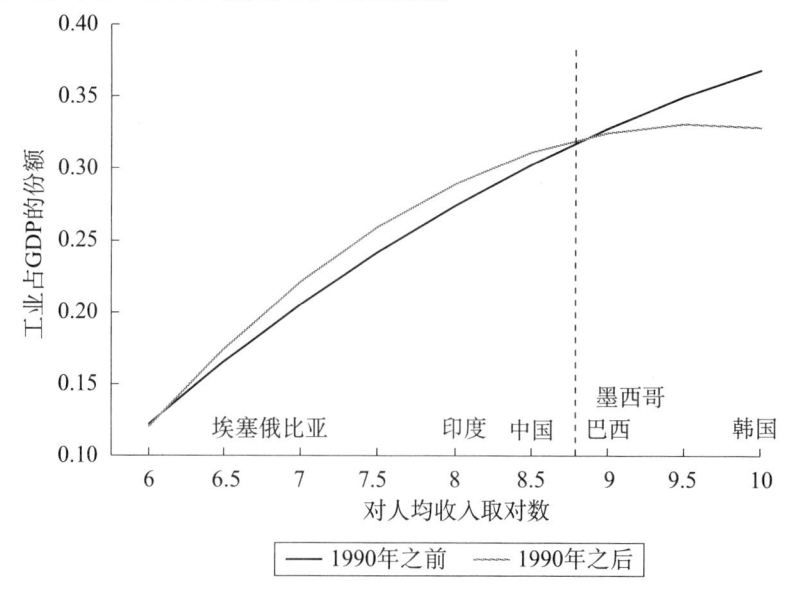

图 7.5 工业占 GDP 份额的收入梯度

注：相关性建立在二次拟合的基础上。

资料来源：笔者的计算。

本质上，世界贸易变得不那么活跃对发展中国家增长的影响要比通常想象的小。增长的关键是扩大工业经济活动的能力而非贸易本身。如果国内需求增长，那么工业活动就可以在贸易不增长的情况下增长。至于需要怎样改变政策才能实现这一结果，将在后面讨论。

更小规模的经常账户失衡

最后，工业化国家可能只会容忍更小规模的经常账户失衡，一方面这是低增长的必然结果，另一方面也是因为 2008 年的危机表明大规模失衡是危机的先兆。因此，拥有巨额贸易顺差的国家——任何接近或高于 GDP 5％ 的国家——有可能面临调整自己的货币和宏观经济政策的压力，特别是当这些国家很庞大并且具有系统重要性时。

作为一个重要的会计事项，贸易顺差是一个国家可贸易商品净需求的来源。因此，我们期望贸易盈余和增长同时发生，尤其是对于那些正在扩展"现代"可贸易商品如工业制成品的国家。如上所述，这是一个与其说积极不如说消极的将资本净流入（经常账户赤字）和增长联系起来的重要原因。那么那些庞大的发展中国家对于经常账户盈余的低容忍度是否会在未来几年对它们的增长潜力产生严重制约呢？

再次，我们需要记住增长的关键是国内现代可贸易商品的产出，而不是超额供应。系统的证据将在表 7.3 中给出，展示竞赛的另一种结果，这一次是在工业份额和贸易顺差之间。主要结果是，一旦工业份额在国内生产总值中占据支配地位，贸易顺差就不再对经济增长产生额外的正面影响。这对于全部样本（第（1）列）、1990 年后的数据（第（2）列）、去掉大额赤字或者盈余的样本（第（3）列）和限于发展中国家的样本（第（4）列）都成立。在每一个回归中，工业变量都是高度显著的，相对的贸易顺差则并不显著。

表 7.3　贸易顺差与工业产出对人均 GDP 的决定作用：1960—2004 年每五年的面板数据

自变量	全样本	1990 年后的样本	1990 年后剔除贸易顺差异常值的样本	发展中国家的样本
	（1）	（2）	（3）	（4）
初始收入	−0.041**	−0.126**	−0.122**	−0.045**
	(−7.89)	(−8.90)	(−8.32)	(−5.58)
工业占 GDP 的份额	0.018**	0.029**	0.041**	0.021**
	(4.79)	(3.75)	(4.39)	(3.97)

续前表

自变量	全样本 (1)	1990年 后的样本 (2)	1990年后剔除贸易 顺差异常值的样本 (3)	发展中国 家的样本 (4)
贸易顺差占 GDP的百分比	−0.002 (−1.25)	0.003 (1.02)	−0.007 (−1.19)	−0.002 (−1.17)
时间虚拟变量	是	是	是	是
国家虚拟变量	是	是	是	是
观察值的数量	850	417	359	527

注：工业份额与贸易顺差都是标准化变量，第（3）列去除了那些贸易顺差绝对值超过GDP 20%的观察值，第（4）列去除了人均GDP超过6 000美元的观察值。
** 在1%的水平上显著。
资料来源：笔者的计算。

这对于那些执着相信贸易顺差是它们"增长发动机"的发展中国家的影响应该是清楚的：只要国内可贸易商品需求与国内供应一起增加，就不需要牺牲增长。因此，货币低估也许不再必要。但也有其他刺激消费和可贸易商品生产的政策可供选择，这些将在下一节讨论。

在没有贸易顺差的条件下推进工业化

让我们回到前面已经基本勾勒出的增长动力的解释上。在这种模式下，贫困国家的贫困是因为自己投入现代的、高生产力活动的资源太少。当从低生产率的传统活动快速向高生产率的现代活动进行结构转型时就会产生快速增长。这个转变并不是自动的、以市场为主导的进程，原因在于严格的市场或制度失灵的成本被不成比例地由现代部门所负担。有时转型会由于较低的国内储蓄和高额的资本成本使投资与结构调整变得缓慢而受阻。但更典型的问题是现代部门的私人和社会回报之间的分离。这些部门受制于学习外溢和协调失灵以及法律和制度不健全带来的高成本。这些不足是很难在短期内消除的，并且发达经济体的经验表明它们只有通过几十年甚至可能几百年的长期过程才能解决。[①]

因此，虽然人们希望通过消除市场失灵和修正制度来直接解决这些

---

① 当然情况不总是如此。有些政府施加的限制（例如繁文缛节）与其他限制（例如效率低下的法院）相比更容易修正。

不足，但是这样一个议程的实际操作太过宽泛，要求也太高以至并不太现实。由于如前所述，成功的国家都追求间接缓解这些制约因素的增长策略，通过其他手段相对提高现代化活动的盈利能力。所有这些策略的共同点是，它们都向可贸易商品提供补贴。

一旦回到这些策略的本质，理解什么是中心、什么是它们的附带效果就会变得更容易。特别地，我们可以看出，可贸易商品补贴策略不是必然地与低估本币和贸易顺差联系在一起。

这一点可以在图 7.6 的帮助下得出，该图显示了可贸易商品的市场均衡。在可贸易商品的相对价格（R，表示实际汇率）处，其需求曲线和供给曲线相交。从初始均衡（R^0，Q^0）开始，此时可贸易商品没有供应过剩，于是贸易收支也为 0（图 7.6（a））。现在假设政府为可贸易商品提供生产补贴。可贸易商品的供给曲线将向外移动，因为对任何水平的 R，可贸易商品的生产商现在都愿意提供较大量的产品（图 7.6（b））。新的平衡点在哪里？如果我们假设实际汇率保持在 R^0，那么补贴不仅会增加可贸易商品的产出，而且会造成贸易盈余（可贸易商品的供给过剩）。

但就像图 7.6（c）所显示的那样，这未必是最终的均衡。除非政府采取额外的宏观经济政策，保持实际汇率不变，否则实际汇率将会产生一个内源性的升值从而移动到 R^2，这将会刺激国内可贸易商品的消费并且使贸易平衡回到零点。在这个最终均衡中，即使实际汇率上升并且重新建立贸易平衡，可贸易商品的产量也仍然会较高。这是因为实际汇率的上升需要使贸易平衡回到零点，这（按比例）小于初始补贴的幅度，因而与补贴不同，它将同时影响消费和生产的利润率。因此，它不会完全撤销对供应方补贴的效果。明确的一般均衡框架在本章附录中进行了详细展示。

这种分析表明，通过必要的丰厚利润的刺激能够提升可贸易商品的生产激励，而不溢出到世界其他地区产生贸易失衡。与低估本币不同（这意味着向国内消费可贸易商品征税），明确的可贸易商品补贴政策（结合宏观经济政策，以维持外部平衡）会提升国内可贸易商品的消费。

补贴应采取何种形式呢？在本节的其余部分，笔者将讨论三种提高可贸易商品生产价格的有效方法：（1）产业政策；（2）降低可贸易商品的投入成本；（3）收入政策。所有这些构成了一系列可行政策，而如何适当组合取决于每个国家的具体情况。

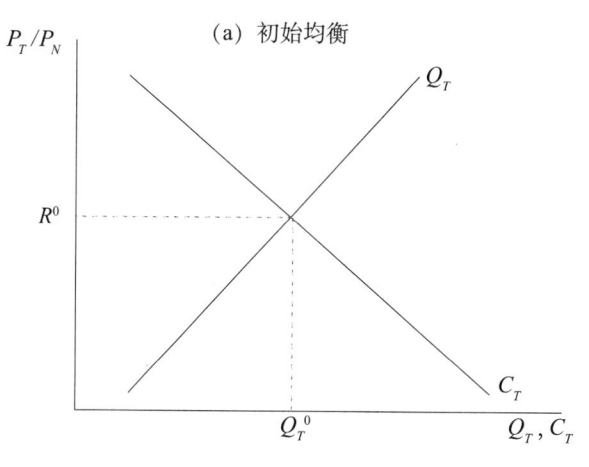

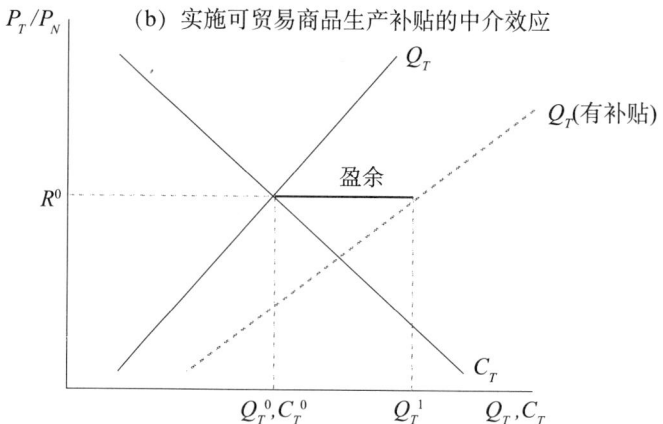

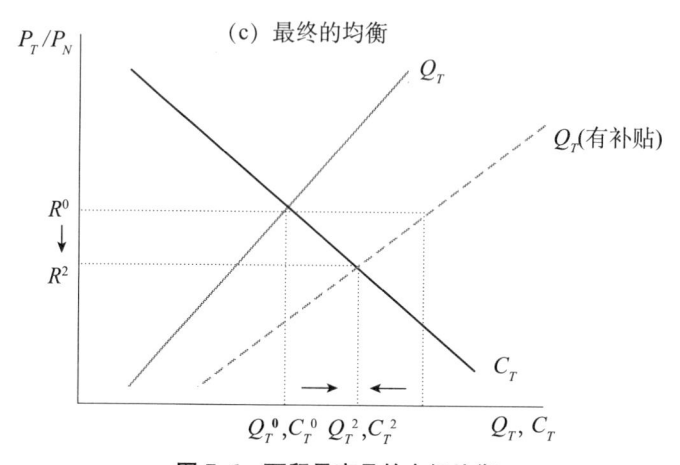

图 7.6 可贸易商品的市场均衡

注：P_T 和 P_N 分别为可贸易商品和非贸易商品的价格。
资料来源：笔者。

产业政策

原则上，产业政策非常适合当前的问题。需要做的是在存在大量信息外部性或者协调失灵以及糟糕的制度环境下，提升非传统产品的相对盈利能力。这就是良好的产业政策所试图完成的。免税、定向信贷、工资补贴、投资补贴和出口加工特区是一些正在实施的产业政策。这些政策的区别在于它们分别针对特定企业或行业，因此会为了帮助一部分而牺牲其余部分。这当然会使产业政策饱受争议。但是只要瞄准足够广泛而且准确——将重点放在一个国家的根本竞争力前沿的创新活动上——潜在的上升空间是巨大的。产业政策相对于低估本币的优势在于它允许更多的细化和区别对待：传统的可贸易商品（如初级产品和一个国家已经掌握生产工艺的工业产品）不需要补贴，而且可贸易商品的消费也不需要征税（如前所述）。

还有一个影响是现代可贸易商品的补贴溢出国界的可能。即使可贸易商品的净供给在总量上不增加，那些有提升供给愿望的产品的净供给也可以得到瞄准。其他发展中国家将成为它们的接收者，如果这些国家保持被动，那么其自身的产业激励将会受到削弱。阐述该问题的合适说法是，一些国家使用"最佳"产业政策会增加其他国家不使用这种政策的成本。随着一些国家对自己市场不完善的改进，其他国家不处理这些不足的成本也增加了。所以只要所有国家都执行从它们自身角度看最佳的产业政策，那么就没有溢出的相互影响。当其他发展中国家也执行合适的产业政策时，溢出的问题就可以得到有效中和。

反对产业政策的两个主要论点是，因为缺乏足够信息，各国政府永远无法正确瞄准，而且即使信息足够，这一过程也将变得充满寻租和腐败。两个论点都有很好的论证（Rodrik，2007a；2007b：ch.4）。首先，坚持不切实际的标准即认为政府必须始终能够做出正确选择是没有什么意义的。考虑到不确定性，失误不仅是不可避免的，而且是最佳方案设计的组成部分：如果政府绝不犯错，大概也不会足够进取。更有意义和可取的要求是，政府能够认识到自己的错误，并在需要的时候改变策略。这显然是比无所不知要减弱很多的要求。并且它也是可以通过适当的制度设计实现的（Rodrik，2007b：ch.4）。

腐败当然是一个真正的威胁。但产业政策并不是政府政策中容易滋生腐败的唯一区域。教育政策和税收政策这两个其他区域同样有滋生腐败的风险。然而，我们从来没有建议政府应该放弃征税或者说不应该为教育筹资和建设学校。相反，我们尽量想办法让这些系统尽可能少地滋生腐败和寻租。产业政策没有理由例外。再次申明，合适的制度设计是更好落实的关键。

较大的发展中国家更广泛使用产业政策的主要外部障碍是世界贸易组织的补贴协定。该协定禁止以财政支出形式进行补贴以调节出口。更严重的是，它对于有增加出口效果的补贴也发挥"作用"，哪怕它们并不与出口直接相关。（最不发达国家可以不受这些规则约束。）按字面应用该标准将排除多种产业政策，而客观上这些恰恰可以用来增加国内可贸易商品的供应。只有鼓励进口替代的补贴得到豁免。

当然，在实践中有许多漏洞，该协定和其他WTO协定对于产业政策空间的实际限制的程度是可以探讨的（Rodrik，2007b：ch.4）。但在这种情况下，该协定对于补贴的限制性一直没有得到真正的测试。只要国家可以自由使用货币政策鼓励工业化，那么WTO约束的限制就不会那么大。因此，中国可以通过低估人民币给予其可贸易商品巨额补贴，同时（勉强地）遵守WTO关于补贴或本地含量的规则。

在当今世界，发展中国家的经济增长需要鼓励现代经济活动，因此补贴协定没有什么经济意义。[①] 它排除了促进经济多样化和结构转型的理想次优政策。它的一个意外影响是诱导政府青睐效果更差的政策（鉴于其贸易失衡的溢出），即本币低估。更糟糕的是，它可能鼓励采取贸易保护来作为抵御工业产品进口的防御措施。如果我们希望增强针对货币的国际监督，那么笔者认为我们应当并且我们也需要大幅放宽对工业补贴的约束。[②]

降低可贸易商品的投入成本

第二类已被现代经济活动所大量使用的、可提升有利于可贸易商品的相对激励的政府政策是减少投入的成本。某些类型的专业化产业或专

[①] 有一个很好的禁止补贴没有经济合理性的例子，这个例子独立于笔者在这里关于发展的论点。毕竟补贴是贸易创造的（不像进口壁垒），补贴其可贸易商品的国家给予世界其他国家一个经济上的"礼物"，因为补贴导致了更大的供给和较低的世界价格。世界贸易组织对于补贴的做法是重商主义的并且过于受那些相互竞争的生产者的利益的影响。

[②] 监督货币通常被看作是国际货币基金组织的职权。但Mattoo和Subramanian（2008）认为，世界贸易组织是一个更合适的组织，因为世界贸易失衡更为紧迫，并且世界贸易组织也有能力进行管理。这里的讨论表明，在这个方向上的任何努力都应该有一个直接的补贴约束弱化的补偿。

业技能（如机械师或呼叫中心运营商）特别适合这一政策。政府在这些方面的培训投资会有效激励现代可贸易商品的生产（这样做在大多数情况下不会与世界贸易组织发生冲突）。理论是简单的，但是这种方法也面临着一些现实的障碍。困难的是，许多最明显的策略将对不同的可贸易商品集团产生非对称的影响。

例如，可能想到的最直接的策略是：降低运输和物流上的贸易成本。这些成本对贸易有着显著的阻碍作用，这就是很多政府如此热衷于投资贸易基础设施（现代化港口和改进运输）的原因。但是，这对于产业激励机制的影响并不确定，出于同样的理由，贸易自由化产生的动态收益也不确定。贸易成本的降低有助于出口活动，但同时也伤害了进口替代活动，因此它需要一些"天然保护"从而远离它们。净效应取决于更新的、更动态的活动是否被拥进而不是挤出。这不经过仔细的前瞻性分析是无法先验确定的。

或者考虑减少中间产品的关税。这有利于所有最终产品的生产者，但对于国内的竞争性中间产品生产者则不那么好。净效应再次变得不确定。

工资限制

现代部门的一个最重要的非贸易投入就是劳动。发展中国家通常有分割的劳动力市场，在那里正式部门的工资可能会与非正式部门以及农村部门的工资有显著的不同。在这种背景下，体制和监管约束对于现代经济部门企业工资的决定影响很大。因此，改变这些安排可以显著影响现代可贸易商品生产的相对盈利能力。

在社会中，合作的习惯存在于社会合伙人之间，对经济体中正式部门的工资限制进行协商以换取就业机会的继续创造是可能的。工会将能够从长远着眼，把它们的未来利益和成员的当前利益内部化，提出适度的工资要求。

遗憾的是，这样的社会契约在拥有集中式工资谈判的发达经济体（如瑞典、奥地利或爱尔兰）比发展中国家（例如毛里求斯）更常见。它们的设置通常是一种临时安排，以应对严峻的宏观经济危机（例如，1987年在墨西哥，1997年在韩国）。发展中国家的冲突管理制度和其他制度一样薄弱。因此，对于绝大多数发展中国家来说，这并不容易替代明确的产业政策。

结语

随着我们摆脱当前的金融危机，发展中世界经济增长的全球环境将会怎样变化呢？笔者认为该答案取决于我们对下列紧张局势的处理。一方面，全球宏观经济的稳定要求我们避免外部失衡变得过于庞大。另一方面，贫穷国家的增长需要世界经济能够吸收发展中国家生产的迅速增加的可贸易商品的供给。

对于很多小的发展中国家来说，低估本币仍然是一个可行的工业化策略，尽管它甚至不在前面已经讨论过的次优理由中。鉴于其在世界贸易中占据的空间很小，它们依靠"操纵汇率的做法"对于全局有大的影响是不可能的。

不过，中等收入和较大的发展中国家则需要向替代战略过渡。它们将不得不考虑——并且世界的其他国家也将不得不允许——对非传统可贸易商品使用包括补贴的各种明确的产业升级措施。结合实际汇率的升值，这种补贴将大大提高非传统商品的供应，但对于贸易平衡则没有影响。事实上，产业政策被用于进行结构转型瞄准，而汇率则被用于保持外部平衡。

不再把实际汇率作为发展工具对于较大的发展中国家确实是一种成本。但未能意识到这些替代方案的存在并且可以作为替代品则会放大对于增长的不利影响。

如果对于这种策略的需求不被识别并且盲目执行关于补贴的贸易规则，我们很可能会发现自己在一段时间内处于严重紧张的国际经济关系中。这种紧张关系不仅会表现为南北分歧，而且会表现为发展中世界内部的分裂。由于发达经济体的相对规模和它们市场的萎缩，低成本供应商的制造业出口将会向更有实力的中等收入国家溢出。如果后者没有自己的产业升级和多元化战略，它们将受到来自国内行业防御性反应的强大压力，被要求设立保护主义壁垒来对抗来自其他发展中国家的进口产品。把限制政策作为产业政策将会有促进贸易保护的意外后果。

所以发展中国家的前景仍有谨慎乐观的空间。好消息是，即使世界贸易有一些放缓并且资本流动和贸易失衡的程度下降，发展中国家仍可以继续快速增长。坏消息是有利的结果将不会作为神奇市场力量的结果自己发生。当我们改革全球性规则并且重新设计国内策略时，确保环境就像过去 50 年一样仍然对发展中国家的结构转型有利也是必要的。

参考文献

Bartelsman, Eric, John Haltiwanger, and Stefano Scarpetta. 2006. "Cross-Country Differences in Productivity: The Role of Allocative Efficiency." Draft report. December. http://econweb.umd.edu/~haltiwan/alloc_eff_july3108.pdf.

Center for International Comparisons. Various years. Penn World Tables. Philadelphia: University of Pennsylvania, Center for International Comparisons of Production, Income, and Prices.

Felipe, Jesus, Miguel Leon-Ledesma, Matteo Lanzafame, and Gemma Estrada. 2007. "Sectoral Engines of Growth in Developing Asia: Stylized Facts and Implications." ERD Working Paper 107 (November). Asian Development Bank, Tokyo.

Hausmann, Ricardo. 2008. "In Search of the Chains That Hold Brazil Back." Harvard University, Kennedy School, Center for International Development, Cambridge, MA. August.

Hsieh, Chang-Tai, and Peter J. Klenow. 2007. "Misallocation and Manufacturing TFP in China and India." NBER Working Paper 13290 (August). National Bureau of Economic Research, Cambridge, MA.

Kose, M. Ayhan, Eswar S. Prasad, and Marco E. Terrones. 2007. "How Does Financial Globalization Affect Risk Sharing? Patterns and Channels." IMF Working Paper 07/238. International Monetary Fund, Washington, DC.

Maddison, Angus. 2001. *The World Economy: A Millennial Perspective*. Paris: OECD.

Mattoo, Aaditya, and Arvind Subramanian. 2008. "Currency Undervaluation and Sovereign Wealth Funds: A New Role for the World Trade Organization." Working Paper (January). Peterson Institute for International Economics, Washington, DC.

McKinsey Global Institute. 2001. *India: The Growth Imperative*. San Francisco: McKinsey.

———. 2003. *Turkey: Making the Growth and Productivity Breakthrough*. Istanbul: McKinsey.

Prasad, Eswar, Raghuram G. Rajan, and Arvind Subramanian. 2007. "Foreign Capital and Economic Growth." *Brookings Papers on Economic Activity* 1: 153–209.

Rodrik, Dani. 2006. "What's So Special about China's Exports?" *China and World Economy* 14 (5, September-October): 1–19.

———. 2007a. "Normalizing Industrial Policy." Paper prepared for the Commission on Growth and Development, Washington, DC (August).

———. 2007b. *One Economics, Many Recipes*. Princeton, NJ: Princeton University Press.

———. 2008. "The Real Exchange Rate and Economic Growth." *Brookings Papers on Economic Activity* (Fall): 365–413.

Rodrik, Dani, and Arvind Subramanian. 2009. "Why Did Financial Globalization Disappoint?" *IMF Staff Papers* 56 (1, Spring): 112–138.

World Bank. Various years. World Development Indicators. Washington, DC: World Bank.

附录：一般均衡下的可贸易商品生产补贴

本附录把经济分为两个部门，分别生产可贸易商品和非贸易商品。我们把非贸易商品的价格作为计价标准固定为1。经济的需求方的支出函数用 $E(R, 1, u)$ 表示，其中 u 代表总效用，R 代表可贸易商品的（相对）价格以及实际汇率。经济的供给方用GDP和财政收入的特定函数 $G(R, 1)$ 表示，考虑对它们采取固定供应，从而使其中经济体的要素禀赋受到抑制。

令人感兴趣的是生产补贴 s 对可贸易商品的影响。这种补贴的直接影响是提高可贸易商品的供给价格，因此GDP函数被重写为：$G(R+s, 1)$，而支出函数保持不变。

经济体中的均衡用三个等式来表示。第一个是 $G(\cdot)$ 对于可贸易商品价格的偏导数，用 $G_1(R+s, 1)$ 表示，给出可贸易商品的供给 Q_T。

$$Q_T = G_1(R+s, 1) \tag{7.1}$$

第二个是支出等于收入的恒等式：

$$E(R, 1, u) = G(R+s, 1) - sG_1(R+s, 1) \tag{7.2}$$

该补贴被假定为通过定额税来进行筹集，因此私人部门用于消费的可支配收入等于GDP减去为进行补贴而筹集的税收收入。等式（7.2）中的最后一项是相应的税收收入。最后，我们将市场中可贸易商品的均衡表示为：

$$E_1(R, 1, u) = G_1(R+s, 1) \tag{7.3}$$

其中，$E_1(\cdot)$ 是对可贸易商品的（希克斯）需求。根据瓦尔拉斯法则，等式（7.2）和等式（7.3）保证了对于非贸易商品而言市场均衡也是成立的。这三个公式确定了系统中的三个内生变量 Q_T、R 和 u。

从等式（7.1）显而易见的是，可贸易商品的产出仅取决于供给价格 $R+s$ 的变化。如果这个价格由于补贴的增加而提高，供给给出的反应将是正的。

对系统进行比较静态分析得到以下结果：

$$\frac{\mathrm{d}(R+s)}{\mathrm{d}s} = \left[\frac{E_{11}(\cdot)}{E_{11}(\cdot)-R_{11}(\cdot)}\right]\left[1-sR_{11}(\cdot)\frac{E_{1u}(\cdot)}{E_u(\cdot)}\right]^{-1}$$

该表达式的解释如下，首先考虑补贴很"小"的情况，即表达式在 $s=0$ 时的赋值。根据支出函数和收入函数的性质，$E_{11}(\cdot)<0$ 并且 $R_{11}(\cdot)>0$，在这种情况下 $\mathrm{d}(R+s)/\mathrm{d}s$ 是明确为正的，也就是说，实际汇率的上升并不能完全抵消补贴的激励效应。

其次考虑 s 不是零或非常小的情况，由于表达式最后一项的影响，收入效应开始发挥作用。因为 $R_{11}(\cdot)(E_{1u}(\cdot)/E_u(\cdot))$ 是正的，一般不能确定第二个括号内项的符号。但是通常的做法是假设作为稳定性要求的一部分，这一项并不大于1，因此 $\mathrm{d}(R+s)/\mathrm{d}s$ 依然为正。

第 8 章 当前关于基础设施政策的讨论

安东尼奥·易斯塔什，玛丽安娜·费伊
(Antonio Estache and Marianne Fay)

经济史将会把许多全球经济政策重点的重大变化归因于 21 世纪头十年特殊的全球金融危机。其中之一是世界各地把基础设施恢复到政策议程的前列，这对于发展中国家来说已经有一段时间了。实际上，虽然基础设施投资一般是发展中国家议程的一个经常性项目，但在发达国家自 20 世纪 80 年代初以来它经常只是享受"口惠"。2008 年危机之后主要的一揽子复兴计划改变了这一切。大规模增长的基础设施投资确实是一揽子复兴计划最知名的特点，因为即使对这些效应的大小以及基建刺激应该有多大存在争议，大多数发达国家政府也仍然把宝押在基于基础设施刺激的巨大乘数效应上。不管这些乘数的实际效果怎样，这些刺激至少可以解决拥堵、服务配给、失去工作和失去收入这些基础设施的数量与质量差距所造成的后果。基础设施投资已成为发达国家和发展中国家的当务之急并且将持续一段时间。①

历史也将判断把大型基础设施投资归结为宏观金融工作而忽视关注该行业微观经济激励问题的程度。例如，新一代的基础设施的一揽子政策认可公共部门利用税收支付投资费用，希望通过向用户收费收回大量投资。不过这些计划倾向于忽视相关的维护、经济承受能力、投资的融资任务以及在公共和私人间的可持续分配等关键细节。它们还忽略了昂贵而无用部门的治理、成本超支、对需求的预测过于乐观等问题。它们最后还遗漏了在选择项目时只关注项目回报的短期政治收益而忽视长期

---

① 该部门的投资压力由于需要解决交通和能源行业所引起的温室气体排放问题而增强并将持续下去。

第 8 章　当前关于基础设施政策的讨论

的社会财政成本风险的影响。

在此背景下，随着基础设施建设浪潮风靡全球，审视过去 25 年妥善组织、管理以及运营电力、电信、交通、供水和卫生等部门的演变是有意义的。在某些情况下在这些部门增加支出的承诺的总和在 GDP 的 4%到超过 GDP 的 10%的范围内。这些新的基础设施项目履行的前提是，它们对于使用者和纳税人来说是价格公平的，这对于尽量减少代价高昂的决策失误是至关重要的。总结过去政策失误和疏漏的教训是本章的主要目的。[①]

本章的结构安排如下。总结当前基础设施政策问题背景的重要性，提供对这部分现状的概述，归纳关于经济增长与基础设施建设之间相互作用的集中的学术争论。然后，着眼于为了维持与减贫目标相一致的增长水平需要多少基础设施建设以及与公平效率权衡相关联的投资地点选择的棘手问题。之后是对基础设施建设问题与贫困有关的方面进行讨论以及公共和私人部门对于基础设施建设的相对作用的讨论，重点在于过去 10~15 年主要机制的变化以及它们对提供服务有效性的影响。最后一节是总结。

背景的关联性

政治家、使用者、运营商、投资者和学者对什么是好、什么是不好的基础设施的认知自二战后的重建期结束后有了显著发展。直到 20 世纪 80 年代末——除了几个发达、高调的盎格鲁-撒克逊国家始于 20 世纪 70 年代外——这些部门才被明确认为是公共部门的责任，政府也期待找到提高它们质量和容量的方法。但在 20 世纪 90 年代，随着对财政纪律的关注开始在全球流行以及对表现不佳的公共服务提供者不满的增加，减少公共部门的规模成为一种必然。常识是私人部门将要接管基础设施服务，只把剩余的部分留给政府（放松管制、重组和管理剩余的垄断部门）。在经历公共部门长期令人沮丧的不佳表现后，私人部门展现自己的时候到了。

最初的设想并没有实现。在私有化开始被吹捧为解决基础设施建

[①] 本章的目标读者是发展中国家和新兴经济体的政治家，很多内容会对那些希望基础设施成为社会经济可持续发展的关键因素的发展中国家政策制定者们有益。

设困境的良方差不多 20 年后，至少是在发展中国家，大型私人部门在能源、水、运输等基础设施服务方面并未像许多人希望的那样广泛发挥作用。许多国家的政府已停止了对今后该部门私人投资加速的期盼。局部微型或小规模私人供应商的存在多少算是对大规模私有化推动者设想模型的失效以及现存公共垄断破产的补偿。但考虑到大多数基础设施服务被定义为是规模经济的，这可能意味着成本将高于用户的预期。

将失败成本具体化的观点并不是次要的。政策制定者强烈而广泛的共识是，东亚与其他地区之间的一些增长差异可以归因于未能充分投资于基础设施。用户对从征税为这些服务融资转变到从用户处融资的沮丧加剧了对新设想的不满。现在与私有化相关的抑制已成为世界各地一个有影响力的政治竞选议题。

正是在这种特定背景下，发达国家和新兴市场国家正在实施基础设施恢复计划，而欠发达国家则执行缩小基础设施差距战略。一方面，大量进行基础设施投资的承诺非常流行，很容易在全球获得政治认可，因为许多国家的政府都在努力弥补 20 世纪 90 年代的集体失败，提高基础设施的数量和质量。另一方面，存在强烈要求重新仔细考虑 20 世纪 90 年代私人部门和公共部门合作进行大规模基础设施建设的合适形式的呼声。

新的观点是，需要显著提升基础设施的管理和运作，但是这种选择不再是公共和私人部门间简单的二分法了，在剩余的垄断部门风险面前，用户和纳税人的利益必须受到更好的保护。实用主义主导了这一新观点。公共部门被预计将比过去 25 年在融资上起到更加重要的作用，而私人部门将在满足相关的巨大基础设施建设、运营以及一定程度的融资需求上有所建树。私人部门的融资将最有可能被限制在如电信、发电和运输服务等商业和政治风险较低的行业。

基础设施部门的状态

许多本章要讨论的问题都源于一个基本问题：基础设施存量不足和因此产生的相关服务供应不足问题。为了说明这种差距，表 8.1 根据现有的最新数据按收入水平划分国家组别，对于向民众提供的各种服务进行了简单的定量分析。主要结论是显而易见的：（1）尽管过去几十年中捐助者积极捐助,贫困国家的受惠人口仍然低得惊人;(2)我们对于部门运营情况仍然非常无知。

概览

首先,基础设施服务惠及民众的水平和一个国家的人均收入具有强烈的相关性(更全面讨论基础设施惠及人数、质量和价格等的证据见Estache 和 Goicoechea(2005))。总的来说,发达国家的居民都能享受到最低水平的服务。在发展中国家,中上等收入国家惠及人数的比率最高(在发展中国家中),非常接近满足对基础设施的所有需求,约能满足其90%的人口。收入最低的那些国家则远未充分满足这些需求,特别是在电力方面。

其次,各部门在全覆盖的进展上差异很大。供水和电信部门已经有了合理的配给(在电信方面,通过技术革命降低了成本,使得在低密度区域提供服务成为可能)。卫生仍然是一个问题,而且由于环保问题而吸引了日益增多的关注。有点令人惊讶的是,能源领域的问题最大。由于缺乏广泛可用的有意义的指标,交通领域在这一比较中被预先排除了。

表 8.1　按行业和收入水平统计的公共服务覆盖率

收入水平	电网覆盖人口数占总人口数的百分比(2000 年,%)	每千人中移动及固定电话用户的人数(2005 年,%)	改善供水条件的人口数占总人口数的百分比(2005 年,%)	公共卫生所覆盖的人口数占总人口数的百分比(2005 年,%)
低水平	31	114	75	61
中下水平	82	511	82	77
中上水平	87	901	94	91
发展中国家	58	523	83	80

资料来源:World Bank,2007b.

如果考虑把表 8.1 作为衡量改革进展的基准,那么要面对的就不是一个温和的挑战。国际社会已经越来越多地关注基础设施投资创造增长的重要性,这已被投资环境调查的结果所证明,该表显示忽略家庭需求是一个重大的失误。的确,基础设施改革政治上的可持续性取决于对家庭需求的考虑,就像拉丁美洲的经验所表明的那样(参见 Fay 和 Morrison(2006)的讨论)。

目前的挑战不是国际捐助界的小问题,这已日益得到认可。供水以及电信访问率提升的承诺在一定程度上已经通过千年发展目标（MDGs）形式化。电气化的承诺已被添加为《约翰内斯堡声明》的一部分，但之后在这一方面并没有更多进展。对于运输部门则没有类似的集体承诺存在。总体而言，进展是存在的，但执行速度很慢，因此在许多国家中，目标并没有实现。①

全局中的漏洞

表8.1总结了决策者可用的大部分信息。这些部门中的剩余数据往往侧重于技术层面。一些与政策相关（例如，发电能力），但大多是太具体的技术问题。相比于健康和教育方面的可用信息，基础设施建设部门信息的差距是巨大的，而且没有缩小的迹象。②

比如交通部门，可以作为评估该部门经济和社会绩效的合理基准的可用信息相当匮乏。比如，我们知道最贫穷的发展中国家的道路密度约是最富裕发展中国家的三分之一、发达国家的六分之一。但是，这些数据都没有抓住基础设施的质量问题，甚至对单车道的乡村公路和12车道的环路给予相同的权重。对道路存量数据异质性的衡量很可能是最糟糕的。

同样，对于能源，大部分访问率的可用信息是基于代表国家的较小样本的推断。该领域世界范围内的最新访问率调查是在2000年由国际能源机构代表国际社会进行的。家庭调查提供了更多的信息，但主要还是存在兼容问题。对该领域价格或质量信息感兴趣的人不得不大胆假设，努力在各国数据中寻找一些可靠的可比性。

供水数据的情况略有提升，因为针对该方面的联合国联合监测计划在监测进展上已具有一定程度的连续性和一致性，尽管这些数据还依赖于一些有争议的假设和推断。

只有电信部门的数据是较充分的，这在很大程度上要归功于国际电信联盟的努力。这一行业已经吸引了最多学者的兴趣。研究方向是哪里有数据，而不一定是哪里有问题！

访问率的监测问题可能会让很多人惊讶。更令人吃惊的是监测这些

---

① 关于哪些国家和行业无法通过千年发展目标满足的讨论，参见World Bank（2005a）。
② 生活水平调查、人口与健康调查、家庭消费调查无法提供解决该问题所需的数据。首先，该部门通常不能很好地由这些调查所覆盖；其次，城市和农村地区数据的质量存在明显差异。

服务的承受能力和质量进步上的失败,而这些应该是进展跟踪基准的一部分,特别是与贫困有关时。大多数发展中国家的这一信息都不可用。大多数公开的相关信息都是日常性的,跨国比较往往不具有意义,因为各国的质量标准和服务定价有着显著不同。

一个理想的基准将包括有关行业的成本信息。这对于考虑这些项目的规模和相关的金融交易尤为重要。发展中国家基础设施的可比成本数据相当匮乏。同样地,政策制定者被频繁地敦促提高成本回收,由于基础设施成本很少基于成本回收的税收和贫困家庭承受能力进行准确估计,因而往往对于纳税人来说太高了。此外,纳税人很少知道成本。最近在准财政赤字方面的工作代表了在这一问题上相当英勇的尝试(Ebinger,2006)。

基础设施的公共支出数据基本上是不存在的,因为很少有国家会估计它们的基础设施支出(印度是一个例外),并且国际货币基金组织(IMF)的政府财政统计数据也没有收集这些信息。存在一个通过参与有关公私伙伴关系的项目来编制投资信息的世界性数据库,但这个数据库有它的局限性(见 http://ppi.worldbank.org/)。

结果

满足世界上最贫困国家的基础设施需求还有很长的路要走。千年发展目标通过激励措施解决其中的一些或者至少促使国际社会监测进展情况对其进行帮助。这不包括能源和运输部门,因为它们不是千年发展目标的核心部分。结果是,对进展情况监督的承诺都受到了削弱,与这些行业对经济增长的重要性严重不符。而能源和运输部门对气候变化议程的重要性可能会对收集信息和监测进展提供一个受欢迎的推动力。政府、运营商以及捐助者的问责需要更多信息,而不是当前的可用性。事情完成后需要对其进行评估。这将启动一个良好的基准;这目前还只存在于电信部门。

关于基础设施与增长的关系我们知道多少?

常识表明,现代经济运转离不开基础设施,并且基础设施是一个经济的生产函数的一个重要组成部分。① 但当涉及评估各国或地区增长路径的差异时，常识并不等同于证据。即使基础设施对于现代经济运转是必要的，更多的基础设施对于发展的所有阶段或者任何阶段来说并不会引起更多的增长。限制约束处处存在，比如贫困奖励或失去市场。接下来我们回顾对于基础设施积累是否可以解释各国不同的增长路径问题仍然存在相当大分歧的一些原因。

缓慢的意见统一

基础设施建设可能通过许多途径影响增长（见 Agénor 和 Moreno-Dodson（2006）的概述）。除了常规的生产率效应外，基础设施也很可能影响投资成本的调整、民间资本的耐用性以及健康和教育服务的需求与供给。许多这些途径已有了实证检验。这体现在有关基础设施和经济增长或生产率的实证文献所给出的大量结果上。事实上，对这些文献的详尽综述（Briceño, Estache and Shafik, 2004; Gramlich, 1994; Romp and de Haan, 2005; Straub and Vellutini, 2006）显示，尽管一些学者发现基础设施对经济增长的影响是负面的或零回报的，但其他人发现基础设施对经济增长有很大影响。

然而，对文献更细致的分析表明，基础设施通常对增长和生产成本影响很大，而且在较低收入水平情况下影响似乎更大的观点正日益得到认可。Romp 和 de Haan（2005）指出，对经济合作与发展组织（OECD）国家的 39 项研究中有 32 项表明基础设施建设对产出、效率、生产力、私人投资和就业的一些组合有积极作用。（其余的研究中，3 项的结果存在不确定性，另外 4 项得出了基础设施的影响可以忽略不计或存在负面的影响的结论。）Romp 和 de Haan 还回顾了 12 项包含发展中国家的研究。这其中有 9 项得出了存在显著的正面影响的结论。另外 3 项根据公共支出数据得出了不存在影响的结论，该数据如下面所述，尤其对跨国分析而言是极为不准确的。其他元分析指出，大多数研究显示基础设施的影响通常是显著的，特别是对于发展中国家。Cesar Calderon 和 Luis Serven 称，17 项针对发展中国家的研究中的 16 项发现了

---

① 交通、电力、电信服务缺失或不可靠，意味着企业存在额外支出或阻碍了它们对新技术的采用。更好的交通条件会扩大劳动力市场的有效规模并且各种微观研究表明供水和卫生设施（通过健康）、电力和运输（为入学及研究提供便利）会影响人力资本；参见 Brenneman（2002）。最后，相关基础设施条件会影响一个地区的比较优势，并由此影响其发展（Estache and Fay, 1997）。

正面的影响，同时29项针对高收入国家的研究中的21项也得出了同样的结论。[1] Briceño、Estache和Shafik（2004）对约102篇论文进行了类似的综述，得出了类似的结论。

尽管如此，结论间仍然存在巨大的差异，特别是对于影响的幅度，研究结果差异巨大且极具弹性。换句话说，这些文献支持基础设施影响巨大的观点，但对于支持基础设施投资却并没有多少帮助。

结论差异巨大，事实上并不奇怪。认为基础设施对于不同国家不同时期的影响保持恒定（或系统性为正）是毫无道理的。此外，估计基础设施对经济增长的影响是一个复杂的工作，论文因对网络效应、内生性、异质性和劣质的数据所构成的经验和计量陷阱处理的仔细程度有别而产生差别。

多多益善（网络效应）

大多数基础设施服务通过网络提供的事实意味着产出存在非线性关系。电信设施展示出"纯粹的"网络外部性，即用户数量增加会带来更多用户。[2] 公路、铁路和电力也是网络服务，因此新投资对经济增长、产出、固定成本的影响将取决于网络的总体状态和程度（见Romp和de Haan（2005）的讨论）。换句话说，投资的边际和平均生产率显著不同，假设基础设施产出恒定或具有线性弹性显然并不正确。

一少部分作者已经对基础设施对产出、增长或生产成本的影响的非线性明确建立了模型。因此Röller和Waverman（2001）发现，电信基础设施对产出的影响在普及率接近全覆盖的国家显著更大。对于美国道路的情况，Fernald（1999）发现，当州际基本网络建成时，投资可达到非常高的水平。他认为该网络的完备性一次性地提升了美国的生产力。

基础设施的门槛效应可以通过多种方式建模——如上面所讨论的通过对覆盖完备性的度量，或更简单地通过一些对收入的度量，如Canning和Bennathan（2000）、Hurlin（2006）开发的门槛模型中基础设施的可用水平是门槛变量，但数量和门槛的值是内生决定的。把它应用到Canning和Bennathan（2000）的多国面板数据集中，他们发现了非线性的有力证据，并得出结论认为，最高边际投资效率在网络足够发达

---

[1] 与相关研究工作的私人沟通仍在进行。
[2] 对于供水和卫生设施网络也是同样的，安全饮水及卫生系统的公共健康价值越是增大，群体免疫效应所服务的人群也就越庞大。

时达到，但这并不能完全实现。

基础设施也可能与其他经济变化一起随时间变化而影响企业利用它的能力。因此，智利的 Albala-Bertrand 和 Mamatzakis（2004）发现，在 1973 年智利经济自由化后基础设施对生产力的影响变得更为明显了。

总之，关于基础设施对增长的影响的合适的模型必然包括非线性效应。如果网络外部性没有得到充分考虑，那么基础设施投资就会被低估或高估。可能影响它的变量包括：（1）网络的发展阶段；（2）制度变量，如市场的自由化程度；（3）会影响整个网络质量的跨部门的完备性。

基础设施推动增长，或反之亦然？（内生性）

许多作者强调指出，收入和基础设施的因果关系可能是双向的。事实上，大多数基础设施服务是消费和中间产品，而许多研究已经证明，用电量和汽车、电话的需求随着可支配收入的增加而增加（Chen，Kuo and Chen，2007；Ingram and Liu，1999；Röller and Waverman，2001）。[①] 同样，随着国家变得更加富有，它们也倾向于增加其对环境设施的投资。甚至依据全要素生产率（TFP）估计（即因变量全要素生产率被设定为与资本正交）的研究也可能会得出反向因果关系，即经济增长影响基础设施投资决策（见 Straub 和 Vellutini（2006）的讨论）。

也可能是一个共同的因素导致了较高收入和较高的基础设施投入。大多数对 Aschauer（1989）成果的批评集中在其未能适当修正被忽略变量导致结果的可能性，该成果以存在难以置信的高回报率的结论引发了有关基础设施和增长关系的辩论。后来的论文（见 Gramlich（1994）对此文献的概述）通过引入固定的国家（或地区）效应来对其修正，得出了低得多的回报率。然而，设置固定效应的方法排除了其他缓慢变化变量的影响，因此一些作者并不喜欢使用它（例如，Estache，Speciale and Veredas，2006）。

一种替代的方法是尝试分离基础设施对长期增长的影响的变化，通常是利用一阶差分。该方法产生了自身的一系列问题。事实上，如果基础设施和经济增长是密不可分的，那么一阶差分忽略了其存在于数据中

[①] 反向因果关系的程度可能会根据基础设施的类型和衡量方式而变化。例如，路网将长期存在，并不太可能随收入而改变（特别是在国家已经有一个庞大的路网时，针对拥堵所做出的改变比如增多道路、提升交通管理以及进行环城公路建设实质上不会影响总的衡量方式如人均道路里程数）。这和电话或发电容量有所不同（这些会根据能源需求而改变，根据国际能源机构 2006 年的信息，自 1990 年以来能源需求的收入弹性一直在 0.5 左右）。

的长期联系（Canning 和 Pedroni（2004）的发现就是这种情况）。

唯一的例外是 Calderon 和 Serven（2004），他们尽力通过使用广义矩估计技术处理解释变量的内生性，考察基础设施水平（而不是它的变化）对后续增长的影响。他们发现基础设施存量指数的标准差每增长一个单位，全国平均增长率就将提高 2.9 个百分点，而基础设施质量指数相似的增长则将使增长率提高 0.7 个百分点。然而，他们指出这样提高基础设施的数量和质量是成本高昂的，并且需要几十年才能实现。比如，阿根廷和墨西哥赶超韩国基础设施质量的水平分别需要 2.4% 和 2.6% 的增长率，但这要求上述国家的投资超过 20 年保持每年在 7% 以上（World Bank，2005b，2007a）。就像本节后面所讨论的，这样做会带来财政扭曲——需要在基础设施投资与其他投资间做出权衡——这将大幅降低净增长效应。

一些研究还制定了明确因果关系作用方式的评估方法（见 Romp 和 de Haan（2005）的讨论）。例如，Fernald（1999）利用美国产业级的生产率增长来衡量公路投资的影响，而 Canning 和 Pedroni（2004）发现存在有力的证据表明因果关系是双向的，但在大多数情况下是基础设施建设将引发长期增长。（但是，和下面的讨论一样，他们确实发现在不同国家间存在巨大差异。）

最后，各位作者凭借联立方程组来解出基础设施的供给（或需求）的决定因素，以及其对产出或增长的影响。Röller 和 Waverman（2001）以及 Esfahani 和 Ramirez（2003）是朝这个方向谨慎尝试的好例子。Esfahani 和 Ramirez 的论文是少数利用一阶差分、人均收入增长和基础设施积累建模的例子之一。

总之，基础设施导致了增长，增长带来了对基础设施的更大需求（通常也是供给）。尽管同时分离这两项是复杂的，但是新的计量方法让我们对分离的兴趣与日俱增，进而减少困扰基础设施对经济增长影响的早期估计中的估计过度问题。

每一个基础设施项目是否都具有特异性？（异质性）

在非基础设施建设资金的例子中，私人企业家在不同类型的投资之间套利，以最大限度地提高整体回报。基础设施则并非如此，因为一般不会面临真正的市场考验。同样，我们不能认为正确的投资都出现在正确的时间或地点，因此我们应该认可不同项目的回报率存在差异。此外，公共基础设施支出可能受公共部门支出低效等问题的影响。其结果是，虽然私人资本投资的融资估计可能对于私人物质资本的增加是一个很好的替代变量，并可能以此为基础通过永续盘存法构建库存数据，但这与基础设施有很大不同。

对于基础设施投资的决策也需要更好地理解，因为这很可能会影响回报率或具体的投资效率。（这可能也有助于确定改善基础设施支出效率的方式。）有政治动机的项目有可能表现出较低（或更低）的回报，因为它们的目标是带来更多选票，而不是增长最大化。这当然不限于发展中国家，这也被围绕美国阿拉斯加"绝路桥"的争议所证明。[①] 同样，最近对法国投资决策的谨慎建模尝试的结论是，"建设公路和铁路并不是为了减少交通拥堵；实质是为了政治人物当选"（Cadot，Röller and Stephan，2006：1151）。[②]

在一定程度上有政治因素的项目可能存在于任何地方，其程度和影响可能会有所不同。De la Fuente 和 Vives（1995）发现西班牙基础设施决策中政治因素较少，而 Cadot、Röller 和 Stephan（2006）发现法国的决策存在政治因素。但是，Cadot 和他的合著者认为法国所产生的扭曲较小，可能是因为这是一种相对较新的现象（与20世纪80年代初期的行政改革有关），即受影响最大的投资与现有网络关联不大。

建模中更为复杂的、反驳了恒定收益预期的是基础设施影响可能滞后于经济增长的事实。大部分基础设施长期存在，并且它的影响可能会姗姗来迟，就像企业慢慢抓住新的机会。Duggal、Saltzman 和 Klein（2007）发现美国的信息技术基础设施和相关私人资本对生产力提高的影响滞后4～5年。

总体而言，即使没有政治意图，公共基础设施投资可能还有非经济目标，如国家的硬件整合或社会融合或者对公共健康或安全问题的关注。因此，投资未必旨在最大限度地增长。无论如何，对于基础设施与经济增长之间关系的仔细建模应该包括对基础设施投资决定因素的分析，以避免高估与增长和生产力有关的投资需求。

---

① 阿拉斯加著名的价值2.8亿美元的"绝路桥"计划是包含在2005年《美国运输权益法案》（一个六年共计2 860亿美元的议案）中的6 371个项目之一。见 http://dir.salon.com/story/news/feature/2005/08/09/bridges/index_np.html 的相关讨论。

② 其他指导基础设施投资决策的政治经济学论文包括：Alesina，Baqir and Easterly（1999）；Rauch（1995）；Robinson and Torvik（2005）。

结果

基础设施建设和经济增长的文献告诉我们，基础设施很重要，但其重要性在不断变化。它在不同国家和不同时间会有所不同，随国家和制约因素而改变。它在国家和行业内部也存在差异。基础设施是否可以解释国家间增长速度的差异？它确实起作用，但这些文献不太可能提供一个确定的答案。下面我们该如何继续？

多少基础设施建设是必要的？

政策制定者的关键问题是，是否可以确定基础设施的最优水平？该最佳结果有助于获得所需的投资承诺，这将决定经费的多少。更直白一些，以上将归结为一个简单的问题：我们是否可以估算一个国家的基础设施投资需求？

对投资需求评估的简要介绍

假定无论市场还是政府可能都不能自动提供最佳水平的基础设施，那么对经济学家来说的一个关键问题是如何衡量基础设施的最佳水平。一种方法是考察基础设施的回报率。因此发现基础设施的回报率为负、零或正的研究通常将这些结果作为各国基础设施投入太多、适量或不足的依据。[①] 例如，Bougheas、Demetriades 和 Mamuneas（2000）发现基础设施与经济增长率之间呈倒 U 形关系，大多数国家处于曲线的上升部分。这意味着，它们对基础设施投资不足。Esfahani 和 Ramirez（2003）也得出存在供应不足的趋势。Canning 和 Bennathan（2000）发现尽管国家间存在差异，但中等收入国家总体表现出发电量和道路建设不足的趋势。然而，尽管这些论文大致可以确定国家对于基础设施是投资不足还是投资过度，但是它们仍无法确定实际的投资需求。

广泛使用（和误用）的另一种方法是通过预测 GDP 增长估计满足个人和企业需求所需的投资量（Briceño、Estache and Shafik，2004；

[①] 在包括基础设施和总资本的实证研究中，基础设施实质上引入了两次，在这种情况下，弹性估计接近于零应该被解释为基础设施和私人资本有相同的回报率。

Fay and Yepes，2003）。该模型假设不存在最优解。[①] 基于样本国家过去的观察情况建立收入水平和基础设施服务需求之间的联系，并利用预期的收入增长推测未来的情况。然而，如 Lall 和 Wang（2006）所指出的，如果过去的需求是配给的，那么对于非配给的需求这可能不是一个很好的预测指标。他们提出了综合财政约束和供应瓶颈以及对当前和最佳供给水平的差距进行建模的方法。

不管它的局限性如何（这甚至是严重的），由 Fay 和 Yepes 发展的该方法成为了目前许多对多国投资需求估计的基础。从原始模型发展出的最新估计被列在表 8.2 中。他们得出的需求量都很大，特别是低收入国家，它们的估计值约为 GDP 的 4%，而维护则需要 GDP 的另外 4%。

列入维护费用需要计算固定比例的累积资本存量，这从实际的角度来看至关重要。人们对维护的重要性和其预算的必要性所知甚早，但它们只是最近才在学术文献中出现。Rioja（2003）与 Kalaitzidakis 和 Kalyvitis（2004）强调，国家倾向于对维护投入不足，这大大降低了基础设施的使用寿命以及回报率。维护开支标准众所周知，因而每年整个网络支出的平均值是可以预知的。适当但绝不过多的标准是电力、公路和铁路重置成本的约 2%；供水和卫生设施重置成本的 3%；移动与固定线路重置成本的 8%。

表 8.2 中提供的估计是对于不同类型国家的一个粗略基准。他们为了标准化单位成本而忽略了许多国家和地区的具体情况。对于特定的国家，这些宏观的估计需要补充其他方法，以进行某些"三角测量"。[②] 然而，这要求综合经济、工程、社会、环境或公众健康来定义一组目标。对于不同的社会，合适的服务水平也会有所不同。[③] 表 8.3 利用墨西哥的例子展示了设定这些目标的多种方法，这些方法也将会在后面综述基础设施的公共支出中采用。

特定国家"投资需求"的金盘面分析依赖于行业的微观研究。对于

[①] 该模型识别了具有特定目标的基础设施的潜在需求，这包括实现最大增长或其他一些社会目标。

[②] 估计投资需求的过程充满假设、不确定数据等，而常识是依靠各种方法得出一系列的估计结果。当该估计看起来收敛时，才能对给出的建议更有信心。

[③] 一个有趣的例子是由东欧和南欧现在加入欧洲联盟（EU）的那些国家所给出的。这些国家根据加入协议需要在过去几年里达到布鲁塞尔的供水和卫生服务水平。然而，由于这些国家的人均收入远远低于欧盟的平均水平，高水平的服务质量也带来了巨大的财务负担（罗马尼亚估计需要 90 亿欧元，相当于其 2004 年 GDP 的 16%），因此被欧盟补贴。然而和其他加入欧盟的国家一样，维护这些复杂系统的成本仍然是一个问题。

不同的行业，研究的方式和方法有所不同。对于电力行业，复杂的经济工程模型可被用于估计维持需求持续扩大的网络的完整性所需的投资。[1]

这些模型让行业专家可以根据目标是基本可靠、高度可靠还是可靠提供不同系列估计。对于交通行业，该方法通常是设立专案并依靠行业专家估计与详细研究相结合（特别是对于升级或扩展需求）。对于供水和卫生设施行业，基于标准价格全面覆盖的并网成本是容易估计的。然而，关联工作的成本更难确定，因为通常没有简单的方法来估算修复需求。

表8.2　按2005—2015年国家收入水平的平均值得出的投资和维护支出需求占国内生产总值的百分比（%）

收入水平	投资	维护	合计
低水平	4.2	3.3	7.5
中下水平	3.8	2.5	6.3
中上水平	1.7	1.4	3.1
发展中国家	3.2	2.3	6.5

资料来源：由Tito Yepes基于Fay和Yepes（2003）提供。

表8.3　不同方法对基础设施支出需求的估计：以墨西哥为例

基准	目标设定
存量目标：为了使墨西哥的基础设施（人均水平、每单位国内生产总值的水平、每平方公里的水平）达到拉丁美洲和加勒比地区的领先水平或东亚的平均水平需要多大投入？	实现成本：墨西哥实现供水、卫生、电力、全年通车的道路等服务的全面覆盖需要多大的投入？
流动目标：墨西哥的基础设施支出和同类国家相比是怎样的？	经济工程模型：目标设定为特定水平的服务质量和覆盖率。
计量经济增长模型：基础设施的覆盖水平需要实现增长 $x\%$ 和减少 $z\%$ 的不平等性。目前还没有这样的可用模型。	电力部门：墨西哥最大的国家电力公司（CFE）应用具有良好定义的国际方法估计维持网络的完整性和满足所预测的扩展的需求所需的投资。

---

[1] 墨西哥采用维也纳自动系统规划方案（WASP IV），这是一种在分析供电系统扩展选项上广泛应用的模式，主要是为了确定受用户限定下的充分满足电力需求的最低成本的扩展路径。同类模型还有SUPER/ OLADE/ BID和MPODE，分别应用在哥伦比亚和厄瓜多尔。

续前表

基准	目标设定
计量经济需求模型：在给定增长预期下，厂商和消费者需要什么样的基础设施覆盖水平？该方法遵循 Fay 和 Yepes（2003）。	供水和卫生设施：应用一个金融模型对达到全国水利规划设定的目标所需的投资进行了估算。
	道路：应用了一个定义明确的方法来估计恢复和维护的费用——它结合了道路专家对主干道路的看法和完成它们所需的投资。

资料来源：World Bank，2005b。

但即使是复杂的行业研究也可能变成不切实际的愿望列表。因此，建立一些简单的基准是有意义的。这使得一个国家和其同类国家是可比的（比如说按收入水平），或者与一个榜样国家（比如说韩国这一新兴工业化国家）是可比的，并使其探求达到榜样国家的服务覆盖率及质量所需要的成本。基于覆盖范围、质量或者支出流可以进行这一比较。

维护通常需要包括为了社会目标的额外供给。社会目标可能由千年发展目标或全民覆盖所确定。[①] 对于中等收入国家来说，这通常是全部成本的一小部分，至少对未包括连带成本的核心覆盖部分来说是这样。对于覆盖率和收入都较低的低收入国家来说，这一成本将十分高昂。

预算约束会对基础设施的最佳水平有什么影响？

上述方法的问题是，最佳水平的基础设施供应无法和其融资手段分离。此外，在增加基础设施和增加税收之间也面临权衡。Aschauer（2000）发现，尽管公共开支很高，但美国大多数州的公共资金水平都低于 20 世纪七八十年代的增长最大化水平（两者之间的最佳平衡是一个开放性问题）。[②] Kamps（2005）将同样的模型应用到欧盟国家，得出税收将对相关的私人投资造成扭曲的结论。

给定需要与之竞争的公共开支、财政约束和对用户有限的收费，国家应该为基础设施建设花费多少？一种方法是建立一个一般均衡模型，明确结合公共投资成本来解决基础设施成本的问题。Rioja（2001）为巴西、墨西哥和秘鲁进行了这一工作，（按增长最大化定义）得出了基

[①] 千年发展目标中与基础设施直接相关的是"到 2015 年，不能持续享受安全饮用水和基本卫生设施服务的人口比例减半"。电气化现在也已经包括在内。

[②] Rioja（2001）提出了一个明确了公共投资的资源成本的一般均衡模型，并用它得出了巴西、秘鲁和墨西哥三个国家基础设施的最佳水平。

础设施、卫生和教育支出的最优水平。然而，这项研究与其他同类研究一样（例如，Cavalcanti Ferreira and Gonçalves do Nascimento，2005；Estache and Muñoz，2007），也依赖于从其他研究中针对基础设施的估计而得出的增长弹性参数，其准确性是不确定的。

在理论上，Aschauer（2000）的模型可以用来计算基础设施建设支出的增长与福利最大化水平。但是，这也需要关于公共资本的产出弹性的估计（他把美国的这一弹性设置为 0.3）。Kamps（2005）计算了欧盟国家的弹性，但将不同国家的弹性都设定为相同，是一个常数（他设定为 0.2）。应用 Aschauer（2000）或 Kamps（2005）的方法来估计最大化增长的基础设施存量（这需要计算国家或具体基础设施的弹性，前面的一些讨论表明这是重要的）是一个选择。而利用这些存量的国际价格或在具体国家的价格则可以估计达到或维持理想水平存量的成本。

跟随这类文献，我们今后该如何做呢？尽管他们的模型还没有得到实证估计并且需要对基础设施供应选择更完整的建模，但 Lall and Wang（2006）还是指出了前进的方向。这也仍然是一个局部均衡分析。同样，Aschauer（2000）或 Kamps（2005）的模型也为一个有趣的备选项提供了基础。关于基础设施供应成本的良好数据要求把这些模型转化为投资数字并从可用财政空间的角度来考虑它们。

结果

决定应该进行多少基础设施投资显然不是容易的问题，但它是需要完成的，并可以创建基本的准则。文献提供了一些指导，但在各种方法得出收敛于需求的稳健性评估——这解释了基础设施与其他部门竞争稀缺资源的事实——的上下限之前，仍有很长的路要走。

应该在哪里进行基础设施投资？

随着经济地理学的重新崛起，基础设施建设需求与空间交织在一起：该问题不再是简单的"多少"，而且是"在哪里"。有两个原因使得第二个问题比第一个问题更加棘手。首先，现在最有前景的研究多集中于理论。其次，空间发展政策的讨论往往充满政治色彩，宣传往往压倒理性（参见早已有之的市区偏见的讨论）。

对与基础设施相关的新经济地理的介绍

"在哪里"问题的解决在文献中缺少实证支持,至少对发展中国家是如此。新经济地理学的文献(见 Baldwin 等(2003)的相关概述)表明,基础设施与物理特性的互动将影响一个地区的比较优势,因此其增长与一个国家的居住模式有关。Puga(2002)对于论点和证据提供了一个很好的概述,尤其是其中涉及了交通行业,我们会在下面总结。

基础设施特别是交通行业被大多数政策制定者认为是帮助贫困地区变得对投资者更具吸引力的关键:提高连通性通常被视为使边缘地区更好地融入国内或国际经济的重点。

改进交通运输对落后地区的影响是模糊的,但是它可能会移除保护地方产业的天然贸易屏障,并且促使就业进一步向发达地区集中。特别地,这对于一个国内工资差异不显著的国家是很可能的。的确,法国改善交通网络导致了雇佣的集中,而不是分散(Combes and Lafourcade, 2001)。意大利的 Faini(1983)认为,降低南北双方间的运输成本将导致南方的去工业化。

然而,在大城市圈改善交通确实会造成从核心到周边的分散化。例如,Henderson 和 Kuncoro(1996)表明,在 20 世纪 80 年代许多公司迁出雅加达搬到大雅加达都会区的外围。收费环城公路的建设促进了这种迁移,保留一些区域集聚效益,降低拥挤成本(例如,土地租金和交通费),使公司从外围较低的土地和劳动力成本中受益。这些收益超过了同一市场中交通成本的增加。

同样,在巴西通过圣保罗州到达米纳斯吉拉斯州这一铁矿石等矿产主产地的交通走廊,引发了从大圣保罗地区到低工资人口腹地城市的产业分散化(Henderson, Shalizi and Venables, 2001)。但是,即使巴西区域间交通网络的改善极大地影响了传统经济核心周边州和城镇的生产力与繁荣度,也并没有促进更偏远、落后地区的工业化(Lall, Funderburg and Yepes, 2003)。

区位理论认为自然和交通设施结构将会影响当地的经济。因此相对于区域间基础设施,改善本地基础设施不太可能损害当地经济。同样,辐射型网络鼓励活动向中心集中,因为公司在那里选址,交通成本将比外围更低(Puga, 2002)。

当然,区域间网络将给外围地区带来好处。然而,即使最大的绝对收益由偏远地区获得,核心与外围的相对利用率差距也将会增大。欧洲高速火车可以很好地说明这一点（Vickerman, Spiekermann and Wegener, 1999；Puga, 2002）。这也可以解释之前讨论的巴西东北地区缺乏国家高速公路网冲击的事实（Lall, Funderburg and Yepes, 2003）。

交通基础设施根本就不是区域发展的良方。然而，以上的实证研究以及引用的很多传闻证据表明，对于区域增长，充分的基础设施投资很可能是必要的。全天候公路、可靠的电话（例如，通过手机）和供电是使农村生产高附加值加工产品的先决条件。如果交通网络导致成本过高，区域就无法出口（Iimi and Smith, 2007）。但是，重要的是这些投资和其他因素的互动确定了一个地区的比较优势及其市场运作能力。

项目选择将遵循区域平衡发展的目标。在这种情况下，投资结果可能不是（国家）增长最大化（尽管它可能仍是福利最大化的）。因此，针对贫困地区的投资可能带来公平与效率的权衡。de la Fuente（2002a，2002b）记录了西班牙的情况，发现对贫困地区的大量投资将导致收入的收敛，但代价是国家整体的经济增长。

投资于农村还是城市？

在大多数国家，产出和增长主要在城市产生，而且今天世界人口大约有一半居住在城市。此外，贫困人口的城市化比人口整体要快（见 Cohen（2004）和 Ravallion（2002）对人口整体趋势的讨论）。但这些程式化的事实是否足以表明基础设施建设主要应该集中于城市呢？

在大多数国家情况远比城乡二元对立更为微妙。首先，领先和滞后地区的对比是鲜明的。领先地区的农村人口靠近对他们的商品需求强烈并且有道路和车辆为货物运输提供便利的蓬勃发展的城市中心，往往比落后地区的城市或农村人口更加富裕（并可享用很多更好的基础设施）。这把我们带回到更早的对区域协调发展的讨论。其次，一些地区（非洲、南亚）的人口仍然分布在农村，并会保持一段时间。事实上，尽管贫困人口城市化比富裕人口快，但在发展中国家大多数人居住在城市很久之后，大多数贫困人口仍然将在农村生活（Ravallion, 2002）。[1]

最终，优先的选择确实是一个政治选择而经济学家只能提供参考。特别地，经济学成果可以帮助确定一些公平与效率的权衡以及通过这些投资影响当地繁荣与福祉的可能渠道。特别是，对于农村基础设施能提

---

[1] 这种争论并不新鲜。约 30 年前，Lipton（1977）和 Mellor（1976）就关注了相对的问题：国际社会对城市的偏向是否理性？

高农业生产力和减少农村贫困具有广泛共识。① 同样，有大量证据表明，基础设施也可以减少城市贫困（Henderson，2002）。

一般均衡模型可以帮助确定基础设施改革的分配效应，特别是对城乡居民的不同影响。改革倾向于分拆城乡设施的职责，结束历史性的交叉补贴，实施更多有针对性的补贴来扩展系统。例如，Boccanfuso、Estache 和 Savard（2006）显示，塞内加尔的水供应改革对于首都、次要城市和农村地区有非常不同的初始影响。他们还表明，除非地区间交叉补贴是一种选择，否则最常用的成本回收融资政策将对地区提供者类型不同（即大的公共部门、大的私人部门或小的私人部门）的穷人有不同的结果。

Adam 和 Bevan（2004）给出了基础设施投资对农村和城市贫困人口不同影响的特别有趣的分析。他们指出在乌干达支持可贸易商品的基础设施投资与实际汇率、其他宏观经济变量一样对城乡的贫困分布有不同的影响。当基础设施投资对可贸易商品有利时（例如，电信或能源供应往往比交通业带来更多的制造业和服务业需求），实际汇率升值幅度最大。当它偏向非贸易商品时（例如，农村和城市道路），实际汇率几乎没有任何变化。两者之间的主要区别在于分配。对可贸易商品的支持可以帮助所有收入阶层；对非贸易商品的支持可以帮助城市贫民，如果忽略人口迁移，反而会有些违反直觉地伤害农村贫困人口。农村贫困人口从更容易获得食品中获益，但他们也由于食品生产的更低收益而遭受损失。基础设施援助越偏向非贸易商品，这种损失也就越大。

结果

决定在哪里投资和决定进行多少投资一样困难甚至更加困难。对于许多发展中国家来说，运输和通信成本的下降将支持更多的贸易、更多的流动性以及可能更多的对熟练工人的需求。但是，这意味着投资地点的艰难选择。尽管最近的成果如 Adam 和 Bevan（2004）可以帮助我们理解它们，但权衡要比通常认为的复杂得多。然而，我们对基础设施投资对农村或城市经济或它们整体的动态影响了解甚少。本专题的连续实证工作将有助于提升新经济地理文献与政策制定的相关性。

---

① 参见 Gibson and Rozelle（2002）；Jacoby（2000）；Lanjouw（1999）；Lokshin and Yemtsov（2005）；Reardon（2001）；Renkow, Hallstrom and Karanja（2004）；van de Walle（2002）；van de Walle and Nead（1995）。

基础设施是否满足了贫困人口的需求?

基础设施政策的失败通常是由于未能满足贫困人口的需求。首先是未能提供全面覆盖,这当然对贫困人口最为不利。其次是未能设计出与穷人的现金流和支付能力相符的税费。千年发展目标对覆盖问题进入议事日程是有帮助的。对私有化经验不满的强烈呼声——尤其是非洲、拉丁美洲以及程度轻些的东欧——突出了承受能力的问题。事实上,好消息是基础设施部门是那些致力于提高援助实效评估透明度的部门,并且已经提供了许多有益的启示(最近的概述请参阅 Estache(2009))。但是,许多问题已经可以用到目前为止积累的经验进行讨论了。

对最贫困人口的覆盖问题有多严重?

前面的表8.1总结了每个国家组别的平均覆盖率,隐去了最贫困人口所遭受的困境。[①] 表8.4(源于 Briceño and Klytchnikova,2006)更多基于收集的家庭调查信息而不是一些推算,如能源、供水和卫生设施全国平均指标的趋向。家庭调查数据有自己的局限,但它们提供了关于政策的有用附加信息。特别是,它们更好地描绘了不同发展阶段不同收入群体间覆盖率差异的不均衡分布。该表显示,较贫穷国家中最贫穷的20%人口与最富有的20%人口间的差距始终是最大的。

表8.4 按行业和国家收入水平统计的最富有和最贫穷的20%人口中享受基础设施服务的人口的百分比(%)

收入水平	供电 最贫穷的20%	供电 最富有的20%	供水 最贫穷的20%	供水 最富有的20%	卫生设施 最贫穷的20%	卫生设施 最富有的20%	电话通信 最贫穷的20%	电话通信 最富有的20%
低水平	9.7	68.7	41.1	78.5	27.2	68.8	3.2	24.5
中下水平	79.5	99.3	64.5	86.6	48.2	78.7	21.2	66.1
中上水平	81.4	99.5	76.7	95	73.4	96.4	32	73.1

注:数据是最新可获得的 2000—2004 年的数据。
资料来源:Briceno and Klytchnikova,2006.

---

① 在人口与健康调查数据中,贫困和富裕的定义是基于用作福利水平代理指标的资产指数得出的。在衡量生活标准的调查数据中,家庭按人均总支出排序。

承受能力的问题有多严重？

覆盖率差距仅是问题的一部分。此外，还有承受能力的问题。任何基础设施部门的从业者都靠经验规则来感知受众的承受能力。一个经验规则（由世界卫生组织提出）是一个家庭不应当花费超过5%的收入用于水和卫生支出，其中用水支出应低于3.5%。电力的情况则不存在这样的正式规则，但很多人认为4%~6%是能源支出的极限。通用的非正式规则表明，贫困家庭不应该将15%以上的收入用于基础设施服务。

依靠这些经验规则感知世界各地承受能力问题的程度本应是容易的，但实际上仍然是不可能的，因为这一关键问题一直没有受到系统的正式监测。然而，最近一些书籍已经在显著数据约束的许可下相当仔细地记录了非洲、东欧和拉丁美洲内部的问题。[①] 这一研究的主要启示是，即使撒哈拉以南非洲地区的家庭支出中基础设施服务包括公共事业所占的比重只比其他地区略高，非洲家庭比其他地区的家庭更为贫穷的事实也使得那里的人口更难承受这些服务的当前成本。特别是那些未纳入现有覆盖网络的人口，因为他们往往比其他用户支付更多的费用。纳入网络的用户的成本优势部分源于补贴（服务定价低于全成本回收的价格水平），而这部分又由于贫困人口中较低的现代服务覆盖率而效果欠佳。

面对覆盖和承受能力问题，我们能做些什么？

当20世纪90年代改革开始时，承受能力和覆盖问题就已为人们所熟知。但是，对效率的关注超过了承受能力和公平性问题。最近的研究也表明，尽管不同部门和区域有所不同，但改革通常都会提高效率。然而，这些效率的提升并不总是由用户所共享，特别是对于贫困人口。贫困人口难以受惠的原因包括以下几点：

● 资费再平衡和结构调整变得更加高效，往往也更加紧缩，或者至少进取性下降。

● 提高收费效率事实上增加了资费。

[①] Estache、Foster 和 Wodon（2002）为世界银行提供了拉丁美洲的信息；Foster 和 Yepes（2006）提供了拉丁美洲的信息；Alam 等（2005）提供了东欧的信息；Estache 和 Wodon（2007）提供了非洲的信息；Ugaz 和 Waddams-Price（2003）以及 Nellis 和 Birdsall（2005）提供了相关的国际经验。

● 提高质量和可靠性，通常伴随着更高资费以收回更高的服务成本。

● 新运营商的吸脂效应消除了区域间的补贴，在最贫困地区当政府无法通过增加补贴补偿时，会使投资计划放缓。

● 提供支付便利上的不足使穷人消费新服务变得更加困难。

所有这一切都意味着，在20世纪90年代的监管改革以及一系列改革中贫困问题并没有得到妥善解决。可悲的是，解决最贫困人口的需求并不那么复杂。对于覆盖问题，有三种基本工具：（1）要求运营商提供接入（避免供应商单方面排除服务义务）[1]；（2）降低覆盖成本（通过交叉补贴或内置补贴的资费设计，或者有利于穷人的差别支付计划）；（3）扩大供应商的范围（让用户选择，包括选择低质量服务提供商以减少费用的选项）。

对于承受能力问题，从广义上讲，所有工具至少对三种方式之一成立（Estache，Foster and Wodon，2002）：（1）根据社会经济特征或服务特性减少贫困家庭的账单（通过生命线或均值检测补贴，利用内置交叉补贴或直接补贴为资费设计融资）；（2）降低服务成本（在非必要时避免垄断，或通过提供一种使运营商降低成本的激励以降低用户的成本）；（3）便利账单支付（允许有差别的行政安排以帮助永久性或暂时性贫困人口）。

虽然这些办法似乎是显然的，但它们并非不存在争议。补贴特别是交叉补贴仍然在许多圈子被视为不理想的政策工具，而且在过去20年左右的时间里在基础设施上一直广受诟病。然而，尽管它们广受诟病，大多数从业者认为：（1）补贴（直接或间接）为大多数国家所需要；（2）它们并不像所认为的那样始终是无效或扭曲的。[2] 这些结果似乎对临时和长期贫困都同样成立。[3]

实例和计量经济学证据证实，补贴难以避免。根据Foster和Yepes（2006）的结果，在拉丁美洲最贫穷的部分（玻利维亚、洪都拉斯、尼加拉瓜、巴拉圭），如果资费定在回收成本的水平，那么超过50%的家庭将不得不为供水或电力服务支付超过5%的收入。在印度和非洲，约

---

[1] 这个问题并不在这里展开，参见 Chisari, Estache and Waddams-Price（2003）；Clarke and Wallsten（2002）；Cremer and others（2001）；Gasmi and others（2002）；Laffont（2005）。

[2] 最近关于基础设施补贴的相关文献综述，参见 Komives and others（2005）。

[3] 对于该讨论以及其实证调查的综述，参见 Ravallion（2003）。

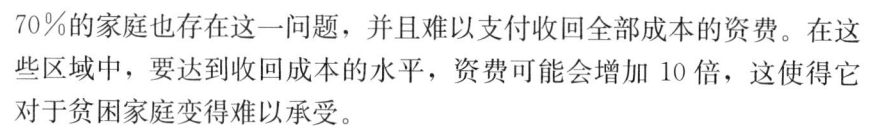

70%的家庭也存在这一问题,并且难以支付收回全部成本的资费。在这些区域中,要达到收回成本的水平,资费可能会增加 10 倍,这使得它对于贫困家庭变得难以承受。

在许多国家,鉴于财政压力以及通过一般税收为补贴融资的能力有限,交叉补贴是唯一现实的选择。在大多数情况下,资费以确保覆盖(最低水平以上的)全部成本定价,而投资收益的分期偿付则来自补贴或交叉补贴。

当通常的再分配不奏效时,行业内的再分配将变得很有效。这些工具显然不是毫无风险的,因为作为消费、覆盖或两者均瞄准失败的后果,经过周密设计的瞄准机制也意味着紧缩。[1] 但糟糕的设计并不等同于糟糕的工具。

结果

在世界上许多地方,大量的以及在地理分布上分散的贫困人口得不到基础设施服务是改革者必须正视的两个主要挑战。没有财政支持,贫困人口以安全的消费成本得到合理水平的基础设施服务是不可能的。此外,当设施(通常是公共的)存在赤字时,考虑到那些今天最可能从由多年的一般税收提供的补贴中受益的用户,从代际公平的角度看,用户之间的交叉补贴似乎是公平的。

私人部门能发挥多大的作用?

对于政策制定者来说,私有化仍然是一个有争议的话题。在 20 世纪 90 年代的大多数时间里,在英国首相撒切尔夫人(Minister Margaret Thatcher)和阿根廷总统卡洛斯·梅内姆(Carlos Menem)的引领下,由私人部门负责大部分基础设施投资决策成为经济顾问中最流行的理念之一。该方法似乎尤其对许多面临财政限制或在预算压缩后无法满足多种需求或设法使公共企业成本有效地提供优质服务的政府具有吸引力。

---

[1] Estache、Foster 和 Wodon(2002)表明这种现象在拉丁美洲十分普遍。

私人部门在基础设施上表现得有多强劲？

最近的一项调查（Estache and Goicoechea，2005）记录了发展中国家基础设施部门存在或缺乏大型私人运营商的相关情况。该信息被概括在表8.5中，其中蕴涵了三个事实。

表 8.5　2004 年按部门和国家收入水平计算的大规模私人投资占国家基础设施的百分比（%）

收入水平	发电	供电	供水与卫生设施	铁路[a]	固定电话
低水平	41	29	18	34	50
中下水平	48	37	50	26	62
中上水平	58	48	47	60	72
发展中国家	47	36	35	36	59

a. 2002 年的数据。
资料来源：Estache and Goicoechea，2005.

第一，电信行业对私人部门最有吸引力。第二，国家越富有，私人部门的参与就越多。第三，即使是在高收入国家，其中的私人部门也比有时所认为的更少。只有三分之一的发展中国家可以依靠私人部门运营电力、供水或铁路服务。最大比例的私人部门存在于固定电话行业，在这一行业大约60%的国家依靠私人运营商。预计私人部门过去15年只提供了发展中国家平均20%～25%的投资。[①] 在非洲私人部门也只满足不到10%的需要，并且只有少数国家能够得到这种满足（科特迪瓦、肯尼亚、塞内加尔、南非、坦桑尼亚和乌干达）。

这并不是否认小规模私人部门的存在。事实上，在国家和大型私人部门未能提供服务的部分，小规模——通常是地方的——私人部门填补了这一空白。不过私人部门的作用和成本细节的证据大多只是传闻。在最近的一项调查中，Kariuki 和 Schwartz（2005）确认了小规模供应商提供各种服务的23个非洲国家的情况。在大约一半的国家，这些小规模供应商满足了非常大份额的供水服务。类似的情况也适用于亚洲和拉丁美洲的部分地区。在许多国家，小规模供应商主导了低收入家庭和分

---

① 国际开发协会和世界银行英国分部的研究人员独立工作得出了这一数字（World Bank，2005a）。大致来说，它是如此得出的。按一个国家实物资本存量价值的国际价格变动估算总投资，而私人部门份额按同一时期世界银行私人参与基础设施（PPI）项目数据库中私人部门的总承诺进行估算。这很可能是一个过高的估计，因为承诺不一定全部兑现（以及因为这些交易包括公共基金投资）。

散在农村和城郊地区等大规模供应商不愿意进入区域的人口的服务。

此外，越来越多的 OECD 国家的大型运营商正在被已成为私人参与基础设施项目融资主要来源的那些发展中国家投资者所取代。中国和印度在非洲或拉丁美洲投资的持续增加成为那些地区的头条新闻。Schur 等（2006）认为，在 1998—2004 年这些投资者比发达国家投资者在发展中国家间的交通项目上——以及南亚和撒哈拉以南非洲地区的项目上——投资更多。他们表明，在 1998—2004 年，发展中国家的投资贡献了超过一半的私人特许经营投资（54%）、略少于一半的绿地项目（44%）、较小份额的资产剥离（30%）。绝大多数（29%）来自本地公司对自己国家项目的投资（发展中国家本地投资者）；其余的（13%）几乎都来自附近国家的投资者。

有多少私人资金实际上正在流入发展中国家？

缺乏私人投资者在基础设施上实际支出的资料。然而，由世界银行开发与维护的国际数据库包括了与管理、特许经营、绿地和已完成财务结算的资产剥离合约相关的投资（http://ppi.worldbank.org/）。

根据这些数据，在 1990—2005 年间，私人投资者向 3 200 余个项目投资了 9 610 亿美元。这意味着平均每年有 640 亿美元。图 8.1 显示发展中国家私人参与基础设施项目的数量在 1996 年达到顶峰。

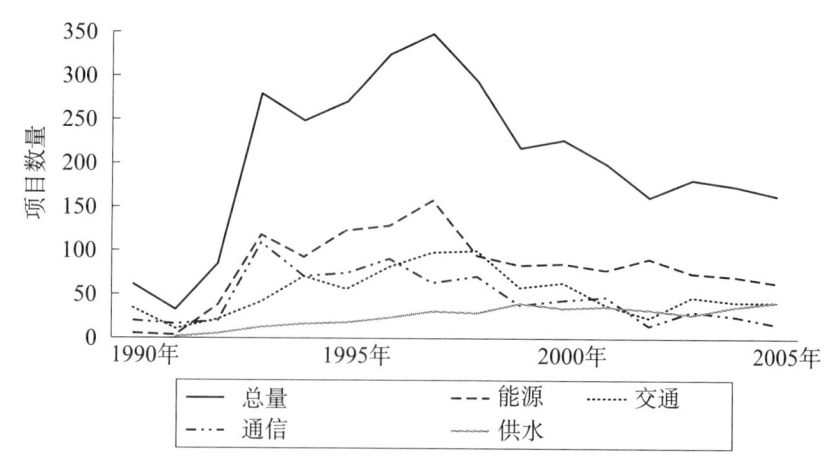

图 8.1　1990—2005 年发展中国家各行业私人参与基础设施项目数量的情况

资料来源：World Bank and Public-Private Infrastructure Advisory Facility, PPI Project Database.

第 8 章　当前关于基础设施政策的讨论

亚洲金融危机使得经历多年的发展之后又出现了广泛倒退的趋势。然而，在 2004 年和 2005 年投资恢复了。在这期间，超过 75% 的投资进入了电信和能源领域。尽管过去两三年东欧享有最高水平的承诺，但大多数投资流向了拉丁美洲与东亚。事实上，东欧推动了大多数私人基础设施项目承诺的恢复。非洲和南亚在这些类型的投资上仍然只有少量的投资受益人。

考虑 2000—2005 年期间这些投资占低收入和中等偏上收入国家国内生产总值的 0.85%，而该比例在最不发达国家约为 0.69%。这并不少，但考虑到前面所讨论的投资需求范围，私人参与基础设施投资只占最贫穷国家需求的 10% 和富裕发展中国家的约 25%。换句话说，如果 25% 被视为一个标杆，那么对投资者和运营商而言的基础设施投资环境上的改善可能会使目前看到的最贫穷国家的私人投资增加一倍。为了维持减少贫困所需的增长速度，通常确保私人投资不会排挤公共投资是至关重要的。20 世纪 90 年代许多拉丁美洲和非洲的政府（及捐助者）假设私人部门将大量涌入而减慢了它们的基础设施投资。事实证明，该部门投资的净效应是负的。

除了供水以外的所有行业，公共和私人运营商之间存在效率差异。[①] 在一般情况下，私人运营商更有效率，这意味着用户和纳税人可能会更多地从私人运营该服务中受益。然而，高效以及从高效中取得的成果取决于监管环境的质量。在这一方面的经验并不太好，这将在本章后面加以讨论。

是什么推动了私人部门的参与？

私人部门的参与取决于很多方面。汇率风险、商业或需求风险、监管风险以及政治不稳定都是非常有害的。这些风险通常用于估计私人运营商进入特定国家的最小回报率。忽略目前可能导致运营商进入一国的战略动机，即使特定交易的回报不大，大多数盎格鲁-撒克逊与北欧分析者以及越来越多遵循其他传统的分析者仍然相信与交易相关的资本成本的估计值可以很好地近似最低预期收益。[②]

[①] 对最新情况的综述参见 Gassner、Popov 和 Pushak（2007）。
[②] 法语圈的运营商较少有依赖该标准的传统，至少是在它们对潜在市场的评估上，因为它们像其他人一样开展工作并按股本的多少报告成本（和收益）——资本成本的组成部分之一。

最近的几篇论文估计了各个分支部门的资本成本。[①] 这些估算表明，在低收入国家开始一个项目所要求的回报率必须至少比富裕的发展中国家高出 2~3 个百分点，超过发达国家基础设施活动普遍预期的两倍。[②] 引领过去 15 年私有化的 OECD 大规模运营商的平均期望回报率往往低于这一资本成本，特别是在东欧和拉丁美洲。

这些结果相当清楚地说明了为什么西方大规模私人部门会越来越多地在公用事业经营正在重新国有化的地区增加。即使这些私人运营商继续运营，相对于股权，它们投资的融资也更多地依靠高成本的债务。这些数字意味着当所有非金融状况一致时，最贫穷的发展中国家满足最小回报率的平均资费要比其他地方更高，因为它需要覆盖更高而且越来越高的资本成本。这在政治上难以为继，越来越少的私人运营商愿意这样做，特别是在政治上敏感的供水和客运行业。

我们应该从迄今为止"基础设施的私有化历程"的经验中学到什么？

过去 15 年的经验表明，国际社会还不知道如何有效控制风险。东亚可能是揭示外汇风险对基础设施融资的影响的最有效的例子。[③] 第一代公共—私人伙伴关系在东亚地区 1997 年金融危机中受到重创。近 10 年后，除了中国，这些伙伴关系还没有完全恢复。东欧和非洲的经验已经表明，要了解基础设施部门的机构改革还有很长的路要走。改革可能不得不放缓。强行进行野蛮的制度变革而不花费时间建立与所需改革一致的制度能力，这种尝试的结果适得其反，记录这种尝试的文献很有意义。在律师更熟悉特许经营合同的（更典型的法国法律传统）法语非洲实施承租合同的困难（源于盎格鲁-撒克逊法律传统），说明了潜在的问题。在非洲关于该风险的重要性的研究通常比关于再谈判的强度和驱动因素的研究要少，在拉丁美洲更是如此（见 Guasch（2004）对拉美问题的综述）。

拉丁美洲最近的经验表明，有必要更好地研究社会和政治风险，因

---

① 见 Estache 和 Pinglo（2005）关于所有发展中国家和 Sirtaine 等（2005）关于拉丁美洲的论文。

② Sirtaine 等（2005）提供了拉丁美洲资本成本演变的详细分析并把它与按该地区主要基础设施运营商的资产负债表估算的回报率进行了比较。

③ 阿根廷投资者可能会争辩说，在 2002 年 1 月开始实施的经济比索化才是到目前为止说明该风险情况的最好证据。

为它们对改革的有效性和持续性至关重要。没有强力推行的法令改革不再是一个可选项。在该地区，贫困人口已经明确表达了他们想要怎样的基础设施服务。[①] 很多时候，这意味着政策制定者必须了解如何更好地平衡主导过去15年改革的公平性与对投资激励的需求问题。经验也表明，需要更仔细地寻找策略，以确保政府和运营商都更好地向用户和纳税人负责。这可以通过采纳兼顾效率、公平和财政因素的更加透明的监管模式来实现。[②]

经验表明，政治因素影响甚大。来自亚洲、东欧和拉丁美洲的实例表明，民主社会的政客们不太可能放弃对那些有助于获得选票的行业的控制权。此外，在腐败猖獗的社会中，他们也不会放弃对涉及大量资金且合同授予程序提供撤销交易机会的部门的控制权。

结果

关于公共部门在基础设施方面的作用的争论仍然是学术文献和政界最热门的话题之一。意识形态继续扭曲着事实及其解释。这场争论可能仅仅是因为事实表明情况复杂而且有时甚至是不一致的而引起的。私有化浪潮已经解决了一些问题，但并不是全部。效率普遍有所改善，但许多人认为大部分改善应该归功于竞争加剧以及通信领域中同时出现的技术革新。私有化并没有带来期望中那么多的投资，而那些得不到进入机会的人因此最受打击。

展望未来，投资者、运营商和政府似乎要内化20世纪90年代的主要经验，并越来越有效地降低风险。投资者越发倾向于投资低风险行业（例如电信）。它们也更加善于进行项目的甄选。覆盖一个部门的所有运营的大型特许项目的数字正在下降。整个部门的责任也越来越被要求有私人投资加入的管理合同或租赁合同所覆盖。各种类型的绿地项目的具体投资则正在进行之中（例如发电厂和水处理厂等大型设施）。

---

① 对20世纪90年代的基础设施改革——特别是扩大私人部门在提供服务上的作用——的排斥在阿根廷、玻利维亚、巴西、乌拉圭或者委内瑞拉的政治变革浪潮中有很大的影响。

② 事实上，改革往往有财政成本，如果采纳一个更广泛记录监管运营商的成本与收入来源并对需求合理预测的一致框架，那么通常由于再谈判而产生的部分是可以预知的。一个重要的事实是，业务收益和其资本成本之间的差额要由纳税人或用户负担，而纳税人往往比人们意识中的更多成为其承担者。请参见Campos等（2003）关于拉丁美洲对部门改革10年后的实际财政成本的论述。

在融资设计上，许多项目都面临资本成本的增加。为了消除这一障碍，许多合同现在都包括风险增加时由政府接管的承购协议（而不是通过事后再谈判重新分配）。这为许多来自以中国和印度为首的发展中国家的新运营商打开了大门。然而许多国家或地区的本地运营者更熟悉当地市场的特殊性，也往往更能有效地处理当地的政治敏感性。有些挑战可能仍将继续。除非这些厂商不再依赖于任何进口或外国融资，否则它们仍很可能会像该部门的第一代私人投资者与运营商那样受制于汇率风险。

对抗这些风险的政府支持担保市场不大可能很快萎缩。真正的问题是，国际金融团体、私人与公共部门是否愿意在一个许多风险已知但经常冒出更多风险的环境中相应扩大其对私人运营商的支持。同时，只要私人部门不能占主导地位或由于种种经济和政治原因而无法这样做，那么期望政府以某种方式承担提供服务的责任似乎也是合理的。

政府在基础设施中的作用是怎样不断演变的？

关于政府在基础设施中的作用有三个基本的讨论。首先是关于公共部门作为这些服务的主要提供者所达到的程度的讨论。其次是关于政府应该如何对这一受到市场失灵影响并对政治压力极端敏感的部门履行监管责任的讨论。最后是关于各级政府间如何对这两个主要职责进行优化安排的讨论。

公共部门所提供的服务应占多少份额？

这个问题的答案并不像看上去那样明显。回答这一问题需要对基础设施服务和物理基础设施进行拆分。在大多数发展中国家以及许多发达国家，物理基础设施在很大程度上是公共的。铁路、公路、港口、供水管道以及与固定电话、输电和燃气传输等相关的最基本的基础设施通常都由政府拥有和运营。尽管许多项目是例外的，但基本事实是，由政府对这些物理基础设施融资对于提供基础设施服务是必要的。

表8.6从国家的角度去除基础设施中主要的私人成分从而对表8.5中的数据进行了处理。在约三分之二的发展中国家，政府是电力、水及

铁路交通服务的主要提供者。在50%以上的国家，政府也主导着发电业。只有在固定电话服务上，更多国家是由私人部门占主导。

表8.6 2004年按部门和国家收入水平得出的在基础设施上无明显大型私人投资的国家的百分比（%）

收入水平	发电	供电	供水与卫生设施	铁路[a]	固定电话
低收入	59	71	82	66	50
中下水平	52	63	50	74	38
中上水平	42	52	63	40	28
发展中国家	53	64	65	64	41

a. 2002年的数据。
资料来源：Estache and Goicoechea，2005.

对于投资，在这样的背景下从公共部门的角度重新审视上一节的信息是有意义的。过去的15年约80%的基础设施投资来自政府。这一数字可能偏低了，因为20世纪90年代签署的许多供水与交通项目又重新进行了磋商，其中很多新的结果带来了政府的更多投资和运营补贴（Campos and others，2003）。

从务实的角度看，主要的问题是，根据所隶属的国家组别的不同，公共部门投资仍然比支持高增长率所需要的低50%至120%不等。收入水平越低，投资缺口就越大。这种差距的存在事实上是促使许多国家政府制定改革计划的初始因素。

大多数国家都认为政府在提供服务上表现欠佳。我们现在知道，对于最贫困国家来说，私人部门不太可能影响摆脱贫困所需的服务规模；而对于中等收入国家来说，私人部门对国家跃升到高收入组别所需的关键部分也影响甚微。

这对于解决国际社会的需求有两个影响。第一，捐助对于帮助扩大基础设施投资以及卫生和教育投资是必要的。第二，各国政府学习如何更好地提供公共服务也是必要的。外国私人部门可以接管许多服务的管理或运营，而随着时间的推移也会把这些知识传播给那些最需要的国家。但在许多国家中，该问题的规模是如此之大，以至签订管理合同或租赁是不可能的。公共企业的运营方式需要结构性改革。遗憾的是，过去20年我们对于这一课题的研究似乎集体停止了（Gómez-Ibáñez，2006）。这一领域需要大量的工作，未来很长一段时间关于如何实施的讨论也很可能和私有化一样成为观念之争。现在领先的意见似乎是对该领

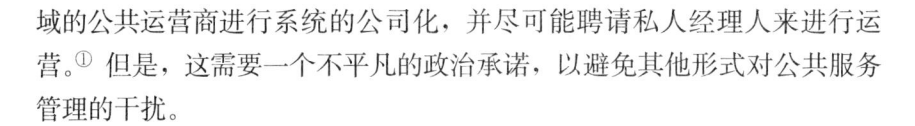

域的公共运营商进行系统的公司化，并尽可能聘请私人经理人来进行运营。[①] 但是，这需要一个不平凡的政治承诺，以避免其他形式对公共服务管理的干扰。

政府应该如何管理公共服务？

直到20世纪90年代，政府或公共企业缺乏自律都是基础设施部门运营饱受批评的地方。认识到利益冲突和过度政治干预最终可能伤害用户导致了监管机构应该独立于政治权力这一理念的推广。这意味着创建由个人或一个董事会独立运营的监管机构。该机构将在技术与具体事项上长期独立于政治周期并且拥有独立的收入来源。对许多人来说，这也是提高部门交易透明度从而减少腐败的一种方式。[②] 这种机构的设立也将标志着市场与政府希望削减监管风险。

最近Andres、Guasch和Straub（2007）证明，在拉丁美洲跨部门的监管机构已经根据法律规定建立，靠监管收费运营，其监管委员会受到立法者监督，并有其固定任期，以便更有效地管理资本成本与收益。Gasmi等（2002）也根据电信部门的全球样本得出了相同的结果。

表8.7提供了各国政府作用的排名情况。很明显，独立监管已在电信部门成为主流并在一定程度上在能源部门成为主流。在供水和交通部门则没有那么主流。此外，国家越富裕，私人部门参与基础设施建设的接受程度也越高。这在某种程度上是可以预料的，因为最贫困国家面临着更大的人力资本约束。在许多国家，在某种意义上，任命人才使机构专业化的机会成本可能过于高昂了。

除了能力问题，各国采用独立的监管机构的想法也存在两大顾虑。第一是需要特别重视经济调控和监管流程的专家选择的广泛性。他们是减少腐败并确保公平分配该部门剩余的公共和私人垄断利益的关键。在会计规则、合约、监管程序和磋商、收费标准或投资审查程序和方法、缺乏透明度的时间表等方面都需要明确这些独立监管者的责任。这不是一个小问题。例如，Bertolini（2006）在2005年对监管机构的一项调查中发现目前只有不到30%的监管者公布合同和许可证的细则。

---

① 公司化对于项目选择有复杂的影响。除非有明确的禁止，否则在项目选择上存在公共企业比起经济标准更偏向于财务标准的风险。随着对主要外部性关注的增加，这个问题在政策圈中可能不会得到应有的重视并且在学术圈也早已过时。

② 对于基础设施和腐败的最新调查参见Kenny（2006，2007）。

表 8.7　　2004 年按部门和国家收入水平得出的拥有独立监管机构的国家的百分比（%）

收入水平	电力	供水与卫生设施	铁路[a]	固定电话
低收入	38	13	2	69
中下水平	63	32	8	60
中上水平	63	28	19	71
发展中国家	51	22	8	66

a. 2002 年的数据。
资料来源：Estache and Goicoechea，2005.

但是经验表明，这一想法的贯彻执行并不显著并且可能并不适用于发展的各个阶段。例如，Eberhard（2007）说明了为什么在某些情况下，一个糟糕的独立监管机构可能会比没有监管更差。一些对公共与私人运营商实施有效监管的备选模式降低了用户、纳税人和运营商的风险。例如，在预先支付聘用费的基础上聘请审计师履行规定的定期审核义务并执行额外的审计工作就是常常被考虑的方案。各种非洲铁路特许权的监管和一些东欧供水特许权的监管提供了这一模式的多种变体。在所有情况下，外部审计师都得到了当地各部门甚至是独立机构的支持。

关于需要独立监管机构的讨论在转向具有本地特征的务实方法上似乎进展缓慢。一个普适的通用方案从来都不存在。进展是有的，但仍有很长的一段路要走。

分权是否提升了该部门的表现？

分权是公共部门改革所需讨论的第三个主题。20 世纪 70 年代以来，许多国家特别是发展中国家都把支出负担与融资决策下放给地方政府。大部分城市服务（城市公交车和轨道交通、供水甚至一些道路的建设）往往由市政承担。鉴于世界上大多数国家的快速城市化，这些任务的相对重要性很可能也会随之增大。这也导致了各级政府之间对于妥善匹配各种基础设施服务收支权责的激烈讨论。

这一核心施政议程导致产生了许多关于分权设计的有趣学术成果，但很少直接涉及基础设施。对于基础设施，Bardhan 和 Mookherjee（2000，2003）提供了一些当前最有影响力的理论成果，突出了地方腐败对公共服务权力下放的影响。他们表明，在相当温和的假设下，无论地方民主多么糟糕，通过用户缴费募集资金而不是利用当地税收或政府间转移支付的分权将更为有效。问题是，一些假设只对相对常见的现实生活适用。首先，如果不使用用户缴费，并且相对于许多服务，只局部存在成本回收，那么分权相对于集中服务的优势就不再明显。其次，当支付能力受到限制并且用户缴费不用于扶贫计划时，分权的最优化程度只取决于地方和中央政府的腐败程度。而且大多数涉及基础设施分权的学术研究都只体现在理论上。对于现状，只有一些相对可靠的实证检验（参见 Shah、Thompson 和 Zhou（2004）的综合评述以及 Bardhan 和 Mookherjee（2006）更为关注基础设施的相关研究）。

文献提供了一小部分稳健的结果。首先，权力下放倾向于增加总体和地方的基础设施支出，发展中国家与工业化国家相比更是如此（Estache and Sinha，1995；Fisman and Gatti，2002；Faguet，2004）。这可能有两种解释：（1）中央集权倾向于按需分配基础设施服务，或（2）由于权力下放缩小了提供服务的规模，因而增加了单位成本。其次，基础设施、腐败和任何形式分权的相互作用并不是一个简单的问题。Fisman 和 Gatti（2002）的结论是腐败和分权之间存在负相关关系，但 Faguet（2004）未发现任何强的相互联系。Olken（2005）认为好的集中审核在减少腐败的影响上要好于分权，至少对于公路养护是这样。最后，财政权力下放将显著影响私人参与的频度和水平，但行政和政治权力下放则不然。财政权力下放倾向于提高私人部门对于基础设施的参与度（Ghosh Banerjee，2006）。

关于服务提供的参与式方法的相关文献和政策建议也可以看作是对分权的研究的延伸并提供了直接讨论分权优缺点之外的视角。Mansuri 和 Rao（2004）以及 Cornwall（2003）发现，那些自称"全员参与"与"授权"的项目已被特定利益团体或精英操纵，使大众无从发声、别无选择。这些计划的减贫效果也需要更系统的衡量。Olken（2005）关于基础设施活动的定量研究发现，在减少与印度尼西亚道路支出相关的腐败行为上，增加基层参与几乎没有影响。他表明，即使在高度腐败的环境下，自上而下的监督也可能是更好的解决办法。换句话说，传统的监管手段在印度尼西亚道路项目上比参与式方法更有效。

但是，除了对治理和响应当地需求的能力的影响，有人担心，分权可能会减少可用于基础设施的有关资源。这一担心源于地方政府往往倾向于减少向私人资本和国际捐助融资的事实。缺少中央政府的支持，当它们面对严峻的信贷约束时，其为基础设施投资融资的能力是有限的。核心问题是建立引导私人储蓄对地方政府的基础设施建设提供融资的机制，并向贷款人保证偿还贷款。但是，这往往是不够的。事实上，地方政府信贷市场发展的主要障碍是中央政府救助陷入债务困境的地方政府的明示或暗示保证存在道德风险。因此，地方政府信贷市场的发展要求——特别是当地方政府陷入困境时——严格执行非救市政策。这种方法已为墨西哥所采纳，将地方政府银行贷款的资本风险与当地的信用评级挂钩。

一个自然产生的问题是，分权的预期收益能否抵消基础设施规模经济的损失和融资来源的减少，由于这些部门投资的高成本性与粗放性以及缓慢的现金流对政治十分敏感，因而这通常是难以办到的。一个明显的解决办法是将地方政府的信用风险放入资金池，然而这涉及基础设施服务生产的再集中。忽略许多中等收入国家中强大的政治压力，发展中国家的这一市场还不先进，这意味着在基础设施分权的意愿与限制的意见上仍将存在诸多分歧。

结果

政府在基础设施建设中的作用在可预见的未来很可能成为意识形态辩论的源头。我们知道，政府在该部门将作为供应商和资金来源继续发挥关键作用。此外，政府将继续在有很多垄断残留的行业发挥调节作用。但是，我们也知道管理的执行一直饱受潜在政治干扰的困扰。

发展中国家公共企业的公司化并没有多少实例，只有亚洲有少数例外。在大多数其他国家，在3～5年的公司化进程后，政府往往悄悄退回到关于服务提供商的公私管理者的议程中。同样，监管机构在用户、纳税人和运营商利益的公正、高效、持续仲裁上一直有不良记录。在大多数发达国家的电信和能源行业中，独立的监管机构一直极为高效。但是，在供水与交通行业，它们也遇到了许多问题。在大多数情况下，当行业出现危机时，政客们就会接管监管。最后，由于分权一般是经济和行政作用下的政治选择，基础设施服务的分权管理一直是各级政府政治分歧的受害者，这会妨碍很多合理的决定。

总体而言，回顾过去15年的经验是发人深省的。尽管政府对于基础设施潜在作用的分析有很长的历史，但在如何把事情做好上的大部分进步却仍来自理论研究。决策者很少有衡量标准或经验法则，以用于改进公共服务安排——经营、融资或者管理。成功的案例比比皆是，但可信的具体指导方针仍是稀缺的。

结论性意见

基础设施公司的异质性使得难以从和本章一样的粗略概述中得出对于任意具体部门或国家而言的特定结果。然而，一些一般性结论却是可以得到的。

在过去 25 年左右的时间里，基本的争论并没有太大的改变，主要围绕两个核心问题：

● 谁应该对该部门负责：政府或私人部门，中央政府或地方政府，独立监管者或政治家？

● 谁应该为该服务埋单：用户、纳税人还是在某些情况下的捐助者？

根据效率、公平、金融活力和问责制的相对重要性而对其加以关注，在此影响下围绕这两个问题得出了很多变体以及改进。尽管就如何解决这些问题已进行了大量的研究，但一些基本的结论仍然没有得出。然而，这些对于让最贫穷的国家发展得更快、让最富有的国家走出 21 世纪第一个全球金融危机的当前许多重要措施的效果以及其可持续性却仍然是关键的。

缺乏明确答案的一个主要原因是缺乏该方面的客观数据。数据缺口已在这个概述中点明，包括成本和关税、扩大或维持该部门的公共或私人资源的配置等基本问题。

近年来，更主观的数据已从涵盖广泛议题如投资环境、贪腐指数或人们的幸福来源等的调查问卷中得出。家庭消费和支出调查也提供了针对常住用户的关于该部门问题的可比数据。但这些不同来源使得信息难以跨部门进行比较，继续留下较大缺口。最终，这些数据缺口使得意识形态主导了这一领域的讨论。为了对核心问题取得实质的答案并在不诉诸意识形态的情况下解决这里总结的上述讨论的关键是，国际社会应当采取比过去更为严谨的数据议程。这通过千年发展目标已经取得了一些进展，但仍有很长的路要走。

参考文献

Adam, Christopher, and David Bevan. 2004. "Aid and the Supply Side: Public Investment, Export Performance, and Dutch Disease in Low-Income Countries." Working Paper 201. Oxford University, Department of Economics.

Agénor, Pierre-Richard, and Blanca Moreno-Dodson. 2006. "Public Infrastructure and Growth: New Channels and Policy Implications." Policy Research Working Paper 4064. World Bank, Washington, DC.

Alam, Asad, Mamta Murthi, Ruslan Yemtsov, Edmundo Murrugarra, Nora Dudwick, Ellen Hamilton, and Erwin Tiongson. 2005. *Growth, Poverty, and Inequality: Eastern Europe and the Former Soviet Union.* Washington, DC: World Bank.

Albala-Bertrand, José, and Emmanuel Mamatzakis. 2004. "The Impact of Public Infrastructure on the Productivity of the Chilean Economy." *Review of Development Economics* 8 (2): 266–278.

Alesina, Alberto, Reza Baqir, and William Easterly. 1999. "Public Goods and Ethnic Divisions." *Quarterly Journal of Economics* 114 (4): 1243–1284.

Andres, Luis, José Luis Guasch, and Stéphane Straub. 2007. "Does Regulation and Institutional Design Matter for Infrastructure Sector Performance?" World Bank, Washington, DC.

Aschauer, David. 1989. "Is Public Expenditure Productive?" *Journal of Monetary Economics* 23 (2): 177–200.

———. 2000. "Do States Optimize? Public Capital and Economic Growth." *Annals of Regional Science* 34 (3): 343–363.

Baldwin, Richard, Rikard Forslid, Philippe Martin, Gianmarco Ottaviano, and Frederic Robert-Nicoud. 2003. *Economic Geography and Public Policy.* Princeton, NJ: Princeton University Press.

Bardhan, Pranab, and Dilip Mookherjee. 2000. "Corruption and Decentralization of Infrastructure in Developing Countries." *Economic Journal* 116 (508): 101–127.

———. 2003. "Decentralization and Accountability in Infrastructure in Developing Countries." Boston University, Boston, MA.

———. 2006. "Decentralization, Corruption, and Government Accountability: An Overview." In *International Handbook on the Economics of Corruption*, ed. Susan Rose-Ackerman. Cheltenham, U.K.: Edward Elgar.

Bertolini, Lorenzo. 2006. "How to Improve Regulatory Transparency." *Gridlines Note* 11 (June). www.ppiaf.org/.

Boccanfuso, Dorothee, Antonio Estache, and Luc Savard. 2006. "Water Sector Reform in Senegal: An Interpersonal and Interregional Distributional Impact Analysis." World Bank, Washington, DC.

Bougheas, Spiros, Panicos Demetriades, and Theofanis Mamuneas. 2000. "Infrastructure, Specialization, and Economic Growth." *Canadian Journal of Economics* 33 (2): 506–522.

Brenneman, Adam. 2002. "Infrastructure and Poverty Linkages: A Literature Review." World Bank, Washington, DC.

Briceño, Cecilia, Antonio Estache, and Nemat Shafik. 2004. "Infrastructure Services in Developing Countries: Access, Quality, Costs, and Policy Reform." World Bank, Washington, DC.

Briceño, Cecilia, and Irina Klytchnikova. 2006. "Infrastructure and Poverty: What Data Are Available for Impact Evaluation?" World Bank, Washington, DC.

Cadot, Olivier, Lars-Hendrik Röller, and Andreas Stephan. 2006. "Contribution to Productivity or Pork Barrel? The Two Faces of Infrastructure Investment." *Journal of Public Economics* 90 (6-7): 1133–1153.

Calderon, César, and Luis Serven. 2004. "The Effects of Infrastructure Development on Growth and Income Distribution." Policy Research Working Paper 3400. World Bank, Washington, DC.

Campos, Javier, Antonio Estache, Noelia Martin, and Lourdes Trujillo. 2003. "Macroeconomic Effects of Private Sector Participation in Infrastructure." In *The Limits of Stabilization,* ed. William Easterly and Luis Serven. Palo Alto, CA: Stanford University Press.

Canning, David, and Esra Bennathan. 2000. "The Social Rate of Return on Infrastructure Investment." Policy Research Working Paper 2390 (July). World Bank, Washington, DC.

Canning, David, and Peter Pedroni. 2004. "The Effect of Infrastructure on Long-Run Economic Growth." World Bank, Washington, DC.

Cavalcanti Ferreira, Pedro, and Leandro Gonçalves do Nascimento. 2005. "Welfare and Growth Effects of Alternative Fiscal Rules for Infrastructure Investments in Brazil." World Bank, Washington, DC.

Chen, Sheng-Tung, Hsiao-I Kuo, and Chi-Chung Chen. 2007. "The Relationship between GDP and Electricity Consumption in 10 Asian Countries." *Energy Policy* 35 (44): 2611–2621.

Chisari, Omar, Antonio Estache, and Catherine Waddams-Price. 2003. "Access by the Poor in Latin America's Utility Reform: Subsidies and Service Obligations." In *Utility Privatization and Regulation: A Fair Deal for Consumers?* ed. Cecilia Ugaz and Catherine Waddams-Price. Northampton, MA: Edward Elgar.

Clarke, George, and Scott Wallsten. 2002. "Universal(ly Bad) Service: Providing Infrastructure Services to Rural and Poor Urban Consumers." Policy Research Working Paper 2868. World Bank, Washington, DC.

Cohen, Barney. 2004. "Urban Growth in Developing Countries: A Review of Current Trends and a Caution Regarding Existing Forecasts." *World Development* 32 (1): 23–51.

Combes, Pierre Philippe, and Miren Lafourcade. 2001. "Transportation Costs Decline and Regional Inequalities: Evidence from France, 1978—1993." CEPR Discussion Paper 2894. Centre for Economic Policy Research, London, U.K.

Cornwall, Andrea. 2003. "Whose Voices? Whose Choices? Reflection on Gender and Participatory Development." *World Development* 31 (8): 1325–1342.

Cremer, Helmuth, Farid Gasmi, André Grimaud, and Jean-Jacques Laffont. 2001. "Universal Service: An Economic Perspective Overview." *Annals of Public and Cooperative Economics* 72 (1): 4–43.

de la Fuente, Angel. 2002a. "The Effect of Structural Fund Spending on the Spanish Regions: An Assessment of the 1994—1999 Objective 1 CSF." CEPR Discussion Paper 3673. Centre for Economic Policy Research, London, U.K.

———. 2002b. "Is the Allocation of Public Capital across the Spanish Regions Too Redistributive?" CEPR Discussion Paper 3138. Centre for Economic Policy Research, London, U.K.

de la Fuente, Angel, and Xavier Vives. 1995. "Infrastructure and Education as Instruments of Economic Policy: Evidence from Spain." *Economic Policy* 20 (April): 11–54.

Duggal, Vijaya, Cynthia Saltzman, and Lawrence Klein. 2007. "Infrastructure and Productivity: An Extension to Private Infrastructure and IT Productivity." *Journal of Econometrics* 140 (2): 485–502.

Eberhard, Antone. 2007. "Matching Regulatory Design to Country Circumstances." *Gridlines Note* 23 (May). Public-Private Infrastructure Advisory Facility (PPIAF), Washington, DC.

Ebinger, Jane. 2006. "Measuring Financial Performance in Infrastructure: An Application to Europe and Central Asia." Working Paper 3992. World Bank, Washington, DC.

Esfahani, Hadi Salehi, and Maria Teresa Ramirez. 2003. "Institutions, Infrastructure, and Economic Growth." *Journal of Development Economics* 70 (2): 443–477.

Estache, Antonio. 2009. "Lessons from Impact Evaluations of Infrastructure Projects, Programs, and Policies." European Center for Advanced Research in Economics and Statistics, Université Libre de Bruxelles, Brussels.

Estache, Antonio, and Marianne Fay. 1997. "Ensuring Regional Growth Convergence in Argentina and Brazil: How Can Governments Help?" World Bank, Washington, DC.

Estache, Antonio, Vivien Foster, and Quentin Wodon. 2002. *Accounting for Poverty in Infrastructure Reform: Learning from Latin America's Experience*. WBI Development Series. Washington, DC: World Bank.

Estache, Antonio, and Ana Goicoechea. 2005. "How Widespread Were Infrastructure Reforms during the 1990s?" Research Working Paper 3595. World Bank, Washington, DC.

Estache, Antonio, and Rafael Muñoz. 2007. "Building Sector Concerns into Macroeconomic Financial Programming: Lessons from Senegal and Uganda." World Bank, Washington, DC.

Estache, Antonio, and Maria Elena Pinglo. 2005. "Are Returns to Public-Private Infrastructure Partnerships in Developing Countries Consistent with Risks since the Asian Crisis?" *Journal of Network Industries* 6 (1): 47–71.

Estache, Antonio, and Sarbijit Sinha. 1995. "Does Decentralization Increase Spending on Infrastructure?" Policy Research Working Paper 1995. World Bank, Washington, DC.

Estache, Antonio, Biagio Speciale, and David Veredas. 2006. "How Much Does Infrastructure Matter to Growth in Sub-Saharan Africa?" World Bank, Washington, DC.

Estache, Antonio, and Quentin Wodon. 2007. *Infrastructure and Poverty in Africa*. Directions in Development. Washington, DC: World Bank.

Faguet, Jean Paul. 2004. "Does Decentralization Increase Government Responsiveness to Local Needs: Evidence from Bolivia." *Journal of Public Economics* 88 (3-4): 867–893.

Faini, Riccardo. 1983. "Cumulative Process of Deindustrialization in an Open Region: The Case of Southern Italy, 1951—1973." *Journal of Development Economics* 12 (3): 277–301.

Fay, Marianne, and Mary Morrison. 2006. *Infrastructure in Latin America and the Caribbean: Recent Development and Key Challenges*. Washington, DC: World Bank.

Fay, Marianne, and Tito Yepes. 2003. "Investing in Infrastructure: What Is Needed from 2000—2010." Policy Research Working Paper 3102. World Bank, Washington, DC.

Fernald, John. 1999. "Roads to Prosperity? Assessing the Link between Public Capital and Productivity." *American Economic Review* 89 (3): 619–638.

Fisman, Raymond, and Roberta Gatti. 2002. "Decentralization and Corruption: Evidence across Countries." *Journal of Public Economics* 83 (3): 325–345.

Foster, Vivien, and Tito Yepes. 2006. "Is Cost Recovery a Feasible Objective for Water and Electricity? The Latin American Experience." Policy Research Working Paper 3943. World Bank, Washington, DC.

Gasmi, Farid, D. Mark Kennet, Jean-Jacques Laffont, and William W. Sharkey. 2002. *Cost Proxy Models and Telecommunications Policy*. Cambridge, MA: MIT Press.

Gassner, Katherina, Alexander Popov, and Nataliya Pushak. 2007. "An Empirical Assessment of Private Participation in Electricity and Water Distribution in Developing and Transition Economies." World Bank, Washington, DC.

Gibson, John, and Scott Rozelle. 2002. "Poverty and Access to Infrastructure in Papua New Guinea." Working Paper 1000. University of California, Davis, Department of Agricultural and Resource Economics.

Ghosh Banerjee, Sudeshna. 2006. "Decentralization's Impact on Private Sector Participation in Infrastructure Investment in Developing Countries." World Bank, Washington, DC.

Gómez-Ibáñez, José A. 2006. "Alternatives to Privatization Revisited: The Options for Infrastructure." World Bank, Infrastructure Vice Presidency,

Washington, DC.

Gramlich, Edward M. 1994. "Infrastructure Investment: A Review Essay." *Journal of Economic Literature* 32 (3): 1176–1196.

Guasch, José Luis. 2004. *Granting and Renegotiating Infrastructure Concessions: Doing It Right*. WBI Development Studies. Washington, DC: World Bank.

Henderson, J. Vernon. 2002. "Urbanization in Developing Countries." *World Bank Research Observer* 17 (1): 89–112.

Henderson, J. Vernon, and Ari Kuncoro. 1996. "Industrial Centralization in Indonesia." *World Bank Economic Review* 10 (3): 513–540.

Henderson, J. Vernon, Zmarak Shalizi, and Anthony Venables. 2001. "Geography and Development." *Journal of Economic Geography* 1 (1): 81–105.

Hurlin, Christophe. 2006. "Network Effects of the Productivity of Infrastructure in Developing Countries." Policy Research Working Paper 3808. World Bank, Washington, DC.

Iimi, Atsushi, and James Wilson Smith. 2007. "What Is Missing between Agricultural Growth and Infrastructure Development? Cases of Coffee and Dairy in Africa." World Bank, Washington, DC.

Ingram, Gregory, and Zhi Liu. 1999. "Determinants of Motorization and Road Provision." Policy Research Working Paper 2042. World Bank, Washington, DC.

International Energy Agency. 2006. *World Energy Outlook*. Paris: International Energy Agency.

Jacoby, Hanan G. 2000. "Access to Markets and the Benefits of Rural Roads." *Economic Journal* 100 (465): 717–737.

Kalaitzidakis, Pantelis, and Sarantis Kalyvitis. 2004. "On the Macroeconomic Implications of Maintenance in Public Capital." *Journal of Public Economics* 88 (3–4): 695–712.

Kamps, Christophe. 2005. "Is There a Lack of Public Capital in the European Union?" *European Investment Bank Papers* 10 (1): 73–93.

Kariuki, Mukami, and Jordan Schwartz. 2005. "Small-Scale Private Service Providers of Water Supply and Electricity: A Review of Incidence, Structure, Pricing, and Operating Characteristics." Policy Research Working Paper 3727. World Bank, Washington, DC.

Kenny, Charles. 2006. "Measuring and Reducing the Impact of Corruption in Infrastructure." Policy Research Working Paper 4099. World Bank, Washington, DC.

———. 2007. "Infrastructure Governance and Corruption: Where Next?" Policy Research Working Paper 4331. World Bank, Washington, DC.

Komives, Kristin, Vivien Foster, Jonathan Halpern, and Quentin Wodon. 2005. "Water, Electricity, and the Poor: Who Benefits from Utility Subsidies?" World Bank, Washington, DC.

Laffont, Jean-Jacques. 2005. *Regulation and Development*. Cambridge, U.K.: Cambridge University Press.

Lall, Somik V., Richard Funderburg, and Tito Yepes. 2003. "Location, Concentration, and Performance of Economic Activity in Brazil." Policy Research Working Paper 3268. World Bank, Washington, DC.

Lall, Somik, and H. G. Wang. 2006. "Improving the Development Impact of Infrastructure, Proposal for a Research Program Grant on Infrastructure." World Bank, Washington, DC.

Lanjouw, Peter. 1999. "Policy Options for Employment in the Rural Non-Farm Sector." Rural Development Note 4. World Bank, Washington, DC.

Lipton, Michael. 1977. *Why Poor People Stay Poor: Urban Bias in World Development*. Cambridge, MA: Harvard University Press.

Lokshin, Michael, and Ruslan Yemtsov. 2005. "Who Bears the Cost of Russia's Military Draft?" Policy Research Working Paper 3547. World Bank, Washington, DC.

Mansuri, Ghazala, and Vijayendra Rao. 2004. "Community-Based and -Driven Development: A Critical Review." *World Bank Research Observer* 19 (1): 1–39.

Mellor, John. 1976. *The New Economics of Growth*. Ithaca, NY: Cornell University Press.

Nellis, John, and Nancy Birdsall, eds. 2005. *Reality Check: The Distributional Impact of Privatization in Developing Countries*. Washington, DC: Center for Global Development.

Olken, Benjamin A. 2005. "Monitoring Corruption: Evidence from a Field Experiment in Indonesia." NBER Working Paper 11753. National Bureau of Economic Research, Cambridge, MA.

Puga, Diego. 2002. "European Regional Policies in Light of Recent Location Theories." *Journal of Economic Geography* 2 (4): 373–406.

Rauch, James. 1995. "Bureaucracy, Infrastructure, and Economic Growth: Evidence from U.S. Cities during the Progressive Era." *American Economic Review* 85 (4): 968–979.

Ravallion, Martin. 2002. "On the Urbanization of Poverty." *Journal of Development Economics* 68 (2): 435–442.

———. 2003. "The Debate on Globalization, Poverty, and Inequality: Why Measurement Matters." Working Paper 3038. World Bank, Development Research Group, Washington, DC.

Reardon, Thomas. 2001. "Rural Non-Farm Income in Developing Countries." Report to the United Nations Food and Agriculture Organization, Rome.

Renkow, Mitch, Daniel G. Hallstrom, and Daniel D. Karanja. 2004. "Rural Infrastructure, Transaction Costs, and Market Participation." *Journal of Development Economics* 73 (1): 349–367.

Rioja, Felix K. 2001. "Growth, Welfare, and Public Infrastructure: A General-Equilibrium Analysis of Latin American Economies." *Journal of Economic Development* 26 (2): 119–130.

———. 2003. "Filling Potholes: Macroeconomic Effects of Maintenance vs. New Investments in Public Infrastructure." *Journal of Public Economics* 87 (9–10): 2281–2304.

Robinson, James, and Ragnar Torvik. 2005. "White Elephants." *Journal of Public Economics* 89 (2-3): 197–210.

Röller, Lars-Hendrik, and Leonard Waverman. 2001. "Telecommunications Infrastructure and Economic Development: A Simultaneous Approach." *American Economic Review* 91 (4): 909–923.

Romp, Ward, and Jakob de Haan. 2005. "Public Capital and Economic Growth: A Critical Survey." EIB Papers 2/2005. European Investment Bank, Luxemburg. www.eib.org/infocentre/publications/eib-papers-volume-10.-n12005.htm.

Schur, Michael, Stephan von Klaudy, Georgina Dellacha, Apurva Sanghi, and Nataliya Pushak. 2006. "The Role of Developing-Country Firms in Infrastructure: A New Class of Investors Emerges." *Gridlines Note* 2 (May). www.ppiaf.org/Gridlines/ 3global.pdf.

Shah, Anwar, Theresa Thompson, and Heng-Fu Zhou. 2004. "The Impact of Decentralization on Service Delivery, Corruption, Fiscal Management, and Growth in Developing- and Emerging-Market Economies: A Synthesis of Empirical Evidence." *CESifo DICE Report* 1: 10–14.

Sirtaine, Sophie, Maria Elena Pinglo, Vivien Foster, and J. Luis Guasch. 2005. "How Profitable Are Private Infrastructure Concessions in Latin America? Empirical Evidence and Regulatory Implications." *Quarterly Review of Economics and Finance* 45 (2-3): 380–402.

Straub, Stéphane, and Charles Vellutini. 2006. "Assessment of the Effect of Infrastructure on Economic Growth in the East Asia and Pacific Region." World Bank, Washington, DC.

Ugaz, Cecilia, and Catherine Waddams-Price. 2003. *Utility Privatization and Regulation: A Fair Deal for Consumers?* Cheltenham, U.K.: Edward Elgar.

van de Walle, Dominique. 2002. "Choosing Rural Road Investments to Reduce Poverty." *World Development* 30 (4): 575–589.

van de Walle, Dominique, and Kimberly Nead. 1995. *Public Spending and the Poor: Theory and Evidence.* Baltimore, MD: Johns Hopkins University Press.

Vickerman, Roger, Klaus Spiekermann, and Michael Wegener. 1999. "Accessibility and Economic Development in Europe." *Regional Studies* 33 (1): 1–15.

World Bank. 2005a. *Global Monitoring Report 2005: Millennium Development Goals; From Consensus to Momentum.* Washington, DC: World Bank. www.worldbank.org/reference/.

———. 2005b. "Mexico: Infrastructure Public Expenditure Review." Report 33483-MX. World Bank, Washington, DC. www.worldbank.org/reference/.

———. 2007a. "Argentina: Infrastructure for Growth and Poverty Alleviation." World Bank, Washington, DC.

———. 2007b. World Development Indicators. Washington, DC: World Bank.

第9章 工业制成品出口与经济增长：再论合成谬误

威廉·R·克莱因

(William R. Cline)

在20世纪80年代初，发展经济学家争论"亚洲四小龙"（G-4）——中国香港、韩国、新加坡、中国台湾——基于工业制成品出口快速增长的显著经济增长是否可以推广到其他发展中国家（地区）。核心问题是，对于一些中等规模经济体奏效的办法对于许多经济体包括一些大型经济体是否同样奏效。特别地，这一战略的推广是否会因此在进口工业制成品的工业化国家的市场引发一波贸易保护行为，从而使发展中国家（地区）快速增加出口的尝试受挫。这就是后来被称为合成谬误（FC）的问题：单独对一个国家（地区）似乎合乎逻辑的结论与推广的逻辑结果并不一致。

Cline（1982）提出的计算表明合成谬误问题可能的确构成了对东亚增长模式概括的速度与广度的限制。Cline（1984）进一步的计算表明，尽管如此，发展中国家（地区）工业制成品出口的增长速度仍较为稳健并且可行，只要它们遵守"速度限制"，即比迄今为止典型的东亚模式增长更慢，那么就不会引发贸易保护。

本章的目的有三个。首先，考察笔者早期的研究结果与后来的事件是否一致。这是在两个层面进行的：一是全球总体层面，看在预期的速度限制下发展中国家（地区）的工业制成品出口是否会有所增长；二是行业层面，考虑该分析预计会触发贸易保护的进口渗透率水平能否在事实上达到。其次，本研究考虑能否在尚未取得工业制成品实质性出口增长的发展中国家（地区）也复制这一成功，给出当今全球贸易和生产的模式。最后，考虑合成谬误问题中是否存在新的、在早先对合成谬误问题的微观经济关注之外的或者更为重要的宏观经济变量。

从广义上讲，笔者有以下发现。第一，过去超过四分之一世纪里发展中国家（地区）工业制成品的出口增长一直很稳健，而且是许多国家（地区）增长的重要来源，但仍然低于笔者曾推测的合计项。第二，在行业层面上，许多重要例子的进口渗透率似乎已达到了很高水平，根据笔者关于贸易保护的统计模型应当触发贸易保护，但却并没有发生，部分原因是关税及贸易总协定（GATT）和后来的世界贸易组织（WTO）的增长原则的生效。第三，即使中国、原来的G-4以及许多发展中国家（地区）在全球工业制成品市场存在巨大影响力，未来许多贫困国家仍然可以从实现工业制成品出口增长中获益。这一事实潜在地反映了相对于发展中国家（地区）现有的基础，较贫困国家在潜在的工业制成品出口增长中的份额即使放在一起也仍然很小。此外，似乎还有一个"产品阶梯"的现象，即简单的劳动密集型工业制成品出口从G-4（已经发生了）、中国和其他国家（地区）传递到较贫困国家。第四，本章认为，中国和其他亚洲国家（地区）不断增长的贸易顺差与尤其是美国需要避免不断扩大的贸易赤字以及越来越难以为继的外债之间的冲突，的确是一个新的宏观经济的合成谬误问题。

本研究的第一部分简要概括分析笔者在20世纪80年代的两篇研究并对随后的合成谬误问题文献进行了回顾。第二部分探讨发展中国家（地区）在工业制成品出口上的总体表现。第三部分更详细地探讨贸易的行业趋势和进口渗透率。第四部分转向对当今更贫困国家的影响。第五部分讨论宏观经济的合成谬误问题以及中国大陆和其他几个主要的发展中国家（地区）的实际汇率调整的需求。最后是结论部分。

早期研究及后续文献

笔者早期（Cline，1982）研究合成谬误的论文写作的背景是，当时G-4的经验经常成为研究出口导向型增长优点的目标课题，运用贸易壁垒进行低效的进口替代工业化正风靡拉美和其他主要发展中国家（地区）。虽然笔者承认这是出口增长对经济重要性的有力新证（参见Balassa，1978），但仍认为谨慎一些是必要的，因为20世纪70年代一些敏感行业如纺织品、服装、鞋类和电视机的贸易保护仍在不断增强。

通过对工业化国家的新贸易保护阻碍发展中国家（地区）基于工业制成品出口快速扩张的增长模式的潜力进行"酸性测试"，笔者假设所有的发展中国家（地区）都将达到 G-4 的出口标准来计算进口渗透率的变化。笔者基于 Chenery 和 Syrquin（1975）对于各国的回归，先对经济规模和人均收入对出口占国内生产总值（GDP）比例的影响进行了标准化。笔者发现，对于基准年 1976 年，G-4 出口的工业制成品相当于多国模式预测值的 4.4 倍。于是，笔者估计，如果其他发展中国家（地区）达到 G-4 的水平，那么发展中国家（地区）对工业化国家的工业制成品市场的出口将按 7.5 的系数倍增。然后，笔者把来自发展中国家（地区）的进口达到 15% 的进口渗透率（进口占国内表观消费量的比例）作为一个合理范围的门槛值，达到这一门槛值就会触发贸易保护。当把它应用到拥有 G-4 的工业制成品出口强度的模拟世界的具体行业数据上时，结果是这个进口渗透率门槛值将超过 80% 的从发展中国家（地区）进口的工业化国家的行业统计。笔者有如下总结，"出口导向型发展的东亚模式在所有发展中国家（地区）推广会达到工业化国家难以承受的市场渗透率"（Cline，1982：88）。

在第一篇文章中，笔者也简要提到了被后来的文献所采纳的两个主题。第一个主题是，来自发展中国家（地区）的工业制成品进口增加会引发工业化国家较高的出口，这可能会缓解贸易保护压力。但是，笔者留意到南北贸易主要发生在产业间，而不是产业内，因此新的出口行业将趋向于和来自发展中国家（地区）的进口增加的行业不同。任何对贸易保护压力的缓解都将可能因此受到限制。第二个主题是，不利的市场价格影响可能会在贸易保护响应发生前限制发展中国家（地区）工业制成品出口的增长，因为执行出口导向型策略的国家（地区）对外供应的变动将引起出口产品相对价格的下降。不过，笔者强调的是，贸易条件的这种作用仅仅强化了发展中国家（地区）作为一个集体不能期望复制 G-4 出口业绩的结论（Cline，1982：88）。

虽然 G-4 的酸性测试建议要谨慎行事，但这绝不意味着工业制成品出口应当被忽略。笔者对这一问题进行了后续分析（Cline，1984）。在这项研究中，笔者对工业化国家以主要非关税壁垒为手段实施贸易保护的逻辑模型进行了估计，其中非关税壁垒作为行业就业规模、进口渗透率水平和其他变量的函数。该模型的应用替代了对 1990 年从发展中国家（地区）进口工业制成品水平的预测，发现贸易保护并没有出现一般化的增长，虽然该预测确实预测到了美国非贸易壁垒发生率的显著上升（40%~47% 的市场覆盖率）。该预测基于对 20 世纪 70 年代增长率的简单推断，取得了实际年均 14% 的增长率，可以替代世界银行平均 10%

的预测。笔者的第二项研究指出，G-4 在 1990 年的基准水平可以转化为 1983—1990 年期间年均约 30% 的工业制成品出口增长率。同样，20 世纪 60 年代初至 1980 年韩国的工业制成品出口的实际增长率约为每年 30%。第二项研究（Cline，1984：129—130）因此推断：

> 发展中国家（地区）的工业制成品出口增长的速度限制值得好好观察……（它们）或许可以将自己的工业制成品出口扩大到达到每年 10%～15% 的实际增长率而不会引发强烈的贸易保护主义响应……但扩大到达到 30% 或更高则会引起市场容纳量与贸易保护问题。

Ranis（1985）对笔者 1982 年文章的批评主要有三个理由。第一，他认为，由于忽略了不同国家（地区）状况的不同或某些国家（地区）拥有大量土地及其他自然资源因而制造业水平较低的可能性，夸大了发展中国家（地区）工业制成品出口的潜在增长。第二，他认为 15% 的贸易保护响应门槛值的设定过于武断并认为它可能过低。第三，他强调，笔者的计算未能考虑南南工业制成品出口增长而非南北工业制成品出口增长的可能性。笔者的回应（Cline，1985）强调的是，在最重要的点上，笔者和 Ranis 达成了共识："规划者……不能指望贸易自由化给自己的国家（地区）带来和 G-4 已经取得的一样大的好处"（Ranis，1985：545）。对于第一点，笔者认为自己的文章实际上强化了这一要点。至于第二点，笔者注意到，发展中国家（地区）15% 的供应水平至少与笔者自己后来把来自工业化国家的供应考虑在内后针对大量行业的统计贸易保护方程的估计相一致（Cline，1984）。对于第三点，正如下面所讨论的，现有的历史记录显示发展中国家（地区）间相互的工业制成品出口份额只有微量增长。笔者的回应也强调了与 Ranis 的共识，即发展中国家（地区）间相互的出口增长的重要性，特别是在帮助各经济体调整债务危机方面。同时，笔者强调了自己 1984 年的研究中对于速度限制的发现。

Mayer（2003：2-3）曾调查了合成谬误的后续文献。他定义了合成谬误的四种版本：

> (i) Cline 开创了早期的版本（1982 年），他强调了发达国家的保护主义倾向……(ii) 较新的版本来自 Faini、Clavijo 和 Senhadji-Semlali（1992），他们关注局部均衡……[事实上]国家群体的出口需求弹性在绝对值上小于相应的单个国家的弹性……(iii) 一个版本是由 Havrylyshn（1990）定义并首先由 Martin（1993）验证

第 9 章 工业制成品出口与经济增长：再论合成谬误

的，突出了合成谬误的一般均衡性质……［另外］进一步的版本（iv）［聚焦于］与那些发达国家相比，发展中国家（地区）的工业制成品出口……价格是否一直下降。

尽管 Mayer 认为 Martin 运用一般均衡重述这一问题是一个重要的进展，但他仍指出该研究的"重要缺陷"，包括"产品分类过于宽泛……高且固定的替代弹性……没有考虑发达国家的调整成本"（Mayer, 2003：6）。他还指出，尽管一些后续的一般均衡模型的研究有所改进，但这些研究通常并没有改变过于宽泛的行业汇总。

关于第四个版本，Mayer 调查了大量的文献，综合得出了以下主要结论。首先，20 世纪 60 年代和 70 年代发展中国家（地区）工业制成品的贸易条件没有明显的下降，这并不包括有色金属，因为 20 世纪 70 年代早期其价格有大幅下滑。[①] 其次，从 20 世纪 70 年代到 80 年代后期，发展中国家（地区）工业制成品的易货贸易条件有小幅下降的趋势（出口价格相对于进口价格），根据一项研究约为每年 1% 的量级。然而，这无法和出口量的增长相比，收入的贸易条件（这一方法结合了出口数量，因此是一种使用实际进口容纳能力衡量出口收入的方法）提升得很快，根据同一研究约为每年 10% 的量级。再次，20 世纪 80 年代和 90 年代初，发展中国家（地区）间存在模式差异。东亚和南亚经济体工业制成品的易货贸易条件经历了小幅下降趋势，但最不发达国家则经历了每年约 5% 的强烈下降趋势，拉美国家则处于二者之间。最后，一些国家如韩国已经转移到价格更高、技术更复杂的工业制成品出口。Mayer 认为，更广泛地说，集中于劳动密集型工业制成品出口的国家已经经历了贸易条件下降。

Martin（1993：171）的研究值得进一步考虑，因为其声称一般均衡方法"可能会完全颠覆合成谬误的传统观点"。他的模型只有三个产品部门：制造业，其他商品与服务，以及非贸易商品。这个划分显然太宽泛以至无法解释贸易保护。例如，当服装和飞机混在一个部门时，就不可能分析出尽管飞机出口增长，但服装由于进口激增所面临的贸易保护压力增加。相反，这样的压力被假定不存在。但是，Martin 并没有明确测试贸易保护，虽然有些人可能错误地推断他的研究说明了这个问题；他认为合成谬误的论点完全改变是有趣的，因为他并没有测试它的

---

① 这也是 Cline（1984：165）中的发现。

一个主要命题。相反,他的分析只涉及合成谬误中的贸易条件变体。

他对这种变体最相关的测试是假定对于发展中国家(地区)的制造业产出存在10%的生产率冲击。然后,他认为一个孤立的区域(例如,东亚)与全体发展中国家(地区)的发生率存在差异。他发现无论在个体冲击还是联合冲击情况下,任何一个发展中国家(地区)区域的工业制成品出口的增长几乎统一为16%,在这两种冲击下,福利收益都很小,但因为在联合冲击下可以获得的进口工业制成品更廉价,因此福利收益系统性地更高一些。然而,应当强调的是,在早期韩国模式中许多年工业制成品出口的年增长率都达到了30%的水平(大大超过笔者的速度限制),在不到十年的时间内这将产生百分之几百数量级的增长,而不是16%。所以他假设16%的工业制成品出口增长的比较静态一般均衡测试相当于合成谬误假设测试中的一个稻草人。而且,因为他的模型还没有考虑在工业化国家引发的贸易保护(幸好如此,因为他的部门汇总排除了它)——而这恰是对合成谬误的工业制成品贸易条件变体的最佳测试——而是仅用很小的冲击与实际数十年的发展趋势相比较,因此不难发现,得到的影响程度很小。

关于工业制成品出口表现的证据汇总

表9.1显示了在过去四十年中发展中国家(地区)基准年份工业制成品的真实出口情况。基础数据以名义美元价值计价,参考了《国际贸易标准分类》(SITC)中第5类至第8类第68小类(有色金属,主要是铜)的出口。这些数据是由联合国贸易和发展会议(UNCTAD,2005)编译的。[①] 名义数据通过使用美国生产者价格指数(IMF,2006a)转化为2000年的美元价值,从而得到真实的估计值。

[①] 联合国贸易和发展会议的网上数据来自 table 4.1,Trade Structure by Commodity Group,1980-2004。对于1962年,基础数据来自世界银行(1983)。UNCTAD(2005)中一些特定国家的部分年份的数据不可用,估计的数据基于世界银行(2006)和国际货币基金组织(2006a)。尤其是,当UNCTAD(2005)提供的国家数据在2003年可用而在2004年不可用时,2004年工业制成品出口的数据是根据2004年出口总额与2003年出口总额的比率(来自IMF,2006a)获得的。对捷克和斯洛伐克1990年数据的估计是基于1988年捷克斯洛伐克的总量由1994年两个继承国按相对份额分配而获得的。对孟加拉国和巴基斯坦1962年数据的估计是基于1962年巴基斯坦的总量由1972年分治后两个国家按相对份额分配而获得的。

第9章 工业制成品出口与经济增长：再论合成谬误

表9.1　1962—2004年发展中国家(地区)的工业制成品出口

经济体	水平(2000年百万美元) 1962年	1980年	1990年	2000年	2004年	占出口总额的百分比(%) 1962年	1980年	1990年	2000年	2004年	实际年增长率(%) 1962—1980年	1980—1990年	1990—2004年
拉丁美洲													
阿根廷	164	2 740	4 129	8 538	8 991	3.2	23.1	29.3	32.3	29.0	15.7	4.1	5.6
玻利维亚	17	49	50	395	274	7.8	3.2	4.7	27.1	13.4	6.0	0.1	12.2
巴西	164	11 484	18 595	31 878	45 865	3.2	38.6	51.8	57.7	53.3	23.6	4.8	6.4
智利	84	1 120	952	2 800	3 602	3.8	16.1	9.8	15.4	12.9	14.4	−1.6	9.5
哥伦比亚	67	1 146	1 940	4 270	5 607	3.5	19.6	25.1	32.5	37.0	15.8	5.3	7.6
哥斯达黎加	38	523	446	3 595	3 544	9.7	35.3	26.8	65.5	62.2	14.6	−1.6	14.8
厄瓜多尔	8	110	72	414	502	1.4	3.0	2.3	8.6	7.3	14.3	−4.2	13.9
墨西哥	512	5 009	13 031	138 651	139 318	13.1	18.8	43.3	83.4	81.4	12.7	9.6	16.9
秘鲁	21	817	695	1 162	1 799	0.9	16.7	18.4	16.9	16.0	20.3	−1.6	6.8
委内瑞拉	662	488	2 096	2 724	3 881	6.7	1.7	10.2	8.8	11.3	−1.7	14.6	4.4
部分合计(10)	1 736	23 486	42 006	194 427	213 384	5.5	19.4	32.9	59.1	54.5	14.5	5.8	11.6
亚洲													
孟加拉国	138	740	1 377	4 588	4 702	26.0	67.6	77.5	89.6	89.6	9.3	6.2	8.8
中国	4 025	12 046	50 594	219 886	490 917	50.2	45.0	71.4	88.2	91.4	6.1	14.4	16.2
中国香港	2 692	26 539	86 373	192 479	226 293	83.6	91.1	91.8	95.0	94.2	12.7	11.8	6.9
中国台湾	537	30 344	70 856	141 061	145 676	57.9	103.9	92.6	95.1	92.8	22.4	8.5	5.1
印度	2 642	6 526	14 299	34 591	54 625	44.9	58.6	69.8	76.4	84.1	5.0	7.8	9.6
印度尼西亚	8	737	10 323	35 241	32 415	0.3	2.3	35.2	56.7	55.5	24.9	26.4	8.2
韩国	42	24 059	69 190	154 892	209 079	17.9	89.9	93.2	89.9	91.0	35.3	10.6	7.9
马来西亚	243	3 600	18 110	78 930	86 365	5.4	18.8	53.9	80.4	75.4	15.0	16.2	11.2

189

续前表

经济体	水平（2000年百万美元）			占出口总额的百分比（%）					实际年增长率（%）		
	1962年	1980年	1990年	2000年	2004年	1962年	1980年	1990年	2000年	2004年	1962—1980年	1980—1990年	1990—2004年
巴基斯坦	407	1 899	5 016	7 801	10 314	28.5	49.1	78.8	84.8	85.2	8.6	9.7	5.1
菲律宾	109	1 804	3 533	34 775	32 245	5.1	21.1	37.8	91.3	89.8	15.6	6.7	15.8
新加坡	1 375	12 333	42 797	117 654	134 406	29.4	43.1	71.1	85.4	83.4	12.2	12.4	8.2
斯里兰卡	25	252	1 161	3 463	3 668	1.6	16.2	53.2	63.8	73.9	12.8	15.3	8.2
泰国	88	2 405	16 645	51 776	65 180	4.6	25.0	63.2	75.3	74.8	18.4	19.3	9.8
部分合计(13)	12 331	123 284	390 276	1 077 135	1 495 885	32.6	54.1	77.2	86.7	87.6	12.8	11.5	9.6
G-4("亚洲四小龙")	4 646	93 275	269 216	606 085	715 454	51.3	82.0	88.3	91.7	90.8	16.7	10.6	7.0
欧洲													
捷克	—	—	8 383	25 681	53 747	—	—	84.9	88.4	90.3	—	—	13.3
匈牙利	—	8 438	7 568	24 192	43 734	—	65.8	69.1	86.1	88.0	—	−1.1	12.5
波兰	—	15 247	8 371	25 345	53 863	—	67.3	58.2	80.2	80.7	—	−6.0	13.3
斯洛伐克	—	1 156	10 021	22 525	48 429	1.0	26.9	67.7	82.0	84.8	23.5	21.6	11.3
土耳其	17	—	38 325	107 684	221 101	—	—	71.3	84.0	85.7	—	—	12.5
部分合计(5)	—	—	—	—	—	—	—	—	—	—	—	—	—
中东和北非													
阿尔及利亚	130	71	332	319	355	16.1	0.3	2.6	1.4	1.2	−3.4	15.4	0.5
埃及	277	492	1 250	974	2 026	16.5	10.9	42.4	21.0	29.7	3.2	9.3	3.5
以色列	29	6 726	11 914	29 571	33 006	2.5	82.2	86.6	94.2	94.4	30.2	5.7	7.3
约旦	21	297	677	954	2 496	29.4	35.0	55.8	73.8	70.9	14.7	8.2	9.3
		835	2 525	4 761	5 988	8.6	23.5	52.3	64.1	67.9	10.5	11.1	6.2

第9章 工业制成品出口与经济增长：再论合成谬误

续前表

经济体	水平(2000年百万美元) 1962年	1980年	1990年	2000年	2004年	占出口总额的百分比(%) 1962年	1980年	1990年	2000年	2004年	实际年增长率(%) 1962—1980年	1980—1990年	1990—2004年
摩洛哥	126	204	1 716	360	551	10.2	6.6	35.7	7.8	11.3	5.8	21.3	−8.1
叙利亚	71	1 179	2 760	4 505	6 795	8.6	35.7	69.1	77.0	77.5	18.5	8.5	6.4
突尼斯	42	9 805	21 174	41 443	51 217	10.9	21.0	48.0	53.6	52.9	14.7	7.7	6.3
部分合计(7)	696	—	—	—	—	—	—	—	—	—	—	—	—
非洲	—	364	3	1 101	1 048	0.9	12.9	0.1	14.3	8.9	7.9	−48.9	42.5
安哥拉	88	73	202	78	118	3.2	3.8	8.5	4.3	5.2	8.2	10.1	−3.9
喀麦隆	17	313	473	521	994	1.0	6.8	13.5	14.4	18.8	20.1	4.1	5.3
科特迪瓦	8	1	17	44	72	2.5	0.2	5.0	9.2	11.8	−9.6	24.5	10.3
埃塞俄比亚	8	1	46	156	181	3.7	0.1	4.9	9.3	25.8	−19.6	34.3	9.8
加纳	50	309	348	325	511	8.7	15.1	29.7	20.7	21.0	10.6	1.2	2.7
肯尼亚	46	36	48	476	87	5.3	6.3	14.4	58.2	22.5	3.0	2.9	4.2
马达加斯加	21	184	917	1 203	1 235	29.7	28.9	65.8	80.8	70.9	4.6	16.1	2.1
毛里求斯	80	202	97	56	706	7.3	0.5	0.6	0.2	2.5	1.9	−7.4	14.2
尼日利亚	143	106	201	187	460	4.0	15.1	22.5	26.9	38.5	9.0	6.4	5.9
塞内加尔	21	6 842	8 018	14 045	20 563	14.3	18.1	29.8	53.9	56.5	9.1	1.6	6.7
南非	1 329	123	71	106	172	11.0	16.2	18.7	16.2	12.9	3.4	−5.5	6.3
坦桑尼亚	67	52	28	59	165	5.9	10.6	9.1	30.8	47.3	14.0	−6.3	12.7
多哥	4	638	518	539	491	8.1	56.9	30.8	28.0	28.2	8.8	−2.1	−0.4
津巴布韦	130	9 246	10 986	18 897	26 802	7.2	9.8	18.2	24.9	28.4	8.5	1.7	6.4
部分合计(14)	2 013	165 821	464 442	1 331 903	1 787 287	16.2	33.9	63.0	77.2	78.0	12.7	10.3	9.6
发展中国家(地区)	—	—	—	—	—	—	—	—	—	—	—	—	—

续前表

经济体	水平(2000年百万美元)			占出口总额的百分比(%)				实际年增长率(%)		
	1980年	1990年	2004年	1962年	1980年	1990年	2000年 2004年	1962—1980年	1980—1990年	1990—2004年
除去5个欧洲国家的44个国家(地区)	—	502 767	1 439 587 2 008 387	—	—	63.5	77.7 78.8	—	—	9.9
包含5个欧洲国家的49个国家(地区)	—	—	—	—	—	—	— —	—	—	—

——数据不可用。
资料来源:见正文。

第 9 章 工业制成品出口与经济增长：再论合成谬误

出于检验合成谬误假设的目的，表 9.1 最重要的是对 1980 年后发展中国家（地区）工业制成品总出口增长的估计。就除去 5 个欧洲国家的 44 个经济体而言，在 1980—1990 年这一总量实际增长了 10.3%，而在 1990—2004 年增速几乎一样，为 9.6%。这意味着过去四分之一世纪总增长率在 Cline（1982）提出的 12% 左右的限制以下。加上欧洲 5 国后在 1990—2004 年期间工业制成品出口的总增长率为 9.9%。即使在亚洲，实际的工业制成品出口的总增长率也在 12% 的速度限制以内，在 1980—1990 年平均为 11.5%，而在 1990—2004 年平均为 9.6%。

当然，考虑到每年的大幅增长，对应的绝对数量增长仍是剧烈的。对于表中的 44 个非欧洲国家（地区），工业制成品的实际出口从 1962 年的 168 亿美元（按 2000 年价格计算）猛增到 1980 年的 1 658 亿美元、1990 年的 4 644 亿美元、2000 年的 1.33 万亿美元以及 2004 年的 1.79 万亿美元。

中国在该过程中是一个重要的异常项。在 1962—1980 年每年相对温和地增长 6.1% 后，在 1980—1990 年其实际工业制成品出口每年增长了 14.4%。在 1990—2004 年这一速率提高到了每年 16.2%。此外，最近这一速率进一步加快了。中国在 1990—2000 年年增长率为 14.7%，而 2000—2004 年则飙升至每年 20.1%。

表 9.1 还包括以下其他关键内容。原来的 G-4 的工业制成品出口增长速度在 20 世纪 90 年代明显下降了。1962—1980 年这一集团作为一个整体（韩国为 35%）按年计算的增长率为 16.7%，而 1980—1990 年速度回落至 10.6%，到了 1990—2004 年又下降到了 7%。随着 G-4 工业制成品出口的减速以及中国工业制成品出口的加速增长，G-4 的总工业制成品出口从 1980 年的约为中国的 8 倍，到 2004 年下降到只约为 1.5 倍。

与 G-4 出现减速相对，包括中国在内的许多其他国家（地区）则出现了令人印象深刻的加速。在 1990—2004 年间，十几个发展中国家（地区）每年的平均实际工业制成品出口增长超过了 12%：玻利维亚，哥斯达黎加，厄瓜多尔，墨西哥，菲律宾，五个欧洲国家中的四个，毛里求斯，坦桑尼亚。特殊因素有助于解释这些结果。这些包括东欧与欧洲联盟（简称欧盟，EU）市场在 1990—2004 年的一体化，《北美自由贸易协定》框架下墨西哥与北美市场的整合，以及英特尔在哥斯达黎加建立供应世界市场的大型半导体厂的决定。

虽然六个国家（厄瓜多尔、匈牙利、波兰、哥斯达黎加、毛里求斯和坦桑尼亚）在 1990—2004 年间的高速率可能会产生误导，因为它们在20世纪80年代的增长率是负值,但是基本模式是相当数量的国家(地区)实现了工业制成品出口很高的实际增长,这令人瞩目。这49个国家(地区)在1990—2004年的工业制成品出口的年均实际增长率为9.9%,中位速率为9.2%,显示出增长并没有被中国和其他一些国家(地区)垄断。印度日益成为一个工业制成品出口快速增长的国家,平均增长从20世纪六七十年代的5%上升到80年代的7.8%、1990—2004年的9.6%。

表9.1中另一种显而易见的模式是,尽管工业制成品出口出现了相对持久的快速增长,但是增长往往随着时间的推移而放缓。就44个国家(地区)全时期的可用数据而言,总的实际工业制成品出口增长率从1962—1980年的每年12.7%下降到1980—1990年的10.3%、1990—2004年的9.6%。增长率放缓是因为20世纪六七十年代增长的基础水平非常低。

除了探究工业制成品出口的实际增长率外,也可以通过查看当今发展中国家(地区)工业制成品出口占GDP的比重是否达到了1980年G-4的水平来测试合成谬误的观点。这个测试比笔者在1984年的书中所做的测试更为宽松,这个测试考虑到1990年而不是2004年是否达到G-4的比重。表9.2显示了17个2004年工业制成品出口最多的发展中国家(地区)工业制成品出口占GDP的比重。[①] 它们合计占2004年表9.1所示49个经济体工业制成品出口总量的90.5%。

表9.2　　　　　　　　　1980年和2004年的工业制成品出口

经济体	美元现值（百万美元）		占GDP的百分比（%）	
	1980年	2004年	1980年	2004年
中国	8 150	542 463	4.3	28.1
中国香港	17 956	250 054	62.8	153.4
韩国	16 279	231 032	25.5	34.0
中国台湾	20 531	160 972	49.6	52.6
墨西哥	3 389	153 946	1.7	22.8
新加坡	8 344	148 519	71.2	139.0
马来西亚	2 435	95 433	9.8	80.7
泰国	1 627	72 024	5.0	44.5
印度	4 415	60 361	2.4	8.7
土耳其	782	53 514	1.1	17.7
巴西	7 770	50 681	3.3	8.4

---

① 不包含波兰和捷克,因为二者1980年的数据不可用。

续前表

经济体	美元现值（百万美元）		占 GDP 的百分比（%）	
	1980 年	2004 年	1980 年	2004 年
匈牙利	5 709	48 326	25.8	48.0
以色列	4 551	36 471	20.9	31.2
印度尼西亚	499	35 819	0.6	13.9
菲律宾	1 221	35 631	3.8	42.1
南非	4 629	22 722	5.7	10.7
巴基斯坦	1 285	11 397	5.4	11.9

资料来源：China, DGBAS, 2005; UNCTAD, 2005; World Bank, 2006.

1980 年 G-4 的工业制成品出口占 GDP 的简单平均值为 52.2%。如果我们应用此门槛值，那么 17 个经济体中只有 4 个在 2004 年达到了 G-4 的水平。3 个是原来的 G-4 经济体（中国香港、中国台湾和新加坡）；第四个是新的经济体——马来西亚。

韩国仍然没有达到原来的 G-4 的平均水平。当然，G-4 中 2 个是城市（中国香港和新加坡）。它们的工业制成品出口包括转口货物而且包含了大量进口投入。今天它们的工业制成品出口实质上已经超过 GDP，平均为 GDP 的 146%。假设仅仅把韩国和中国台湾 1980 年的平均水平即 GDP 的 37.6% 作为 G-4 的基准，那么、泰国、匈牙利和菲律宾等国也将加入该名单，达到 G-4 的水平（讽刺的是，韩国仍然达不到标准）。如果测试进一步降低基准，仅以 1980 年韩国工业制成品出口占 GDP 的比重（25.5%）衡量，那么在 2004 年通过这项测试的经济体名单将进一步拉长，加上中国、韩国自身和以色列。这三个逐渐降低标准的测试分别涵盖了表 9.2 中 17 个经济体工业制成品出口的 33%、40% 和 81%。

总之，如果把 G-4 的工业制成品出口在 GDP 中所占的份额作为测试标准，那么严格地说，即使是对于过去四分之一世纪中主要发展工业生产的发展中国家（地区），G-4 的模型也没有被大量复制。即便如此，它们也比许多人所预料的更为接近。20 世纪 80 年代初绝大部分发展经济学家都不太可能预计中国将达到韩国（当时）工业制成品出口约占 GDP 四分之一的水平。当时不会有这种看法是因为：首先，国内经济政策不会导致这样的结果（因为改革最近才发生）；其次，如果中国试图复制韩国的成功，它很可能在世界市场中陷入困境。

表 9.1 和图 9.1 共同显示了发展中国家（地区）的出口从 20 世纪 60 年代初以原材料为主导到现在以工业制成品为主导的变化。对于 44

个非欧洲国家（地区），工业制成品出口从 1962 年仅占出口总额的 16% 上升到 2004 年的 78%。在 1962 年只有三个经济体的工业制成品出口占出口的一半以上：中国、中国香港、中国台湾。到 2004 年，有 23 个非欧洲国家（地区）的工业制成品出口占出口的一半以上，略微超过这些国家（地区）总数的一半。如果每个经济体都按占 2004 年总人口的份额加权，那么工业制成品出口占出口总额的加权平均值会从 1962 年的 31.5% 上升到 2004 年的 72.7%。所以无论是基于贸易值还是人口，在过去的四分之一世纪中发展中国家（地区）作为一个整体已经从用约四分之三的出口收入换取工业制成品（基于人口，若基于价值，则多于五分之四），转变为以工业制成品取得约四分之三的出口收入（在这两个标准下都成立）。

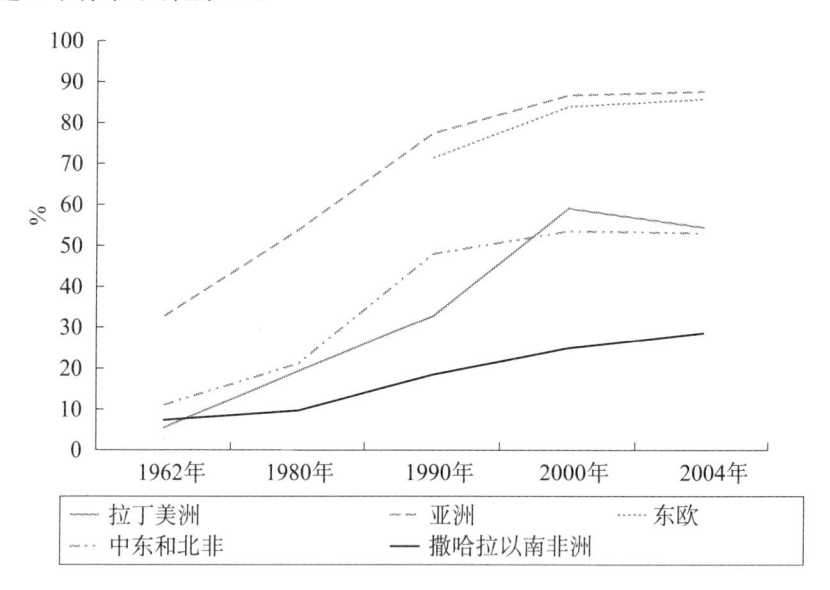

图 9.1　1962—2004 年工业制成品出口占出口总额的比重

资料来源：见正文和表 9.1。

但是，区域之间的工业制成品出口也存在着巨大差异。今天每一个表 9.1 中的亚洲和欧洲发展中国家（地区）都靠工业制成品取得一半以上的出口收入。与此相反，表 9.1 中的 10 个拉丁美洲国家中只有 3 个、7 个中东和北非国家中只有 4 个、14 个非洲国家中只有 2 个达到这一水平。非洲国家工业制成品出口占出口份额的平均值仅有 28%。拉丁美洲国家作为一个群体，工业制成品出口所占份额为 54%，反映了两个最大的经济体（尤其是墨西哥）相对较高的工业制成品出口份额，以及

第9章 工业制成品出口与经济增长：再论合成谬误

大部分较小国家较低的份额（除去哥斯达黎加这个显著的例外）。

图 9.1 显示了工业制成品出口份额三个不同程度的分层。亚洲和东欧国家（地区）在顶层，拉丁美洲以及中东和北非国家（地区）在中层，撒哈拉以南非洲国家（地区）在底层。这种模式体现了下面两个明显的影响：自然资源和阶段式发展。

2004 年的一个简单的统计横截面回归分析显示了这些对工业制成品出口份额的影响。估计方程如下：

$$Z=-89.1-10.34\ln A+10.68\ln y-35.64D_o+5.70\ln N \quad (9.1)$$
$$(-4.3)\ (-4.7)\quad (4.4)\qquad (-3.8)\quad (2.1)$$

调整后的 $R^2=0.667$；括号内是 t 统计量，其中 Z 表示工业制成品出口占出口总额的百分比，A 表示人口密度（每平方公里人数），Y 表示人均国民总收入的市场价格（不是购买力平价），如果这个国家是主要的石油出口国，则 $D_o=1$，否则 $D_o=0$，N 为以百万计量的人口数（数据来自 World Bank，2005）。

正如预期的那样，较高的人均收入与较高的工业制成品出口份额有关，反映了足以在更大的潜在范围内满足世界竞争的质量的行业标准。拥有较多人口的经济体也提升了工业制成品出口份额，反映了规模经济。平均而言，一个主要拥有石油资源并进行出口的国家的工业制成品出口比例比不具备这一条件的国家的预测值要低约 36%。人均土地禀赋较高的国家（A）的份额也较低。例如，其他条件不变，仅从阿根廷的人口密度（每平方公里 13 人，或 $A=0.077$）变动到印度的水平（每平方公里 358 人或 $A=0.0028$），则预计工业制成品出口占出口总量的份额将提高 34.3 个百分点。

在表 9.1 的经济体中，拉丁美洲国家人口密度的中位数为每平方公里 21 人，非洲为 53 人，中东和北非为 65 人，欧洲为 110 人，亚洲为 298 人。所以，更多的人均土地供应预计将导致拉丁美洲的工业制成品出口份额比亚洲低 27.4 个百分点，同样使非洲比亚洲低 17.9 个百分点。

这些估算表明，即使人均收入提高，非洲、拉丁美洲以及中东和北非国家的工业制成品出口份额低于亚洲和欧洲的范围也会逐步扩大。这种逐步扩大的趋势在图 9.1 中已经很明显了。然而，较低的基数使得工业制成品出口的较高增长仍可能持续一段时间，对于这三个具有较高土地禀赋的区域也是如此。

与此同时，图 9.1 中的趋势也反映了一个简单的事实即亚洲工业制成品产出的增长要比拉丁美洲、中东和北非更为迅速。因此，世界银行（2005：fig. 4.3a）估计，1990—2003 年东亚和太平洋地区的发展中国家（地区）的工业制成品实际增加值增长了约 270%，南亚则增长了约 100%，而中东和北非只有约 75%，拉丁美洲和撒哈拉以南非洲只有 25%。由于所有区域都面对大致相同的国际市场，国内因素而不是交易策略可能更能解释大部分工业制成品产出表现的差异，这又在很大程度上决定了工业制成品出口的表现。东亚和太平洋地区的整体经济增长显著高于（从 1980 年到 2000 年大约每年为 8%）拉丁美洲以及中东和北非地区（平均每年约 2.5%）。投资更多是一个主要原因，东亚和太平洋地区在 1990 年的投资约为 GDP 的 32%，而在 2003 年约为 39%，相比之下，拉丁美洲地区对应的比例分别约为 17% 和 18%（World Bank, 2005：figs. 4b, 4.10a）。总之，东亚工业制成品出口的增长比大多数其他发展中地区更为迅速的原因似乎是更高比例的投资以及更为迅速的经济增长。

最后，考察为什么 20 世纪 80 年代进口自发展中国家（地区）的工业制成品并不会给工业化国家市场带来负担这一论点是有意义的：越来越多的发展中国家（地区）的工业制成品出口发生在彼此之间而不是出口给工业化国家。近期这一论点的一个重要转变是东亚 G-4 经济体已经缓解了给工业化国家市场带来的压力而中国加大了这种压力，因为它们已经把生产的部分工业部件用于中国对工业化国家市场的出口。这样，一些工业化国家从中国进口的增加实质上代表了过去来自 G-4 新兴工业化经济体的进口的重定向。

表 9.3 通过考虑 2004 年工业制成品出口绝对规模排名前 20 位的发展中国家（地区）来考察，这些经济体在 2004 年的工业制成品出口合计为 19 500 亿美元，占表 9.1 中 49 个经济体总量的 97%。[①] 在这 20 个经济体中，前 3 个经济体的工业制成品出口之和达到了出口总额的 75% 或更多（前 11 个经济体的工业制成品出口之和达到了出口总额的 85% 或更多）。由于其庞大的规模，三个工业制成品出口份额较低的经济体也进入了前 20 位：巴西（53.3%）、印度尼西亚（55.5%）和南非（56.5%）。但是对于实际的目的来说，这 20 个经济体已经充分显示了出口结构中工业制成品出口的导向，它们总出口的地理趋势可以表明其工业制成品出口的地理趋势。

[①] 表 9.1 中的数据都按 2000 年美国生产者价格指数进行了调整。

如表 9.3 所示，对于大部分经济体（12 个）来说，从 1980 年到 2004 年对工业化国家市场的出口占出口总量的比例确实有下降的趋势。G-4 经济体中的 3 个下降幅度非常大（韩国、中国香港和中国台湾），均从 1980 年约占出口的三分之二，下降到 2004 年的五分之二左右（尽管新加坡基数低得多，下降也少得多）。

表 9.3　2004 年工业制成品出口绝对规模排名前 20 位的发展中国家（地区）

经济体	2004 年的工业制成品出口（以 2000 年十亿美元计价）	对工业化国家的出口占出口总额的份额（%）1980 年	2003 年
中国	491	46.4	54.6
中国香港	226	62.9	40.6
韩国	209	67.2	43.7
中国台湾	146	68.0	43.5
墨西哥	139	87.2	94.1
新加坡	134	41.1	38.9
马来西亚	86	59.8	46.0
泰国	65	58.0	51.5
印度	55	49.6	46.7
波兰	54	38.0	74.8
捷克	54[a]	24.2	90.4
土耳其	48	58.1	64.9
巴西	46	59.7	54.3
匈牙利	44	32.6	79.3
以色列	33	81.8	74.6
印度尼西亚	32	77.7	51.6
菲律宾	32	75.4	54.5
斯洛伐克	21[a]	24.2	69.1
南非	21	66.8	64.4
巴基斯坦	10	37.0	55.6
总计	1 947	58.7	54.9

a. 1980 年。
资料来源：IMF，2006a，2006c；UNCTAD，2005.

但是，另一个方向上也有巨大变动，尽管变动的经济体数目不多，总量却并不小。东欧经济体对工业化国家市场的出口份额的增幅是巨大的，反映出冷战贸易安排的完结和欧盟的一体化。墨西哥也进一步提高了其对北美市场的依赖性。而中国——2004 年最大的工业制成品出口经济体——持续增加了对工业化国家市场的出口份额，部分原因是它扩大了直接出口，减少了通过中国香港的出口中转。①

总体而言，工业制成品出口排名前20位的经济体对工业化国家市场的出口占出口总额的加权平均份额下降了，但只是少量的，从约59%下降至约55%。所以，虽然发展中经济体越来越多地改变它们的工业制成品出口的目的地，从工业化国家转向其他发展中经济体的假设被证明是正确的，但是这种影响的程度很小，其在减轻工业化国家市场压力上的作用是微弱的。因此，如果这些发展中经济体对工业化国家的工业制成品出口份额一直保持不变，那么期末增加的份额将仅比实际的结果高约4个百分点，这反过来只会使工业化国家从这些经济体进口工业制成品的绝对水平提高约7%。

一些经济体对美国市场的出口份额不断上升是这个结果背后的原因。中国对美国的出口份额增幅是巨大的，从1980年的5.6%上升到2004年的21.2%。墨西哥对美国的出口占墨西哥出口总额的份额的增幅也是巨大的，从66.0%上升到87.6%。

中国工业制成品的出口部分替代了而不是增加了东亚G-4经济体工业制成品出口的次假说从数据中得到了更多支持。表9.4显示了G-4对中国出口的巨大增幅，从1980年仅占出口总额的约2%至2004年约占25%。就韩国和中国台湾而言，因为冷战对市场的封锁，1980年的数额近似为零。

表9.4　　1980年和2004年东亚G-4经济体对中国的出口

经济体	1980年 百万美元	占出口总额的百分比（%）	2004年 百万美元	占出口总额的百分比（%）
韩国	0	0.0	35 110	18.2
中国香港	1 249	6.4	95 477	42.7
新加坡	307	1.6	10 134	7.0
中国台湾	0	0.0	32 377	22.5
G-4	1 556	2.1	173 098	24.6

资料来源：IMF，2006a；UNCTAD，2005.

1980—2004年G-4出口到美国市场的份额相对缩小：韩国从约27%下降到18%，中国香港从26%下降到19%，而中国台湾也从37%

---

① 中国香港市场在1980年占中国出口总量的24%，而2003年这一数值只有17.4%（IMF，2006b）。

下降到17%。①

行业进口渗透率的证据

发展中国家（地区）相对增长较快的工业制成品出口虽然在上面提到的速度限制以内，但如果过度集中在少数行业，导致这些行业有非常高的进口渗透率，根据最初的合成谬误假设，仍然可能会引发贸易保护。

联合国工业发展组织（UNIDO，2006）编制的贸易、生产和表观消费量（国内产量减去出口量加上进口量）在行业层面的详细估计可用于考察行业进口渗透率水平的趋势。1981—1995年期间利用这些数据所整理的结果列在表9.5和表9.6中，1995—2003年期间的结果则列在表9.7和表9.8中。② 具有进口趋势的工业化国家包含以下国家：美国、日本、德国（在第一个时期为联邦德国）、法国和加拿大。对美国市场中来自发展中国家（地区）的总工业制成品进口最多的那些行业进行分析，在第一个时期合计占美国市场的94%，平均占其他5个工业化国家市场的78%，而在第二个时期两个数字分别为90%和约87%。

表9.5　1995年发展中国家（地区）对工业化国家的主要工业制成品出口

单位：百万美元

ISIC第二版代码	进口类别	美国	日本[a]	德国[b]	法国	英国[c]	加拿大[d]
3113	罐装蔬菜、水果	946	688	2 258	1 480	1 435	618
3115	脂肪与动植物油	865	491	619	342	745	205
3211	纺织纺纱、织造、染整	3 609	2 261	1 395	2 615	1 171	522
3212	除服装以外的纺织品	1 694	589	1 009	——	387	138
3220	不包括鞋类的服装	27 723	7 588	7 086	4 432	3 065	1 342
3240	非橡胶、塑料制造的鞋类	2 335	359	3 069	1 423	1 159	257
3311	锯木业	1 635	3 685	426	494	592	67
3319	未包含在其他分类中的木材与软木产品	974	423	195	——	131	——

---

① 对中国台湾的估计把加拿大也包含在美国之内（UNCTAD，2005）。

② 把两个时期分开是必要的，因为前者的数据来自《国际标准产业分类》（ISIC）（第二版），后者来自《国际标准产业分类》（第三版），前者的类别少于后者，并且部分分类有所不同。

续前表

ISIC第二版代码	进口类别	美国	日本[a]	德国[b]	法国	英国[c]	加拿大[d]
3320	非金属家具	3 742	479	2 992	1 963	1 226	1 311
3411	纸浆、纸类、纸板	1 043	301	227	345	194	33
3420	印刷品	2 369	583	1 258	1 733	1 565	2 029
3511	基础化工产品	4 578	1 934	583	1 310	293	317
3513	塑料与复合纤维	1 598	438	214	—	119	80
3529	其他化学品	2 735	789	—	1 303	1 172	578
3530	石油炼化产品	6 910	4 821	617	731	692	213
3551	轮胎与橡胶管	961	95	248	277	135	154
3560	未包含在其他分类中的塑料制品	2 813	500	3 108	2 788	2 308	1 109
3610	陶瓷	1 278	65	203	174	124	117
3620	玻璃制品	863	189	197	100	119	88
3710	钢铁	4 743	3 037	594	234	120	265
3720	有色金属	2 750	2 890	1 371	1 067	481	166
3811	餐具、工具及五金产品	2 245	206	346	1 481	275	244
3812	金属家具	773	108	1 003	—	473	304
3819	除机械、设备以外的金属制品	4 015	583	807	—	573	415
3823	金属及木工机械	1 792	442	522	—	297	211
3824	其他工业机械	891	138	62	—	110	71
3825	办公、计算和会计设备	34 490	2 486	2 138	—	1 970	1 724
3829	未包含在其他分类中的非电子设备	7 728	1 705	—	—	1 343	—
3831	电子工业设备	6 526	1 506	494	5 654	363	296
3832	广播、电视和消费电子产品	47 112	4 453	5 091	—	4 339	2 857
3833	家用电器	1 724	164	104	—	128	119
3839	其他电子仪器	7 852	810	622	—	265	423
3841	造船业	794	72	215	394	71	79
3843	汽车	15 134	327	399	922	396	1 686
3844	摩托车和自行车	997	—	168	208	213	—
3851	科学设备	5 982	2 696	3 412	6 361	2 980	2 809
3852	摄影及光学产品	7 323	801	2 915	—	1 973	1 180
3853	钟表	1 770	689	636	—	372	96
3901	珠宝相关产品	3 495	1 179	757	1 979	—	142
3903	体育用品	884	800	245	—	182	449

续前表

ISIC第二版代码	进口类别	美国	日本[a]	德国[b]	法国	英国[c]	加拿大[d]
3909	未包含在其他分类中的工业制成品	2 676	449	1 294	—	1 358	712
	以上合计	230 365	51 818	48 899	39 811	34 909	23 426
	其他类别	14 431	11 902	17 292	14 355	9 513	5 288
	总计	244 796	63 720	66 191	54 166	44 422	28 714

注：分类依据为《国际标准产业分类》(第二版)的四位代码。
—＝数据不可用。
a. 1993年。
b. 1990年（联邦德国）。
c. 1992年。
d. 1994年。
资料来源：UNIDO，2006a。

就各行业的相对重要性而言，到1995年传统上最重要的部门——服装已经失去了第一的位置。美国进口的服装占当时从发展中国家（地区）进口的工业制成品总额的11%，但已经被广播、电视和消费电子产品的19%以及办公、计算和会计设备的14%超越（见表9.5）。这三个行业的主导地位大致持续到2002年（见表9.7）。

测试合成谬误假设的贸易保护版本的主要趋势在进口渗透率中被发现了。到1995年，和20年前的水平相比，一些部门的该指标已经上升到相当高的水平。此时来自发展中国家（地区）的进口服装的进口渗透率在美国约为34%，而在其他主要工业化国家则为25%左右（见表9.5）。这代表1981年后该比例大幅上升，因为1981年两个比例相应的数值均为约12%。类似的大幅上升也发生在办公设备（在美国从1981年只有2%上升到1995年的31%）以及广播、电视和消费电子产品（在美国、英国和加拿大同比增长约10个百分点，接近翻倍，但在日本和德国则不然）行业；陶瓷在美国、英国和加拿大市场也有类似的增长；在美国和加拿大摩托车和自行车的比例从接近零激增至约20%（见表9.5）。

本来在1981年预言未来14年后服装的进口渗透率可能会翻倍而不引起更严厉的贸易保护是了不起的。然而，这一趋势此后仍在持续，2003年美国从发展中国家（地区）进口服装的进口渗透率达到约53%，在其他主要工业化国家也约为49%（见表9.8）。其他行业的比例甚至更高：在美国鞋类为79%，箱包为69%，游戏与玩具为68%，针织品为63%。在美国市场办公设备和电脑向服装看齐，占表

表 9.6　1995年从发展中国家进口的产品占表观消费量的百分比(%)以及相对1981年的变化

ISIC第二版代码	进口类别	1995年 美国	日本[a]	德国[b]	法国	英国[c]	加拿大[d]	相对1981年的变化百分比(%) 美国	日本[a]	德国[b]	法国	英国[c]	加拿大[d]
3113	蔬菜、水果	2.7	6.4	28.1	—	35.6	17.7	1.5	0.9	−5.2	—	—	3.0
3115	油类、脂肪	4.3	6.2	14.5	—	19.0	19.1	1.5	1.3	−4.2	—	—	3.8
3211	纺织品	7.9	7.2	10.8	11.5	12.8	15.0	4.0	0.3	4.3	4.6	—	9.0
3212	除服装以外的纺织品	6.4	4.6	31.1	—	16.5	4.0	4.7	2.4	−12.1	—	—	0.9
3220	服装	33.8	20.8	29.7	28.0	25.8	22.7	21.7	11.2	10.6	21.2	9.9	12.1
3240	鞋类	17.7	6.5	46.4	34.9	30.8	22.3	5.9	2.3	11.1	11.2	5.4	8.3
3311	锯木业	2.4	7.6	3.5	3.7	11.9	0.9	−0.2	5.0	−0.6	0.3	—	−0.6
3319	木材、软木	14.3	10.0	7.2	—	3.2	—	8.6	5.1	3.1	—	—	—
3320	家具	7.5	2.0	18.4	17.6	12.5	37.3	3.9	0.9	—	4.4	1.9	29.6
3411	纸制品	1.3	1.0	—	1.3	2.0	0.8	1.0	0.2	—	0.7	0.9	0.7
3420	印刷品	1.3	0.5	6.7	4.5	4.6	17.0	0.5	0.0	1.3	−0.4	0.8	4.1
3511	化工产品	4.6	4.1	—	3.9	1.2	4.1	3.1	1.0	—	1.5	0.0	2.2
3513	塑料与复合纤维	2.9	1.1	—	—	1.3	1.6	2.5	0.1	—	—	0.9	1.0
3529	其他化学产品	7.1	3.8	—	—	24.5	13.8	2.2	−2.2	—	—	5.4	5.4
3530	石油炼化产品	4.9	7.0	1.0	1.8	2.3	1.4	1.1	−2.8	−1.0	−1.1	−0.8	0.3
3551	轮胎与橡胶管	6.2	1.5	2.2	4.4	4.9	2.8	4.4	0.9	0.4	3.0	—	1.7
3560	塑料	2.3	0.5	9.5	12.1	11.6	14.6	0.2	0.1	1.3	1.1	1.8	2.3
3610	陶瓷	23.4	1.1	9.4	—	6.8	34.7	14.5	0.6	1.6	—	3.5	17.9

第9章 工业制成品出口与经济增长：再论合成谬误

续前表

ISIC 第二版代码	进口类别	1995年 美国	日本[a]	德国[b]	法国	英国[c]	加拿大[d]	美国	相对1981年的变化 日本[a]	德国[b]	法国	英国[c]	加拿大[d]
3620	玻璃制品	4.0	1.3	2.6	1.6	2.9	5.3	3.1	0.5	1.1	0.7	1.6	3.6
3710	钢铁	4.7	2.4	1.6	0.9	0.7	2.7	3.2	0.9	1.0	−0.3	0.2	1.4
3720	有色金属	3.5	6.7	6.1	5.8	4.5	4.8	−1.2	−1.5	0.4	−0.7	−1.9	3.2
3811	五金制品	10.9	2.9	3.3	3.1	—	13.2	7.0	1.9	1.2	1.3	—	9.5
3812	金属家具	4.5	1.7	19.8	—	26.2	46.8	3.6	0.7	0.6	—	—	21.0
3819	其他金属制品	4.3	0.8	2.3	—	3.4	5.3	3.1	0.5	0.7	—	—	4.2
3823	金属机械	5.0	1.8	4.5	—	4.3	—	3.9	1.5	3.2	—	3.3	—
3824	其他工业机械	1.6	0.3	0.2	—	1.1	1.5	1.2	0.2	0.1	—	0.6	1.3
3825	办公设备	31.3	3.0	13.1	—	10.9	—	29.1	2.1	12.1	—	9.2	—
3829	其他设备	5.3	1.5	—	—	5.4	—	3.6	0.5	—	—	1.8	—
3831	电子设备	13.4	2.2	1.0	8.6	2.8	6.4	10.6	0.8	0.5	5.0	2.0	5.6
3832	广播、电视和消费电子产品	21.3	2.4	9.9	—	16.9	19.3	11.5	1.6	3.4	—	10.4	7.0
3833	家用电器	16.1	0.4	1.0	—	3.7	17.0	12.6	0.4	0.8	—	2.6	14.0
3839	其他电子仪器	14.5	1.5	—	—	3.7	8.2	11.4	1.2	—	—	2.5	7.7
3841	造船业	5.4	0.6	10.1	17.8	1.9	—	3.9	−0.3	8.0	16.3	1.5	—
3843	汽车	3.6	0.1	0.4	1.2	0.8	2.9	3.2	0.1	0.1	1.1	0.6	2.8
3844	摩托车	23.2	—	8.1	—	28.1	—	19.4	—	—	—	22.1	—
3851	科学设备	6.5	23.1	—	61.6	—	—	3.1	7.1	—	14.5	—	—
3852	摄影设备	22.3	—	48.9	—	—	—	12.8	—	−9.5	—	—	—

续前表

ISIC 第二版代码	进口类别	1995年 美国	日本[a]	德国[b]	法国	英国[c]	加拿大[d]	美国	相对1981年的变化 日本[a]	德国[b]	法国	英国[c]	加拿大[d]
3853	钟表	56.2	9.3	—	17.7	—	—	26.9	5.8	—	—	—	—
3901	珠宝	31.1	19.6	—	—	—	24.7	12.3	2.4	—	1.1	—	3.6
3903	体育用品	8.0	16.7	41.1	—	22.9	34.2	1.4	9.3	−4.6	—	—	17.4
3909	未包含在其他分类中的工业制成品	7.9	1.5	50.9	—	28.9	26.8	4.5	0.1	—	—	—	11.0

注：分类依据为《国际标准产业分类》(第二版)的四位代码。
——数据不可用。
a. 1993年。
b. 1990年(联邦德国)。
c. 1992年。
d. 1994年。
资料来源：UNIDO, 2006。

观消费量的53%。对于美国,21个进口最多行业中的20个的进口渗透率超过了Cline(1982)最初使用的15%的门槛值。此外,一些行业的渗透率在2003年是如此高以至它们将触发Cline(1984)估计的评定模型中的贸易保护功能。

很显然,市场仍然比担心这些进口渗透率的动态增长所可能引发的保护更有弹性。关税及贸易总协定和之后世界贸易组织框架下的系列多边贸易谈判无疑有助于实现这一结果。的确,在乌拉圭回合,工业化国家承诺根据2005年的《多种纤维协定》逐步放开对纺织和服装的配额限制,而这现在已经完成(尽管最近有一些临时的贸易保护措施)。这些结果可能意味着关于贸易保护响应的合成谬误的第一个变体在很大程度上已经被克服了(尽管目前世界贸易组织进行的多哈回合谈判于2006年7月破裂了)。

表9.7　2003年发展中国家(地区)对工业化国家的主要工业制成品出口

单位:百万美元

ISIC第三版代码	进口类别	美国[a]	日本[a]	德国	法国	英国	加拿大[a]
1512	鱼制品	6 747	8 036	730	1 263	843	533
1513	蔬菜及水果加工制品	2 249	1 958	1 288	548	395	277
1711	纺织品	2 729	1 227	719	531	851	419
1721	除服装以外的纺织品	5 997	2 118	1 288	814	1 146	352
1730	针织品	15 550	4 142	3 932	2 258	3 044	688
1810	服装	43 549	11 265	9 153	6 562	8 182	2 482
1912	箱包	4 469	1 530	869	777	907	317
1920	鞋类	14 023	2 464	1 865	1 759	1 854	781
2320	石油制品	11 134	9 358	350	1 586	1 866	235
2411	基础化学品	5 679	2 781	1 419	1 893	2 247	340
2423	药品	2 211	618	702	379	693	168
2429	其他化学品	2 829	1 523	676	311	354	158
2520	塑料制品	7 599	2 485	1 043	744	1 368	630
2710	钢铁	6 327	1 795	597	285	467	888
2720	有色金属	4 824	2 358	1 229	1 186	637	579
2893	五金制品	3 291	430	673	321	537	348

续前表

ISIC第三版代码	进口类别	美国[a]	日本[a]	德国	法国	英国	加拿大[a]
2899	其他金属制品	9 044	1 626	1 507	645	1 262	761
2912	泵与压缩机	4 675	653	501	185	361	358
2919	其他民用机械	4 219	1 395	497	341	353	314
2922	机床	2 718	352	687	249	386	300
2930	家用电器	8 544	1 826	1 356	760	1 629	546
3000	办公设备	61 352	16 938	12 876	5 142	6 197	3 837
3110	电动机与发电机	7 679	2 775	1 272	516	515	588
3120	配电装置	5 288	1 334	992	480	462	378
3130	绝缘导线	2 397	833	310	307	315	127
3150	照明设备	5 343	383	865	324	638	397
3190	其他电子设备	9 739	2 394	2 310	742	870	662
3210	电子阀与电子管	21 965	11 474	6 171	2 431	2 852	1 124
3220	广播电视传输设备	21 043	1 939	2 707	1 223	2 284	1 431
3230	广播电视接收设备	27 942	7 429	4 952	2 380	2 873	1 936
3311	医疗设备	4 358	733	566	297	259	127
3312	测量仪器	4 931	487	846	252	462	303
3320	光学仪器	3 011	1 957	593	488	447	267
3410	汽车	30 299	387	2 182	1 403	1 556	2 778
3430	汽车配件	9 909	1 121	1 356	713	493	971
3530	飞机	2 741	21	543	146	771	36
3610	家具	15 065	2 269	1 393	977	1 668	1 094
3691	珠宝	7 455	923	503	280	924	121
3693	体育用品	3 480	934	458	365	409	300
3694	游戏与玩具	13 011	1 617	1 909	987	1 842	871
3699	其他工业制成品	7 210	988	919	598	1 028	533
	以上合计	432 626	116 875	74 804	43 449	56 24929	29 356
	其他类别	46 503	19 234	11 133	6 996	9 428	3 601
	总计	479 129	136 109	85 938	50 445	65 677 32	32 957

注：分类依据为《国际标准产业分类》(第三版)的四位代码。

a. 2002年。

资料来源：UNIDO, 2006.

第9章 工业制成品出口与经济增长：再论合成谬误

表9.8 2003年从发展中国家进口的产品占表观消费量的百分比(%)以及相对1995年的变化百分比(%)

ISIC第三版代码	进口类别	2003年 美国[a]	2003年 日本[a]	2003年 德国	2003年 法国	2003年 英国	2003年 加拿大[a]	相对1995年的变化 美国[b]	相对1995年的变化 日本[a]	相对1995年的变化 德国	相对1995年的变化 法国[c]	相对1995年的变化 英国	相对1995年的变化 加拿大[a]
1512	鱼类	43.8	20.2	23.1	23.7	19.3	29.8	0.7	4.2	8.0	−1.7	5.5	12.9
1513	蔬菜、水果	5.4	20.0	11.4	6.5	4.4	5.9	0.0	5.1	1.6	−1.9	1.5	0.7
1711	纺织品	12.2	20.7	—	12.2	—	19.7	3.9	9.9	—	2.7	—	−0.2
1721	除服装以外的纺织品	26.7	26.2	34.8	25.2	27.9	23.7	13.1	12.8	13.0	10.0	13.8	8.9
1730	纤维织物	62.7	38.0	—	47.3	—	48.1	21.8	21.4	—	21.9	—	24.8
1810	服装	52.6	51.6	49.4	—	52.7	40.9	14.2	23.7	14.0	—	22.2	14.9
1912	箱包	69.1	34.9	58.6	—	—	56.1	16.1	10.4	11.5	—	—	−0.2
1920	鞋类	79.3	41.9	37.8	37.5	—	65.0	11.2	19.9	20.3	15.2	—	24.1
2320	石油制品	5.1	11.6	—	2.8	5.1	1.4	−0.6	0.9	—	—	3.8	0.0
2411	化学品	4.9	6.4	—	7.3	12.9	3.7	1.3	1.2	—	3.7	—	0.3
2423	药品	1.5	1.1	2.5	0.9	—	1.6	0.2	0.4	0.9	0.4	—	−0.5
2429	其他化学品	9.4	—	—	4.0	—	2.9	3.9	—	—	1.7	—	0.8
2520	塑料制品	5.2	3.3	2.8	2.5	5.1	6.2	1.6	2.0	1.2	0.6	2.2	2.2
2710	钢铁	8.7	2.9	1.9	1.7	4.1	8.6	2.8	−0.9	−0.6	0.2	2.3	5.2
2720	有色金属	7.9	7.8	5.8	11.6	8.2	11.2	2.1	−2.5	1.0	1.1	2.8	—
2893	五金产品	9.3	6.8	4.4	6.8	13.7	11.2	3.7	4.6	0.1	2.9	7.2	2.3
2899	其他金属制品	13.1	6.4	9.1	6.4	12.2	11.8	4.3	3.9	4.0	2.9	7.0	3.5
2912	泵	11.3	5.2	3.8	2.7	6.1	—	4.8	3.7	1.8	1.6	3.6	—
2919	其他机械	8.4	4.9	2.3	3.5	3.7	—	4.0	3.2	1.1	1.7	2.2	—

209

续前表

ISIC第三版代码	进口类别	2003年 美国[a]	2003年 日本[a]	2003年 德国	2003年 法国	2003年 英国	2003年 加拿大[a]	相对1995年的变化 美国[b]	相对1995年的变化 日本[a]	相对1995年的变化 德国	相对1995年的变化 法国[c]	相对1995年的变化 英国	相对1995年的变化 加拿大[a]
2922	机床	14.8	2.6	5.0	6.9	—	9.4	7.1	1.7	2.7	4.3	—	5.0
2930	家用电器	27.8	5.9	13.8	14.5	22.2	14.6	9.5	4.5	9.0	7.5	14.6	5.5
3000	办公设备	52.9	28.4	—	25.8	—	37.2	18.7	19.0	—	8.0	—	—
3110	电动机	35.5	23.9	12.3	13.1	14.0	—	6.6	14.5	5.1	2.1	14.0	—
3120	配电装置	18.0	6.8	2.3	4.5	8.1	12.7	5.5	4.9	1.2	2.7	8.1	7.0
3130	导线	20.1	7.6	8.4	11.3	15.1	9.4	8.4	5.1	4.4	6.9	15.1	6.3
3150	照明	30.5	4.6	22.7	—	21.1	18.5	10.6	2.5	14.9	—	21.1	8.6
3190	其他电子设备	19.8	11.1	14.9	10.4	14.8	18.0	2.7	9.0	−2.9	4.2	14.8	5.9
3210	电子阀	24.5	19.9	33.9	22.9	—	20.2	3.5	12.7	—	−1.1	—	0.1
3220	广播电视传输设备	27.9	6.3	—	8.4	—	32.3	19.0	4.1	—	6.1	—	26.5
3230	广播电视接收设备	—	9.4	—	32.3	32.0	—	—	4.7	—	9.0	32.0	—
3311	医疗设备	6.2	5.3	4.4	4.1	5.4	4.4	2.1	3.1	2.3	2.9	5.4	2.8
3312	测量仪器	7.7	2.9	8.8	2.2	4.9	6.0	3.4	1.9	5.4	1.5	4.9	4.2
3320	光学仪器	25.2	—	18.3	19.1	17.8	—	11.1	—	6.3	6.4	17.8	—
3410	汽车	7.5	0.4	1.7	0.8	2.9	4.5	2.7	0.4	0.9	−0.4	2.9	—
3430	汽车配件	8.0	0.9	2.7	3.5	2.3	0.4	2.9	0.6	1.2	1.8	2.3	2.0
3530	飞机	2.9	0.2	—	0.5	4.3	—	1.7	0.1	—	0.3	4.3	0.0
3610	家具	13.9	13.3	5.7	6.1	9.1	10.5	6.4	8.0	3.6	3.4	9.1	5.2
3691	珠宝	37.7	24.2	39.3	15.9	—	13.3	8.3	1.6	—	4.6	—	6.8

第9章 工业制成品出口与经济增长：再论合成谬误

续前表

ISIC 第三版代码	进口类别	2003年 美国[a]	日本[a]	德国	法国	英国	加拿大[a]	相对1995年的变化 美国[b]	日本[a]	德国	法国[c]	英国	加拿大[a]
3693	体育用品	24.1	27.4	—	24.4	34.8	23.3	2.4	12.1	—	0.7	34.8	6.4
3694	游戏与玩具	68.4	24.4	—	46.4	58.7	—	7.8	12.4	—	8.7	58.7	—
3699	其他工业制成品	17.7	5.7	31.5	19.2	18.2	25.3	3.1	2.0	10.3	5.9	18.2	4.2

——＝数据不可用。

a. 2002年。
b. 从1997年到2002年的变化。
c. 1996年。

资料来源：UNIDO, 2006.

211

与此同时，这些趋势可能会引发另一个问题：难道不存在潜在的市场饱和的问题？例如，美国从发展中国家（地区）进口的鞋类的市场份额已经达到了79%（见表9.7）。这意味着，在工业化国家对美国出口服装不发生绝对下降的条件下，发展中国家（地区）对美国鞋类产品的出口未来的扩张步伐不会超过美国国内鞋类消费增长率的1.25倍。类似地，来自发展中国家（地区）的进口服装已占主要工业化国家表观消费量的一半左右，除非来自工业化国家的进口服装的绝对水平下降，否则发展中国家（地区）可以期待的出口增长速度将不会高于工业化国家服装消费增速的两倍。

考虑美国从发展中国家（地区）进口服装的影响。美国服装消费的收入弹性约为0.62。[①] 如果美国实际人均收入继续每年增长约2%，人口继续每年增长约1%，那么服装消费量每年将增长约2.25%（1%的人口增长再加上0.62×2%的人均收入增长）。既有进口渗透率已经为50%左右，如果美国增加的服装消费全部来自进口，那么进口只能每年实质增长4.5%。假设继续按1990—2004年发展中国家（地区）工业制成品出口增长的平均值10%增长（见表9.1）。这意味着，只需要9年，美国全部的服装消费都将进口自发展中国家（地区），国内生产为0，从别处进口也为0。[②] 那么10年后，即使没有任何贸易保护，发展中国家（地区）每年对美国的出口增幅将不会高于2.25%，因为市场已经饱和且需求增长缓慢。当然，削减价格将催生额外的需求，但随后会产生贸易条件的合成谬误问题。

总之，质疑发展中国家（地区）的工业制成品出口是否正面临着新的合成谬误的挑战是合理的：它们是否在许多行业达到了过高的比例以至它们的增长速度将越来越多地受制于那些基础行业消费市场，要比既有的贸易增长速度低很多？

对贫困国家的影响

加总的和行业的证据表明工业化国家面对来自发展中国家（地

[①] 基于简单比较1983—1985年和1993—1995年各个三年的人均实际国内生产总值2%的平均增长与同期服装表观消费量每年1.25%的实际增长（计算基于UNIDO（2006）的数据；用来自2006年美国劳工统计局（BLS）的关于服装的消费价格指数折算表观消费量；其他数据来源为IMF（2006a））。

[②] 具体计算如下：$1=0.5e(1.1-1.0225)T$；$T=(\ln 2)/(1.1-1.0225)=8.9$。

区）的进口的增长而封闭市场并不会严重制约出口导向型增长。这种开放性即使在来自新的制造业巨头中国（尽管增长巨大，还是低于现在G-4整体的工业制成品出口水平）的进口显著增长的压力下仍然会保持。

这一经验对于今天的包括许多工业制成品出口占出口总额的比例远小于亚洲的非洲国家在内的较贫困国家会有什么影响？（非洲工业制成品出口占出口总额的加权平均份额为28%，拉丁美洲为55%，亚洲为91%）。

对于这一经验最简单的解释是，全球市场应该很容易从较贫困国家吸收更大规模的新增工业制成品出口，因为这些与发展中国家（地区）之间更大、更活跃的合并的市场相比要小得多。例如表9.1提到的14个非洲国家2004年工业制成品出口总额约为270亿美元（按2000年价格）。相对地，同期来自亚洲国家（地区）的工业制成品出口总额达1.5万亿美元。非洲的工业制成品出口需要扩大大约5倍才刚刚达到亚洲十分之一的规模。因此，非洲的政策制定者应关注更多相关问题，尤其是治理，而不是关注由于它们的出口可能成为压倒骆驼的最后一根稻草而触发合成谬误所假设的市场封闭的风险。

庞大的规模表明，全球市场由于印度以及下一个层级人口众多的较贫困国家如孟加拉国、印度尼西亚、尼日利亚和巴基斯坦等国的工业制成品出口增长而可能面临的压力是值得考虑的。然而，数字应该可以再次消除这种恐惧。这个群体的6个国家2004年总的工业制成品出口额为980亿美元（按2000年价格），仅相当于亚洲的6.6%。

可以肯定的是，对这里介绍的合成谬误文献进行简要审视就会发现，一些证据表明专门从事劳动密集型工业制成品生产的国家（地区）会面临更多贸易条件上的困难。然而即使在这一意义上，明显的模式是G-4转向更复杂的产品，而中国取代它们的一些市场份额，这似乎完全可以被新一代贫困国家所复制，它们将扩大劳动密集型工业制成品的出口而中国将转向更复杂的产品。

美国的外部失衡：一个新的宏观合成谬误？

过去20年的合成谬误假设本质上一直主要涉及微观经济学。进口渗透率如果超过关键门槛值就会触发贸易保护的观点是一个行业问题；

所以这是一个关于劳动密集型工业制成品的贸易条件下降的问题。然而，发展中国家（地区）所有工业制成品出口的贸易条件广泛下降的概念将是宏观经济和微观经济的复合问题。

然而，可能一个新的更倾向于宏观经济的合成谬误问题也出现了：美国由于对市场中来自发展中国家（地区）的数量迅速增长的进口产品的依赖而引发了仍在增长的巨额经常账户赤字和净国际债务。[①]

考虑下面的命题。（1）过去 10 年里美国市场一直是快速增长的发展中国家（地区）工业制成品出口的主要目的地。（2）美国的经常账户赤字约为其 GDP 的 7%，如此高的比例是不可持续的。接下来的是，（3）在未来发展中国家（地区）将不再能够把美国作为进一步增加其工业制成品出口的主要市场。如果是这样，那么接下来要么是（1）发展中国家（地区）将更多转向自己的国内市场，将其作为需求的增长点，要么是（2）发展中国家（地区）将出口拓展到欧盟、日本、加拿大、澳大利亚和新西兰，即使是这样，可能也无法维持之前面向美国市场时所达到的出口增长速度。

Cline（2005a，2005b）提出，美国的经常账户赤字是一个日益严重的问题，如果它不得到解决，可能会危及美国和全球经济的增长以及稳定。美国在 20 世纪 80 年代经历了一个经常账户失衡周期，美元经过 1985 年的大幅上涨后，经常账户赤字在 1987 年达到了占 GDP 3.4% 的峰值。在 1985 年通过《广场协议》的协调干预以及其他措施以降低美元兑日元和德国马克的汇率来扭转失衡后，美元开始贬值，失衡在 1990—1991 年大为缓解。

美国本周期的外部失衡起源于 1997 年爆发的东亚金融危机，从 1997 年到 2005 年美国经常账户赤字从占 GDP 的 2% 猛增至占 GDP 的 6.4%，几乎是之前峰值的两倍。美国净国际投资头寸（NIIP）从 1980 年占 GDP 的 13% 下降到 1988 年的 0，到 2001 年进一步下降到占 GDP 的 −23%（BEA，2006a）。尽管汇率变动和资产价格估值至今维持着 NIIP 使之免于相对 GDP 进一步下滑，但除去每年大量的经常账户赤字，长期趋势仍然是进一步大幅下降。即使在最近油价额外增长之前，笔者的模型在 2005 年年中的预测结果就已表明，在当年头五个月的美

---

① 从 2008 年中期来看，美国外部失衡所代表的风险显得不如两年前此研究完成时那么可怕。它们仍然保持相关性，尤其是因为重要的东亚经济体并未实施与全美国的外部调整相一致所必需的真正升值。

元真实水平以及美国和国外的可能的增长率之下,到 2010 年美国的经常账户赤字将扩大到占 GDP 的 7.5%～8%,到 2015 年为 10%,到 2025 年为 14%。到 2015 年 NIIP 将下降至约为 GDP 的 -75%,而到 2025 年则为 GDP 的 -140%(Cline,2005b:84-86;180-181)。①

没有人知道对于美国的国际负债净额来说多少是一个安全的水平,但对于政策制定者来说,使国际负债净额上升到超过 GDP 的 50%似乎是非常不明智的。对于大多数发展中国家(地区)来说危险的基准一直在 GDP 的 40%范围内。由于债务以美元而不是外币计价,小问题是可以容忍的,但对于国际经济来说,美国的外部头寸远比其他任何国家的外部头寸都更为重要,所以更多而不是更少的谨慎似乎更为妥当。根据笔者的模型,为了使美国的经常账户赤字到 2010 年回到占 GDP 3%～3.5%的水平(与 NIIP 最终稳定在约占 GDP -50%的水平相一致),外币的贸易加权平均值将不得不上升的幅度大约为比 2005 年 1—5 月的平均水平高 20%。② 汇率调整将伴随财政调整或者使美国的个人储蓄率回复到较高水平,以免一般均衡反馈阻碍潜在的调整(例如,更高的利率而导致的美元升值)。

延迟调整美国的外部失衡将极大地增加美国和国际经济的风险。国际投资者失去信心可能会引发为美国外部赤字融资的大量资本流入的大幅下降,这反过来会带来利率上行压力,并可能引发美国的经济衰退(硬着陆的情景)。美国在 1979 年和 1987 年两次都接近这一后果。即使没有突然硬着陆,漫长的调整延迟将在未来 10 年中迫使家庭和企业与原本需要的相比更大幅度地削减消费(及投资),以没有着落的养老金和医疗保险的形式加重早已严重的寅吃卯粮问题。

因此,美国的外部调整似乎是必要的,并且越早越好。然而,这种调整可能会给发展中国家(地区)出口导向型增长的持续性带来严峻挑战。发展中国家(地区)作为一个整体,其对美国的贸易顺差从 1992

---

① 然而,2008 年中期修正后笔者模型的预测显示,美国的经常账户赤字在 2010—2012 年将一直保持在约占 GDP 4%的高位,而不是继续增长。美元从 2006 年年中到 2008 年年中的大幅实际有效贬值带来了前景的变化(尽管油价高企)。即便如此,美国外部赤字相对于约占 GDP 3%的可持续目标仍然过高。

② 相反,在 2006 年 6 月,美国联邦储备理事会的广泛的美元实际汇率指数从 2005 年 1 月到 2005 年 5 月平均上涨了约 1%(外汇汇率下跌了约 1%)。然而,从 2006 年 6 月到 2008 年 6 月,这一广泛的实际指数下降了 12.1%(Federal Reserve,2008)。

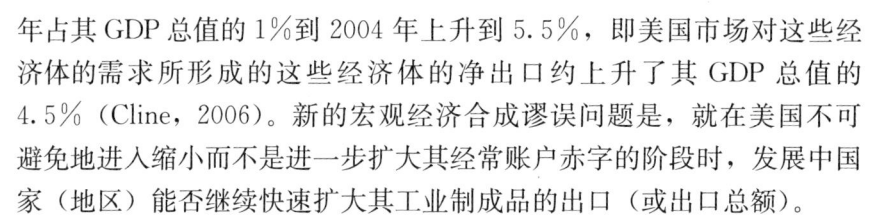

年占其 GDP 总值的 1%到 2004 年上升到 5.5%，即美国市场对这些经济体的需求所形成的这些经济体的净出口约上升了其 GDP 总值的 4.5%（Cline，2006）。新的宏观经济合成谬误问题是，就在美国不可避免地进入缩小而不是进一步扩大其经常账户赤字的阶段时，发展中国家（地区）能否继续快速扩大其工业制成品的出口（或出口总额）。

由于美国经济按市场汇率计算大约占全球 GDP 的 30%（World Bank，2006），美国经常账户赤字减少其 GDP 的 3%就相当于其他国家的经常账户头寸减少 GDP 总和的 1.3%。如果调整扩展到 3~4 年，这将转化为每年外部需求减少其 GDP 的 0.3%~0.4%。这种规模绝不是不可承受的。然而，这意味着对发展中国家（地区）的需求每年约减少 GDP 的 0.4%——1993—2004 年期间增长的平均值——美国市场每年将减少这么多。

发展中国家（地区）将需要和世界其他部分分担经常账户头寸的减少，因为这和美国经常账户赤字减少是相对应的。包括 G-4 的发展中国家（地区）作为一个整体，从 1993 年 1 000 亿美元或者说占合计 GDP 2%的总经常账户赤字到 2005 年大幅扭亏为盈，取得总计 5 090 亿美元或者说占合计 GDP 4.3%的总经常账户盈余（IMF，2006b）。这意味着，除去接受工业化国家净投资的资源——更正式的全球资本流动和外部账户——发展中国家（地区）已经成为工业化国家主要是美国的大量资本的净供应者。

如前所述，美元的贸易加权值的进一步下降对于美国的外部调整似乎是必要的。许多发展中国家（地区）都将在这一进程中适当地经历对美元的实际升值，尽管由于它们大部分的贸易伙伴也将会相对美元升值，因而它们的贸易加权升值幅度将会很小。然而到目前为止，相对很少的一些发展中国家（地区）的货币有实质的升值。相反，迄今大多数的汇兑调整都发生在工业化国家，特别是那些欧元区国家以及加拿大、澳大利亚、新西兰、英国，同时日本也有较小幅度的调整。Cline（2005b）通过对应美国的经常账户调整设定经常账户调整目标，提出了一个最优的汇率调整模型。这项研究之后还定义了受贸易加权的实际外汇兑美元升值与美国外部调整目标相一致约束的接近达到经常账户调整目标的汇率变化（约 20%）。

许多发展中国家（地区）都不允许本国汇率升值以应对市场压力，反而介入外汇市场，并建立了庞大的外汇储备。从 2001 年到 2005 年，这一时期美元已经从最高值发生了一些调整，发展中国家（地区）的外汇储备的合计值则从1.3万亿美元上升至2.9万亿美元。尽管日本的外汇储备也大幅增长（从3 970亿美元上升至8 360亿美元），但其他工业化国家的外汇储备（不包括美国，其储备微乎其微）并未增长多少（从4 340亿美元仅上升至4 690亿美元；IMF，2006a）。这反映了除日本（它也在2004年3月后停止干预）以外的大部分工业化国家都尽量避免干预汇率的趋势。

相对地，在发展中国家（地区）间，中国（从2 170亿美元上升至8 230亿美元）、韩国（从1 030亿美元上升至2 100亿美元）、印度（从460亿美元上升至1 430亿美元）、中国台湾（从1 230亿美元上升至2 540亿美元）外汇储备的增长是巨大的。新加坡（从760亿美元上升至1 160亿美元）、马来西亚（从310亿美元上升至700亿美元）和泰国（从330亿美元上升至510亿美元）等经济体外汇储备的增长量也很大。

图9.2显示了主要工业化国家除日本外都倾向于允许自己的货币兑美元升值，而不是干预外汇市场，与亚洲主要新兴市场经济体通过大规模干预和积累外汇储备（用外汇储备占2005年进口的百分比的变化表示）防止市场力量推高其汇率形成强烈对比。

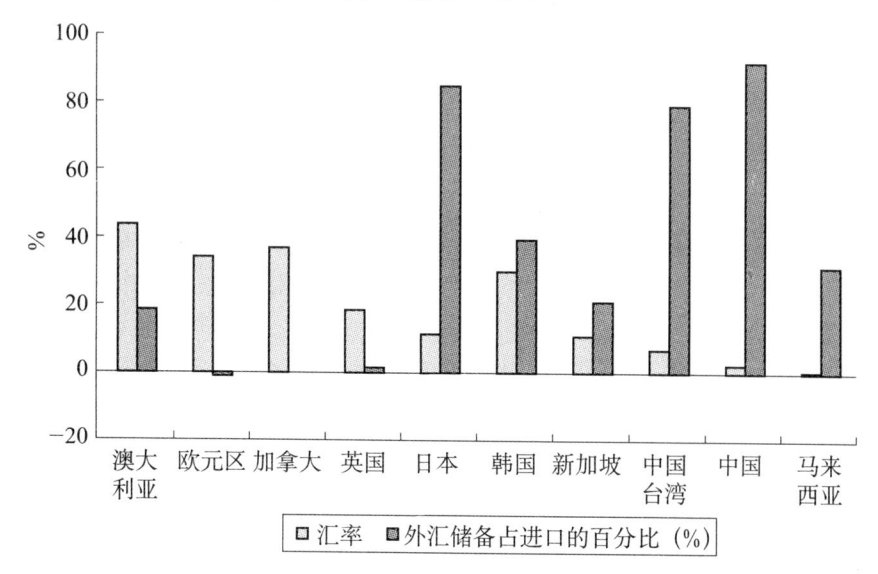

图9.2 本币兑美元升值以及从2001年年底到2005年年底外汇储备占进口的百分比的变化

资料来源：IMF，2006a，2006b；UNCTAD，2005.

Cline（2006）认为，为了避免具有破坏性的全球经济硬着陆的最终伤害，通过停止阻挠它们的货币兑美元升值的干预措施，合力促进更早、更顺利地完成对美国的外部调整更符合发展中国家（地区）自身的利益。为此，Cline（2005a）号召主要经济体——包括东亚及其他主要新兴市场经济体——签订第二个《广场协议》以安排一个包括汇率调整以及财政调整和其他需求导向政策调整的一揽子方案来帮助促进平稳调整美国（以及国际）的外部失衡。美国的财政调整会是整个第二个《广场协议》磋商中不可或缺的组成部分。基于对最优货币调整的分析，Cline（2005b）表示需要几个主要发展中国家（地区）的货币兑美元相对2005年3月的水平（大约相当于2005年1—5月的平均水平）大幅升值，其中包括中国货币升值45%、马来西亚货币升值59%、新加坡货币升值79%、菲律宾货币升值44%。对于一些拉丁美洲国家来说，比较温和的升值则是适当的（智利和墨西哥约升值20%，阿根廷升值14%，巴西只需升值8%）。日元兑美元将大幅升值约38%，欧元不必变动太多（5%），而澳大利亚和加拿大货币兑美元则会略有贬值。至关重要的是，当按所有贸易伙伴的实际有效汇率衡量时，所有这些货币升值都要小得多。例如，对于中国来说，大约只上升了兑美元双边升值的一半多，而对于韩国来说，实际有效汇率将贬值8%（相对于14%的双边升值）。①

概括地说，尤其是对于中国以及其他发展中国家（地区），美国市场已经变得像出口增长的全球集散地了。在新的宏观经济合成谬误中，这些国家（地区）已经过度开发了这一市场，类似于过度捕捞海洋区域，而这个市场所面临的最终崩溃也会严重影响那些依赖它作为发展战略的国家（地区）。第二个《广场协议》或者其他协同努力（也许由国际货币基金组织的新的多边监管努力引发）对于确保这个宏观经济合成谬误得到尽快解决似乎是可取的。

新的宏观经济合成谬误产生的其中一个原因是，几大主要发展中国家（地区）似乎已经从出口导向型的经典增长模式向新重商主义的典型

---

① 到2008年中期，一些关键的东亚货币仍被大幅低估。为使国际调整达到基本均衡汇率，仍要求中国和新加坡的实际有效汇率升值15%，中国香港、中国台湾、马来西亚的实际有效汇率升值8%~10%。这些修正意味着前两个经济体的货币兑美元的双边升值为25%~30%，而后三个经济体为20%~25%。参见Cline（2008）。

第9章 工业制成品出口与经济增长：再论合成谬误

模式即贸易盈余不断增长过渡。① 相对地，传统的出口导向型增长的前提是用于国内经济增长的进口原材料投入和生产资料快速增长。在这个经典版本中，出口与进口都将快速增长，或者宽泛地维持一个给定的贸易平衡，或者由于发达国家补充国内资源而形成金融资本流入，进而扩大贸易逆差。与之相反，新重商主义的版本则以进口增长滞后于出口增长以及多余的出口收入转化为越来越庞大的外汇储备为特色。虽然积累外汇储备是20世纪90年代末的东亚金融危机带给一些经济体的启示，但是现在这一进程已经远远超出了任何合理审慎考虑所需的外汇储备积累。

图9.3和图9.4显示了主要经济体对美国市场日益增长的依赖性。第一幅图显示了过去15年美国从工业化国家、石油输出国组织（OPEC）国家和其他发展中国家（地区）进口的变化情况。② 非石油输出国的发展中国家（地区）的市场份额大幅上涨，从只有美国来自工业化国家的进口规模的一半到2005年超过美国从工业化国家进口的规模。1991—2005年美国从非石油输出国的发展中国家（地区）进口的累计平均名义增长率为11.2%，而工业化国家只有6.9%。随着1995年后美元走强，日本市场增长变弱，欧洲比美国增速更慢，以及20世纪90年代末的金融危机所带来的东亚货币贬值，美国每年的出口增速都远远慢于进口增速，每年对非石油输出国的发展中国家（地区）的出口增速为7.3%，而对工业化国家的出口增速为4.4%。美国与非石油输出国的发展中国家（地区）贸易的进口和出口增长率之间的差距（每年3.9%）明显高于与工业化国家贸易的进口和出口增长率之间的差距（2.5%），再次显示了发展中国家（地区）对美国外部失衡影响的增强。

一个审视宏观经济合成谬误是否可能形成的简便方法是考虑如果美国从非石油输出国的发展中国家（地区）的进口量按过去15年的平均速率持续增长会发生什么。如果这些进口量按11.2%的名义增长率持续增长，并且美国的GDP保持5.5%的稳定增长率（3%的实际增长率，2.5%的通货膨胀率），那么从非石油输出国的发展中国家（地区）的进口量将从2005年占美国GDP的6.2%，到2015年增长至10.6%，

---

① Dooley、Folkerts-Landau和Garber（2004）将这个新重商主义模型规范化为布雷顿森林体系Ⅱ，核心国家使汇率自由浮动，但中国和其他外围经济体（令人好奇的是这其中包括日本）通过干预兑美元的汇率来维持出口增长以吸收剩余劳动力。对这一框架的观点的质疑，参见Cline（2005b：187-189）。

② 美国劳工统计局（BEA，2006a，2006b）的数据把南非放入了工业化国家分组中。

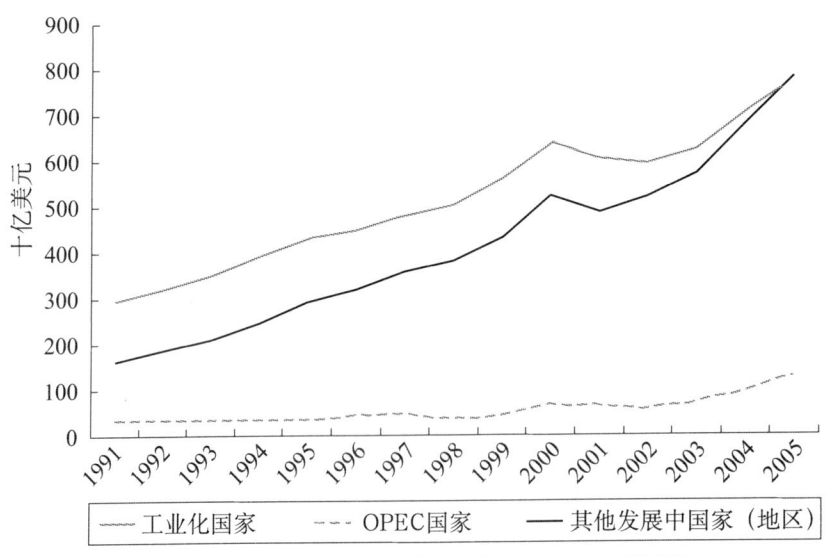

图 9.3　1991—2005 年美国从工业化国家、OPEC 国家和
其他发展中国家（地区）进口的情况

资料来源：BEA，2006a，2006b。

到 2025 年增长至 17.9%。如果同时美国对这些国家（地区）的出口同样以过去 15 年的平均速度增长，那么它们将只从 2005 年占美国 GDP 的 3%，到 2015 年增长至 3.6%，到 2025 年增长至 4.3%。因此美国与非石油输出国的发展中国家（地区）的贸易赤字将从 2005 年占美国 GDP 的 3.2%，到 2015 年飙升至 7.0%，至 2025 年飙升至 13.6%。

这些数字本身提出了对以发展中国家（地区）与美国间不断扩大的贸易顺差作为发展引擎的可持续性的质疑。它们还强调了这样的事实，即引发宏观经济合成谬误的不只是美国从发展中国家（地区）进口的高增长率，还有美国对这些国家（地区）相当低的出口增长率。从某种意义上说，"一般均衡"学派强调对这些国家（地区）的出口需求的抵消性增长（合成谬误问题的第三个变体）的论断并未被美国证实，如果出口增速与进口增速匹配（这又忽略了部门调整压力），它貌似会是一个合理的观点。

把三角贸易考虑进去也不会改变这一判断。鉴于双边贸易平衡不适用于大多数宏观经济分析，按图 9.3 宽泛的三组分类法漏掉的三角贸易很大程度上在双边分析中消失了。的确，美国与 OPEC 经济体间存在结构性赤字，而美国与所有其他发展中国家（地区）间原本预期应存在庞大的贸易盈余，而不是庞大并且日益扩大的贸易赤字。

图 9.4 显示了美国从主要贸易合作伙伴进口情况变化的细节。该图揭示了过去 10 年从中国进口规模的显著增长。中国占美国进口总量的份额从 1996 年的 6.5%，到 2000 年猛增至 9.3%，到 2005 年猛增至 14.6%。在 2000 年中国作为美国市场的供应者排在欧盟（15 国）、加拿大、墨西哥、日本和 G-4 之后。到 2005 年，它就仅排在欧盟和加拿大后面了。尤其是 2000 年后美国从 G-4 进口的停滞以及中国出口规模的增长加重了该团体全球出口模式的减速。2000—2005 年来自日本的进口量也在停滞，而日本占美国总进口的份额也从 1996 年的 14.5%，到 2000 年下跌至 12.1%，到 2005 年仅为 9.3%。从本质上讲，过去 10 年间日本和中国对换了在美国进口市场中的份额。

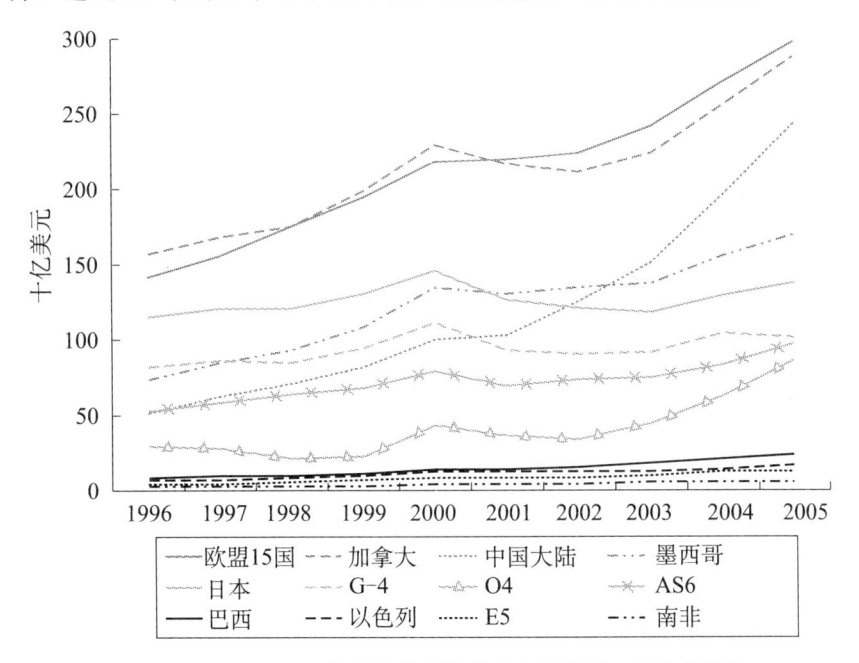

图 9.4　1996—2005 年美国从主要供应经济体进口的变化情况

注：G-4 包括中国香港、中国台湾、新加坡、韩国。O4 包括科威特、尼日利亚、沙特阿拉伯、委内瑞拉。AS6 包括印度、印度尼西亚、马来西亚、巴基斯坦、菲律宾、泰国。E5 包括捷克、斯洛伐克、波兰、匈牙利、土耳其。

资料来源：USITC，2006。

在过去十年中中国对美国市场出口的年名义增长率为 15.5%，几乎是下一个发展中国家贸易伙伴（墨西哥，该值为 9.2%）速率的两倍。在图 9.3 所示的这些经济体中，美国在过去 10 年从中国以外的发展中国家（地区）进口的年均增长率只有6.8%，而美国从工业化国家进口的增长率只有5.6%。换句话说，从美国进口的全局看，从发展中国家（地区）进口的增长率太高，因而难以为继。到目前为止，从中国进口的规模最大，增长也最迅速。因此，美国官方将注意力集中于把中国作为一个汇率需要大幅调整的贸易伙伴以便美国进行外部调整是毫不奇怪的。

概括地说，一个新的宏观经济的合成谬误由于美国经常账户赤字不断扩大的不可持续性以及发展中国家（地区）近期的出口增长对这一不断扩大的赤字的依赖性而形成了。解决这一问题需要美国进行财政调整以及发展中国家（地区）（尤其是中国和其他东亚经济体）自愿允许本国货币汇率升值。几个主要的发展中国家（地区）扩大内需也是解决方案的必要组成部分。

结论

本章回顾了四分之一世纪以来对于合成谬误的争论。它认为，工业制成品的强劲增长事实上实现了并对在此期间的经济增长做出了极大贡献。但是，这种增长速度被发现存在Cline（1984）提出的10%~15%的"速度限制"。过去的25年，来自发展中国家（地区）的工业制成品出口的年均增长率约为10%（见表9.1）。尽管这些国家（地区）的出口有适度转向其他发展中国家（地区）市场而不是工业化国家的倾向——一个合成谬误假设的早期批评所提出的避免贸易保护的要素——但这种转变一直不大，工业制成品出口排名前20位的经济体对工业化国家的出口份额仅从1980年的59%变为2003年的55%（见表9.3）。有相当多的证据支持G-4的出口从工业化国家市场转向其他发展中国家（地区）特别是中国的假设。相应地，G-4对中国的出口剧烈增长，从1980年只占它们出口总额的2%（此时G-4四个经济体中的两个被禁止与中国进行贸易）上升到25%（见表9.4）。

尽管总体上仍处于安全增长速度之下，但工业化国家进口自发展中国家（地区）的工业制成品在多个行业已经达到了很高的进口渗透率，这一水平被认为将会引发贸易保护响应。进口自发展中国家（地区）的服装现在约占主要工业化国家消费的一半（见表9.8）。然而，尽管在少数行业进口渗透率已经达到了非常高的程度（在美国市场中鞋类为 79％、箱包为 69％、游戏与玩具为 68％、纤维织物为 63％），但在其他大量行业仍然是适度的。对于表 9.8 中所示的 41 个 ISIC 行业，美国进口渗透率的中位数为 27％，而另外 88 个行业则并未在表中显示。

同时，一些主导产品部门的渗透率已经足够高，有产生合成谬误新变体的可能：市场饱和。对于刚刚提到的产品部门，同办公设备部门（其在美国市场的渗透率约为 50％）一样，高渗透率意味着来自发展中国家（地区）进口的进一步增长将越来越多地趋向于受限于国内消费的潜在增长率。对于服装这种相对缺乏需求弹性的商品来说，增长的速度可能会很慢。

对于今天的贫困国家，过去 20 年的经验似乎是，它们应该能够扩大工业制成品出口而不必太过担心源于合成谬误问题的严重制约。它们很可能由于进入市场的规模太小而不构成太大的问题。

最后，一个新的潜在严重的宏观经济合成谬误似乎正在形成。在过去的 10 年中发展中国家（地区）的崛起极为依赖对美国市场的出口，但这一增长在很大程度上也造成了美国的经常账户赤字扩大到不可持续的水平。主要的发展中国家（地区）应当合作调整汇率，而不是干预外汇市场以及建立庞大的外汇储备，并且美国也不得不采取措施来进行财政调整，避免这个新的宏观失衡可能引起的破产。

参考文献

Balassa, Bela. 1978. "Exports and Economic Growth: Further Evidence." *Journal of Development Economics* 5 (2, June): 181–189.

BEA (Bureau of Economic Analysis). 2006a. "International Investment Position." U.S. Department of Commerce, Washington, DC. www.bea.gov.

———. 2006b. "U.S. International Transactions Accounts Data." U.S. Department of Commerce, Washington, DC. www.bea.gov.

BLS (Bureau of Labor Statistics). 2006. "Consumer Price Index: All Urban Consumers: Apparel." U.S. Department of Labor, Washington, DC. www.bls.gov.

Chenery, Hollis, and Moises Syrquin. 1975. *Patterns of Development, 1950—1970.* London: Oxford University Press.

China, DGBAS (Directorate-General of Budget, Accounting, and Statistics). 2005. *Statistical Yearbook of the Republic of China 2004*. Beijing: DGBAS. http://eng.dgbas.gov.tw.

Cline, William R. 1982. "Can the East Asian Model of Development Be Generalized?" *World Development* 10 (2): 81–90.

———. 1984. *Exports of Manufactures from Developing Countries*. Washington, DC: Brookings Institution Press.

———. 1985. "Reply." *World Development* 13 (4): 547–548.

———. 2005a. "The Case for a New Plaza Agreement." Policy Briefs in International Economics PB05-4 (December). Institute for International Economics, Washington, DC.

———. 2005b. *The United States as a Debtor Nation*. Washington, DC: Institute for International Economics.

———. 2006. "The U.S. External Deficit and Developing Countries." Working Paper 86 (March). Center for Global Development, Washington, DC.

———. 2008. "Estimating Consistent Fundamental-Equilibrium Exchange Rates." Working Paper WP 08-6 (June). Peterson Institute for International Economics, Washington, DC.

Dooley, Michael, David Folkerts-Landau, and Peter Garber. 2004. "A Map to the Revived Bretton Woods End Game: Direct Investment, Rising Real Wages, and the Absorption of Excess Labor in the Periphery." Deutsche Bank Global Markets Research, New York.

Faini, Riccardo, Fernando Clavijo, and Abdel Senhadji-Semlali. 1992. "The Fallacy of Composition Argument: Is It Relevant for LDCs' Manufactures Exports?" *European Economic Review* 36 (4): 865–882.

Federal Reserve. 2008. "Price-Adjusted Broad Dollar Index." Federal Reserve Board of Governors, Washington, DC. www.federalreserve.gov.

Havrylyshyn, Oli. 1990. "Penetrating the Fallacy of Export Composition." In *North-South Trade in Manufactures*, ed. Hans Singer, Neelamber Hatti, and Rameshwar Tandon. New Delhi: Indus Publishing.

IMF (International Monetary Fund). 2006a. Direction of Trade Statistics. CD-ROM (June). IMF, Washington, DC.

———. 2006b. International Financial Statistics. CD-ROM. IMF, Washington, DC.

———. 2006c. World Economic Outlook Database (April). IMF, Washington, DC. www.imf.org.

Martin, Will. 1993. "The Fallacy of Composition and Developing-Country Exports of Manufactures." *World Economy* 16 (2): 159–172.

Mayer, Jörg. 2003. "The Fallacy of Composition: A Review of the Literature." Discussion Paper 166 (February). United Nations Conference on Trade and Development, New York.

Ranis, Gustav. 1985. "Can the East Asian Model of Development Be Generalized? A Comment." *World Development* 13 (4): 543–545.

UNCTAD (United Nations Conference on Trade and Development). 2005. *UNCTAD Handbook of Statistics 2005*. New York: United Nations. http://stats.unctad.org/Handbook/.

UNIDO (United Nations Industrial Development Organization). 2006. Industrial Demand-Supply Balance Database: IDSB 2006. UNIDO, Vienna. www.unido.org/doc/3473.

USITC (United States International Trade Commission). 2006. "Interactive Tariff and Trade Dataweb." USITC, Washington, DC. www.dataweb.usitc.gov.

World Bank. 1983. *World Development Report 1983: World Economic Recession and Prospects for Recovery*. Washington, DC: World Bank.

———. 2005. World Development Indicators 2005. CD-ROM. World Bank, Washington, DC.

———. 2006. World Development Indicators 2006. CD-ROM. World Bank, Washington, DC.

第10章 产业增长与反周期刺激方案的案例

菲利普·阿洪，戴维·海莫斯，艾尼塞·哈罗比
(Philippe Aghion, David Hemous, and Enisse Kharroubi)

关注冲击之后宏观经济政策（财政和货币政策）对于稳定经济的影响的宏观经济学教科书一般都会严格区分长期和短期增长分析。然而，最近短期稳定政策并不影响长期经济增长这一观点遇到了挑战。Ramey和Ramey（1995）最早在回归分析中强调了波动与长期增长之间的负相关关系。

最近，Aghion等（2008）认为，较大的宏观经济波动促使受到更严格信贷约束的企业更多地进行顺周期的研发投资。本章更进一步，考察反周期财政政策对产业增长的影响有赖于产业融资约束的问题。为此，我们进行了跨产业、跨国的面板数据回归。经验结果表明，财政政策越稳定，那些受到更严格融资约束的产业就越倾向于快速发展。

我们采用Rajan和Zingales（1998）的开创性论文中发展而来的方法。我们利用跨产业、跨国的面板数据，测试产业的增长是否正相关于财政政策周期性（按国家层面计算）与产业层面的外部融资依赖性或者有形资产（按每个对应的美国产业计算）间的相互作用。这种方法可以帮助我们解决关于财政政策的周期循环模式是否确实对经济增长起作用的争论：在某种程度上，宏观经济政策可以影响产业增长，相反的情形（产业增长对宏观经济政策的影响）则不太可能成立。因此，增长回归中正的、显著的相互作用系数有助于解决这个因果关系问题。

我们的主要实证发现是，一个国家产业融资约束与财政政策反周期性之间的相互作用——可以用来衡量一个国家的财政余额对产出缺口变化的敏感性——对于产业增长具有正的、显著的且稳健的影响。

更具体地，美国对应产业对于外部融资的依赖程度越高，或者美国对应产业的有形资产额越低，那么该产业从反周期财政政策中获益也就越多。

此外，根据该回归系数，我们来评估对应的双重差分效应的大小。这些数字变得相对较大，尤其是当与 Rajan 和 Zingales（1998）的等效数字比较时。这表明，考虑到二阶重要性，在统计学上极为显著的反周期财政政策效果在经济学上也是显著的，不能被舍弃掉。

总的来说，我们的研究结果表明在经济衰退期间，在企业信贷受到约束的经济体中，财政政策将起到刺激作用。然而，我们的方法却和基于凯恩斯乘数的替代（更短期）证明相背离。

本章详细介绍了方法和数据的使用，并给出了实证结果。最后一节是总结。附录 A 给出了估计的详细信息。

方法和数据

我们的因变量是 1980—2005 年期间 k 国 j 产业实际增加值的年均增长率。作为解释变量，我们引入产业和国家固定影响 $\{\alpha_j; \beta_k\}$ 来控制不同产业和不同国家不可观测的异质性。目标变量是 $(ic)_j \times (fpc)_k$，表示 j 产业的固有特性与 k 国在 1980—2005 年期间财政政策的（反）周期性的相互作用。由于产业的特点不同，我们将交替使用外部融资依赖性和有形资产。根据 Rajan 和 Zingales（1998）的成果，我们用美国企业层面的数据衡量特定产业的特点。外部融资依赖性用特定产业所有企业的资本支出减去当前现金流出的差值占总资本支出的平均比重来衡量。有形资产用特定产业所有公司净资产、工厂和设备占总资产比重的平均值来衡量。最后，我们控制初始条件，将 1980 年 k 国 j 产业实际增加值占 1980 年 k 国制造业部门总的实际增加值的比例（y_{jk}^{80}/y_k^{80}）包括进来。用 ε_{jk} 表示误差项，我们的主估计方程表示如下：

$$\frac{\ln(y_{jk}^{05}) - \ln(y_{jk}^{80})}{25} = \alpha_j + \beta_k + \gamma (ic)_j \times (fpc)_k - \delta \ln(\frac{y_{jk}^{80}}{y_k^{80}}) + \varepsilon_{jk}$$

(10.1)

这种方法的假设前提是：（1）各产业的融资依赖性和有形资产的差异主要由技术差异引起；（2）不同国家之间的技术差异会持续存在；（3）各国企业面对的整体制度环境都比较相似。在这三个假设下，对美国特定产业的衡量将可能成为其他国家产业的有效交互器。我们相信，特别是在我们的限制下，一些属于经济合作与发展组织（OECD）的富裕国家都满足这些假设。例如，如果美国的制药产业比纺织产业相对地更加依赖外部融资，那么在其他 OECD 国家情况很可能是一样的。此外，由于只包含少部分 OECD 国家过去 20 年的表现，国家间的差异可能是持续的。最后，在某种程度上，美国的金融体系比世界其他国家更为发达，以美国为基础来衡量融资依赖度和有形资产可能提供衡量它们的具有最少噪声的方法。

我们先来衡量财政政策周期性$(fpc)_k$，它表示随着国内产出缺口的变化而产生的 k 国财政政策的边际变化。我们利用在 1980—2005 年期间国家层面的数据估计以下各国在 1980—2005 年期间的"辅助"回归方程：

$$fb_{kt} = \eta_k + (fpc)_k z_{kt} + \mu_{kt} \tag{10.2}$$

其中，fb_{kt} 是对 t 年 k 国财政政策的衡量（例如，相对于国内生产总值的总财政余额或初级财政余额）；z_{kt} 用来衡量 t 年 k 国的产出缺口（也就是实际和潜在国内生产总值之间的百分比差异），在这里代表该国在周期中的通货头寸；η_k 是一个常数；μ_{kt} 是误差项。[①]

根据 Rajan 和 Zingales（1998）的成果，我们用一个简单的普通最小二乘法（OLS）的方式估计我们的主方程（10.1），同时根据需要校正异方差性偏差，而不必太多地担心进一步的内生性问题。特别是，特定产业的特点和财政政策周期性之间的相互作用项对于因变量很可能是具有显著外生性的。首先，我们的外部融资依赖性变量涉及美国产业，而因变量涉及美国以外的其他国家。因此这种反向因果关系——美国以外的产业增长可能会影响美国产业的外部融资依赖性或有形资产——似乎是很不合理的。其次，财政政策周期性是在宏观层面衡量，而因变量则是在产业层面衡量，这再次缩小了反向因果关系的可能范围，因为每个单独的部门都只代表国内经济总产出的很小一部分。

我们的数据样本重点在于 15 个 OECD 的工业化国家的制造业产

[①] 比如等式（10.2）的因变量是相对于 GDP 的总财政余额，一个正的（负的）回归系数$(fpc)_k$反映了一个随着经济的好转（衰退）该国的财政收支得到改善（恶化）的反周期（顺周期）财政政策。在附录 A 中我们将用两个直方图来反映各国"辅助"回归方程（10.2）的估计结果。

业。特别地，样本不包括美国，因为这将是反向因果关系问题的根源。[①]

我们的数据来自一系列不同的来源。产业层面的实际增加值数据来自欧盟 KLEMS 数据库。用来衡量产业融资依赖性的数据的主要来源是收集美国上市公司的资产负债表和损益表的 Compustat 数据库。我们借鉴 Rajan 和 Zingales（1998）以及 Raddatz（2006）的成果来计算产业层面的融资依赖性指标。我们借鉴 Braun（2003）以及 Braun 和 Larrain（2005）的成果来计算产业层面的有形资产指标。最后，宏观经济的财政变量来自 OECD 经济展望数据库（CECD，2008）。

结果

我们将融资依赖性或有形资产作为特定产业的交互器来估计我们的主回归方程（10.1）。我们考虑两套财政政策指标。第一套是围绕总财政余额建立的变量，我们认为可能存在周期性调整，用它占 GDP 或潜在 GDP 的比重表示。[②]

第二套财政政策指标是围绕初级财政余额建立的变量。和前面的情况一样，我们认为可能也存在周期性调整。此外，我们也是用它占 GDP 或潜在 GDP 的比重表示。

实证结果表明，实际增加值的增长显著并同融资依赖性与财政政策的反周期性的相互作用呈正相关关系（见表 10.1）：对产出缺口具有更大的敏感性的总财政余额占 GDP 的比重引起了产业实际增加值的增长，特别是那些具有较高融资依赖性的产业。这个结果和总财政余额是否存在周期性调整无关，同时与这一比重是占实际 GDP 的比重还是占潜在 GDP 的比重无关。表 10.2 提供了一个相似的图景：对产出缺口具有更大敏感性的总财政余额占 GDP 的比重引起了实际增加值的增长，特别是那些有形资产较低的产业。和前面的情况一样，这一结果保持了对总财政余额精确度量的独立性。

---

① 样本包括以下国家：澳大利亚、奥地利、比利时、丹麦、西班牙、芬兰、法国、希腊、爱尔兰、意大利、日本、荷兰、葡萄牙、瑞典和英国。根据《国际标准产业分类》（第二版），样本中的产业是两位产业分类代码介于 15 和 37 之间的产业。更多的细节见 www.euklems.net。

② 当自发的运动被排除时，计算周期性调整的余额来说明潜在的财政状况。

表 10.1　实际增加值的增长同融资依赖性与财政政策反周期性的相互作用之间的相关性：总财政余额

自变量	财政余额占 GDP 的比重（1）	财政余额占潜在 GDP 的比重（2）	周期性调整的财政余额占 GDP 的比重（3）	周期性调整的财政余额占潜在 GDP 的比重（4）
制造业增加值的初始份额的对数值	−0.784** (0.284)	−0.795** (0.282)	−0.772** (0.286)	−0.780** (0.285)
相互作用（融资依赖性与财政政策的反周期性）	6.724*** (1.526)	6.742*** (1.434)	7.847*** (1.604)	7.799*** (1.537)
观察对象的数量	521	521	521	521
R^2	0.569	0.571	0.573	0.575

注：因变量是 1980—2005 年期间各个国家的各个产业实际增加值的年均增长率。制造业增加值的初始份额是初始的各个产业实际增加值占初始整个制造业实际增加值的比重。融资依赖性是指在 1980—1990 年期间某一产业的美国企业的资本支出中不能从该产业的内部资金上得到融资的部分所占的比例。各个国家的产出缺口横跨整个 1980—2005 年时段，财政政策的反周期性是当一列中的变量向常数回归时产出缺口的系数。交互变量是括号中的变量的乘积。估计系数用百分比表示。标准误差——在国家层面聚集——都标在括号中。所有估计值都包括国家和产业的虚拟变量。

*** 在 1% 的水平上显著。

** 在 5% 的水平上显著。

表 10.2　实际增加值的增长同有形资产与财政政策反周期性的相互作用之间的相关性：总财政余额

自变量	财政余额占 GDP 的比重（1）	财政余额占潜在 GDP 的比重（2）	周期性调整的财政余额占 GDP 的比重（3）	周期性调整的财政余额占潜在 GDP 的比重（4）
制造业增加值的初始份额的对数值	−0.515 (0.350)	−0.517 (0.351)	−0.508 (0.351)	−0.508 (0.352)
相互作用（有形资产与财政政策的反周期性）	−13.77*** (4.544)	−13.74*** (4.388)	−16.19*** (5.214)	−15.98*** (5.093)
观察对象的数量	521	521	521	521
R^2	0.550	0.550	0.551	0.552

注：因变量是 1980—2005 年期间各个国家的各个产业的实际增加值的年均增长率。制造业增加值的初始份额是初始的各个产业实际增加值占初始整个制造业实际增加值的比重。有形资产是指在 1980—1990 年期间某一产业的美国企业的资产中净资产、工厂和设备所占的比例。各个国家的产出缺口横跨整个 1980—2005 年时段，财政政策的反周期性是当一列中的变量向常数回归时产出缺口的系数。交互变量是括号中变量的乘积。估计系数用百分比表示。标准误差——在国家层面聚集——都标在括号中。所有估计值都包括国家和产业的虚拟变量。

*** 在 1% 的水平上显著。

在这一点上，有三个推论是有价值的。首先，尽管存在相对保守的标准误差估计——在国家层面聚集——估计系数仍是高度显著的。其次，产业融资依赖性和产业有形资产之间的成对的相关系数约为－0.6，其绝对值显著低于－1的绝对值。也就是说，这两个变量绝非完全相关，反过来这表明这两个表（表10.1和表10.2）不只是互为镜像，而是表示互为补充的信息。最后，该估计系数不管在所考虑的财政余额是占实际GDP的比重还是占潜在GDP的比重时都基本保持不变。这表明我们是在考察财政政策的影响，而不是仅仅考察实际GDP变化的影响。类似地，无论所考虑的财政余额是否为周期性调整的财政余额，估计系数都基本上保持不变，这表明我们考察的影响与自动稳定器不相关。

现在我们重复同样的估计操作，但主要采用初级财政余额而不是总财政余额作为我们的财政政策指标（见表10.3和表10.4）。这两个指标之间的不同之处在于初级财政余额不包括来自政府或支付给政府的净利息还款。在这两种情况下得到了相似的定性结果：在对产出缺口具有更大敏感性的初级财政余额条件下，具有较高的融资依赖性或者有形资产较低的产业往往更能从反周期财政政策中不成比例地获益。

影响程度

回归分析中的影响有多大？为获得这些回归分析中影响程度的大小，我们来计算以下两者的增长差异：一方面是一个所在国家财政政策反周期性处于第三个四分位数（第75个百分位）同时融资依赖性也处于第三个四分位数的产业；另一方面是一个所在国家财政政策反周期性处于第一个四分位数（第25个百分位）同时融资依赖性也处于第一个四分位数的产业。然后，我们进行类似的操作，用有形资产替代融资依赖性。[①]

[①] 在这种情况下，我们计算如下两者的增长差异：一方面是一个所在国家财政政策反周期性处于第三个四分位数同时有形资产处于第一个四分位数的产业；另一方面是一个所在国家财政政策反周期性处于第一个四分位数同时有形资产处于第三个四分位数的产业。在我们的双重差分法设定下不可能推断出估计系数在经济程度上的不同。特别地，产业和国家的固定影响排除了周期性财政政策变化对于特定产业影响的调查，或者相反地排除了一个国家中特定周期性财政政策对产业特性（融资依赖性或有形资产）变化的影响的调查。这两个影响都被我们的国家和产业虚拟变量吸收了。

事实证明，所考虑的产业特性是融资依赖性时，实际增加值增长的恰当收益是每年 1.7~2.4 个百分点，而所考虑产业的特性是有形资产时，实际增加值增长的恰当收益则是每年 2.1~2.7 个百分点。

表 10.3　实际增加值的增长同融资依赖性与财政政策反周期性的相互作用之间的相关性：初级财政余额

自变量	初级财政余额占 GDP 的比重(1)	初级财政余额占潜在 GDP 的比重(2)	周期性调整的初级财政余额占 GDP 的比重(3)	周期性调整的初级财政余额占潜在 GDP 的比重(4)
制造业增加值的初始份额的对数值	−0.794*** (0.250)	−0.796*** (0.250)	−0.786*** (0.247)	−0.784*** (0.248)
相互作用（融资依赖性与财政政策的反周期性）	4.679*** (0.864)	4.700*** (0.846)	5.170*** (0.893)	5.183*** (0.872)
观察对象的数量	521	521	521	521
R^2	0.569	0.569	0.571	0.572

注：因变量是 1980—2005 年期间各个国家的各个产业的实际增加值的年均增长率。制造业增加值的初始份额是初始的各个产业实际增加值占初始整个制造业实际增加值的比重。融资依赖性是指在 1980—1990 年期间某一产业美国企业的资本支出中不能从该产业内部资金上得到融资的部分所占的比例。各个国家的产出缺口横跨整个 1980—2005 年时段，财政政策的反周期性是当一列中的变量向常数回归时产出缺口的系数。交互变量是括号中变量的乘积。估计系数用百分比表示。标准误差——在国家层面聚集——都标在括号中。所有估计值都包括国家和产业的虚拟变量。

*** 在 1% 的水平上显著。

这些幅度是相当大的，特别是与 Rajan 和 Zingales（1998）成果中相对应的数字相比。根据 Rajan 和 Zingales（1998）的结果，从第 25 个百分位移动到第 75 个百分位的实际增加值的增长收益无论是对于国家层面的金融发展还是对于产业层面的外部融资依赖性而言大约都相当于每年 1 个百分点。

但是，下列考虑也是值得在此指出的。第一，这些都是双重差分的（跨国或跨产业）结果，不可解释为全国性的结果。第二，把这一结果应用到制造业，只能代表不超过我们样本国家 GDP 总量的 40%。第三，不考虑各个国家的财政政策指标，由于我们样本中的国家数量有限，国家间财政政策周期性的离散程度非常大。在整个周期性财政政策的设计中，依次从第 25 个百分位移动到第 75 个百分位的剧烈变动的财政政策反周期性在我们考虑的这一时间段是不可能在任何某个国家都发生的。第四，这个简单的计算并没有考虑到与之相关的从低财政政策反周期性稳态过渡到高财政政策反周期性稳态的可能成本。然而，上述操作表明，财政政策周期性的差异对于所观察到的各国各产业在业绩增长上表现的不同具有重要影响。

表10.4　实际增加值的增长同有形资产与财政政策反周期性的相互作用之间的相关性：初级财政余额

自变量	初级财政余额占GDP的比重（1）	初级财政余额占潜在GDP的比重（2）	周期性调整的初级财政余额占GDP的比重（3）	周期性调整的初级财政余额占潜在GDP的比重（4）
制造业增加值的初始份额的对数值	−0.492 (0.351)	−0.494 (0.351)	−0.485 (0.352)	−0.485 (0.352)
相互作用（有形资产与财政政策的反周期性）	−9.228*** (2.878)	−9.336*** (2.812)	−10.230*** (3.136)	−10.330*** (3.072)
观察对象的数量	521	521	521	521
R^2	0.549	0.549	0.550	0.550

注：因变量是1980—2005年期间各个国家的各个产业的实际增加值的年均增长率。制造业增加值的初始份额是初始的各个产业实际增加值占初始整个制造业实际增加值的比重。有形资产额是指1980—1990年期间某一产业的美国企业的资产中净资产、工厂和设备所占的比例。各个国家的产出缺口横跨整个1980—2005年时段，财政政策的反周期性是当一列中的变量向常数回归时产出缺口的系数。交互变量是括号中的变量的乘积。估计系数用百分比表示。标准误差——在国家层面聚集——都标在括号中。所有估计值都包括国家和产业的虚拟变量。

*** 在1%的水平上显著。

结论

我们分析了宏观经济政策尤其是财政政策在整个经济周期中会以何种程度影响产业增长。依据Rajan和Zingales（1998）的方法，我们用产业层面的融资约束（以美国产业的融资依赖性或有形资产来衡量）和国家层面的财政政策的周期性的相互作用来评估这种相互作用对于产业层面产出增长的影响。实证结果表明，更具有反周期性的财政政策使受到更严格融资约束的产业——也就是说，那些它们的美国同行更加依赖于外部融资或有形资产较低的产业——产出增长提高得更加显著。这项调查还表明，财政政策的周期循环模式对增长的影响与更结构化的特点对增长的影响相比具有相当的（甚至更大的）重要性。

更一般地，我们在本章中的分析对于如何实施整个经济周期的宏观经济政策具有深远的影响。在这里，我们把重点放在财政政策上，并认为信贷约束越严格，它越应该具有反周期性。但也同样适用于货币政策以及央行如何做出有关利率和流动性供应的决定。前期工作并未在这里报告，即用与本章类似的方法并且基于类似本章的样本，表明产业增长在以下意义下具有"流动性依赖"：（1）不成比例地依赖短期债务，或者（2）维持较大的存货资产比率从而从对产出缺口更加敏感的短期利率中更多地获利。这种宏观经济学和增长的新方法使我们能够超越供给和需求经济学家的争论。相对于需求方面的考虑可能会影响潜在创新的市场规模，我们在本章分析的影响根本上还是供给驱动的，因为它们通过影响创新激励而起作用。因此，一个更加具有反周期性的财政政策具有事前和事后效果：事前它通过降低创新在未来由于不利的宏观经济冲击而失败的风险来增加创新激励；事后它有助于降低那些在一个不利冲击后不得不削减提高生产力的投资的企业的比例。

参考文献

Aghion, Philippe, George-Marios Angeletos, Abhijit Banerjee, and Kalina Manova. 2008. "Volatility and Growth: Credit Constraints and Productivity-Enhancing Investment." NBER Working Paper 11349. National Bureau for Economic Research, Cambridge, MA.

Braun, Matías. 2003. "Financial Contractibility and Asset Hardness." Unpublished mss. Harvard University, Cambridge, MA.

Braun, Matias, and Borja Larrain. 2005. "Finance and the Business Cycle: International, Inter-Industry Evidence." *Journal of Finance* 60 (3):1097–1128.

OECD (Organisation for Economic Co-operation and Development). 2008. *OECD Economic Outlook* 84 (December).

Raddatz, Claudio. 2006. "Liquidity Needs and Vulnerability to Financial Underdevelopment." *Journal of Financial Economics* 80 (3): 677–722.

Rajan, Raghuram, and Luigi Zingales. 1998. "Financial Dependence and Growth." *American Economic Review* 88 (3): 559–586.

Ramey, Garey, and Valerie Ramey. 1995. "Cross-Country Evidence on the Link between Volatility and Growth." *American Economic Review* 85 (5):1138-1151.

附录A 各国财政政策回归方程（10.2）的估计结果

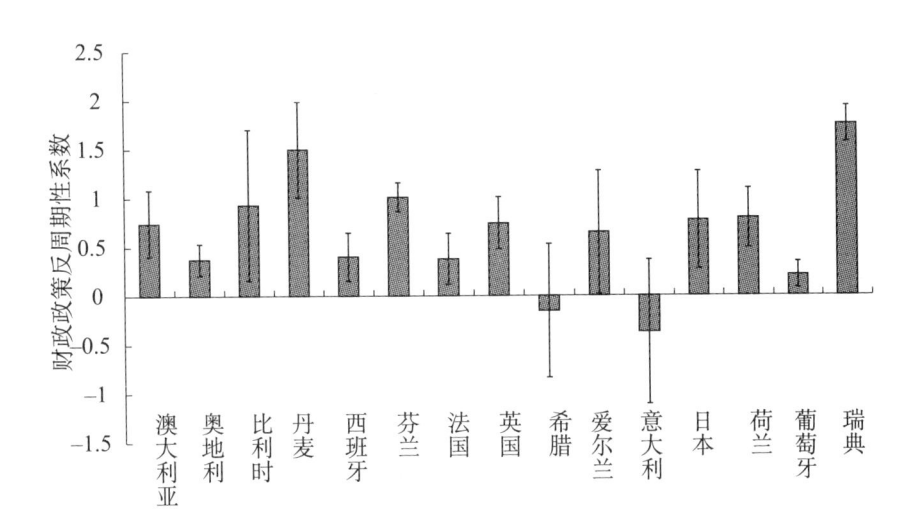

各国财政政策的反周期性的直方图1

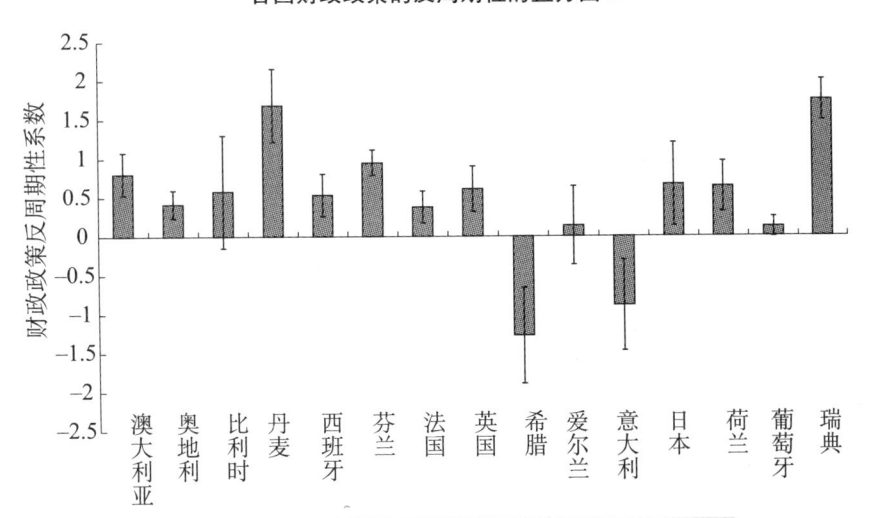

对产出缺口敏感的总财政余额占GDP的比重

各国财政政策的反周期性的直方图2

对产出缺口敏感的初级财政余额占GDP的比重

注：柱条代表回归方程（10.2）中估计的各国的财政政策反周期性系数。直线表示根据回归方程（10.2）估计的标准误差，围绕财政政策反周期性系数的平均估计值在10%的水平上的置信区间。

资料来源：笔者的计算结果。

第 3 部分　增长的长期挑战

第11章 温室气体排放量和气候变化：对发展中国家与公共政策的影响[①]

戴维·惠勒

(David Wheeler)

气候学家已经不再怀疑来自人类活动的温室气体排放正在改变全球气候的结论了。根据政府间气候变化专门委员会（IPCC，2007）的第四次评估报告，这一影响的可能性在90%以上。科学文献中剩余的讨论都聚焦于全球变暖的规模、时效和影响，而不是它的存在性。然而，关于气候变化的争议仍将持续下去，最大的两个碳排放者美国和中国对于减排仍持强硬立场，因此我们离达成一项取代《京都议定书》的国际协议还很遥远。

虽然各派经常引用科学问题，但真正的争议已不再针对其科学性。争议主要源于经济与技术展望的不确定性、关于全球和代际的公平性以及关于应对气候变化集体措施的政治分歧。近期的问题似乎与上述任何方面都不同，但科学理论足够迫使达成全球共识，支持采取协调行动。有趣的政策问题集中于如何以适当的措施减少温室气体排放，加快开发和推广清洁技术，帮助适应不可避免的气候变化的影响。对于这一非科学问题的不同立场使得人们在采取必要措施的规模、范围以及时间上无法达成一致。于是，科学证据很难起到作用。现在面临的挑战是制定一个行动策略，即如果无法达成更多全球共识，如何采取适度措施，同时保留在政治上可行时采取更有力措施的潜在权力。

气候变化引发全球性危机的原因主要有两个。首先，国际社会已经意识到存在重要临界值的可能性：大气中二氧化碳（CO_2）的浓度或许

---

① © 2010 Center for Global Development, 1800 Massachusetts Avenue, NW, Washington, DC 20036；www.cgdev.org。经许可后使用。

不应超过450百万分之一（ppm）的水平，超出该值就很可能会因全球气候变暖而产生巨大且不可逆的危害。① 时间已经很紧迫了。到2007年年中，大气浓度从工业化前的水平约280ppm增大到了386ppm。在当前基于广泛多样假设的对未来发展前景的预测中（IPCC，2000）②，如果没有进行严格的减排，我们就几乎肯定会在30年内达到450ppm。避免这一临界值将涉及非常迅速的全球调整、以前所未有的努力进行国际协调以及实施强力的注重成本效益的措施。

其次，气候变化对数十亿贫困人口来说是一个双重困境。如果它被忽略，就可能会破坏发展进程，毕竟全球气候变暖对南方产生的影响最大。③ 如果南方致力于碳减排，相关的成本将是巨大的。如果南方认为温室气体排放是北方必须解决的问题，而南方仍然自由地对抗贫穷而无须担心碳减排，那么这将会给南北关系带来危机。遗憾的是，有证据表明，这种观点对于南方来说不但是错误的而且是危险的，因为即使不考虑北方的排放量，它自己的累积排放量也已足够催化气候危机了（Wheeler and Ummel，2007）。这个教训很清楚：全球温室气体排放是一个全球性的问题，如果我们认为减排是必要的，那么各方都必须参与其中。

本章的结构安排如下。首先回顾显示人类活动与全球气候变暖联系的科学证据，然后介绍应对气候变化措施的范围、规模及时机争论的来源。之后是对南北层面的明确介绍，说明为什么南方与北方都应实行严格的减排。然后本章总结气候变化影响的最新研究成果，尤其关注对南方的影响，总结应对气候变化所需的措施，提出可立即采取的具体步骤。最后一节提供总结和结论。

气候变化的科学证据

气候学家对几个基本命题都毫无争议。第一，人类社会的存在是因为温室气体把热量留存在大气中。如果没有它们，全球平均气温将约为－18℃（摄氏度），而非目前的14℃（NOAA，2007）。为了理解这32℃温差的意义，我们只需要注意，在上一次冰河时代8～10℃的降幅

---

① CO_2是主要的温室气体。
② 前景描述参见 www.grida.no/climate/ipcc/emission/089.htm。
③ 北方和南方分别指代发达国家和发展中国家。

第 11 章 温室气体排放量和气候变化：对发展中国家与公共政策的影响

就足以产生涵盖北美和欧洲大部分的冰川。

第二个普遍接受的命题是上一个命题的直观推论，即大气中温室气体浓度的变化具有热效应。沃斯托克南极冰芯资料（Petit and others，2000）显示，全球平均气温与大气中二氧化碳的浓度在过去 425 000 年经历的四个间冰（Milankovitch）周期中高度相关（见图 11.1）。在每个周期中，在 180~280ppm 范围外每 100ppm 的 CO_2 浓度变化对应大约 10℃的全球平均温度变化。

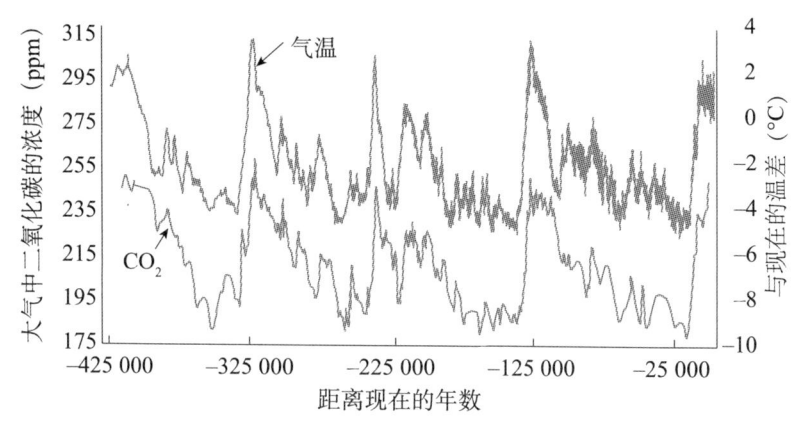

图 11.1 四个冰期中大气中 CO_2 的浓度与气候的关系

资料来源：Petit and others，2000.

但显然在过去的冰期循环中，CO_2 浓度变化并没有人为（人类活动引起的）因素的影响。这一关于长周期相关性共识的科学解释如下。米兰科维奇循环（Milankovitch cycles）指地球轨道和旋转周期变化影响太阳辐射的全球分布的理论。它是高度不对称的。随着高纬度辐射减少，每隔 10 万年平均气温将逐步降低。增长的冰层反射更多的太阳辐射，这增强了冷却效果，同时使大气中二氧化碳的浓度下降。一旦太阳活动周期反转，正反馈效应将迅速提高全球平均温度。这些演变部分是通过冰层融化降低反射率进行的，部分是通过提高大气中二氧化碳的浓度进行的。目前，我们正在米兰科维奇循环的顶部附近，所以全球气温和二氧化碳的浓度都接近其循环的最大值。但大气中 CO_2 的浓度自 18 世纪开始上升，早已超过了米兰科维奇循环的历史最高值。由此产生的热效应也把大气温度推高，使之也超过了米兰科维奇循环的历史最高值。

第三个所有气候学家都接受的命题是，人类累积排放量引起大气中温室气体浓度提高的原因是陆地和海洋碳汇对碳排放重吸收不足。表

11.1 提供了 1850—2000 年期间北方和南方源自人类的大气中累积二氧化碳的最新估计。图 11.2 显示了 1744 年[①]以来该气体浓度的变化趋势，而图 11.3 则表示累积排放量以及对应的气体浓度（Wheeler and Ummel, 2007）。数据表明，自 18 世纪以来的人为排放量使大气中二氧化碳的浓度提高了大约 40%，从 1744 年的 277ppm 提高至 2007 年中期的 386 ppm。

表 11.1　　　　　　　　　1850—2000 年南北双方的
　　　　　　　　　　　　　大气中累积的 CO_2　　　　　　单位：十亿吨（Gt）

年份	南方 土地利用变化	南方 化石燃料燃烧	南方 合计	北方 土地利用变化	北方 化石燃料燃烧	北方 合计
1850	19.38	0.00	19.38	25.68	4.83	30.52
1875	24.31	0.00	24.32	40.13	10.09	50.22
1900	33.93	0.14	34.08	54.05	25.83	79.88
1925	54.37	1.62	55.99	61.42	61.61	123.03
1950	82.07	5.32	87.39	62.33	106.51	168.83
1975	127.57	28.34	155.92	65.34	221.54	286.87
2000	180.17	115.13	295.30	58.29	371.73	430.02

资料来源：Wheeler and Ummel, 2007.

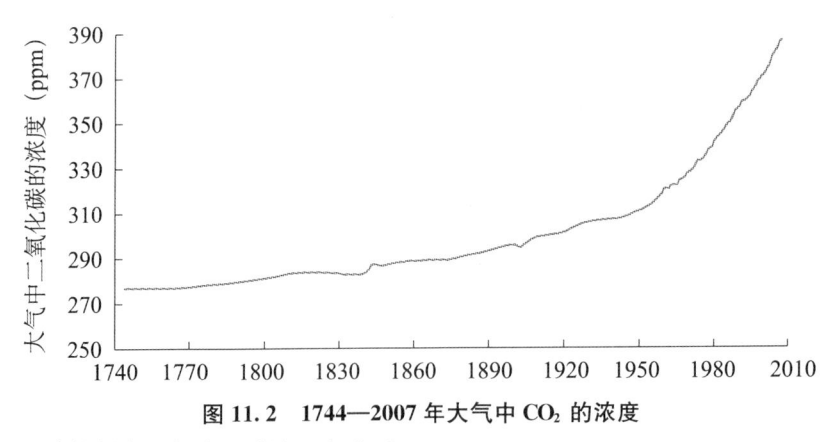

图 11.2　1744—2007 年大气中 CO_2 的浓度

资料来源：Wheeler and Ummel, 2007.

第四个普遍接受的命题是，温室气体排放将在大气中存留很长时间。尽管碳循环模型的结构和复杂程度不同，但它们都显示出类似的长期影响。一个例子是使用伯恩（Bern）碳循环模型对累积排放量做出的许多估计（Shaffer and Sarmiento, 1995; Siegenthaler and Joos, 2002）。

---

① 图 11.2 结合了赛普尔冰核（1744—1953 年）和夏威夷莫纳罗亚山天文台（1959—2007 年）的观测结果；请分别参阅 Neftel 等（1994）和 Keeling 等（2007）。

第 11 章 温室气体排放量和气候变化：对发展中国家与公共政策的影响

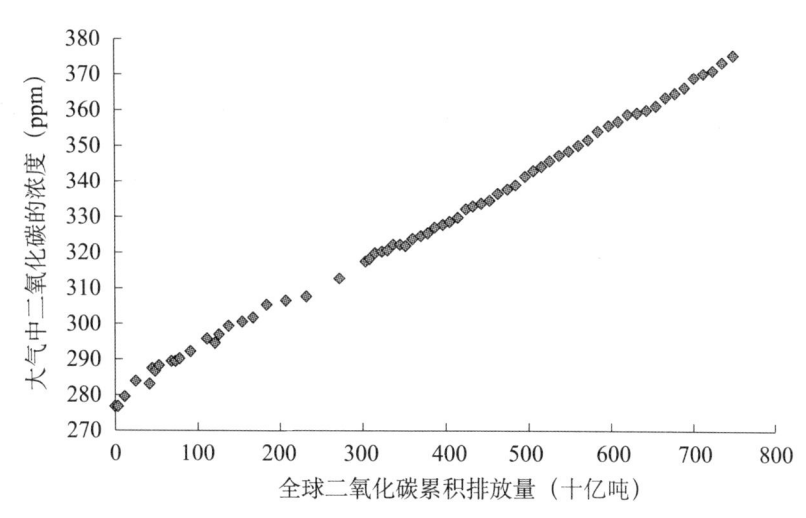

图 11.3 1744—2007 年大气中 CO_2 的浓度和累积排放量

资料来源：Wheeler and Ummel，2007.

图 11.4 展示了该模型的应用，在 1850 年排放 1 吨碳，衰变在最初 40 年间相对较快，到 1890 年大约只在大气中残留 40%。然而，重吸收率迅速下降，原来这 1 吨碳到 2010 年还在大气中残留 25%。这样的持续是影响巨大的，因为它证明当前的排放将具有长期的影响。为了突出减排政策的影响，研究人员频繁引用超级油轮的比喻。假设超级油轮全速行驶，要想安全、可控地靠岸需要在距码头 20~30 公里时切断动力。如果等到最后一刻才切断动力，则会发生冲撞，造成巨大的危害。大气中的碳堆积就像油轮的动量，随着积累的持续，制动将变得越来越困难。

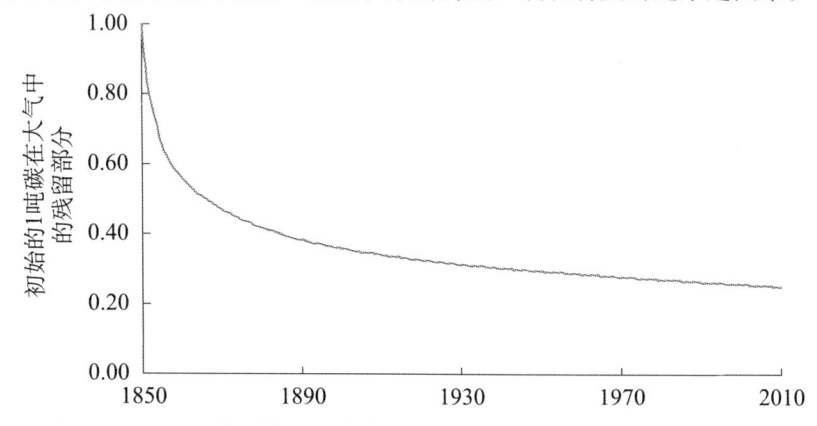

图 11.4 1850 年排放的 1 吨碳在 1850—2010 年期间在大气中的残留部分

资料来源：Wheeler and Ummel，2007.

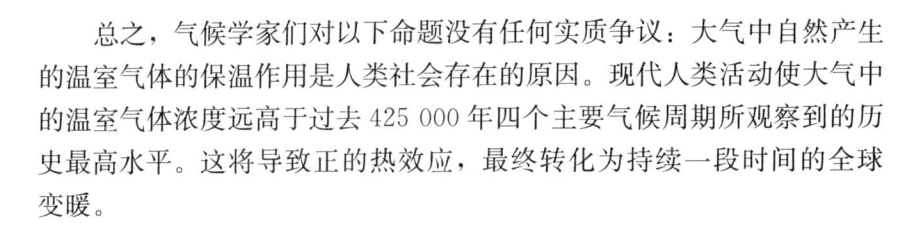

总之，气候学家们对以下命题没有任何实质争议：大气中自然产生的温室气体的保温作用是人类社会存在的原因。现代人类活动使大气中的温室气体浓度远高于过去 425 000 年四个主要气候周期所观察到的历史最高水平。这将导致正的热效应，最终转化为持续一段时间的全球变暖。

科学争论的要点

对于气候学家来说，预测未来温室气体积累的影响会因两个因素而复杂化。第一，强大的调节系统的存在还没被完全理解。这些包括海洋的热吸收；全球范围内相关联的热对流；陆地碳汇的吸收和排除；由于极地冰川融化而产生的深色水块与陆块对太阳辐射吸收的改变；云的形成对辐射的阻碍；活生物量碳固定的变化。第二个因素是存在巨大、不稳定的潜在陆地和海洋碳沉积。一个经常被引用的例子是封存在永冻土层中的碳，如果全球变暖持续，该部分会逃逸到大气中（Zimov，Schuur and Chapin，2006）。另一个是隔绝在深海中的碳，随着全球气候变暖影响深海循环，它可能排放到大气中。最近的研究表明，在最近的冰河时代末期，温度急剧上升就引发过这种排放（Marchitto and others，2007）。

这些因素使得难以精确预测全球变暖。一些调节系统可能有抑制温度的效果（例如，蒸发量增加引起云的形成而阻断辐射），而另一些则有提高温度的作用（例如，冰盖让位给深色开放水域或陆地而引起太阳辐射吸收的增加；碳从融化的永冻土层或深海逃逸出来；随着大气变暖，所引发的森林燃烧增加）。所有的这些联系都得到了深入研究，关于它们的知识也在迅速增加。同时，随着计算能力的增强和可用观测数据更加丰富，大规模气候动力学模型也得到稳步改善。压倒性的共识是温度提升反馈大大超过了抵消机制。大多数气候学家还相信，至少有三个不稳定因素——冰盖融化、永冻土层碳和深海碳，它们的量是如此大以至它们对临界值的决定性影响超过正反馈从而将引发大气中温室气体浓度和温度在某些范围内迅速升高。虽然科学家们对这些"颠覆"现象爆发的时机存在争议，但很少有人怀疑其触发将对全球产生灾难性影响，因为国际社会很难快速调整以避免这样巨大的破坏。

政府间气候变化专门委员会的作用

关于气候变化的科学共识是由政府间气候变化专门委员会的评估报告定期总结的。IPCC在众多的全球咨询机构中以其规模和对国家多样性的科

第 11 章　温室气体排放量和气候变化：对发展中国家与公共政策的影响

学体现、对科学文献的审查、对证据的评估以及所确定的在气候学家间达成共识的系统程序著称。本章在很大程度上依赖于 IPCC 的第四次评估报告（IPCC，2007），将其作为全球气候变暖及其潜在影响的重要信息来源。

不过，IPCC 的某些特点使得其针对该问题的报告的观点几乎都是保守的。首先，IPCC 所聚焦的共识往往排除大于预期影响的最新研究，因为许多这些结果还没有得到主流认可。一个很好的例子是由于永冻土层融化而造成大量的碳释放。最近的一些科学证据表明，该现象已经开始发生，但 IPCC 的预测并不包含它。另一个例子是格陵兰冰盖迅速坍塌的可能性，这与最近的一些研究结果一致，却被明确排除在 IPCC 的预测之外。如果这样的坍塌全都发生，将引发 7 米的海平面上升，对沿海居民造成巨大影响。

其次，气候学的发展是迅速的，但协商的广泛性使得 IPCC 很难把评估报告出版之前的那个年度发表的科学成果全部归纳完毕。这些因素决定了 IPCC 的第四次报告的保守性。最近所发表的论文的明显趋势是得出的有关全球变暖的幅度和其潜在影响的结论更为惊人。

最后，也是最遗憾的是，IPCC 进程要由政府政治代表审核，其中一些人（尤其是那些美国人）多次强烈表现出了低估指向更大风险的证据的倾向。

非科学争论的来源

在 IPCC 的第四次报告之后，科学讨论不再主导气候变化的争议了。即使是众所周知的反对者 Lomborg（2001）也已经认可全球变暖有采取协调一致行动的必要，并把重点放在非科学因素的争议上（Lomborg，2007）。[1] 紧张气氛来自三个关键要素。大多数气候变化的影响将由后代人承担，一个实际的可能性是无节制的排放将导致未来某个时点的气候灾难，而全球气候系统的巨大惯性[2]意味着保护子孙后代需要

---

[1] Lomborg（2007）采用收益—成本分析来支持将减排和适应支出放入到全球福利影响的全面评估中，尤其关注对发展中国家的影响。他建议收取适度的碳排放费用和向清洁技术研发提供大量行政支持，该"适度"的系列措施将在本章后面讨论。Dasgupta（2007）认为，Lomborg 的收益—成本分析和结论存在由于过低估计临界值而引入不恰当的技术参数的风险。相比之下，Stern（2006）的结论和建议集中反映了各种低概率但潜在的灾难性风险，因而更为迫切。

[2] 这一惯性会由于大气中长时间的碳排放以及前面提到的正反馈系统而持续增长。

现在进行代价昂贵的减排。争论的点有很多，包括经济与技术展望、减排成本、代际分配、风险评估、国家主权、国际分配、排放源和气候变化的影响。本节将讨论前六个问题，后两个将在后面几节详细讨论。

经济与技术展望

这方面的替代政策要求在如此背景下进行思考——基于经济、技术、人口变化的长期展望。IPCC（2007）用六种不同的展望来体现2100年的固有不确定性（IPCC，2000）。表11.2和图11.5对这些基于对21世纪人口、技术、经济变化预测的模型的不同展望进行了比较。在图11.5（a）中，展望A1F1反映了许多发展中国家目前的期望：经济全球化下的快速经济增长；人口缓慢增加；更高效技术的快速引进；不受碳减排约束的能源开发等，这与国内拥有丰富化石燃料资源的国家的当前发展战略一致。在这种情况下，到2100年北方的二氧化碳排放量将继续增长至37 000兆吨（Mt）（大约是目前水平的2倍），而南方21世纪的排放峰值约为73 000兆吨（超过当前水平的3倍）。

表11.2　IPCC的六种非减排展望对应的全球表面变暖情况，2090—2099年相对于1980—1989年的温度变化（℃）

展望	低	平均	高
B1	1.1	1.8	2.9
B2	1.4	2.4	3.8
A1T	1.4	2.4	3.8
A1B	1.7	2.8	4.4
A2	2.0	3.4	5.4
A1F1	2.4	4.0	6.4

注：B1＝一个收敛的世界，具有与A1B一样低的人口增长，但经济结构向服务和信息经济快速转型，引入清洁的资源节约型技术以减少能源消耗。重点是经济、社会和环境可持续发展问题的全球性解决方案，包括改进平等性，但没有额外的气候计划。B2＝一个着重解决当地经济、社会和环境可持续发展问题的世界。这是一个全球人口以低于A2的速度不断增加的世界，经济以中等水平发展，技术变革比B1和A1更慢但更为多样化。虽然该展望也倾向于环境保护和社会公平，但它更关注当地和地区的水平。A1＝经济高速增长，全球人口在21世纪中期达到顶峰然后下降，快速引进新的和更高效的技术。主要的潜在主题是地区间收敛能力建设、增加文化和社会互动、大量减少人均收入的区域差异。A1系列展望描述了三组能源系统技术变革的可选择方向。A1FI＝化石能源密集。A1T＝非化石能源。A1B＝所有能源的均衡。A2＝一个异质化的世界，以自力更生和保持当地特性为特色。不同区域的生育模式收敛得非常缓慢，因而导致人口的高增长。经济发展主要以地区为导向，人均经济增长和技术变革更分散且水平低于其他展望。

资料来源：IPCC（2007：749）.

第 11 章 温室气体排放量和气候变化：对发展中国家与公共政策的影响

与此相反，展望 B1（见图 11.5（b））反映了经济结构向服务业和信息产业快速转化，并引进清洁的资源节约型技术的情况。北方的排放量在 2020 年左右开始迅速下降；到 2100 年，该值将回到自 20 世纪 30 年代以来未有的水平。而南方将会在 21 世纪中期达到排放量的峰值，比展望 A1F1 峰值的一半还低，然后在 21 世纪末下降到 20 世纪 80 年代该值的水平。

这两种展望都是可能的，但它们对大气碳含量和全球变暖的影响却是迥然不同的。两种展望都没有假设存在全球碳减排机制。当前对于迫切的气候政策的争议大部分都源于对 21 世纪的情形最终会像 A1F1、B1 还是介于两者之间的看法不同。

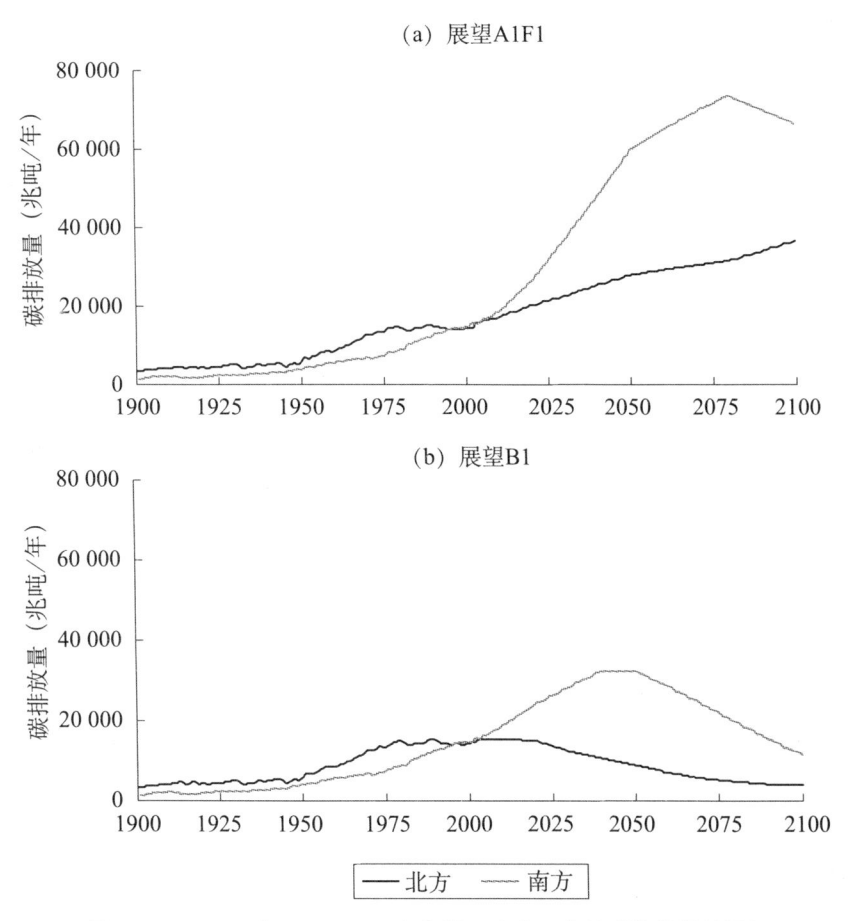

图 11.5　IPCC 对 1900—2100 年归属于南北双方的碳排放量的展望

资料来源：Wheeler and Ummel，2007.

代际分配

经济学家继续讨论适当的社会贴现率——在我们所做的收益—成本决策中对子孙后代福利所赋予的权重。这对气候变化政策非常重要,该政策必须权衡当前巨额的减排成本与给遥远未来的后代带来的更大收益。简言之,社会贴现率有两个组成部分。第一部分是时间偏好的"纯"社会比率,这反映了对下面有关价值的问题的回应:如果我们知道我们的后辈的物质水平和我们自己一样,那么在做关于气候变化政策的决定时,我们是否应该把他们的福利看作与我们的一样重要?如果答案是肯定的,或者几乎肯定,那么我们现在应该做出大量牺牲,以避免对我们的后代产生不利影响。但是,如果我们对后代人的福利进行贴现,那么我们会倾向于让他们自己关照自己。我们现在将选择牺牲很少的消费或不牺牲消费来确保避免我们的后代一两个世纪以后的损失。社会贴现率的第二部分反映了我们对未来发展的假设。如果世界经济增长和技术进步继续保持历史水平,而且不被全球气候变暖破坏,那么我们的后代将比我们拥有更为丰富、更加优越的技术选择。在这种情况下,公平地讲,即使我们把后代的福利看作和我们的一样重要,现在尽量减少牺牲也是合情合理的。

许多近期关于气候变化政策的争议反映了经济学家对适当社会贴现率的不同看法。Stern(2006)采用非常低的比率,强烈倾向于有利于后代人的收益—成本计算,而 Nordhaus(2007a,2007b)及其他人则倡导更高的比率。Quiggin(2006)提供了一个对于该问题的清晰总结,并指出争论的双方还没有一个定论。

减排成本

由于时间跨度较大以及 21 世纪全球社会经济、技术和人口发展的不确定性,对减排成本进行估算令人生畏。采用改进后的埃利希(Ehrlich)公式确定减排总成本是有用的(Ehrlich and Ehrlich,1991;Ehrlich and Holdren,1971):

$$G = P \times (Y/P) \times (G/Y) \tag{11.1}$$

其中,$G=$ 温室气体排放量,$P=$ 人口,$Y=$ 总产出(收入)。

用文字表述,即温室气体排放总量等于人口(P)、人均收入(产出)(Y/P)和每单位产出的温室气体排放量(G/Y)的乘积。等式右侧具有明显的相互依存关系。例如,许多计量经济学研究都分析了

第 11 章 温室气体排放量和气候变化：对发展中国家与公共政策的影响

(G/Y) 和 (Y/P) 之间的"环境库兹涅茨曲线"关系；例如 Dasgupta 等（2002）和 Stern（2004）。如果经济增长（Y/P 增加）仍然是一个目标，那么减少温室气体排放需要更大比例地减少人口（P）或每单位产出的排放量（G/Y）。[①] 反过来，后者是一个关于经济结构（例如，服务业一般比发电业或制造业的碳密集度更低）与各部门使用的技术（水电不产生碳排放，而火电的碳排放量很大）的函数。因为基础成本函数部分是由当地权衡确定的，故而这些因素（人口、行业组成、技术）在特定的国家可以按时间表以一定的成本被改变。

这其中的复杂性是显而易见的，而政策的讨论集中于 P 和 G/Y 的一般结果。Birdsall（1992）发现，在 20 世纪 90 年代初的条件下，减缓人口增长的投资在减少碳排放上通常比传统减排投资更具有成本效益。这项工作需要与时俱进，对于该主题的新实证研究也已经展开了。[②]

在更传统的减排前沿（减少 G/Y），最近的成果提供了对减排潜在成本的新见解。但它仍然充满了不确定性，因为计算实现减排目标的长期成本涉及对经济、技术、人口发展趋势的假设。就像 Dasgupta（2007）所指出的，这还依赖于持续的人为碳积累与增温不会打破气候系统存留量临界值的假设。[③]

Stern（2006）、Lomborg（2007）和 Nordhaus（2007a，2007b）估计了不同排放目标的相关成本。Stern 和 Lomborg 关注将大气中二氧化碳的浓度限制在 550ppm 左右的成本。Lomborg 估计，全球成本约为每年 520 亿美元，或全球收入的 0.11%[④]，而 Stern 估计成本为收入的 1%。Nordhaus（2007b）采用了比 Stern 高得多的社会贴现率来量化不同目标的相关成本。表 11.3 显示了他的结果，在其模型的假设下，当排放限制收紧时，成本的增长要快于收益。例如，将温室气体浓度限制从 700ppm 降到 420ppm 使贴现收益（避免的损失）增加 7.4 万亿美元，而使贴现的减排成本增加 25 万亿美元。对于 700ppm 的限制，相对于没有

---

① 这个讨论简化了问题，因为变量之间的相互依存关系可能是一个重要的因素。例如，减少人口的政策可能会改变它们对人均收入或每单位产出的碳排放量的（正面或负面）影响。

② 全球发展中心刚刚推出了一个针对这一领域的研究项目。

③ 就像下一节所指出的，开荒引起的碳排放是全球变暖的一个非常重要的来源。然而，本节的成本计算主要关注工业排放，主要是来自化石燃料燃烧的排放。引入人口和森林砍伐的影响通常依赖于相关变量外生变化的假设。例如，Nordhaus（2007b）设定了一个关于世界人口的逻辑函数，与联合国的中档预测基本一致，使得全球人口稳定在 85 亿左右。

④ 基于 48.2 万亿美元的全球 GDP。

控制基线，其净收益是正的（收益成本比为 2.4），对于 420ppm 的限制则是相反的（收益成本比为 0.5）。这对于整个表 11.3 中的收益和成本增量的相对关系都是成立的，它包括四个气温上升限制、《京都议定书》的变体、Stern 文献的结果①和最近由 Al Gore 提出的快速减排建议。

表 11.3　相对于不推出政策来缓解或逆转全球变暖，减排成本与收益
（以 2005 年万亿美元计算）

政策选择	收益（减少危害）	公害防治成本	收益成本比
Nordhaus/DICE 最优化模型[a]	5.23	2.16	2.4
温室气体浓度限制			
420ppm	12.60	27.20	0.5
560ppm	6.57	3.90	1.7
700ppm	5.24	2.16	2.4
气温上升限制			
1.5℃	12.60	27.03	0.5
2.0℃	9.45	11.25	0.8
2.5℃	7.22	5.24	1.4
3.0℃	5.88	2.86	2.1
《京都议定书》			
包含美国[b]	1.17	0.54	2.2
不包含美国[c]	0.12	0.02	5.0
加强版[d]	6.54	5.82	1.1
Stern 文献的贴现率[e]	13.53	27.70	0.5
Gore 的建议[f]	12.50	33.86	0.4
低成本支撑技术[g]	17.63	0.44	39.9

a. 耶鲁 DICE 模型求取净经济消耗价值的最大化，假定执行完全有效与全面参与。以 1.5% 的时间偏好率加上 2% 的效用弹性进行时间贴现。

b. 体现了 2008—2012 年《京都议定书》（涵盖《京都议定书》附件 1 中的所有国家，包括美国）的排放限制（至少比 1990 年的水平低 5%）；不包括未参与国家的减排量。

c. 与上条一致，但不包括美国。

d. 美国（2015 年）、中国（2020 年）和印度（2030 年）将依次在 15 年内减排 50%。到 2050 年假设除撒哈拉以南非洲外每个地区的排放量都显著减少。结果是，到 2050 年，相对于基准线，全球减排 40%，全球温室气体排放水平只略高于 1990 年的水平。

e. DICE 模型使用 Stern 的社会贴现率来确定减排路径。然后 DICE 模型使用这个路径重新计算与 DICE 模型标准贴现率相对应的收益与成本。

f. 全球排放控制率从 2010 年的 15% 上升到 2050 年的 90%；国家参与率从最初的 50% 上升到 2050 年的 100%。

g. 出现了清洁技术或可以以当前成本代替所有化石燃料的能源。

资料来源：Nordhaus，2007b。

---

① 因为 Nordhaus 用于估计收益成本比的贴现率远高于 Stern，Nordhaus 的结果对于 Stern 来说并不适用。成本估计的结果是由 Nordhaus 自己阐明的，他指出自己应用 Stern 的方法（收入的 1.5%）得出的成本估计比 Stern 自己的估计要高 50%。

第 11 章　温室气体排放量和气候变化：对发展中国家与公共政策的影响

按照 Nordhaus 的贴现率——要比 Stern 的比率更强烈地向当前倾斜——当需要在不久的将来达到目标而急剧减少排放时，短期成本要远远大于长期收益。如表 11.3 所示，按 Nordhaus 的方法，与基准的情况（无明确的减排）相比，Stern 和 Gore 的方案的净收益将为负值（收益成本比小于 1）。

迄今为止，表 11.3 中获得最好结果的是假设的低成本支撑技术（收益成本比为 39.9），如果它出现在 21 世纪早期，将彻底改变经济学的计算。虽然该结果并不能真的和其他结果相比较，但是它强调了从更清洁能源的研发（R&D）中得到的潜在收益，Lomborg（2007）也提出了这一点。

风险

上一节介绍了几种"临界"情况，许多气候科学家也考虑到，这将产生不可逆的以及潜在的灾难性影响。科学家们可以为这些情况设定相对概率，但他们不可避免地有些武断。例子包括极地冰盖将在几十年而不是几个世纪之内解体，将在人们做出改变以适应之前淹没世界上的沿海城市和基础设施；墨西哥湾暖流被阻断，这将使欧洲的气候更像加拿大；猛烈的"超级风暴"引发大量灾难性的破坏。如果我们相信它们是迫在眉睫的，我们毫无疑问会投入巨资，以避免这样的灾难。然而，当它们被推迟到更遥远的未来时，计算就含糊了。

政府间气候变化专门委员会（IPCC，2007）承认这种阈值的可能性，但认为科学不足以把其明确纳入其中。如何对待它们是收益—成本分析的关键，尤其是当它们将带来全球性灾难的威胁时。Stern（2006）明确引入阈值的影响，结果是向严格（而且昂贵）的减排政策强烈倾斜。Lomborg（2007）没有引入这样的影响，这使他的结论是温和的，倾向于适度严格。虽然批评 Lomborg 的做法，Dasgupta（2007）也认为，对于这样的问题，传统的收益—成本分析在任何情况下都是落后的。

国家主权

来自任何源头的温室气体排放都对全球气候变暖产生了同样的影响，这使得应对气候变化最终将需要所有国家的一致行动和一些对国家主权的限制。这说明对气候变化的讨论也大量涉及政治多极化，尤其是在美国。很多思想保守派继续漠视全球变暖，因为他们不能接受全球监管合法化和对美国主权的限制。在他们看来，未来气候灾难的风险是避免增强"集体主义"、抑制个人自由的措施的很小的代价。与之相反，许多自由主义者看起来似乎更倾向于看重气候变化的最坏情形，支持全球监管干预。鉴于利害关系，这和保守强硬态度相比不足为奇。

国际分配

最好的科学证据表明全球受气候变暖影响最严重的将是低纬度地区的国家，那里大部分人都很贫穷。如果他们得以免于最坏的影响，那么适应气候变化所需的资源将来自富裕的北方。对于外国援助无休止的争论表明，北方居民对于这一愿望和作为"慈善"的援助的功效有不同的看法。然而，如果我们考虑到气候变化将导致潜在的全球毁坏，那么提供适应资金看起来更像是流行病预防而不是慈善。当前的政治动荡与一个成千上万人被迫从农业崩溃和海平面上升中逃离的可能的未来相比，也是苍白的。

总之，非科学争论主导了对气候变化政策的讨论，而且其中许多不会在短时间内解决。但总结在政府间气候变化专门委员会评估报告中的科学进展，已经毫无疑问地改变了讨论的环境。即使很多人在非科学争论中扮演"保守"的角色，现在也支持20年前不能想象的严格措施。

全球变暖的来源：北方还是南方？

认为碳排放是北方问题的观点在全球政策对话中起着关键作用。[1] 近日，印度驻联合国大使在安理会上提出了南方对于全球变暖的共同观点。他说，"告诉发达国家采取行动以减轻气候变化带来的威胁的主要责任在于它们……而努力迫使发展中国家承诺减少温室气体排放将对它们的增长前景'造成不利影响'。"[2] 这种观点暗示，南方对全球气候变暖的应对将远远落后于北方，应该推迟其自身的减排，直到它们摆脱极端贫困。

---

[1] 这一节大量引用了 Wheeler 和 Ummel (2007) 的成果。
[2] Press Trust of India/Factiva，April 20, 2007。事实上，大使是套用《京都议定书》中"理解"的原意：(1) 历史的和当前的全球温室气体排放的大部分来源于北方；(2) 南方人均排放量仍相对较低；(3) 南方占全球排放量的份额将会随着其社会和发展的需要而增长。

第11章 温室气体排放量和气候变化：对发展中国家与公共政策的影响

是否有证据支持这一观点，在很大程度上仍然是一个信仰的问题。如果答案是肯定的，那么南方的确应该推迟昂贵的减排计划，而且北方的负担应该加倍，它应迅速降低排放，并对南方的任何减排进行补贴。如果答案是否定的，相反的情况是事实：南方自己的排放量就足以危及南方。在这种情况下，无论北方已经做了什么还是未来选择做什么，采取具有成本效益的措施来减少自己的排放量都符合南方的利益。在这种情况下，北方协助南方减排的积极性也变得更强。

Wheeler 和 Ummel（2007）运用来自化石燃料燃烧、水泥生产、土地利用变化（主要是毁林）的碳排放量的最新数据测试南方的传统观点。他们运用 IPCC 预测展望的区域标识，把国家分成北方和南方。[①] 表11.1显示了他们对这两个区域大气中积累的二氧化碳的估计，分成了化石燃料燃烧和土地利用变化两部分。如表11.1所示，北方累积排放占主导的是化石燃料燃烧。在2000年，北方和南方化石燃料燃烧所积累的大气中二氧化碳排放量分别为3 720亿吨和1 150亿吨。而土地利用变化所积累的大气中二氧化碳排放量的情况则完全相反。在2000年南方由于过度砍伐而累积排放的二氧化碳量提高到1 800亿吨，而北方则利用植树造林进行碳的重吸收，对应的值从20世纪60年代初的顶峰下降到2000年的580亿吨。综合化石燃料燃烧和土地利用变化来看，2000年南方累积排放的二氧化碳是北方的68.6%：2 950亿吨比4 300亿吨。

为了预测不久的将来的情形，Wheeler 和 Ummel 按 IPCC 的展望 A1F1（IPCC，2000）分别计算了南北双方每年的二氧化碳排放量。就像前面所指出的，展望 A1F1 反映了当前许多发展中国家希望经济快速增长而不必进行明确碳减排的愿望。图11.6结合了南北双方的历史排放量以及基于展望的未来排放量。南方在2007年已超越北方，而到2025年，距现在18年以后，南方的年排放量约为320亿吨，比北方的年排放量（210亿吨）高出52%左右。图11.7显示了累积排放情况。到2025年来自南方的累积二氧化碳排放量将相当于北方的91%（5 550亿吨比6 090亿吨），并在差不多5年后超越北方。

分离南北双方的累积排放量使得计算各自区域的大气中二氧化碳的浓度成为可能。例如，对于南方而言，结果等于工业化之前的二氧化碳

[①] 北方由欧洲（包括土耳其）、前苏联地区、北美、日本、澳大利亚和新西兰组成。南方由亚洲（不包括日本和前苏联地区）、非洲、中东、拉丁美洲、加勒比海和太平洋诸岛组成。

浓度加上南方单独所累积的排放增量。图 11.8 提供了对全球二氧化碳历史浓度和单独归属于南方的预测浓度的有启发性的比较。南方在 2025 年的分离浓度等于 1986 年测得的全球浓度（350ppm）。在 1986 年，对于温室气体效应的科学关注已经出现了紧张气氛，加速了联合国 1992 年环境与发展会议的举行。图 11.9 显示南方在 21 世纪剩下的时间里继续按 IPCC 的展望 A1F1 的发展轨道快速发展的可能情况。图 11.9 显示了只有南方排放的后果，没有考虑历史排放或未来来自北方的排放。到 2040 年，南方将超过目前的全球浓度；到 2060 年，它将超过与对发展中国家产生巨大的不可逆转的影响相关联的 IPCC 的阈值，即 450ppm（IPCC，2007）；到 2090 年它将超过 Stern 和 Lomborg 的目标值（550ppm）；到 2100 年它将接近 600ppm。

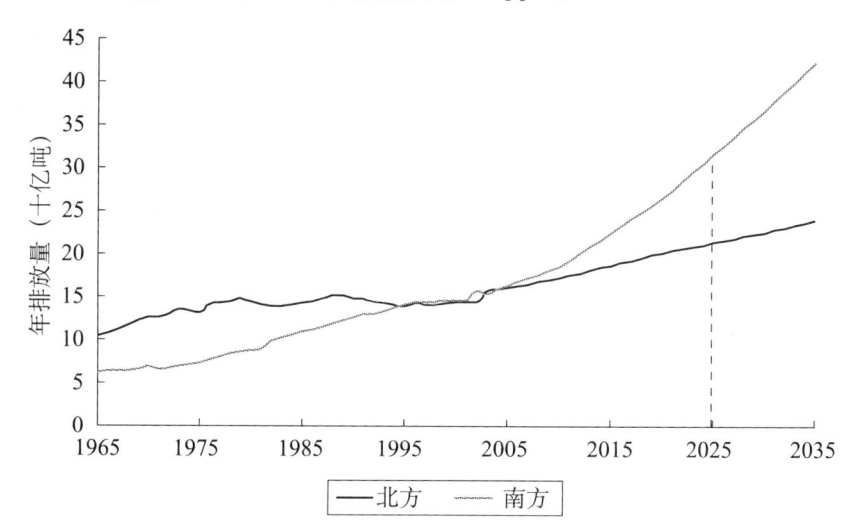

图 11.6　1965—2035 年每年归属于南北双方的二氧化碳排放量

资料来源：Wheeler and Ummel，2007.

这些结果表明，单独来自南方的排放就足以催化南方的气候危机。为什么南方要在它仍然比北方落后很多时落入这一陷阱呢？经过思考，答案是显而易见的。南方的人口比北方多四倍，所以它将在发展的较早阶段就为巨大的排放规模所困扰。

认为碳排放是北方的问题的暗示是错误的。来自碳密集型南方的累积排放量已经达到了按照 IPCC 的科学标准对于南方本身来说非常危险的地步。由于南方仍然贫困，这一结果对于发展中社区来说无疑是痛苦的。但它确实澄清并简化了政策选择，因为它打消了在气候谈判中南方

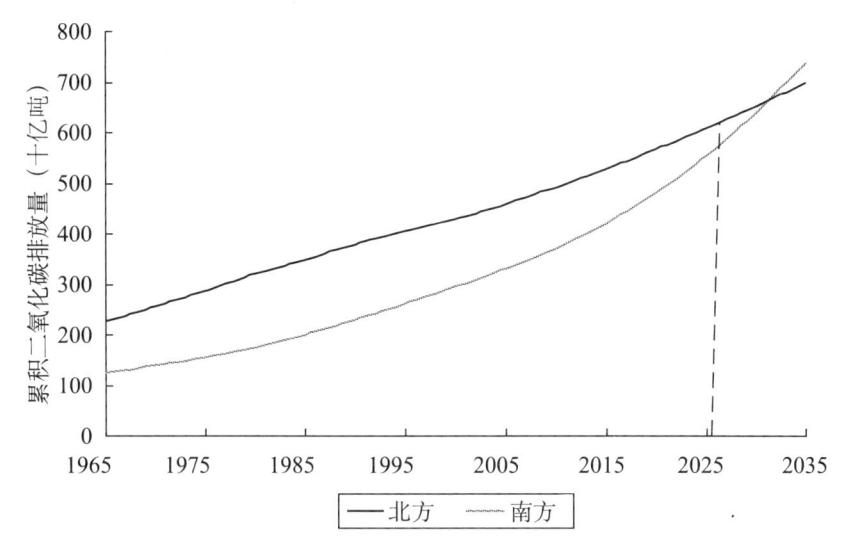

第 11 章 温室气体排放量和气候变化：对发展中国家与公共政策的影响

图 11.7 1965—2035 年归属于南北双方的累积二氧化碳排放量

资料来源：Wheeler and Ummel，2007.

对抗北方的想法。运用救生艇漏水的比喻，无论乘船的人有多么多，除非团结起来修补漏洞，否则船都会沉没。这使得相对于北方而言，南方留在碳密集型路径上毫无意义，因此南方的转变应该从现在开始，而不是从现在以后的两三代人时开始。

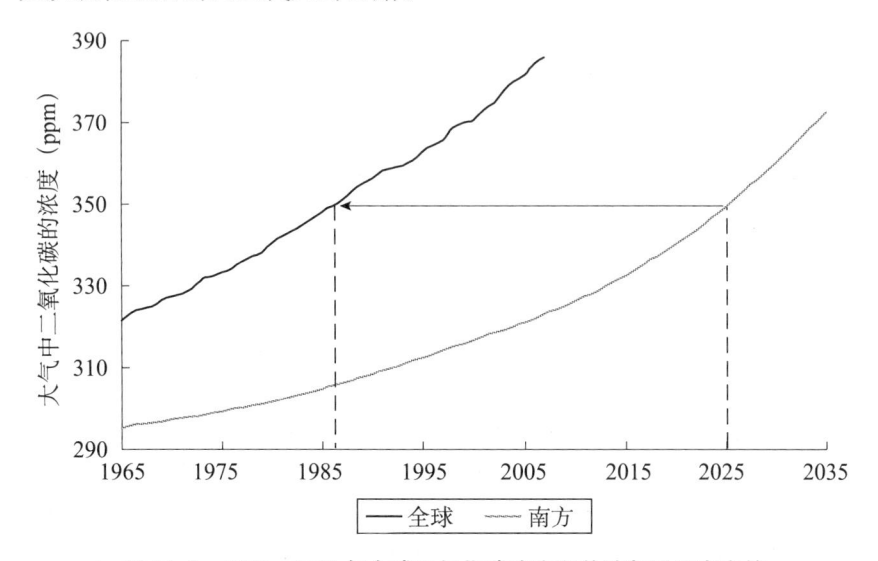

图 11.8 1965—2035 年全球二氧化碳浓度和单独归属于南方的
预测浓度（按照 IPCC 的展望 A1F1）

资料来源：Wheeler and Ummel，2007.

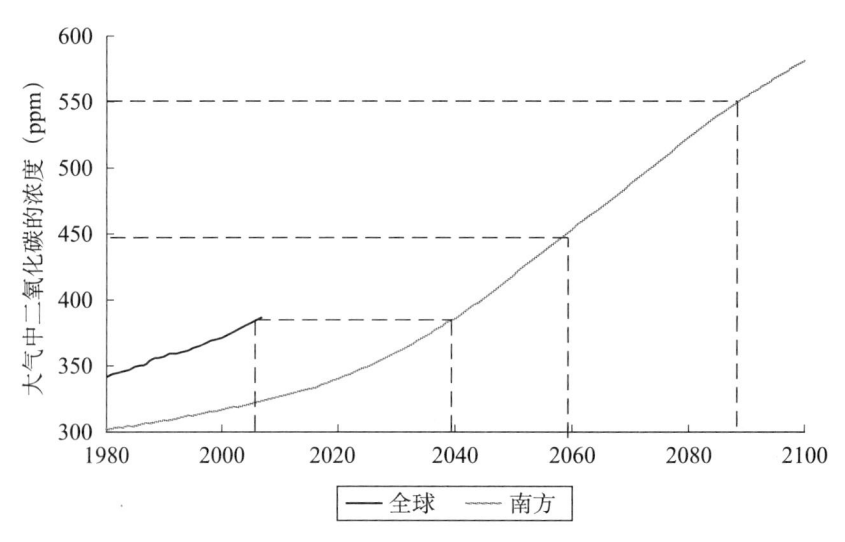

图 11.9　1980—2100 年单独归属于南方的大气中二氧化碳的浓度及预测浓度（按照 IPCC 的展望 A1F1）

资料来源：Wheeler and Ummel，2007.

气候变化影响的全球分布

2007 年以来，政府间气候变化专门委员会和世界气象组织（WMO）分别发出了紧急警报：全球变暖不是一个未来的威胁，它现在就已到来。干旱状况造成了美洲东南部和西南部、南欧、非洲和澳大利亚前所未有的野火和严重的农业损失（WMO，2007）。William Cline（2007）在其著作《全球变暖与农业》（*Global Warming and Agriculture*）中提供了对于 2080 年以前农业生产力变化的最好的国家预测。Cline 采用 IPCC 的 A2 预测，即在表 11.2 中描述的一个无减排展望。

Cline 在具有和不具有碳施肥抵消效应（大气中高二氧化碳浓度对植物生长速度的影响）的情形下描绘了对温度和降水变化影响的预测。尽管对碳施肥效应实际的大小仍存在争议，但两个例子都表明损失在 15%～60% 的范围内，覆盖了美国南部、中美洲、南美洲北部、非洲、中东、南亚和澳大利亚的大部分。世界上最贫困的十亿人口就生活在这些地区。图 11.10 显示了没有碳施肥时按国家和次区域对发展中国家损失分布的预测。国家按生产力损失从最大至最小排列；大多数损失显

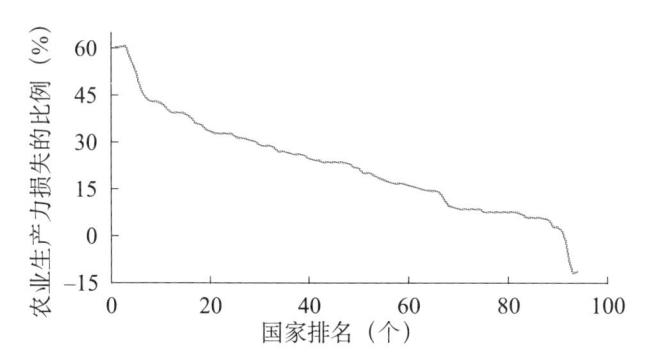

第 11 章 温室气体排放量和气候变化：对发展中国家与公共政策的影响

著，损失大于 30% 的超过 20 个。

图 11.10 气候变化给发展中国家带来的农业生产力损失的预测
资料来源：Cline，2007.

海洋变暖和更大的空气湿度增强了飓风的威力，对美国（卡特里娜飓风是最显著的例子）、中美洲、加勒比地区、东亚和南亚沿海均有复合影响（Emmanuel，2005；Webster and others，2006）。在 2007 年也见证了有记录以来第一个在巴西和阿拉伯海登陆的飓风（WMO，2007）。沿海风暴是指源于飓风力量的风随海平面上升而增强，许多气候科学家认为这将被 21 世纪的冰盖融化所加速。IPCC（2007）对于冰盖融化并不持明确立场，但科学文献中最近的投稿认为格陵兰岛的迅速消融可能在 21 世纪引发 2 米的海平面上升（Hanna and others，2005；Lowe and others，2006；Dasgupta and others，2007；Rahmsdorf，2007）。更极端的可能性来自美国国家冰雪数据中心（NSIDC）的报告，其宣称北冰洋的浮冰融化远远快于此前的预期（见图 11.11；NSIDC，2007）。[①] Dasgupta 等（2007）使用了最新的数字高程图评估海平面上升的效果和较高的风暴潮。他们估计对发展中国家淹没区的潜在影响将是在 22 世纪海平面上升 1～5 米。海平面上升 3 米，像埃及、孟加拉国和越南等国家的食品生产三角洲地区就会被淹没。如果海平面上升 3 米，发展中国家超过 2 亿生活在 5 米影响区域的人将成为沿海洪灾的难民。图 11.12 显示了海平面上升 3 米对发展中国家沿海人口影响的分布。分布极不平衡：一些沿海国家受到的

---

① 根据 NSIDC（2007），"2007 年最低（海冰覆盖）打破了先前 2005 年 9 月 20—21 日的五日最低值 119 万平方公里（46 万平方英里），面积大小与得克萨斯州加上加利福尼亚州差不多，几乎是 5 个英国的大小。"为应对这种发展，《卫报》（2007 年 9 月 5 日）援引 NSIDC 北极专家 Mark Serreze 的话说，"这很神奇。它只是跌落悬崖，而冰的损失仍将持续。如果几年前你问我北极失去所有冰的时间，我也许会说 2100 年或者 2070 年。但是现在我认为 2030 年是合理的估计。北极似乎将在我们的有生之年以及我们孩子的有生之年变成一个非常不同的地方。"

影响极为严重，而另一些受到影响的比例则相对较低。①

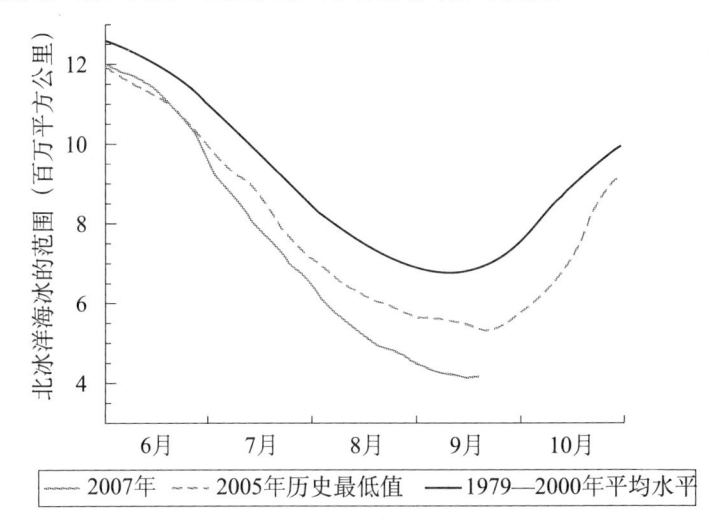

图 11.11　北冰洋至少 15% 的区域被海冰覆盖：1979—2000 年的平均水平和 2007 年 9 月的水平

资料来源：NSIDC，2007.

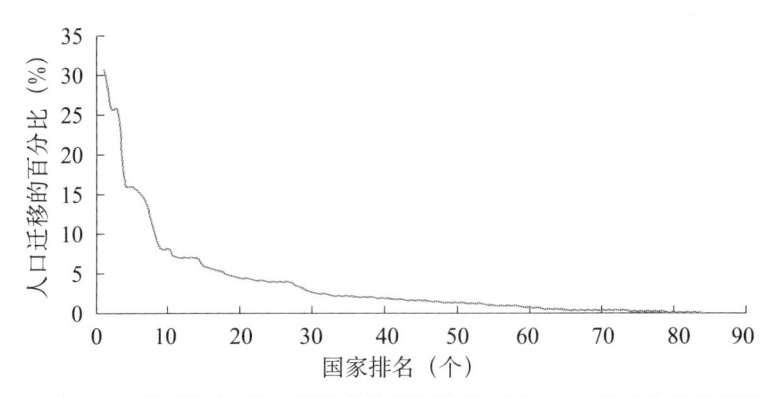

图 11.12　对海平面上升 3 米造成的沿海发展中国家人口迁移比例的预测

资料来源：Dasgupta and others，2007.

更暖的世界也将是一个更湿润的世界，因为更大的蒸发导致一些地区更加湿润以及有更多降雨。同样，这不是一个未来的威胁。2007 年 8 月的世界气象组织报告注意到了西欧、南亚、中国出现的空前降雨和洪水（WMO，2007）。尽管可能会发生一些对历史模式的背离，但一般

---

① 当然，比例相对较小的变化也可以转化为巨大的绝对影响。中国提供了最好的例子，海平面上升 3 米将影响 4% 的人口，多达 5 100 万人。

第 11 章 温室气体排放量和气候变化：对发展中国家与公共政策的影响

性的预测是未来的洪水问题将像过去一样，只是更为严重。在这方面，最近的工作已对各个国家洪水危害的相对严重程度进行了量化（Wheeler，2007）。图 11.13 显示了发展中国家间洪水危害风险的分布。这是极为失衡的，一些国家将受到的人均损失要远远高于其他国家。Wheeler 的结果也表明，即使发展中国家相对发达国家发生洪水的次数只是略微更加频繁，其受到洪水危害的风险也仍然要高得多（Wheeler，2007）。

总之，近期对全球变暖影响的预测表明，其对发展中国家将会造成的损失巨大但充满变数。虽然本节中包括比 IPCC（2007）的区域预测更详细的国家预测结果，但对这些预测它们基本保持一致。预测显示，21 世纪的气候变暖可能在一些北纬国家改善农业生产条件。但是，其他方面最有可能的前景则包括增加干旱、野火、洪水、沿海风暴和洪水、大规模的人口迁移以及巨大的经济损失。虽然 Stern、Nordhaus 等人的收益—成本分析试图量化这些破坏性影响，但明显的事实是，全球社会自第二次世界大战以来从未遇到像它们这样的问题。

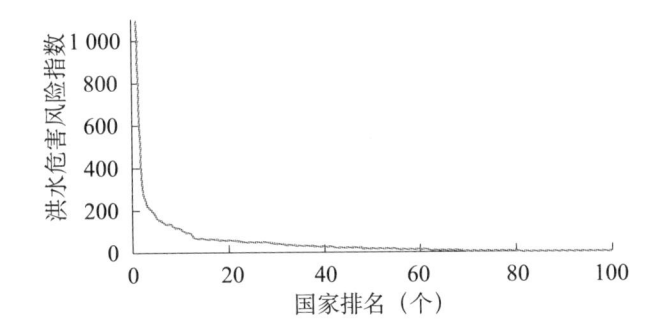

图 11.13　1960—2000 年发展中国家的洪水危害风险指数
资料来源：Wheeler，2007。

问题的解决

总结前面两节，南方将快速成为全球变暖的主要源头和牺牲品。有证据表明，除去北方的排放量，南方自身的累积排放量将很快达到危险水平，反之，这显然也适用于北方。因此，应对气候变化需要发达国家和发展中国家的全面参与和合作。

最后，如果国际社会是明智和灵活的，那么就不必太过担忧。令人鼓舞的证据是由被《福布斯》杂志称为世界上最好的风险投资家的 Vinod Khosla 提供的（Pontin，2007）。Khosla 现在把重点几乎完全放在对太阳能发电的规模投资上，其用意是显然的。每年太阳向地球辐射 80 000 太瓦的能量，而当前人类的电力消耗仅约为 15 太瓦。如图 11.14 所示，当前的太阳能科技可以从内华达州的一小部分为整个美国供电。

对美国成立的理论，对全世界也仍然成立。在现有技术条件下，太阳能和其他可再生能源能在满足大多数国家的供电后仍有剩余。近日，Buys 等（2007）已根据现在可以实现的技术对 200 个国家潜在的可再生能源进行了量化。他们的结果表明，对于世界上包括巴西、中国和印度的发展中国家来说，潜在的可再生能源都达到或超过了几乎任意一个国家的能源需求总量。国际社会可以合作来利用这些潜能，集体运用意志、想象尤其是领导力。在政治上，这需要美国和中国这两个固执并相互指责的最大碳排放国几乎同时显著地改变态度。中国援引分布参数指出富裕的美国仍持观望态度；而美国则声称如果中国不采取行动，昂贵的减排将是无用的。在关于气候变化的全球合作迈入新的水平前，这种对峙必须结束。

快速变化将来自对减少碳排放提供强大激励、降低清洁能源的成本、利用私人部门为迅速转型融资、加快发展中国家的转型并协助它们适应已经不可避免的变暖的计划。动员国际社会采取快速、有效的行动需要前所未有的援助协调，明确、有依据的重点投资，以及随着投资规模的扩大而诚实地进行试错学习的承诺。

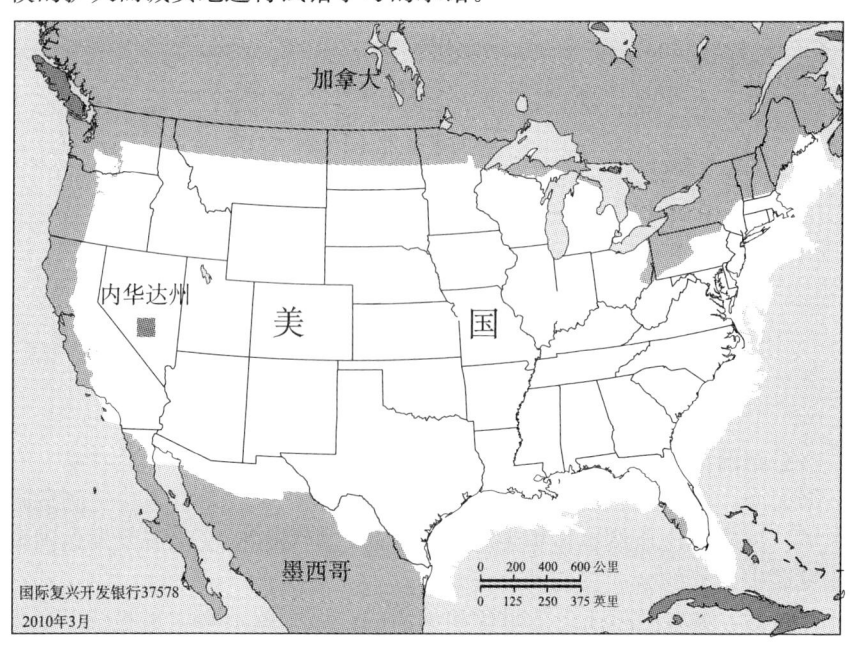

图 11.14　内华达州需要为整个美国进行太阳能供电的区域

资料来源：基于 Khosla and O'Donnell，2006。

第 11 章　温室气体排放量和气候变化：对发展中国家与公共政策的影响

建立激励机制以减少碳排放量

建立有效的碳减排激励机制需要某种形式的排放监管，这种监管自 20 世纪 60 年代以来经历了三次浪潮（Tietenberg and Wheeler，2001；Wheeler and others，2000）。第一次浪潮对于大多数国家一直持续到 20 世纪 80 年代，重点是完全的命令与控制式管理。污染者被给予固定的监管限制（数量、废物流的强度或所需的技术设备），并随着他们逐渐违反这些限制实施逐步升级的惩罚。尽管这在大多数国家仍然是污染监管的主要方式，但其固有的低效问题已经在几个方面受到了恰当的批评。它并不奖励在规范以外减少污染的污染者，不关注污染控制成本的差异，而且它要求必须不断地更新繁多的技术规范。

为了进行改变，第二次浪潮关注市场化的监管手段。广义地说，这些手段被分为两类。征收污染费向每单位的污染收费，使得污染者可以自由决定污染量。收费具有明显的、理想的效率特性，因为它们使污染者把环境作为另一个"有价格的投入"并进行相应的优化。这在一些国家获得了认可，特别是对于水污染。然而，收费的影响力在一些国家一直很有限，因为收费与污染者的应对之间的关系不可避免地存在不确定性。对于危险的污染物，任何既定的收费都可能被证明不足以充分减少总污染排放以把风险降低到可接受的水平。原则上，这可以通过不断监测被污染者的应对并不断调整收费使总污染被限制在理想的水平（Baumol and Oates，1971）。在实践中，这种调整被证明是困难的，因为大部分政治体系不容易适应这种信息驱动的灵活性。

另一种解决有关污染总量的不确定性的市场化方法是通过规定排放的总限额，使用一些手段分配单位排放许可证，然后在条件允许时让污染者购买和出售许可证。通常情况下，市场化的许可证制度将从接受当前的污染总量和向污染者按其排放量分配许可证开始。从效率的角度来看，这远不如许可证拍卖，就如同政府拍卖广播波段，但是这很少发生在污染上。在初始许可证发放后，允许污染的总量将会阶段性地减少，污染者可以根据自己的经济状况交易许可证。随着时间的推移，污染总量会下降，而经济效率则会通过许可证市场得到提升。但是，这种做法并不是万能灵药。对污染总量判断的不确定性造成了污染价格的不确定性。在复杂的交易系统中单位排放许可证的价格将随着时间的推移而发生变化。如果污染总量下降过于剧烈，许可证的价格可能变得极为昂贵。此外，市场化的许可证制度需要建立一种被不断监督的新的、复杂的交易机制。

为了应对这些困难，20世纪90年代出现了第三次监管浪潮。第三次浪潮是公开披露，政府要求企业向公众披露其排放量。公开披露系统的出现解决了命令与控制系统和市场化系统的问题。它们第一次出现是为了解决有毒污染物问题，因为有毒污染物数量多得超出了正式的监管制度承受能力的范围。然后，它们拓展到其他污染物，特别是在发展中国家，它们的优势更加凸显。首先，它们的透明度和相对简便性提高了其对薄弱体制环境的吸引力。其次，通过具有多重激励的多重代理代替一个正式的监管机构，它们比正式的监管系统更具有灵活性。不管要求的形式是什么（命令与控制式监管、可交易许可证的价格、单位排污收费），许多利益相关者都更倾向于更好的环境而不是最低要求。公开披露使这些利益相关者可以通过许多市场和非市场渠道彰显他们的影响力（Tietenberg and Wheeler，2001；Wheeler and others，2000）。最后，公开披露明确有效。不管在发展中国家还是在发达国家，工厂层面的污染信息披露使得许多设施的污染快速、显著地减少（Dasgupta，Wang and Wheeler，2006）。

哪种监管方式更适合减少碳排放呢？无论是征收污染费还是市场化的许可证制度都有众多支持者，关于它们的相对优势的争论还在继续。同时，高效监管的首要步骤似乎是明显的、实用的、在许多方面非常可取的：尽快对所有显著排放源的排放情况建立经过第三方信息审核的全球性的强制披露制度。这一举措的优先性是由以下几个因素决定的。第一，它是表明参与者严肃态度的一个简单信号。披露规定没有法律约束力的要求，所以它不会给经济主体带来任何直接成本。第二，它是正式监管的一个必要前奏。为了使命令与控制式监管和市场化工具在全球舞台上令人信服地发挥作用，就必须使它们在一个透明的、信息经过审核的环境中运行。现在开始建立披露制度将排除信息系统中的阻碍，建立透明的原则，为正式监管制定普遍接受的排放标准。第三，信息披露本身将激活许多利益相关者，使他们向全球的污染者施加大量压力以减少排放。如果能够多借鉴之前其他污染物的处理经验，那么由此产生的减排量将大得惊人。由于全球规范明确转向坚持限制温室气体排放量，这为当前阶段施行信息披露提供了保障。这一举措应该立即开始，并继续开始正式监管。它的本质是透明、可信，以及避免监督和执行上的腐败。

公开披露建立以后，就可以尝试可信的正式监管了。什么样的系统

第 11 章 温室气体排放量和气候变化：对发展中国家与公共政策的影响

将是最可行与可取的呢？[①] 迄今为止，可交易许可证（总量控制与交易）系统已经成为全球讨论的主流。它们有先例可循（《京都议定书》就采用总量控制与交易），而且总排放量具有相对确定性，特别是在公开披露建立可信的基准之后。然而，如果总排放量限额得以实施，那么全球总量控制与交易将引发大量国际金融转账。潜在幅度是巨大的，并且看起来它不太可能被许多国家的政治制度轻易地接纳。此外，管理总量控制与交易系统的全球的机构庞大复杂，而且数量控制上的争议将不可避免。许可证的初始分配也存在问题。由于现有污染者政治上的反对，拍卖已经被证明难以实施。但给予那些污染者初始许可证会奖励他们一个有价值的财产权而不利于后来者。总之，一个真正的全球总量控制与交易系统似乎存在很大的问题。如果运行有效，它就可以强制执行总减排目标，但由此产生的许可证价格将难以预测。因此，政治上可接受的总量控制与交易安排必须包括根据其价格趋势调整许可证供应规则。[②]

征收排放费在这样的背景下有几个吸引人的性质。首先，可以基于财政中性原则在每个国家内部实施。收费可用于减少其他一些产生高度扭曲的税收。其次，不要求建立一个复杂的机构以建立新的产权并监测系统内交易。再次，收益拨归社会，而不进行拍卖的许可证交易则把潜在收入分配给现有污染者。当然，征收排放费也存在不足：影响难以量化，而且随着一些影响变得显著，必须进行调整。[③] 在一些社会（尤其是美国），为了保证财政中性，难以平息对新税的抵触。最后，在全球范围内，统一的排放收费系统会遇到和统一的总量控制与交易系统一样的问题。具有不同初始条件的国家可能会拒绝接受忽略这些条件对经济的影响的全球统一系统。[④]

考虑到所有这些复杂性，一些国家更倾向于征收排放费，一些会选择总量控制与交易，一些可能会出于政治原因而选择低效的以数量为基

[①] 对收费具有说服力的支持意见参见 Mankiw（2007）和 Nordhaus（2007c）。对欧盟碳排放的总量控制与交易系统的有用评估参见 Convery 和 Redmond（2007）、Ellerman 和 Buchner（2007）以及 Kruger、Oates 和 Pizer（2007）。

[②] 相关讨论参见 McKibbin 和 Wilcoxen（2002）、Olmstead 和 Stavins（2006）以及 Pizer（2002）。

[③] 对于该方法应用于常规污染物的阐述参见 Baumol 和 Oates（1971）。

[④] 例如，巴西的能源行业严重依赖水力发电和生物燃料，净碳排放量为 0，而美国能源行业严重依赖碳密集型火力发电。

础的措施（例如，通过封矿、减少进口、强行关闭燃煤电厂来逐步消除火力发电）。在这种复杂的环境下，国际谈判可能会侧重于参与国家的排放量目标。各国将继续参与，或者由于受到公众压力、各种经济制裁的威胁、不断变化的国际司法系统中惩罚性赔偿的威胁、环境灾害引发严重政治动荡的风险或一意孤行而失去传统盟友的风险而至少粗略地遵守承诺。

这样的系统远非完美，但由于各国关于国家气候变化问题的立场各异，期待一个平稳运行的系统是不现实的。在任何情况下，对于后面的步骤来说，前进道路上首要和关键的一步都是明确可行和必要的。我们应该迅速采取行动，尽可能全面地、强制性地利用第三方审计封堵所有公开披露的显著的温室气体排放来源。如果国际社会能够在不久的将来完成这一步，就能更好地运用正式的市场化手段了。

碳定价

Nordhaus（2007b）、Stern（2006）和其他人估计碳收费（或拍卖的许可证价格）将和不同的排放控制水平相一致。潜在的经济逻辑支持费用随着时间的推移而上升。目前，大部分损失将发生在相对遥远的未来，传统投资仍有大量高回报的机会。随着气候灾害的增多，减排的投资也将变得更密集，并且提高收费将提供必要的减排激励。最佳的"坡道"费用取决于多种因素，如贴现率、减排成本、技术研究的潜力以及气候变化造成的破坏的不可逆性和规模（Nordhaus，2007a）。正如我们所看到的，这些因素仍然存在争议。因此，不同研究建立的坡道各不相同是毫不奇怪的。Nordhaus 的首选路径开始于每吨二氧化碳约 8 美元，到 2050 年上升到每吨二氧化碳约 23 美元。Stern 的初始费用是 Nordhaus 的 10 倍以上——每吨 82 美元，而坡道也更陡。IPCC（2007）列举了各种研究，这些研究的初始值的均值为每吨二氧化碳 12 美元，分布范围从每吨二氧化碳 3 美元到每吨二氧化碳 95 美元。

我们很清楚就碳定价达成共识有很长的路要走，但关键的是尽可能地让所有国家参与达成一个起点。即使初始碳收费是该范围内最温和的，这一收入的影响也是显著的。Nordhaus 的初始费用（每吨二氧化碳 8 美元）如果统一应用到当前北方的二氧化碳排放上（165 亿吨），费用将会超过 1 300 亿美元。该收入的一部分可用于清洁技术研发的专项融资，在发展中国家迅速推广清洁技术，并协助这些国家适应不可避

第 11 章　温室气体排放量和气候变化：对发展中国家与公共政策的影响

免的全球变暖。有了这样的收入基础，Lomborg（2007）建议的每年 250 亿美元的清洁能源研发预算就可以很容易地得到融资了。

降低清洁能源的价格

没有低成本清洁能源的快速扩张，显著减排的国际承诺就可能不可持续。为了实现这一点，北方应促进大规模的、具有成本效益的研发以及清洁能源技术生产的规模经济。这些应被理解为包括建筑物、车辆、输电设备的节能设计，以及直接的低碳设计。一旦清洁技术开发完成，利用学习曲线来协调大规模采购就可以降低其单位成本。

推进清洁能源投资

在发达国家，由于资本市场运行良好，较高的碳价格和较低的清洁技术价格应该是足够促进快速过渡的。但是，对于发展中国家来说，促进快速过渡还有两个额外的必要因素：有效的金融和技术援助以及对于私人投资的有吸引力的条件。对快速过渡有效的国际援助将需要援助机构、国际金融机构、非政府组织（NGO）间的空前协作。重视这一论断将是成功的关键。统一的方法并不适用，因为不同国家间对可再生资源的投资组合差别巨大。近日，Buys 等（2007）已对超过 200 个国家利用现有科技能够开发的可再生能源进行了量化。他们表明，按照世界标准，秘鲁（61%）和埃及（64%）的太阳能、蒙古（87%）和乌干达（83%）的生物燃料、尼泊尔（53%）和巴布亚新几内亚（28%）的水电、佛得角（71%）和中国（21%）的风能、土库曼斯坦（11%）和印度尼西亚（6%）的地热这些可再生能源的份额都非常大。

对适应全球变暖的支持

全球变暖正在发生，其后果已经在许多发展中国家显现。一些分析家认为，达尔富尔冲突背后蕴涵着严重的干旱因素（Faris，2007）。海平面上升正驱使成千上万的人离开印度和孟加拉国的孙德尔本斯（Sengupta，2007）；灾难性洪水与暴雨在中国、印度和其他地方相伴发生（WMO，2007）。最贫穷国家最难适应这些影响，而这些国家的最贫困人口受到的冲击却最严重。即使国际社会动员起来，全力对抗全球变暖，这种情况在好转前也势必会变得更糟。事实上，大规模混乱和贫困可能会威胁国际秩序，因此北方出于人道主义和自身利益的考虑，都应促进帮助发展中国家适应的国际援助。

在这一背景下因地制宜是重要的。因为各国面临的条件不同，传统的按人均标准或国家政治关系标准分配的方法是极端浪费的。例如，Cline（2007）认为，全球变暖给非洲农业生产力造成的损失会有很大差异，从苏丹和塞内加尔超过50%到肯尼亚的约5%不等。在拉丁美洲，这将从墨西哥的35%以上变动到阿根廷的11%。如前所述，海平面上升淹没情况的预测模式在沿海国家间差别更大，有些国家近三分之一的人口将流离失所，而另一些国家则只有很低的比例。如图11.13所示，洪水危害风险的差异更为极端。

尽管限制气候变化具有关键的优先性，但它不应该取代其他全球优先性如减少贫困和控制传染病计划。为了迎接这一挑战，必须激活新的来自私人和公共部门的金融资源。大部分清洁能源改革可以依靠私人部门的大量资金注入融资，但前提是清洁能源的相对价格对投资具有吸引力。实施高额的碳收费政策，降低清洁能源的价格，并使对贫困国家清洁能源发展援助的效果最大化，这些政策可以加速这一过渡。

全球行动计划

应对气候变化的国际响应应该包括成本效益原则、适应信息和政策共识变化的灵活性以及广泛的参与。虽然对细节仍然存在争议，但对一些操作原则已达成了明确共识。目前普遍认为，有效的全球行动将包含四个方面：减排，清洁技术的开发，清洁技术的推广，以及适应气候变化。对于利用市场化手段促进有效减排并使污染者面对一个与整体减排目标相一致的统一碳定价系统也达成了共识。

公开披露

这为立即采取行动定下了基调，因为实施任何市场化机制都需要基于监管所有来源的碳排放量准确信息的监控与执行系统。全球共识支持通过市场化机制进行碳定价，但对于适当机制以及碳定价的水平却没有达成协议。尽管如此，对基本原则的认可意味着接受支持性信息系统。这确定了第一个优先行动：立即成立一个国际机构，委托其收集、核实并公开披露所有显著的全球碳排放源排放量的有关信息。其委托应延伸到最佳实践评估和披露最初拒绝参与国家的排放源。

第11章 温室气体排放量和气候变化：对发展中国家与公共政策的影响

该机构有四个目标。第一，它将为任何市场化的减排系统的实施奠定必要的基础。第二，它将提供一个极好的信誉测试，因为一个国家对全面披露的认可表明了它参与全球范围内有效减排的真实意愿。第三，全球公开披露自身将通过使利益相关者集中向主要排放者施加压力，并向清洁生产者提供名誉奖励，来减少碳排放量。大量关于污染披露制度的经验和研究已经表明，它们显著减少了污染（Dasgupta，Wang and Wheeler，2006）。第四，一旦市场化机制贯彻落实，披露将会使它很难作弊。这对于维护国际减排协议的信誉是必不可少的。

一些先例已经存在或即将产生。欧洲环境局提供的欧洲碳排放者的公开资料纳入了欧盟排放交易系统。[①] 为了证明全球性信息披露的潜力，全球发展中心又推出了两个网站：一个公布来自超过40 000个全球电力生产者的二氧化碳排放量，另一个以高水平空间分辨率提供关于热带森林砍伐情况的及时信息。[②]

全球协会

全球应对气候变化有四个重要方面：减少温室气体排放量，加速清洁技术的发展，为它们迅速向发展中国家推广融资，支持发展中国家适应不可避免的气候变化的影响。各个方面主要的利益相关者和执行问题也不相同。这决定了第二个优先行动：对应各个方面建立四个全球合作协会，利用现有的最佳的科学、技术和经济评估手段设定目标和优先级；尽可能避免计划重叠；投资以实现最具成本效益的全球性成果。协会的运作将会是透明的并进行独立的审计。

对各个方面行动的方向与力度尚未达成共识，因此协会应该在"软"的方面起步，并通过章程约定随着共识的进展而进行硬化。软的方面的操作包括重点建设信息系统以识别在每个领域对国内和国际计划具有成本效益的协调机会。硬化将包括赋予超主权权力，消除各个机构重复工作的授权，抛弃以政治标准进行收益—成本评估，以及全面的公众问责。

为研发和援助发展中国家融资的大型公共部门应当从提高碳价格计

---

① 欧洲污染物排放登记的内容参见 http://eper.ec.europa.eu/eper/flashmap.asp。登记的内容包括欧盟内数百个主要排放者的二氧化碳排放报告。
② 电力行业网站 www.carma.org 于2007年11月中旬推出。该界面允许访问关于各个发电厂的二氧化碳排放量、它们的母公司以及地理区域的详细评估。森林破坏网站 www.cgdev.org/forest 于2009年11月中旬推出。两个网站的所有数据都可下载。

划中获取资金。如前所述，即使初始碳价格是温和的，征收排放费或拍卖可交易许可证也将产生大量的资源。国际金融机构、双边援助机构和非政府组织都可以在引导这些资源上发挥有益的作用，但前提是它们放弃自己支离破碎的、重叠的、政治化的方式来进行援助。新的资源只应提供给那些同意透明协调计划的基于实证设立优先级、拥有明确的问责标准并采用独立审计来衡量进展的参与机构。

在"硬"的方面，这些机构用传统标准衡量明显是新颖的，但如果国际社会决定迅速进行调整以避免达到关键气候临界值，那么它们的设立就是必要的。在"软"的方面，在任何情况下，如果国际社会决定做好准备采取协调一致的行动，这将提供一个有用的中转站。所以在任何情况下，作为协作的、公开信息密集型的组织，它们的建立似乎都是必要的。一旦设立，如果国际社会认为有必要，那么把它们向强化措施方向调整就会很容易。毫无疑问，这些协会多年的成功运作将加强全球治理制度的基础，为其他国际集体行动问题提供一个有用的先例。

减排

第一个协会将直接解决全球减排问题。在软的方面，它将制定指示性的国家排放目标路径并提供深入的公开信息以便国际社会能判断各国是否遵守了目标路径。在硬的方面，协会将保证政策承诺与同意调整的路径相一致，协助参与者改进制度缺陷，并对违规行为实施制裁。路径一致政策将通过实施有效的市场化机制（碳收费或拍卖可交易许可证）提高公共收入。其在高收入国家实施取得的收入将为其他三个协会的活动提供资金。

这三个协会将承担加速清洁技术的发展、促进清洁技术迅速向发展中国家推广以及为适应不可避免的全球变暖融资的责任。在软的方面，它们将提供全球协调便利和深入的公开信息以促进各国与国际机构和非政府组织间的合作。在硬的方面，它们将包含明确、渐进的组织原则：设置基于实证的优先级，取消重叠的计划，协调补助和低息贷款，取得独立透明的会计结果。下面的讨论集中于硬的方面的实施，但还有很多其他因素可基于指示被作为透明的国际合作体系的一部分来贯彻。

清洁技术的研发

为了促进研发，八国集团和其他发达国家应该赞助国际清洁技术发展协会，成为其主要的资金来源，使国家计划中的冗余最小化，迅速公布结果,并通过专利管理,确保增强有前景的技术的竞争力。协会资源还可以为满足预先设定标准的清洁技术提供大额的资金奖励,同时通过保证对有前景技术的大量采购安排,加速削减成本。

清洁技术的推广

清洁技术推广协会将主要服务于发展中国家。该协会将以优惠条件为清洁能源系统融资来削减化石能源消耗,通过将双边和多边机构的所有资源整合为一个投资组合来大幅度削减传统援助成本。按各国情况调整援助的规模和各部分的构成,只投资零排放技术,避免政治性分配。

什么能帮助清洁能源援助免受繁文缛节、腐败、政治干预等一直困扰其他发展援助事项的干扰呢?为确保成功,清洁能源协会和发展中国家领导人将不得不在几个方面达成共识。在协会方面,这将包括为促进快速、大规模的能源开发提供前所未有的优厚条件;一个明确、长期的承诺将用于维护已经就绪的系统;并且单一协作援助关系将取代目前跨部门的空谈。作为回报,接受国家也应做出与一揽子援助计划相一致的明确减排目标的承诺;对违反行为明确制裁;在援助的使用上建立严格的问责制度,同时保持透明度;开放清洁能源的私人投资。

适应

适应协会将利用授权为发展中国家适应不可避免的气候变化融资。它的工作原理类似于清洁技术推广协会:将双边和多边援助整合为一个投资组合,针对各国情况制定计划,避免政治性分配。有效的大规模援助需要在援助机构、国际金融机构、非政府组织间进行前所未有的协调。

为了有效地进行分配,根据问题的性质调整规模和分配重点就变得特别重要。例如,对于越南、埃及和苏里南等海平面上升将淹没巨大面积的国家,适应性基础设施和城镇化方案就很适合。适应性农业和城市迁移应该是苏丹、塞内加尔、印度、墨西哥等面临巨大农业生产力损失的国家援助的重点。更广泛的覆盖贫困人口的小额保险也应该是这些计划的一部分。将适应性基础设施和小额保险相结合的计划应该是如孟加拉国、柬埔寨、贝宁、莫桑比克、牙买加和洪都拉斯等国应对高洪灾风险的重点。

总结和结论

本章认为,气候科学家之间已不存在关于来自人类活动的温室气体排放是否正在改变地球气候的任何争议了。还有一个广泛的共识是有效减排需要市场机制下的碳定价(征收排放费或拍卖可交易许可证)。现存争议主要源于经济和科技展望的不确定性、关于全球和代际的公平性的分歧以及关于应对气候变化集体措施的政治分歧。在非科学问题上的不同立场促使对所需采取措施的规模、范围和时机得出了非常不同的结论。近期情况似乎与上述任何方面都不同,但科学足够迫使达成全球共识,支持协调行动。有趣的政策问题集中在适当措施的设计和执行上。发展中国家必须充分参与,因为它们受到全球气候变暖的影响最深,而且它们的排放规模正在迅速接近发达国家的平均值。为了应对挑战,本章提倡两个优先行动,这将为具有成本效益地应对全球气候变暖打下基础。

第一个优先行动是进行全球排放披露以支持有效的碳定价。联合国应立即成立一个国际机构,委托其收集、核实并公开披露所有显著的全球碳排放源排放量的有关信息。其委托应延伸到最佳实践评估和披露最初拒绝参加国家的排放源。该机构有四个目标。第一,它将为任何市场化的减排系统的实施奠定必要的基础。第二,它将提供一个极好的信誉测试,因为一个国家对全面披露的认可表明了它参与全球范围内有效减排的真实意愿。第三,全球公开披露自身将通过使利益相关者集中向主要排放者施加压力,并向清洁生产者提供名誉奖励,来减少碳排放量。第四,一旦市场化机制贯彻落实,披露将会使它很难作弊。这对于维护国际减排协议的信誉是必不可少的。

第二个优先行动是创建协会以在四个重要方面协调全球对气候变化的应对:减少温室气体排放量,加速清洁技术的发展,为它们迅速向发展中国家推广融资,支持发展中国家适应不可避免的气候变化的影响。成立单独的协会似乎是必要的,因为各个方面主要的利益相关者和执行问题并不相同。为了支持全球协作,联合国应在每个方面各建立一个全球合作协会,利用现有的最佳的科学和技术证据设定目标和优先级,避免计划重叠,投资以实现最具成本效益的全球性成果。协会的运作将会是透明的并进行独立的审计。对各个方面行动的方向与力度尚未达成共识，因此协会应该从"软"的方面起步，并通过章程约定随着共识的进展而进行硬化。软的方面的操作包括重点建设信息系统以识别在每个领域对国内和国际计划具有成本效益的协调机会。硬化将包括赋予超主权权力，消除各个机构重复工作的授权，抛弃以政治标准进行收益—成本评估，以及全面的公众问责。

参考文献

Baumol, William, and Wallace Oates. 1971. "The Use of Standards and Prices for Protection of the Environment." *Swedish Journal of Economics* 73 (1): 42–54.

Birdsall, Nancy. 1992. "Another Look at Population and Global Warming." Policy Research Working Paper 1020. World Bank, Washington, DC.

Buys, Piet, Uwe Deichmann, Craig Meisner, Thao Ton-That, and David Wheeler. 2007. "Country Stakes in Climate Change Negotiations: Two Dimensions of Vulnerability." Policy Research Working Paper 4300. World Bank, Washington, DC.

Cline, William. 2007. *Global Warming and Agriculture: Impact Estimates by Country*. Washington, DC: Center for Global Development and Peterson Institute for International Economics.

Convery, Frank, and Luke Redmond. 2007. "Market and Price Developments in the European Union Emissions Trading Scheme." *Review of Environmental Economics and Policy* 1 (1): 88–111.

Dasgupta, Partha. 2007. "A Challenge to Kyoto: Standard Cost-Benefit Analysis May Not Apply to the Economics of Climate Change." *Nature* 449 (13): 143–144.

Dasgupta, Susmita, Benoit Laplante, Craig Meisner, David Wheeler, and Jianping Yan. 2007. "The Impact of Sea-Level Rise on Developing Countries: A Comparative Analysis." Policy Research Working Paper 4136. World Bank, Washington, DC.

Dasgupta, Susmita, Benoit Laplante, Hua Wang, and David Wheeler. 2002. "Confronting the Environmental Kuznets Curve." *Journal of Economic Perspectives* 16 (1): 147–168.

Dasgupta, Susmita, Hua Wang, and David Wheeler. 2006. "Disclosure Strategies for Pollution Control." In *The International Yearbook of Environmental and Resource Economics 2006/2007: A Survey of Current Issues,* ed. Tom Tietenberg and Henk Folmer. Cheltenham, U.K.: Edward Elgar.

Ehrlich, Paul, and Anne Ehrlich. 1991. *Healing the Planet.* New York: Addison-

Wesley.

Ehrlich, Paul, and John Holdren. 1971. "Impact of Population Growth." *Science* 171 (3977): 1212–1217.

Ellerman, A. Denny, and Barbara Buchner. 2007. "The European Union Emissions Trading Scheme: Origins, Allocation, and Early Results." *Review of Environmental Economics and Policy* 1 (1): 66–87.

Emmanuel, Kerry. 2005. "Increasing Destructiveness of Tropical Cyclones over the Past 30 Years." *Nature* 436 (4): 686–688.

Faris, Stephan. 2007. "The Real Roots of Darfur." *Atlantic Monthly* (April). www.theatlantic.com/doc/prem/200704/darfur-climate.

Hanna, Edward, Philippe Huybrechts, Ives Janssens, John Cappelen, Konrad Steffen, and Ag Stephens. 2005. "Runoff and Mass Balance of the Greenland Ice Sheet: 1958—2003." *Journal of Geophysical Research* 110: D13108.

IPCC (Intergovernmental Panel on Climate Change). 2000. *IPCC Special Report: Emissions Scenarios.* Geneva: World Meteorological Association. www.ipcc.ch/pub/sres-e.pdf.

———. 2007. *Fourth Assessment Report.* Geneva: World Meteorological Association. www.ipcc.ch.

Keeling, Charles, Stephen Piper, Robert Bacastow, Martin Wahlen, Timothy Whorf, Martin Heimann, and Harro Meijer. 2007. "Exchanges of Atmospheric CO_2 and $13CO_2$ with the Terrestrial Biosphere and Oceans from 1978 to 2000." University of California, San Diego. Updated through 2007. http://scrippsco2.ucsd.edu/data/data.html.

Khosla, Vinod, and John O'Donnell. 2006. "Solar Flare: Making Coal Obsolete." www.khoslaventures.com/presentations/solarflare_final.ppt.

Kruger, Joseph, Wallace Oates, and William Pizer. 2007. "Decentralization in the EU Emissions Trading Scheme and Lessons for Global Policy." *Review of Environmental Economics and Policy* 1 (1): 112–133.

Lomborg, Bjorn. 2001. *The Skeptical Environmentalist: Measuring the Real State of the World.* Cambridge, U.K.: Cambridge University Press.

———. 2007. *Cool It: The Skeptical Environmentalist's Guide to Global Warming.* New York: Alfred A. Knopf.

Lowe, Jason, Jonathan Gregory, Jeff Ridley, Philippe Huybrechts, Robert Nicholls, and Matthews Collins. 2006. "The Role of Sea-Level Rise and the Greenland Ice Sheet in Dangerous Climate Change: Implications for the Stabilization of Climate." In *Avoiding Dangerous Climate Change*, ed. Hans Schellnhuber, Wolfgang Cramer, Nebojsa Nakicenovic, Tom Wigley, and Gary Yohe, 29–36. Cambridge, U.K.: Cambridge University Press.

Mankiw, N. Gregory. 2007. "One Answer to Global Warming: A New Tax." *New York Times*, September 17. www.nytimes.com/2007/09/16/

business/16view.html?_r=1&adxnnl=1&oref=slogin&adxnnlx=1190059
656-X9GgmU9Zm2LV7Q7Ebk415Q.

Marchitto, Thomas, Scott Lehman, Joseph Ortiz, Jacqueline Flückiger, and Alexander van Geen. 2007. "Marine Radiocarbon Evidence for the Mechanism of Deglacial Atmospheric CO_2 Rise." *Science* 316 (5830): 1456–1459.

McKibbin, Warwick, and Peter Wilcoxen. 2002. "The Role of Economics in Climate Change Policy." *Journal of Economic Perspectives* 16 (2): 107–129.

Neftel, A., and others. 1994. "Historical Carbon Dioxide Record from the Siple Station Ice Core." University of Bern, Switzerland. Reported by the Carbon Dioxide Information Analysis Center at http://cdiac.esd.ornl.gov/ftp/trends/co2/siple2.013. Reported by the World Resources Institute at http://earthtrends.wri.org/searchable_db/index.php?theme=3&variable_ID=82&action=select_countries.

NOAA (National Oceanic and Atmospheric Administration). 2007. *Global Warming*. Washington, DC: NOAA. http://lwf.ncdc.noaa.gov/oa/climate/globalwarming.html#Q1.

Nordhaus, William. 2007a. "The Challenge of Global Warming: Economic Models and Environmental Policy." Department of Economics, Yale University (July 24).

———. 2007b. "Critical Assumptions in the Stern Review on Climate Change." *Science* 317 (July 13): 201–202.

———. 2007c. "To Tax or Not to Tax: Alternative Approaches to Slowing Global Warming." *Review of Environmental Economics and Policy* 1 (1): 26–44.

NSIDC (National Snow and Ice Data Center). 2007. "Overview of Current Sea Ice Conditions." NSIDC, Boulder, CO (September 20). http://nsidc.org/news/press/2007_seaiceminimum/20070810_index.html.

Olmstead, Sheila, and Robert Stavins. 2006. "An International Policy Architecture for the Post-Kyoto Era." *American Economic Review Papers and Proceedings* 96 (2, May): 35–38.

Petit, J. R., D. Raynaud, C. Lorius, J. Jouzel, G. Delaygue, N. I. Barkov, and V. M. Kotlyakov. 2000. "Historical Isotopic Temperature Record from the Vostok Ice Core." In *Trends: A Compendium of Data on Global Change*. Carbon Dioxide Information Analysis Center, Oak Ridge National Laboratory, U.S. Department of Energy, Oak Ridge, TN. http://cdiac.ornl.gov/trends/temp/vostok/jouz_tem.htm.

Pizer, William. 2002. "Combining Price and Quantity Controls to Mitigate Global Climate Change." *Journal of Public Economics* 85 (3): 409–434.

Pontin, Jason. 2007. "Vinod Khosla: A Veteran Venture Capitalist's New Energy." *MIT Technology Review* (March-April). www.technologyreview.com/Energy/18299/.

Quiggin, John. 2006. "Stern and the Critics on Discounting." School of Economics, School of Political Science and International Studies, University of Queensland, Australia (December 20).

Rahmstorf, Stefan. 2007. "A Semi-Empirical Approach to Projecting Future Sea-Level Rise." *Science* 315 (5810): 368–370.

Sengupta, Somini. 2007. "Sea's Rise in India Buries Islands and a Way of Life." *New York Times*, April 11. http://select.nytimes.com/gst/abstract.html?res=F60C14FF395B0C728DDDAD0894DF404482.

Shaffer, Gary, and Jorge Sarmiento. 1995. "Biogeochemical Cycling in the Global Ocean: A New, Analytical Model with Continuous Vertical Resolution and High-Latitude Dynamics." *Journal of Geophysical Research* 100 (C2): 2659–2672.

Siegenthaler, U., and F. Joos. 2002. "Use of a Simple Model for Studying Oceanic Tracer Distributions and the Global Carbon Cycle." *Tellus* 44B: 186–207.

Stern, David. 2004. "The Rise and Fall of the Environmental Kuznets Curve." *World Development* 32 (8): 1419–1439.

Stern, Nicholas. 2006. *Stern Review Report*: *The Economics of Climate Change*. London: Her Majesty's Treasury.

Tietenberg, Tom, and David Wheeler. 2001. "Empowering the Community: Information Strategies for Pollution Control." In *Frontiers of Environmental Economics,* ed. Henk Folmer. Cheltenham, U.K.: Edward Elgar.

Webster, Peter, G. Holland, J. Curry, and H. Chang. 2006. "Frequency, Duration, and Intensity of Tropical Cyclonic Storms in a Warming Environment." Eighty-sixth annual American Meteorological Society meeting at the "Eighteenth Conference on Climate Variability and Change," Atlanta, GA. January 28–February 3.

Wheeler, David. 2007. "Will the Poor Be Flooded Out? The IPCC's Predicted Flood Disasters and Their Implications for Development Aid." CGD Note (April). Center for Global Development, Washington, DC.

Wheeler, David, and Kevin Ummel. 2007. "Another Inconvenient Truth: A Carbon-Intensive South Faces Environmental Disaster, No Matter What the North Does." Working Paper (September). Center for Global Development, Washington, DC.

Wheeler, David, and others. 2000. *Greening Industry: New Roles for Communities, Markets, and Governments*. Oxford, U.K.: Oxford University Press.

WMO (World Meteorological Organization). 2007. *World Weather Advisory Report*. Geneva: WMO.

Zimov, Sergey A., Edward Schuur, and F. Stuart Chapin III. 2006. "Permafrost and the Global Carbon Budget." *Science* 312 (5780): 1612–1613.

第12章 气候变化与经济增长

罗伯特·门德尔松
(Robert Mendelsohn)

毫无疑问，温室气体的持续积累会造成地球变暖（IPCC，2007c）。然而，关于什么是针对这一问题的明智策略却有相当大的争论。经济学家通过权衡成本和损失，倡导平衡的减排计划——慢慢展开并在21世纪中逐渐变得更加严格。与此相反，科学家和环保人士主张更极端的短期减排策略。哪种方案将被执行在很大程度上是由经济增长决定的。平衡的经济的解决方案随着气候的变化会最低程度地降低经济增长。而更激进的短期减排方案则有造成长期经济增长随气候变化而放缓的更大风险。

但是合理的理解是，气候并不稳定，即使仅仅存在自然力量，也很难有不变的现象。在刚刚过去的一百万年已经有许多个主要的冰期了。当前阶段的许多时候明显比过去2万年的气候更加寒冷。冰雪覆盖加拿大和斯堪的纳维亚半岛的大部分地区，冰冻苔原顺利延展至美国的新泽西和大平原地区。这些寒冷时期对在北半球北部的许多地区生活的人们相当不利。此外，在这些长冰川期波动范围内，有越来越多的证据表明，许多时期都发生过气候突变（Weiss and Bradley, 2001）。这些自然变化对过往文明产生过重大影响，引起生活方式的剧烈变化，有时甚至是大规模迁移。气候变化并不新鲜。人类活动引起的气候变化仅仅是一个对这种自然变化附加的干扰。

关于气候变化辩论的中心是众多由科学家和其他人给出的让人们认为人类引起的气候变化对社会是一个直接威胁的警告（IPCC，2007a，2007c；Stern，2006）。几百万人的健康可能会受到影响（IPCC，2007a），低纬度地区的作物产量可能会下降（IPCC，2007a），水的供应可能会减少（IPCC，2007a），干旱地区的降水可能会减少（IPCC，2007 a），极端事件将成倍增加（Stern，2006），并且 20%～30%的物种将会面临灭绝的危险（IPCC，2007a）。更糟糕的是，灾难性事件也可能会发生，比如格陵兰岛或南极冰层的融化，造成海平面的剧烈上升，淹没上亿人口（Dasgupta and others，2009）。支持者认为情势已经千钧一发了。除非温室气体现在急剧削减，否则经济增长和美好生活都将面临风险（Stern，2006）。

这些声明在很大程度上是危言耸听的和有误导性的。虽然气候变化是一个值得关注的严重问题，但是社会的当前行为导致灾难性后果的概率极低。气候变化在科学和经济学意义上是很清楚的，排放量在未来几十年只会导致轻微影响。被危言耸听所预言的严重影响需要一个世纪（或两个世纪，根据 Stern（2006））的大量排放。许多预测的影响都假设不存在或很少存在对环境的适应。未来 50 年气候变化的净经济影响将可以忽略不计。大部分更严重的影响需要一个世纪甚至上千年才会出现，其中的许多"潜在"影响因为人们会去适应而永远不会发生。立即制定严苛政策来防止长期的气候风险的需要并不是显然的。需要的是长期的平衡响应。

事实上，许多危言耸听的减排计划将给经济增长带来巨大风险。减排的边际成本函数尤其在短期内是非常陡峭的。减少温室气体排放量的剧烈的即时策略将是代价高昂的。此外，若慌乱地推行新规定，那么新的方案将很可能不是高效的。气候变化对经济增长的最大威胁是世界将采取成本高昂、效率低下的减排策略，从而给全球经济带来巨大拖累。

有效策略

理想的温室气体策略将最大限度地降低减排成本和气候灾害的现值（Nordhaus，1992）。这意味着，减排的边际成本应该等于边际气候变化危害的现值。减排方案的规模与严格程度取决于气候影响的规模和严重程度。减排还取决于控制温室气体排放的昂贵程度。

由于边际危害随着温室气体积累而上升，因而最优策略是动态的，将随着时间的推移而趋于严格（Nordhaus，2008）。排放限制一开始应该是温和的，然后逐渐变得更加严格。从长远来看，累积排放总量将被有力限制。但这种最优策略减少的排放量在21世纪后50年会多于前50年。在一定程度上，这一动态策略反映了气候变化的科学；危害预计将随着温室气体浓度的提高而增大。在一定程度上，这一动态策略反映了贴现率；当期成本和危害预计将比未来成本和危害有更高的价值。在一定程度上，这一动态政策反映了一个事实，即技术变革将会随着时间的推移提高我们控制温室气体排放的能力。资源会被节省下来以在未来投资于更好的技术，从而更有效地减少排放量。

气候变化的影响

对气候影响的经济学研究早已表明，市场经济只有有限的部分容易受到气候变化的影响：农业、沿海资源、能源、林业、旅游、供水等（Pearce and others，1996）。这些行业占全球经济的5%左右，它们的份额预计将随着时间的推移而萎缩。因此，即使最终气候变化是巨大的，它对经济造成的危害也是有一定限度的。全球经济的大部分产业都不存在气候敏感性。

当然，有些国家的经济与全球平均水平相比更容易受到气候变化的影响。发展中国家的农业和林业经济一般要占很大份额。它们也往往位于预期影响最严重的低纬度地区。低纬度地区对于获利最丰厚的农业活动来说将变得过于炎热，进一步变暖会更大程度地降低生产能力。高达80%的气候变化危害将可能集中于低纬度国家（Mendelsohn，Dinar and Williams，2006）。

气候变化的一些危害不会影响全球经济，但是会降低生活质量。生态系统的变化将导致全球发生巨大的变化。这些变化中的一些已经反映在农业和伐木业上，但它们的影响将超越这些市场领域。公园和其他保护区将发生变化。动物会改变它们的栖息地。濒危物种可能会灭绝。这些影响可能会造成非市场物品的损失，而且很难知道这些影响的确切价值。非市场影响的另一个重要分支涉及对健康的影响。高温威胁可能会增加。传染病可能会扩大传播范围。极端天气可能会威胁生命。如果我们不去适应，所有这些变化都可能会影响很多人。但是，公共卫生干预措施很可能会减少许多这样的风险。在发达国家许多传染病已经用比较低的成本加以控制。可以采用一点预防措施来减少高温威胁。可以通过预防和救济方案相结合的办法来减少极端天气造成的死亡。随着世界的发展，这些风险涉及的预防成本可能更高，但不一定给生活造成大量的损失。此外，冬季的死亡率比夏季更高，所以变暖也可能给健康带来一定的净收益。

对美国农业的研究表明，对于中纬度国家，气候变化的影响可能在21世纪的大部分时间里都是有益的，仅仅在世纪末变为有害（Adams and others，1990；Mendelsohn，Nordhaus and Shaw，1994）。与此相反，它将对非洲国家的农业造成危害（Kurukulasuriya and Mendelsohn，2008c），而拉丁美洲国家（Seo and Mendelsohn，2008c）和中国（Wang and others，2009）的经济几乎立即将开始随着气候变暖而得到提升。因为适应的重要性，这些影响的总体规模比以前分析预测的更小。灌溉（Kurukulasuriya and Mendelsohn，2008b）、作物的选择（Kurukulasuriya and Mendelsohn，2008a；Seo and Mendelsohn，2008b；Wang and others，2009）和畜禽品种的选择（Seo and Mendelsohn，2008a）都对减少气候变化的影响发挥了作用。这些研究证明，非洲、拉丁美洲和中国的农民已经使用所有这些方法来适应气候了。

其他原本预计会遭到破坏的部门包括伐木业、供水业、能源业、海岸经济和娱乐业。目前的林业模型预测，由于树木对更温暖、更湿润、更多二氧化碳环境的积极回应，伐木部门的生产效率将会提升，带来小幅增长（Sohngen，Mendelsohn and Sedjo，2002）。供水模型往往预测主要河流流量下降的危害。然而，经济损失的规模可以通过有效分配剩余的水资源大幅缩小（Hurd and others，1999；Lund and others，2006）。能源模型预测，增加的降温成本将超过供暖支出的减少额（Mansur，Mendelsohn and Morrison，2008）。许多关于海平面上升的地理研究认为会有大量沿海地区被淹没（Dasgupta and others，2009；Nicholls，2004）。然而，对沿海地区经济的谨慎研究表明，大多数高价值的海岸将得到保护（Neumann and Livesay，2001；Ng and Mendelsohn，2005）。建造抵御几十年海平面上升的坚固结构的成本将小于淹没城市人口的成本。只有欠发达的沿海地区才会面临洪水的威胁（Ng and Mendelsohn，2006）。对娱乐业的初步研究衡量了升温给滑雪产业带来的损失（Smith and Tirpak，1989）。对娱乐业的后续研究指出，夏季娱乐的量比冬季大得多，而且会随着气候变暖而增加（Loomis and Crespi，1999；Mendelsohn and Markowski，1999）。因此气候变化对娱乐业的净影响可能是正面的。

随着对影响的经济研究的深入，气候变化的预计危害已经大幅下降了。初步估计，预测到2100年温室气体将增加1倍，这会产生相当于国内生产总值2%的损失（Pearce and others，1996）。最近的影响分析表明，危害的幅度将缩小一个数量级（接近国内生产总值的0.2%；Mendelsohn and Williams，2004；Tol，2002a，2002b）。危害下降的原因是，早期的研究（1）并不总是考虑一些变暖给农业、伐木业、旅游业带来的好处，（2）未综合考虑对环境的适应，以及（3）过于重视气候变化对当前经济的损害。至少有少量的气候变化将带来与危害相抵的益处。只有当气候变化超过2℃（摄氏度）时才会有净损失。许多早期的研究认为受灾民众不会改变自己的行为来应对持续的危害。更新的研究表明大量对环境的适应是内生的。如果政府计划支持对环境的有效适应，损失的程度将大幅下降。最后，通过考察气候变化对当前经济的影响，发现早期的研究者们犯了两个错误。第一，他们高估了气候敏感行业如农业未来的相对规模。第二，它们低估了气候影响下一般经济未来的规模。

对影响的经济分析也表明，它们将遵循一个动态路径，大致以温度变化的平方增加（Mendelsohn and Williams，2007；Tol，2002b）。未来几十年的变化预计将只产生很小的净影响。气候变化带来的大部分危害在未来100年里将集中在21世纪后期。这些结果再次支持了慢慢开始控制气候变化并随着时间的推移逐步变得更加严格的最优策略。

和涉及经济影响的文献相反，Stern的报告预测了巨大的损失（Stern，2006）。然而，在Stern的报告中大部分确切的损失都将发生在22世纪。Stern认为这些损失等于从现在开始每年失去国内生产总值的5%。然而，这一论点是建立在时间贴现率接近零的错误假设上的。他认为，按时间贴现的唯一理由是存在地球被小行星摧毁这样的可能性。这一假设已经在经济学文献中被严厉批评，因为它没有任何经济意义（Dasgupta，2008；Nordhaus，2007）。Stern还谈到适应环境的重要性，但只给予任何包含适应影响的研究很少的信任。Stern辩解称，他也考虑不确定性和概率低但危害大的事件。然而，在一般情况下，他倾向于高估这些影响的期望值。例如，他假定气候变化将导致极端事件成倍增加。这是一种对极端事件历史损失数据的错误解读，真实原因是经济的增长，而不是气候（Pielke and Downtown，2000；Pielke and Landsea，1998）。

灾难性事件的后果可能是相当严重的。如果格陵兰岛冰盖或南极洲西部大规模融化，海平面将会大幅上升，尤其是在几个世纪以后。毫无疑问，人类将被迫因海平面上升而撤退到内陆建造新城市。然而，假定时间足够长，如此大规模迁移的成本会不会像刚开始认为的那样巨大是不确定的。毫无疑问，沿海的土地将会丧失。但是，新的沿海地区将会形成，实际上失去的是内部的土地。随着新的城市将在预期上升的海平面上建成，建筑不会真的消失。旧的沿海城市将逐步贬值，直到它们被抛弃。虽然这可能看起来像一个巨大的损失，但大部分500年前建好的建筑已不复存在。最后，这些灾难性事件是否会发生仍是不确定的。这些危害必须用它们很低的发生概率来进行衡量。

减排成本

减排的相关文献预测了其广泛的成本。更乐观的是，各种自下而上的工程研究表明，减排可以是廉价的。一些研究认为，甚至可以用负的成本维持温室气体浓度的稳定（IPCC，2007b）。该工程研究表明，到2030年，人们可以仅以每吨二氧化碳50美元的成本减少20%~38%的排放量（IPCC，2007b）。一个超级乐观的技术革新团队甚至认为，到2050年可以用最低每吨二氧化碳50美元的成本削减70%的排放量（Stern，2006）。

经济学实证文献表明，减排成本函数缺乏价格弹性（Weyant and Hill，1999）。利用当今的科技减少能源部门70%的碳排放量的平均减排成本估计为每吨二氧化碳约400美元（Anderson，2006）。短期减排函数非常缺乏价格弹性。而从长远来看则不那么明确。随着时间的推移，减排的短期边际成本曲线预计将变得平缓。但是，它是否会像乐观的工程模型所预测的那样平缓则不确定。

短期边际成本函数缺乏弹性意味着短期内大量减排将是非常昂贵的。目前根本没有在短期内大幅减少排放量的廉价措施。可再生能源比如水电已基本耗尽。太阳能和风能除了在理想位置和条件下都是昂贵的。其他策略例如从煤转向天然气只能是短期行为，因为它们会导致天然气供应更迅速地枯竭。

在短期内，匆忙施行的公共政策很可能是低效的。它可能会豁免主要污染物，就像欧洲现在对煤所做的那样。只有很少国家的减排方案规范了每种来源的排放量。大多数国家都设法在国民经济中很窄的领域减少排放。匆忙规划可能会投资于无效的特定技术，比如美国的乙醇。乙醇产生和汽油一样多的温室气体。边际成本函数缺乏弹性意味着不全面推行的减排方案都将是非常浪费的。受管制的污染源消除一吨的量会花费很多，而放任污染则没有成本。

全面参与还要求涵盖所有的主要排放国。现行国际《京都议定书》的签署国负责限制的排放量大约只占全球排放量的四分之一。美国和中国产生一半的排放量，所有剩余发展中国家则大约排放四分之一。《京都议定书》的签署国开始投入资源进行减排，而非《京都议定书》签署国则投入很少甚至没有投入。即使是《京都议定书》的签署国，也有许多国家未能达到它们的目标。由于没能进行全面规范，现行规定是一种不必要的浪费。没有全面参与，减排成本是加倍的（Nordhaus，2008）。事实上，目前《京都议定书》是失效的，全球排放量的上升与没有任何减排计划的预测是同步的。2006年全球二氧化碳排放量为8.4十亿吨碳（GtC）。

Stern和其他气候倡议者建议立即严格规定排放量。Stern建议的规定会使减排的边际成本达到每吨二氧化碳300美元。更严格的规定将在2050年每年减少400亿吨排放量（70%）。如果边际成本不下降，到2050年该计划将每年花费12 000亿美元，当然，随着技术的进步，长期边际成本很可能会更低。假设成本每年下降1%，到2050年边际成本将下降到每吨二氧化碳200美元。到2050年Stern计划的整体成本将是每年8 000亿美元。Stern计划减排成本的现值估计为28万亿美元（Nordhaus，2008）。

最优方案应该最小化气候灾害及减排成本，使它们的现值都比较适中。它们开始的成本接近每吨二氧化碳20美元，然后在2050年上升到每吨二氧化碳85美元（Nordhaus，2008）。这将导致在2050年减少25%的温室气体，而不是Stern计划中的减少70%。最优方案的21世纪全球减排成本的现值预计为2万亿美元（Nordhaus，2008）。这一成本比Stern计划的成本要小一个数量级。

结论

本章认为，气候变化的影响不太可能在未来40年影响全球经济增长。预计在此期间的气候变化程度非常小，不会有太大的全球净影响。在21世纪下半期，气候变暖的影响将会大得足以检测到，但即使到了2100年，预计每年的净市场影响也仅仅介于GDP的0.1%~0.5%之间。这些影响根本没有大到足以影响21世纪的经济增长。

灾难性气候变化每年可能给社会带来很大的损失。然而，这样的事件目前只有很低的概率，而且只会出现在很远的未来。更激进的减排策略是处理低概率高危害事件的最佳工具的结论并不是显然的。目前尚不清楚多少减排量会改变这些事件的发生概率。而且，工具越灵活和迅速就会越有效。我们需要的是一个当灾难性事件显然正要发生时可以立即实施的工具。地球工程——在高层大气中播种颗粒——似乎是比减排更好的处理灾难性事件的策略。社会可以在灾难已经迫在眉睫时选择实施工程。并且地球工程是相对廉价的。但最重要的是，它是立即见效的，用几个星期就可以逆转数十年温室气体造成的后果。最后，地球工程是灵活的。这些颗粒会在几个月内降回到地球。当然，关注环境的目的在于管理地球的气候。我们需要更多地了解那些可能的后果。然而，面对可能的灾难，看起来地球工程是如此好的策略工具以至不能不得到发展。

经济上最优的减排策略将不会对经济增长构成很大的威胁。平衡减排成本和气候危害的策略将导致没有特别严苛的限制。一个最优策略整个世纪的减排成本的现值将达到2万亿美元。

当然，并不是每个国家受到的影响都是类似的。低纬度国家将在气候灾害中首当其冲（Mendelsohn, Dinar and Williams, 2006），可能会立即遭到侵害。拥有很大比例雨养农业的低纬度经济体将会特别易受损害，在2100年农业收入可能会减少60%以上（Seo and Mendelsohn, 2008c）。类似地，一些国家可能会面临更高的减排成本。国家发展得越快，就越要消耗能源，从而越依赖化石能源，进而面临越高的减排成本。

气候变化对经济增长造成的最大威胁不是气候灾害或有效的减排策略，而是即时有侵略性并且效率低下的减排策略。即时有侵略性的减排策略可能导致相当于 28 万亿美元的减排成本（Stern，2006）。这比最优策略的减排成本高出 13 倍。如果这些策略并不比目前的策略更有效，那么该费用将很容易上升到 56 万亿美元。这些被误导的减排方案会对经济增长造成严重威胁。它们将给全球经济施加额外的沉重负担，并不能被它们提供的气候风险的有限减少所抵偿。

参考文献

Adams, Richard M., Cynthia Rosenzweig, Robert Peart, Joe Ritchie, Bruce McCarl, J. David Glyer, R. Bruce Curry, James Jones, Kenneth Boote, and L. Hartwell Allen. 1990. "Global Climate Change and U.S. Agriculture." *Nature* 345 (6272): 219–224.

Anderson, Dennis. 2006. "Costs and Finance of Abating Carbon Emissions in the Energy Sector." Supporting Documents for *Stern Review Report*. Her Majesty's Treasury, London.

Dasgupta, Partha. 2008. "Discounting Climate Change." *Journal of Risk and Uncertainty* 37 (2): 141–169.

Dasgupta, Susmita, Benoit Laplante, Craig Meisner, David Wheeler, and Jianping Yan. 2009. "The Impact of Sea-Level Rise on Developing Countries: A Comparative Analysis." *Climatic Change* 93 (3): 379–388.

Hurd, Brian, J. Callaway, J. Smith, and P. Kirshen. 1999. "Economic Effects of Climate Change on U.S. Water Resources." In *The Impact of Climate Change on the United States Economy*, ed. Robert Mendelsohn and James Neumann. Cambridge, U.K.: Cambridge University Press.

IPCC (Intergovernmental Panel on Climate Change). 2007a. *Climate Change 2007: Impacts, Adaptation, and Vulnerability*. Cambridge, U.K.: Cambridge University Press.

———. 2007b. *Climate Change 2007: Mitigation*. Cambridge, U.K.: Cambridge University Press.

———. 2007c. *Climate Change 2007: The Physical Science Basis*. Cambridge, U.K.: Cambridge University Press.

Kurukulasuriya, Pradeep, and Robert Mendelsohn. 2008a. "Crop Switching as an Adaptation Strategy to Climate Change." *African Journal of Agriculture and Resource Economics* 2 (1): 105–126.

———. 2008b. "Modeling Endogenous Irrigation: The Impact of Climate Change on Farmers in Africa." Policy Research Working Paper 4278. World Bank, Washington, DC.

———. 2008c. "A Ricardian Analysis of the Impact of Climate Change on African

Cropland." *African Journal of Agriculture and Resource Economics* 2 (1): 1–23.

Loomis, John, and John Crespi. 1999. "Estimated Effects of Climate Change on Selected Outdoor Recreation Activities in the United States." In *The Impact of Climate Change on the United States Economy*, ed. Robert Mendelsohn and James Neumann. Cambridge, U.K.: Cambridge University Press.

Lund, Jay, Tingju Zhu, Stacy Tanaka, and Marion Jenkins. 2006. "Water Resource Impacts." In *The Impact of Climate Change on Regional Systems: A Comprehensive Analysis of California*, ed. Joel Smith and Robert Mendelsohn. Northampton, MA: Edward Elgar.

Mansur, Erin, Robert Mendelsohn, and Wendy Morrison. 2008. "A Discrete Continuous Model of Energy: Measuring Climate Change Impacts on Energy." *Journal of Environmental Economics and Management* 55 (2): 175–193.

Mendelsohn, Robert, Ariel Dinar, and Larry Williams. 2006. "The Distributional Impact of Climate Change on Rich and Poor Countries." *Environment and Development Economics* 11 (2): 159–178.

Mendelsohn, Robert, and Marla Markowski. 1999. "The Impact of Climate Change on Outdoor Recreation." In *The Impact of Climate Change on the United States Economy*, ed. Robert Mendelsohn and James Neumann. Cambridge, U.K.: Cambridge University Press.

Mendelsohn, Robert, and Larry Williams. 2004. "Comparing Forecasts of the Global Impacts of Climate Change." *Mitigation and Adaptation Strategies for Global Change* 9 (4): 315–333.

———. 2007. "Dynamic Forecasts of the Sectoral Impacts of Climate Change." In *Human-Induced Climate Change: An Interdisciplinary Assessment*, ed. Michael Schlesinger, Haroon Kheshgi, Joel Smith, Francisco de la Chesnaye, John Reilly, Tom Wilson, and Charles Kolstad. Cambridge, U.K.: Cambridge University Press.

Mendelsohn, Robert, William Nordhaus, and Daigee Shaw. 1994. "Measuring the Impact of Global Warming on Agriculture." *American Economic Review* 84 (4): 753–771.

Neumann, James, and N. D. Livesay. 2001. "Coastal Structures: Dynamic Economic Modeling." In *Global Warming and the American Economy: A Regional Analysis*, ed. Robert Mendelsohn. Cheltenham, U.K.: Edward Elgar.

Ng, Wei-Shiuen, and Robert Mendelsohn. 2005. "The Impact of Sea-Level Rise on Singapore." *Environment and Development Economics* 10 (2): 201–215.

———. 2006. "The Impact of Sea-Level Rise on Non-Market Lands in Singapore." *Ambio* 35 (6): 289–296.

Nicholls, Robert J. 2004. "Coastal Flooding and Wetland Loss in the 21st Century: Changes under the SRES Climate and Socio-Economic Scenarios." *Global Environmental Change* 14 (1): 69–86.

Nordhaus, William D. 1992. "An Optimal Transition Path for Controlling Greenhouse Gases." *Science* 258 (5086): 1315–1319.

———. 2007. "Critical Assumptions in the Stern Review Report on Climate Change." *Science* 317 (5835): 201–202.

———. 2008. *A Question of Balance: Economic Modeling of Global Warming*. New Haven, CT: Yale Press.

Pearce, David, William Cline, A. Achanta, S. Fankhauser, R. Pachauri, Richard Tol, and P. Vellinga. 1996. "The Social Cost of Climate Change: Greenhouse Damage and the Benefits of Control." In *Climate Change 1995: Economic and Social Dimensions of Climate Change*. Intergovernmental Panel on Climate Change. Cambridge, U.K.: Cambridge University Press.

Pielke, Roger Jr., and Mary W. Downtown. 2000. "Precipitation and Damaging Floods: Trends in the United States, 1932—1997." *Journal of Climate* 13 (20): 3625–3637.

Pielke, Roger Jr., and Christopher W. Landsea. 1998. "Normalized Hurricane Damages in the United States: 1925—1995." *Weather and Forecasting* 13 (20): 621–631.

Seo, Niggol, and Robert Mendelsohn. 2008a. "An Analysis of Crop Choice: Adapting to Climate Change in Latin American Farms." *Ecological Economics* 67 (1): 109—116.

———. 2008b. "Measuring Impacts and Adaptation to Climate Change: A Structural Ricardian Model of African Livestock Management." *Agricultural Economics* 38 (2): 150–165.

———. 2008c. "A Ricardian Analysis of the Impact of Climate Change on South American Farms." *Chilean Journal of Agricultural Research* 68 (1): 69–79.

Smith, Joel, and Dennis Tirpak. 1989. *Potential Effects of Global Climate Change on the United States*. Washington, DC: U.S. Environmental Protection Agency.

Sohngen, Brent, Robert Mendelsohn, and Roger Sedjo. 2002. "A Global Model of Climate Change Impacts on Timber Markets." *Journal of Agricultural and Resource Economics* 26 (2): 326–343.

Stern, Nicholas. 2006. *The Stern Review Report: The Economics of Climate Change*. London: Her Majesty's Treasury.

Tol, Richard. 2002a. "New Estimates of the Damage Costs of Climate Change, Part I: Benchmark Estimates." *Environmental and Resource Economics* 21 (1): 47–73.

———. 2002b. "New Estimates of the Damage Costs of Climate Change, Part II: Dynamic Estimates." *Environmental and Resource Economics* 21 (1): 135–160.

Wang, Jinxia, Robert Mendelsohn, Ariel Dinar, Jikun Huang, Scott Rozelle, and Lijuan Zhang. 2009. "The Impact of Climate Change on China's Agriculture." *Agricultural Economics* 40 (3): 323–337.

Weiss, Harvey, and Raymond Bradley. 2001. "What Drives Societal Collapse?"

Science 291 (5504): 609–610.

Weyant, John, and Jennifer Hill. 1999. "Introduction and Overview." *Energy Journal* 20 (special issue: The Costs of the Kyoto Protocol): vii–xliv.

第13章 人口老龄化与经济增长[①]

戴维·E·布卢姆，戴维·坎宁，冈瑟·芬克
(David E. Bloom, David Canning, and Günther Fink)

世界老年人口规模正在进入实质上的未知区域。生育率近期的下降和预期寿命的延长，加上过去出生率和死亡率的动态演化，使得全球年龄结构发生了显著变化。预计60岁以上的人数将在2020年达到10亿，并在2050年达到近20亿（约占世界人口的22%）。年龄在80岁及以上的人口（所谓的高龄老人）的比例预计到2050年将从1%上升到4%。[②]

也有越来越多的证据表明，老年人比以前更加健康。人口学家和健康专家称这种现象为"疾病压缩"，健康的老年时期长度似乎也在延长。这种延长部分是因为寿命的延长，部分是因为没有慢性疾病的寿命的更大幅度的延长。最终效果是疾病终身负担的减轻（以年来衡量身体不适）。

由于不同年龄段有不同的经济需求和生产能力，一个国家的经济特征随它的人口而变化是可以预期的。一个标准的评估这些变化的方法是假设与特定年龄的行为相对应的收入、就业和储蓄是固定的，然后评估这些不同年龄组的国民收入基本贡献者相对规模变更的影响。然而，这种方法的简单应用可能会造成一种误导。生命周期期望的改变和人口统计预测的变化引发的行为变化可能会影响老龄化的经济后果。例如，个人期望寿命超过前几代可能会诱使他们坚持工作更长时间并在年龄很大时才开始动用储蓄。此外，人口老龄化和宏观经济之间的关系受到制度

[①] 笔者感谢 Robert Holzmann 和 Alain Jousten 的宝贵意见；以及 Patrick Gerland 和 Rod Tyers 的有用建议及协助；还有 Neil Bennett、Jocelyn Finlay、Jennifer、O'Brien、Larry Rosenberg 和 Mark Weston 对本章准备工作的协助。

[②] 联合国对人口规模做出了许多独立预测，分别基于高、中、低三种生育率假设。除特殊说明外，本章采用中等生育率假设。

环境（例如，退休政策、养老金和医疗融资、劳动力市场和资本市场的有效性，以及区域和全球经济系统的结构）的调节。政策环境本身可能也会受到人口老龄化的影响，这取决于需求和利益可能与那些年轻人不同的老龄化选民的投票等政治行为。

本章将探讨人口老龄化对经济增长的影响。首先介绍和分析描述性统计的范围和人口老龄化的步伐。然后探讨人口老龄化对经济增长的整体影响以及影响发挥作用的两个主要途径：劳动力供给和资本积累。解释人口老龄化对生产要素积累和经济增长的影响是按二者的行为效应区分的。在最后一节突出政策和体制环境在调解人口老龄化对经济增长的影响上发挥的重要作用。这一节还讨论与理解和引导人口老龄化对经济增长的影响相关的各种人口统计、行为和政策力量。

人口老龄化：事实、推动力和未来

在本节，我们将摆出一些关于过去的重要事实和对于未来人口老龄化的预测并且简要考虑一些突出情况的政策影响。这些数据是后续展开的经济分析的基础。首先我们来看联合国（UN）的人口预测。接下来我们考察老龄化人口增加的潜在原因。之后我们来简单介绍一下人口趋势是如何影响决策者的选择的。

人口数据和预测

联合国每两年出版一次新的人口变化展望。例如，对 2050 年世界总人口的预测从 1994 年的约 100 亿下降到 2006 年的约 90 亿。人们可能预测 60 岁及以上以及 80 岁及以上的人数会更加稳定，因为那些在接下来的六十年将要达到这些年龄的人已经出生了，因此将不必考虑生育率不可预测的变化。然而，如表 13.1 所示，这些预测尤其是近年来已经显著改变了。联合国每次出版都会对最新的可用数据加以参考。在一些情况下，有大量新人口普查数据可用，这会导致未来人口规模的估计发生显著变化。生育率和死亡率数据的更新也同样如此。这里显示的最大幅度的差异是对于 2050 年世界 80 岁及以上人口规模的预测。自 1994 年以来联合国对于全世界、发达国家（地区）、发展中国家（地区）这个年龄组规模的预测已经提高了 20% 甚至更多。这些数字显示人口数据不是神圣不可侵犯的；对当前人口和年龄组规模的预测及它们内部的变化，以及生育率和死亡率某种程度上的变化都和先前的预测不同，因而对未来人口规模的估计也会发生变化。

人口老龄化的人口预测表明,世界将经历一个历史上前所未有的现象。[1] 60 岁及以上和 80 岁及以上年龄群体占总人口的份额比历史上任何时候都高,而且它们正在加速增长。60 岁及以上的人数已经由 1950 年的 2 亿增加到至今约 6.7 亿。到 2050 年预计将达到 20 亿(见图 13.1)。80 岁及以上的人数已经从 1950 年的 1 400 万上升至最近的 9 000 万,如果目前的预测得到证实,到 2050 年这一数字将超过 4 亿。进一步地,年龄较大的群体开始在总人口中占很大的比例。事实上,预计所有的国家(地区)和其他组织 2050 年 60 岁及以上人口的比例都将高于 2000 年,上升百分点的范围从贝宁的 0.3 到中国澳门的 33。(与此相反,从 1950 年到 2000 年许多国家(地区)这一群体的比例都出现了大幅下降。)

表 13.1　联合国 1994—2006 年数据对 2050 年老年人口的预测　　单位:十亿

区域与预测年份	总量	60 岁及以上人口	80 岁及以上人口
世界			
1994	9.83	1.97	0.33
1996	9.37	1.94	0.32
1998	8.91	1.97	0.37
2000	9.32	1.96	0.38
2002	8.92	1.91	0.38
2004	9.08	1.97	0.39
2006	9.19	2.01	0.40
1994—2000 年的百分比变化(%)	−5.2	−0.3	14.7
2000—2006 年的百分比变化(%)	−1.4	2.1	6.0
1994—2006 年的百分比变化(%)	−6.5	1.9	21.7
发达国家(地区)			
1994	1.21	0.36	0.09
1996	1.16	0.36	0.09
1998	1.16	0.38	0.10
2000	1.18	0.40	0.11
2002	1.22	0.39	0.11
2004	1.24	0.40	0.12
2006	1.25	0.41	0.12
1994—2000 年的百分比变化(%)	−2.2	9.5	21.2
2000—2006 年的百分比变化(%)	5.4	2.7	3.9

---

[1] 对于衡量人口老龄化的一些更细致的分析参见 Lutz、Sanderson 和 Scherbov (2008)。

续前表

区域与预测年份	总量	60岁及以上人口	80岁及以上人口
1994—2006年的百分比变化（%）	3.1	12.6	26.0
发展中国家（地区）			
1994	8.63	1.61	0.24
1996	8.20	1.58	0.23
1998	7.75	1.59	0.27
2000	8.14	1.57	0.27
2002	7.70	1.51	0.26
2004	7.84	1.57	0.28
2006	7.95	1.60	0.28
1994—2000年的百分比变化（%）	−5.6	−2.5	12.2
2000—2006年的百分比变化（%）	−2.4	2.0	6.9
1994—2006年的百分比变化（%）	−7.9	−0.5	20.0

资料来源：笔者基于联合国1994—2006年数据的计算。

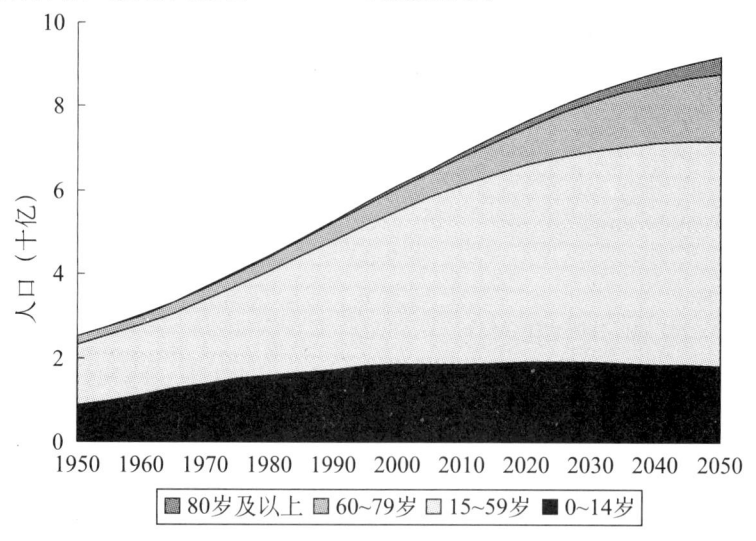

图13.1 按年龄划分群体的1950—2050年的世界人口

资料来源：United Nations, 2006.

这些预测都基于联合国的中等生育率假设。如果生育率在未来几十年比中等生育率假设更低，老年人口的比重将会上升。图13.2显示了不确定性将会怎样影响老年人口份额的各种预测结果。2050年的变动程度大约是中等生育率假设下老年人口份额的三分之一。这并不是一个很大的范围，并且在所有三种生育率假设下变动结果的方向都相同。但是不确定性与联合国对未来老年人口规模的估计随着时间的推移而产生的变化无关。

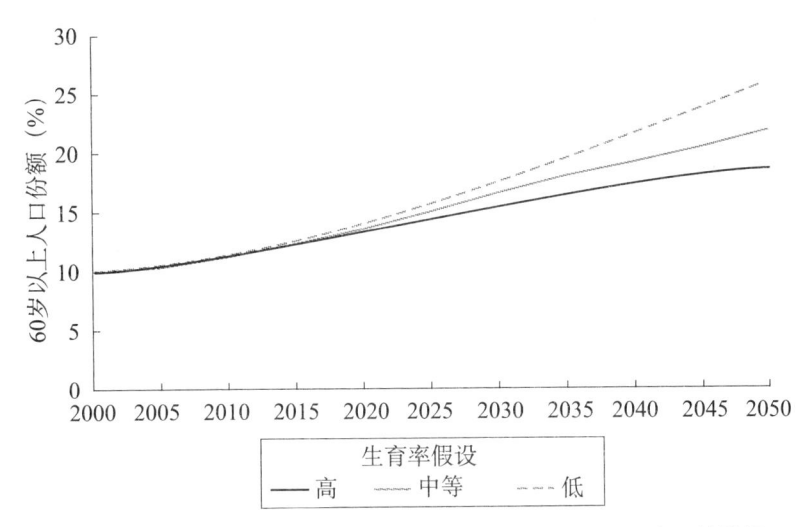

图 13.2 联合国生育率假设下 2000—2050 年 60 岁及以上人口的份额

资料来源：United Nations，2006.

图 13.3 是世界人口年龄结构随着时间的推移而发生变化的另一种表现方式。每个阴影切片都显示一个时间点的年龄分布。老年人的份额在 2050 年将比现在更高。

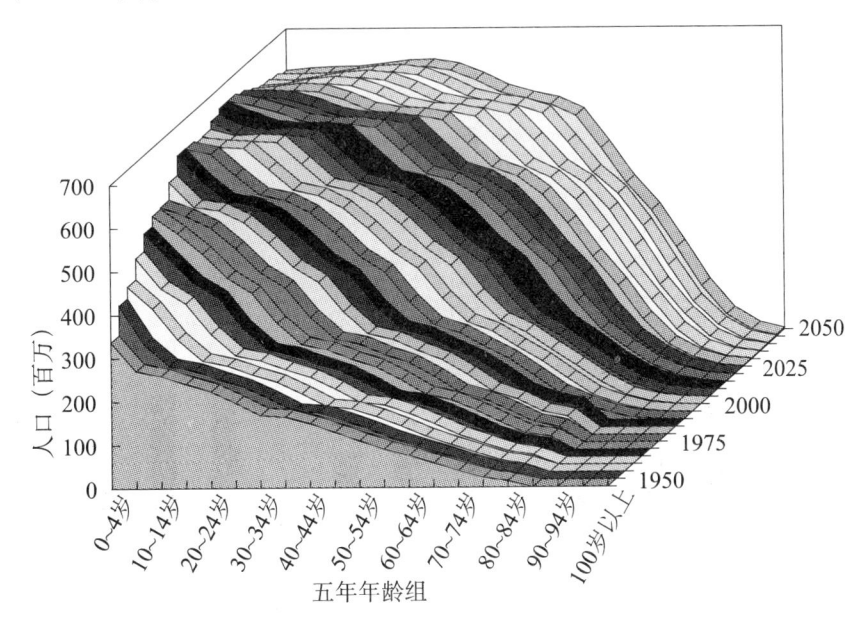

图 13.3 世界 1950—2050 年每个五年年龄组的人口

资料来源：United Nations，2006.

当然，人口老龄化现象在世界各地并不统一。此外，老龄化程度在发达国家（地区）和发展中国家（地区）之间（见表 13.2 和图 13.4）以及区域间（见图 13.5）也存在巨大差异。

表 13.2　　发达与发展中国家（地区）1950—2050 年的年龄结构　　单位：百万

地区与年龄结构（各年）	1950 年	2005 年	2050 年
世界			
0~14 岁	866	1 845	1 824
15~59 岁	1 464	3 997	5 361
60~79 岁	191	585	1 604
80 岁及以上	14	88	402
总计	2 535	6 515	9 191
发达国家（地区）			
0~14 岁	223	207	190
15~59 岁	496	764	650
60~79 岁	87	200	289
80 岁及以上	9	44	117
总计	814	1 216	1 245
发展中国家（地区）			
0~14 岁	644	1 638	1 635
15~59 岁	968	3 233	4 712
60~79 岁	104	385	1 315
80 岁及以上	6	43	284
总计	1 722	5 299	7 946

资料来源：笔者基于联合国 2006 年数据的计算。

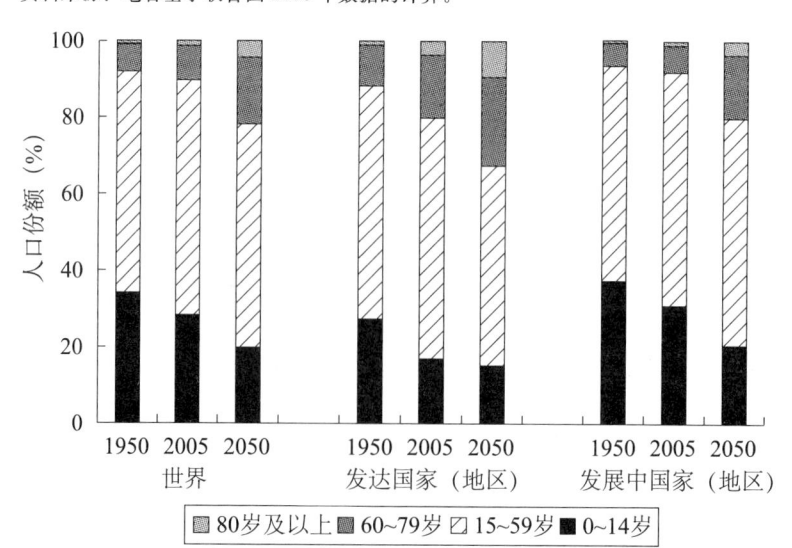

图 13.4　发达与发展中国家（地区）1950—2050 年的年龄结构

资料来源：笔者基于联合国 2006 年数据的计算。

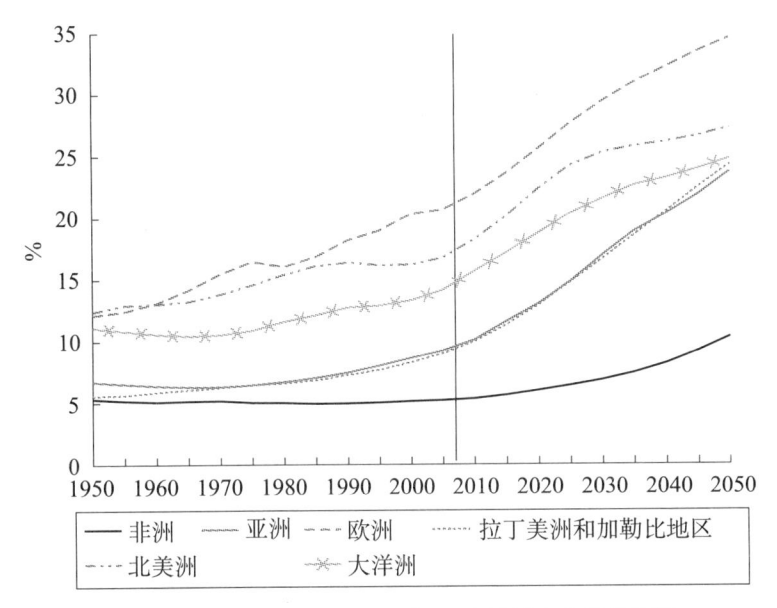

图 13.5 各地区 1950—2050 年 60 岁及以上人口的份额

资料来源：United Nations，2006.

许多发达国家（地区）已经拥有了庞大的老年人团体。今天在发达国家（地区），20%的人口在 60 岁及以上，而且这一数字在未来 40 年将上升到 30%以上（见图 13.6）。在发展中国家（地区），不到 10%的

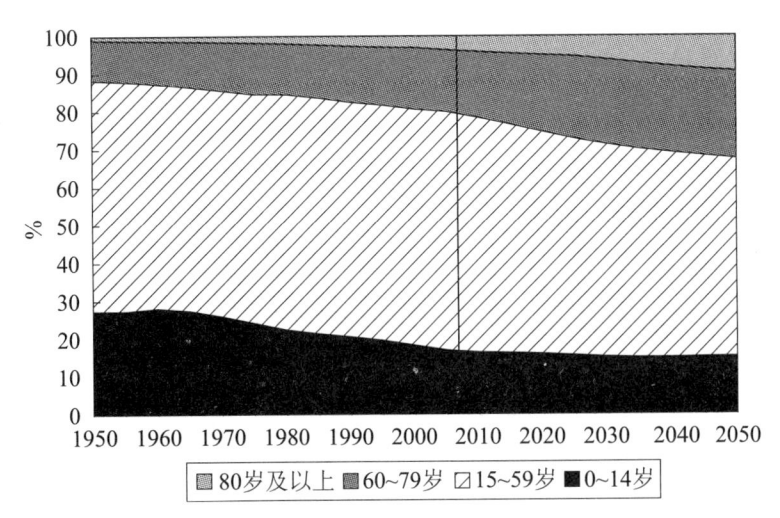

图 13.6 发达国家（地区）1950—2050 年各年龄组的人口份额

资料来源：United Nations，2006.

人口超过 60 岁。不过，到 2050 年这一比例预计将提高 1 倍以上，并且 20% 的印度人口和 30% 的中国人口将超过 60 岁——总数超过 7.6 亿人。图 13.7 为相同的数据提供了另一个视点。

各国都将经历不同程度的老龄化。表 13.3 聚焦于两类国家：那些预计在 2050 年 60 岁及以上人口比例最高的国家以及那些在 2000—2050 年间该年龄段人口份额增长百分点最高的国家（只考虑那些当前人口数量大于 200 万的国家）。

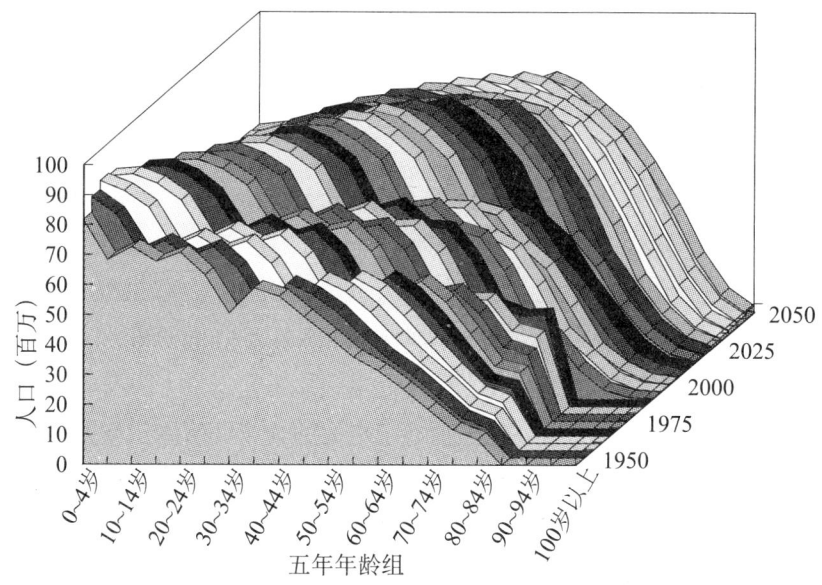

图 13.7 发达国家（地区）1950—2050 年每个五年年龄组的人口
资料来源：United Nations，2006.

图 13.8 给出了对四个发展中大国老年人口增长的预测。在它们中的三个国家，人口老龄化将是从现在起到 2050 年的主要人口趋势。

人口老龄化将伴随着人口性别比率的变化。Gerland（2005）注意到，在大多数国家，自 1980 年以来长达数十年的成年人男性和女性之间的存活率分歧有所下降，"原因是女性存活率的下降或持平以及男性存活率的上升"。出生的男性婴儿明显多于女性婴儿，但男性婴儿和成年男子的死亡率却长期高于女性同龄人。这导致了长期存在并被广泛认可的现象，即老年人中大多数为女性。在所有年龄段中更好的健康状况造成的寿命差距也在缩小。图 13.9 把联合国对 2050 年男女比率的预测和现在进行了比较。到 2050 年，在 15~59 岁之间的人口中，不管发达国家（地区）还是发展中国家（地区），男性都会略多于女性。而在老年人口中，不管发达国家（地区）还是发展中国家（地区），女性人数都将继续多于男性。

表 13.3　老年人口份额在 2000—2050 年间增长最多的国家或者在 2050 年老年人口所占份额最大的国家

老年人口所占份额最大的国家	2050 年 60 岁及以上人口所占的份额（％）	老年人口份额增长最多的国家	2000—2050 年 60 岁及以上人口增长的百分点
日本	44.0	韩国	30.7
韩国	42.2	新加坡	29.3
斯洛文尼亚	40.5	古巴	24.5
保加利亚	40.2	波兰	22.9
新加坡	39.8	科威特	22.3
波兰	39.6	斯洛伐克	22.2
古巴	39.3	阿拉伯联合酋长国	22.1
罗马尼亚	39.1	斯洛文尼亚	21.1
西班牙	39.0	中国	21.0
捷克	38.6	日本	20.7

资料来源：笔者基于联合国 2006 年数据的计算。

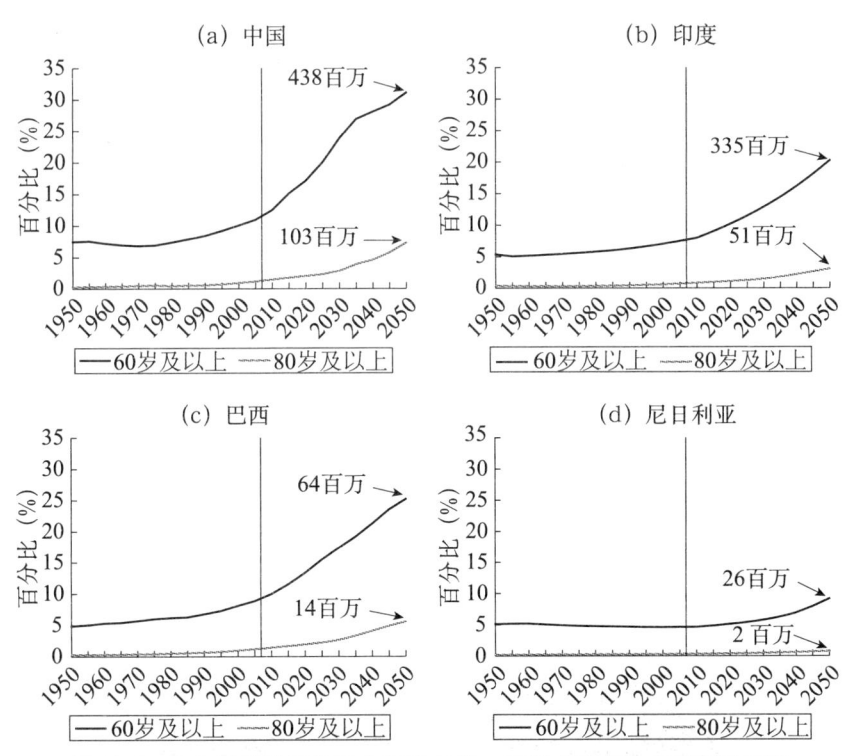

图 13.8　几个代表性的发展中国家 1950—2050 年老年人口份额的变化

资料来源：笔者基于联合国 2006 年数据的计算。

老龄化的驱动因素

过去以及未来预测的 60 岁及以上和 80 岁及以上人口占全球人口比

例的变化有三个主要的驱动因素。首先，当前年代生育率的下降减少了年轻人的数量，推高了老年人的比例。总和生育率从 1950 年每名妇女大约生育 5 名儿童下降到 2005 年的刚刚超过 2.5 名儿童。预计到 2050 年将下降到每名妇女生育 2 名儿童（United Nations，2005）。其中大部分跌幅发生在发展中国家（地区）。如图 13.10 所示，这将使发展中国家（地区）2050 年儿童占总人口的份额比 1965 年将近减少一半。

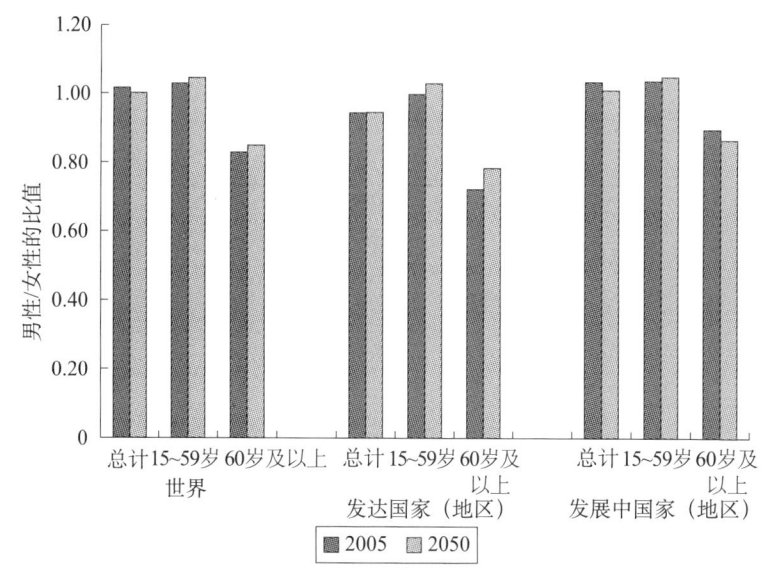

图 13.9 发达国家（地区）与发展中国家（地区）2005 年与 2050 年各年龄段的男女比率

资料来源：笔者基于联合国 2006 年数据的计算。

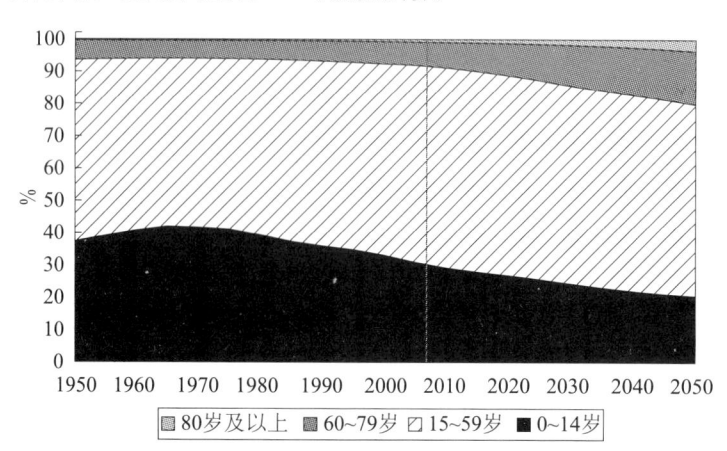

图 13.10 发展中国家（地区）1950—2050 年各年龄组的人口份额

资料来源：United Nations，2006。

其次是最近预期寿命的增长。例如，我们计算出 2000—2050 年预计五分之一 60 岁及以上人口的增长是源于这一时期预期寿命的增长。对于中国，对应的数字是七分之一。①

全球预期寿命从 1950 年的 47 岁延长到今天超过 65 岁。联合国人口司预测，到 2045 年这一数字将达到 75 岁（United Nations，2005）。无论发达国家（地区）还是发展中国家（地区）都出现了预期寿命的增长，尽管一些低收入国家（地区）和中等收入国家（地区）由于艾滋病毒/艾滋病（人类免疫缺陷病毒/获得性免疫缺陷综合征）而呈现相反趋势（见图 13.11）。由于更多的人活到 60 岁甚至更久，老年人的绝对数量将剧烈增长。另外，生育率下降也将导致老年人占人口整体的比例的急剧增长。和之前一样，图 13.12 给出了同样数据的三维视图。

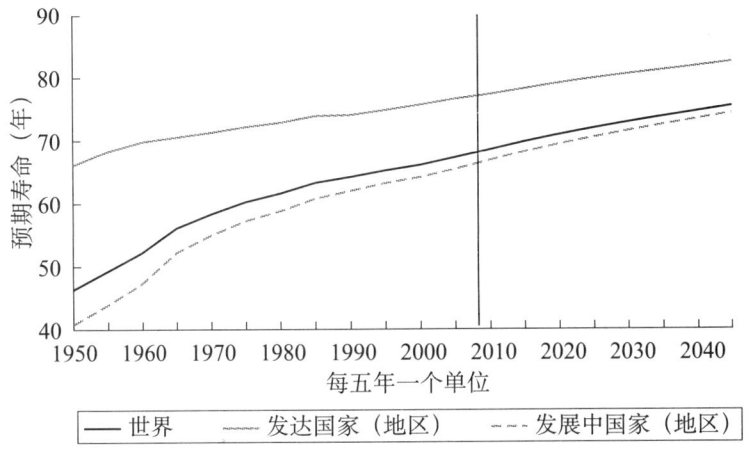

图 13.11 发达和发展中国家（地区）1950—2040 年的预期寿命
资料来源：United Nations，2006.

关于预期寿命延长是否存在限制有很多争论（Oeppen and Vaupel，2002）。有些人预测富裕工业化国家的预期寿命将在 2100 年前超过 100 岁，原因是抗衰老和医疗技术的日益普遍化和精细化以及人们的生活方式更加健康，例如通过拒绝吸烟和酗酒、改善饮食、广泛使用安全带等。其他人则不太乐观，认为预期寿命会停留在 85 岁。后一个学派认

---

① 该计算基于对 2000—2050 年印度的人口和年龄分布的比较预测，这一比较预测利用了（1）联合国人口司关于 2000 年和 2050 年总和生育率及预期寿命的假设的线性插值，以及（2）联合国人口司关于总和生育率及保持在 2000 年水平的预期寿命的假设的线性插值。类似的计算被应用于中国，只是由于软件包 DemProj 的限制，在 2035 年以后女性的预期寿命被固定为 80 岁。

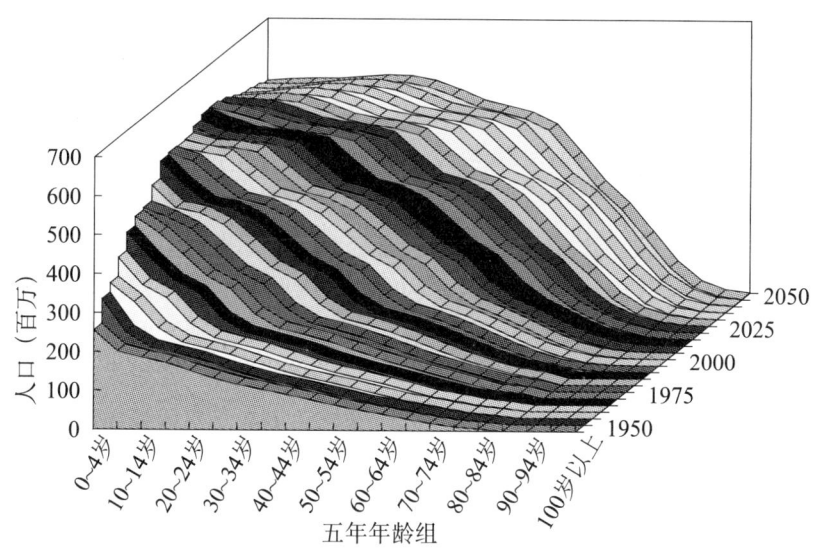

图 13.12　发展中国家（地区）1950—2050 年每个五年年龄组的人口

资料来源：United Nations，2006。

为过去预期寿命延长的主要原因是婴儿和儿童死亡率的下降，而这并不会重复发生，因而不会有助于进一步延长预期寿命。他们还提出了一些重要的新威胁，如禽流感、气候变化和肥胖，这些都将使预期寿命缩短。虽然在延长程度上存在争议，但事实上，寿命会持续延长的观点已被广泛地接受。

最后，出生率和死亡率过去的变化也会导致人口老龄化。比如，在富裕国家二战结束后出现了婴儿潮，随着这一庞大的婴儿潮群体（这一群体庞大是由于生育率的提高而非降低）超过 60 岁，这次婴儿潮现在正改变着人口结构。在一部分发展中国家也同样如此，在那里生育率随着健康状况的改善降低了儿童死亡率而短暂地提高，随着这些生育高峰出生群体的成长，老年人口正在并将持续出现剧烈增长。

政策影响

从政策角度看，世界人口老龄化带来了一些重大挑战。而且其前所未有性意味着我们不能以早期的历史事件为参考而获知这一人口结构剧变的演变以及如何最好地驾驭它。但是，对于大多数国家，人口老龄化在未来 10～20 年也不会非常明显。正如上面的数字所示，老龄化最迅速的增长尚未发生。这给予政策制定者一个机会窗口期以准备应对这一改变。国家及早采取行动对于应对未来人口结构对社会、经济和政治的影响会更加有利。

60岁及以上的人群往往有和较年轻人群不同的需求和行为。例如，老年个体倾向于更少工作和储蓄，这意味着经济体中可用的劳动力和资本会更少。他们还需要更多的医疗保健，而且在许多国家，他们收入的很大一部分要依靠社会养老金。在政治上，由于老年群体的话语权增大，一些具体的政策就会变得更加难以实行，比如削减医疗和养老金福利。在经济上，工作人群会有更大的压力，他们要为他们的长辈交税，支付长辈的医疗保健费用和退休金，但其数量相对于那些老年人将会下降。

那些80岁及以上的群体也有不同的需求。他们的健康状况一般比那些60~80岁之间的人更差，更需要全职照顾，融资需求也由于更高的护理成本以及他们需要更长的时间消耗积蓄而变得更大。由于他们的人数增加，他们对政府资源、家庭资源以及个人储蓄的需求也大为增加。

但是，老年人比例更大而使社会和经济面临无法忍受的压力并不是不可避免的。历史上预期寿命的延长总是和人均收入的增加密切相关（Preston，1975）。特定年龄段的健康状况的改变对于刻画人口老龄化现象十分重要。如果人们到了60岁、70岁却比之前的人更健康，那么保健需求就会不那么强烈，很多人将能够正常工作，并且能为经济做出贡献的时间更长（Kulish，Smith and Kent，2006）。如果他们不比之前的人更健康，那么他们将不得不忍受更多年糟糕的身体状况，因为更多年的护理成本而给社会带来负担。研究预期寿命延长是否伴随着"疾病压缩"——相对或绝对受困于慢性疾病的生命长度的缩短——主要集中在美国。大多数认为，疾病压缩确实发生了，这意味着老龄化的负担减少了（Costa，2002；Crimmins，2004；Crimmins，Saito and Ingegneri，1997；Fries，1980，1989）。那些超过60岁的人可以更有效地工作更长时间并且需要更少的公共资源。

不同国家老龄化进程的差异也将减轻负面影响。由于富裕国家的老龄化速度比贫困国家更快，前者可以从后者获得劳动力来补偿自己人口退休而产生的空缺。反过来，发展中国家的大量劳动年龄人口也很可能热衷于填补这些空缺。

因此，人口向发达国家迁移，理论上可能减缓后者的人口老龄化，缓解经济压力。但是，移民也会带来社会压力和动荡，许多富裕国家已经在劳动力需求和考虑移民的社会影响的重要性上面临艰难的权衡。

有人观察到了发达国家（地区）和发展中国家（地区）人口结构的不同以及高度互补性，并建议"移民置换"可能会同时满足双方的要求。例如，欧洲有大量老年人和少量儿童，需要劳动力，而撒哈拉以南非洲可以很容易地供应。图 13.13 分别显示了欧洲和撒哈拉以南非洲劳动适龄人口与非劳动适龄人口的比值，以及二者加总的比值。加总的劳动适龄人口与非劳动适龄人口的比值的时间路径要比两个地区单独考虑时更加平稳。

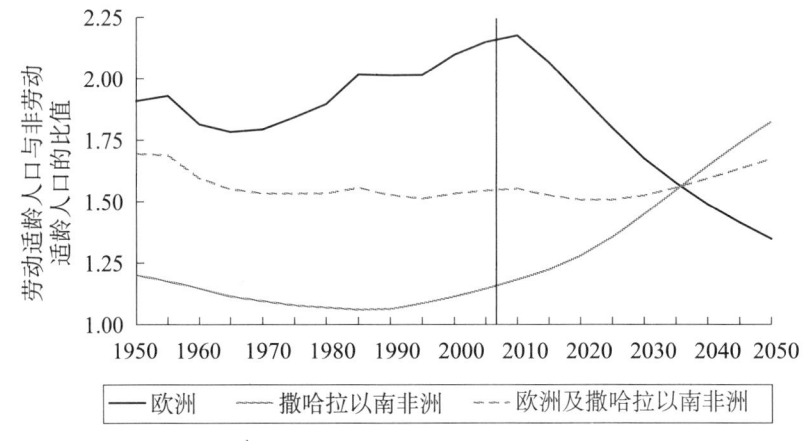

图 13.13 欧洲和撒哈拉以南非洲 1950—2050 年劳动适龄人口与非劳动适龄人口的比值

资料来源：United Nations，2004.

尽管移民置换的想法在理论上是合理的，但我们计算出，这将需要从撒哈拉以南非洲以大于目前移民水平 30 倍的数量移民，并持续 25 年，才能达到目的（Bloom，Canning and Sevilla，2002）。这是很不现实的，特别是考虑到当前非洲向欧洲移民的比例提高所带来的社会和政治上的紧张局势。于是"移民置换"的目标显得在理论上比实际更有趣。鉴于大量增加移民可以明显缓解人口老龄化对欧洲的冲击，国际移民至少提供了针对该问题的部分解决方案——附带着巨大的社会和政治成本。

增加资本流动是解决该问题的另一种方式（也就是出口就业机会，而非进口劳动力），虽然对具有物理接近性要求的服务业的需求（例如，相对于呼叫中心运营者、投资分析师和放射科医生的园丁、发型师和保安人员）会对市场缓解人口老龄化的途径施加一些限制。

在下一节，我们将进一步探讨一些上面讨论过的老龄化的影响，特别是它们对经济增长的影响。

人口老龄化对经济的影响

　　学术文献中充满了关于经济增长的决定因素的模型与展望。一些框架突出了部门迁移（即劳动力从低生产力的农业部门到高生产力的工业和服务业部门的再分配）和所有部门内生产力提升的重要性。另一些则强调技术进步、人力资本、制度和治理、宏观经济和贸易政策以及随机冲击对增长的贡献。还有一些人强调经济增长对技术进步和人力资本积累的反馈效应，这反过来又影响了经济增长。[①]

　　本章的主要前提是人口年龄结构的改变可能对经济增长产生显著影响。我们从生命周期的视角基于人们的经济需求和贡献在生命周期中不断改变的事实加以考虑。具体地说，消费与产出的比值往往在年幼及年老时较高而在劳动年龄时较低。这意味着，总劳动供给、生产力、收入和储蓄——所有关键的经济增长驱动力——趋势的改变往往取决于大多数人在生命周期中所处的位置。在这些因素中，劳动适龄人口的劳动力供给和储蓄比那些年龄在60岁及以上的人口更高已经得到了公认。于是，其他条件不变，一个拥有大量青少年和老年人的国家可能会比一个拥有高比例劳动适龄人口的国家增长得更慢。

　　这种方法的价值可以在20世纪下半期年龄结构变化对东亚经济显著增长的影响的分析中得出（Bloom and Williamson，1998）。这一地区婴儿和儿童死亡率的下降始于20世纪40年代后期。这些下降引发了随后生育率的下降——粗人口出生率从1950年的每1 000人口40人下降到1980年的每1 000人口刚刚超过20人。由于死亡率和生育率下降的滞后，创造了一个婴儿潮世代，这一群体比之前和之后的两代人都要庞大。随着这一代人达到劳动年龄，提振了储蓄率以及劳动力的规模；从1965年到1990年，劳动适龄人口每年增长2.6%，而抚养人口仅增长

---

　　① Tyers和Shi（2007）将人口统计变量（人口规模和年龄、性别、技能构成）引入世界经济的动态可计算一般均衡模型，其中劳动力参与率、消费和储蓄的年龄模式是外生确定的。他们指出，加速的人口老龄化（通过低生育率）倾向于提高拥有大量年轻人口地区的实际人均收入增长率，降低拥有大量老年人口且老年人口的劳动力参与率低的地区的实际人均收入增长率（比如西欧）。基于观点类似但人口统计变量细分程度较低的模型，McKibbin（2006）得出了相似的定性结论，更凸显了全球人口变化对贸易和资本的国际流动以及国内经济表现的影响。

了1%。Bloom 和 williamson（1998）以及 Bloom、Canning 和 Malaney（2000）估计，这种"人口红利"可以解释最多三分之一的从 1965 年到 1990 年的东亚经济奇迹。

会计影响

如果特定年龄的劳动力供给和储蓄行为是固定的，那么人均劳动力供给和储蓄——甚至收入增长——会随着老年人人口比例的不断上升而趋于下降。在此基础上考虑人口老龄化和经济增长的联系，快速老龄化有引发增长急剧放缓的可能。相关的框架成为了更危言耸听的评论家如 Peter Peterson（1999）言论的基础，他认为"全球老龄化可能引发席卷全球的经济危机（并且）甚至可能威胁到民主制度本身"。Ken Dychtwald（1999）也提出了如下观点，"我们将产生一个以自我为中心的一代，占用所有的资源"，并且美国联邦储备委员会前主席 Alan Greenspan（2003）也曾警告说，美国的老龄化"将使我们的社会保障和医疗保险计划在长期不可持续"。

为了评估老年人比例增大的潜在影响程度，我们估计老龄化对劳动力供给的纯会计影响。为此，我们采用国际劳工组织（ILO）对应联合国 2040 年年龄和性别分布展望的各年龄和性别劳动力参与率（LFPR）的估计。然后，我们把这些数字和 2000 年实际劳动力参与率进行了比较。[①] 数据库中 174 个国家（地区）的结果显示在图 13.14 和图 13.15 中，其中我们绘制了 1960 年实际劳动力参与率、2000 年实际劳动力参与率和预测的 2040 年劳动力参与率。为方便起见，我们还显示了 45°线，对应静态劳动力参与率。

图 13.14 表明，从 1960 年到 2000 年，劳动力参与率略微上升的国家（地区）比下降的国家（地区）更多，对应的是发展中国家（地区）人口结构的变迁和二战后发达国家（地区）的婴儿潮。散点图还揭示了一种人口周期，由 1960 年较高（低）的劳动力参与率趋向于 2000 年相对较低（高）的劳动力参与率。较高的劳动力参与率为经济高速增长提供了潜能。

---

① 计算结果如下。我们使用来自国际劳工组织的每个五年年龄组——14～19 岁、60～64 岁——的男性和女性劳动力参与率以及 65 岁及以上人口平均的男性和女性劳动力参与率。我们将这些数据与联合国人口统计数据相匹配，从而提供每个五年年龄组男性和女性数量的数据。每个年龄组的人数乘以劳动力参与率向我们提供了劳动人口的总数。然后，我们加总这些数字并除以 15 岁及以上的人口。对于 1960 年和 2000 年，我们使用实际的劳动力参与率。对于 2040 年，我们使用 2000 年的劳动力参与率和来自联合国《世界人口展望（2006）》（*World Population Prospects 2006*）的年龄结构预测。

然而，情况看起来和将要发生的并不相同。图 13.15 预测在特定年龄与性别劳动力参与率不变的假设下，从 2000 年到 2040 年人口的年龄分布和性别分布的变化将在更多的国家（地区）引起劳动力参与率的下降而非提高。以新加坡、中国香港和中国为例，劳动力参与率预计将从 60% 左右下降到 45%。西班牙、奥地利、德国和荷兰也被预测将发生类似的下降。

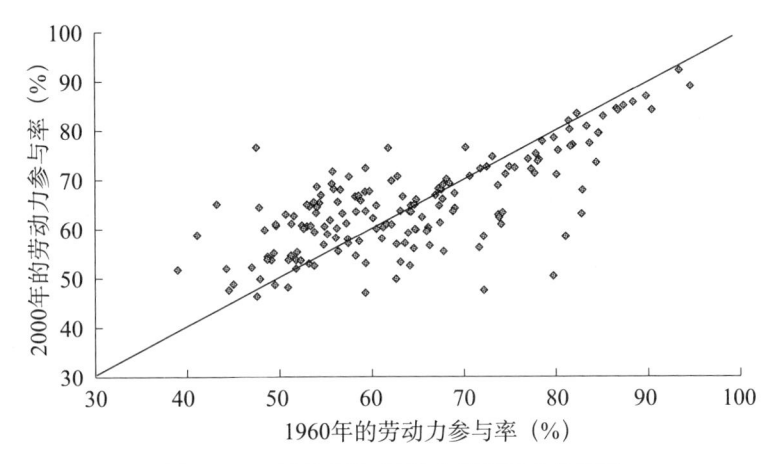

图 13.14　1960 年和 2000 年的劳动力参与率

资料来源：笔者根据联合国人口司数据的计算。

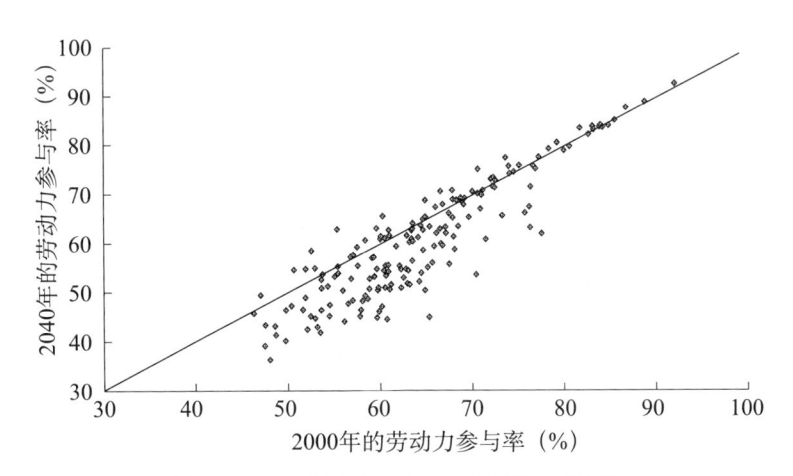

图 13.15　2000 年和 2040 年的劳动力参与率

资料来源：笔者根据联合国人口司数据的计算。

把 174 个国家（地区）作为一个整体，劳动力参与率预计将从 2000 年的 66.4% 下降到 2040 年的 62.1%（见表 13.4）。虽然这与

1960—2000年所经历的（在此期间劳动力参与率几乎没有变化——从67.4%降至66.4%）相比有所变动，但是4.3个百分点的下降还不到2000年各国劳动力参与率分布标准差（9.5%）的一半。

进一步注意人口结构的小幅变化将如何从对经济增长来说是利好变成利空，图13.16描绘了从2000年到2040年劳动力占总人口的比例（LFTP）（2040年的预测数字还是在特定年龄和性别的劳动力参与率将维持在2000年水平不变的假设下得到的）。这里引人注目的结果是对于LFTP，增加的数目要多于减少的数目。换句话说，预测的生育率下降意味着年轻人抚养比的下降将足以抵消成年人步入老年所引起的劳动力参与率的降低。把174个国家（地区）作为一个整体，从2000年到2040年计算出的LFTP预计将从46.5%上升到48.6%（见表13.4）。

表13.4　　　　　　1960年、2000年和2040年的全球劳动力

指标	1960年（实际值）	2000年（实际值）	2040年（预测值）[a]
LFPR（劳动力数量与15岁及以上人口的比值）	67.4%	66.4%	62.1%
LFTP（劳动力数量与总人口的比值）	42.4%	46.5%	48.6%

a. 2040年的预测值基于2000年的中等生育率人口设定以及特定年龄与性别的劳动力参与率，取人口加权的平均值。

资料来源：笔者根据联合国人口司数据的计算。

图13.16　2000年与2040年的人均劳动力

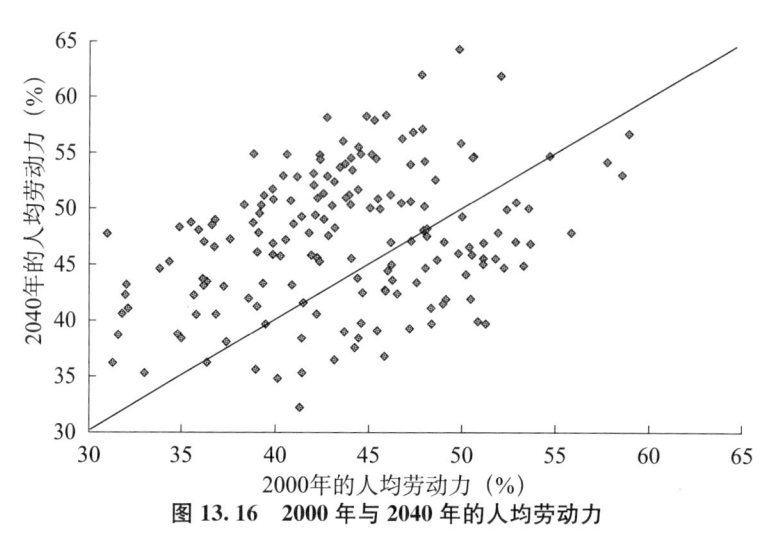

注：2040年的预测值基于2000年的中等生育率人口设定以及特定年龄与性别的劳动力参与率。
资料来源：笔者根据联合国人口司数据的计算。

图 13.17 描绘了 97 个国家（地区）1960—2000 年这一时期相对于反事实推理的人均收入年增长率的实际人均收入年增长率。反事实推理数据的构建依据是人均收入等于劳均收入乘以人均劳动力。这意味着人均收入的增长速度等于劳均收入的增长速度与人均劳动力的增长速度的加总。[①] 模拟假设 1960—2000 年劳均收入按实际速率增长，但人均劳动力增长率用 2000—2040 年的预期增长轨迹代替在 1960—2000 年实际观察到的人均劳动力增长率。因此图 13.17 提供了人口结构变化对经济增长影响的粗略预测。对比很粗略的原因有很多：它不允许人口结构变化影响劳动力供给或储蓄行为，而且不考虑任何制度或政策变化。经济合作与发展组织国家的人口老龄化速度比世界其他地方更快，用灰色显示。

图 13.17 中有两个重要的特征。首先，数据点均匀地分散在 45°线附近，这意味着年龄结构的改变在世界各地是均匀的，对经济增长影响不大。事实上，对于 97 个国家（地区）1960—2000 年的可用必要收入数据而言，在此期间的平均实际增长率为 1.9%，这与平均的反事实推理增长率相同。与 45°线偏差最大的是新加坡。它 1960—2000 年实际的平均增长率为 5%，这可在一定程度上归因于从 33% 到 51% 的 18 个百分点的人均劳动力增长。但在反事实推理计算中，新加坡的人均劳动力将下降 11 个百分点，面临一个非常悲观的假设。事实上，把 1960—2000 年这一期间作为一个整体，新加坡的人均劳动力预计将从 33% 上升到 40%，这意味着净人口对于人均收入增长的贡献在整个样本期间是一个正值。

其次，随着去掉唯一的（并不奇怪）异常土耳其，所有的代表 OECD 国家的点都位于 45°线的下方，表明人口老龄化将抑制经济增长。然而，即使是初始的 OECD 国家在 1960—2000 年的平均实际增长率为 2.8%，与反事实推理计算中的 2.1% 也差距不大。值得强调的是，反事实推理计算很可能高估了人口结构变化的实际影响，因为它并不对预计增长率和中立人口状况下的基准增长率进行比较，却对非常有利人口状况下和非常不利人口状况下的经济增长进行比较。总体来说，这个非常基本的分析表明人口老龄化并不代表世界经济的一个重大问题。相反，它至多是特定经济体的一个最温和的问题。

---

① 运用了一个对数拟合，第 t 期和第 $t+1$ 期之间的人均 GDP 增长率由 ln（人均 GDP_t）− ln（人均 GDP_{t-1}）给出。因为人均 GDP ＝ 劳均 GDP × 人均劳动力，增长是容易用 ln（劳均 GDP_t/劳均 GDP_{t-1}）＋ln（人均劳动力$_t$/人均劳动力$_{t-1}$）表示。

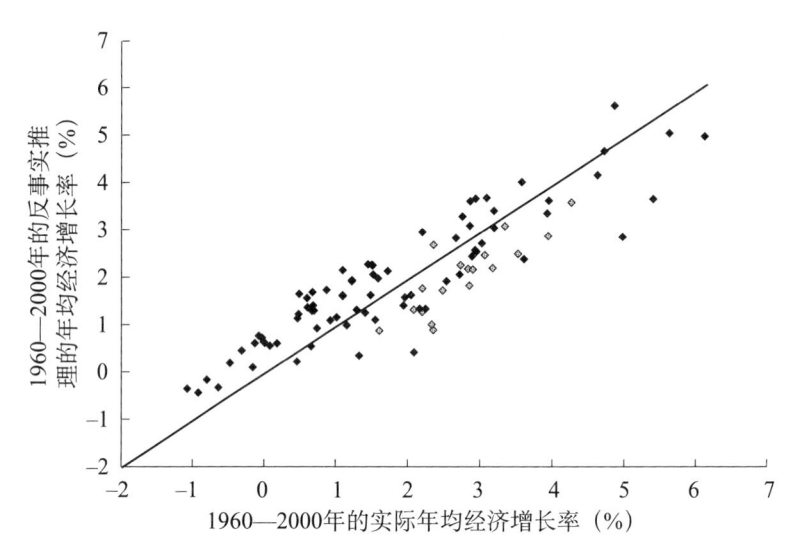

图 13.17　1960—2000 年实际与反事实推理的人均收入年增长率

注：反事实推理数据假设了 2000—2040 年的人均劳动力增长率；初始的经济合作与发展组织国家用灰色表示。

资料来源：笔者根据联合国人口司数据的计算。

行为变化的影响

但是这些计算体现的只是单纯的会计影响，假设特定年龄的行为不会改变。它们很可能代表了老龄化对劳动力供给影响幅度的上限，而且由于它们忽视了由于寿命延长而发生的行为变化，可能会产生误导。

对人口老龄化的响应行为可以表现为为退休准备更多的储蓄、更大的劳动力参与率以及劳动者迁移增加（主要是从发展中国家到发达国家）。体制灵活的国家可以利用这些行为变化缓解人口老龄化的不良后果。

个人面临着预期寿命延长的前景，而不是在 50 岁或 60 岁死亡，现在他们可以期望活到 80 多岁，有多种选择来平滑自己的财务路径。第一，他们可以依靠社会保障金，尽管这些会由于人口结构变化给政府财政施加的压力而变得岌岌可危。人口结构变化可能会使现收现付制度变得不可持续（Diamond，2002；Holzmann，2000）。

第二，他们可以工作更长的时间从而为之后的岁月积累财富。Bloom、Canning、Mansfield 和 Moore（2007）显示，在理论上对于预期寿命外生性延长的最佳反应是提高职业生涯的比例，而不提高储蓄率。在预期寿命更长并且发病率下降的环境中，人们将更有能力、高效工作更长时间而不缩短退休生活的时间。据 Kulish、Smith 和 Kent (2006) 说，他们也希望工作更长时间；澳大利亚个人调查表明，随着预期寿命的延长，人们想享受类似比例的退休时光。然而在实践中，多数国家的社会保障制度将会惩罚那些希望工作超越"退休年龄"的人。强制退休是最极端的惩罚之一，但是，Gruber 和 Wise (1998) 的研究表明，有许多其他的社会保障安排可以为退休而不是继续工作提供强烈的激励。美国大量人口在 62 岁退休（最早的可以领取社会保障给付的年龄），另一个退休高峰在 65 岁（该年龄的新退休人员有机会获得更多的给付），显示人们会对这些激励做出响应（Burtless and Moffitt, 1985）。对社会保障安排的行为响应已经被 Bloom、Canning、Fink 和 Finlay (2007a) 所证实，这表明在一个许多国家的宽泛样本中机制设定对 55 岁及以上男性劳动力的供给有很强的影响。

工作超出国家退休年龄的难度以及社会资金前景的不确定性往往意味着个人将采取第三种选择——储蓄更多来为晚年生活筹集资金。虽然理论上对于更长寿命的最优反应是工作更长时间，而不是增加储蓄，但经验结果表明，事实上人们做出决定是基于退休时期更长的假设，因而储蓄上升了。Bloom、Canning 和 Graham (2003) 发现预期寿命的延长与更高的储蓄率有关。最近的研究表明，储蓄率在有全面养老保险和退休激励的国家中随预期寿命而提高，但在有现收现付制度和高替代率的国家则不成立（Bloom，Canning，Mansfield and Moore，2007）。经济诱因引发的更多移民也有可能随着人口老龄化而增强；工作外包也有可能成为一个越来越有吸引力的选项（Blinder，2006）。

第四种选择是社会通过提高劳动力参与率来适应老龄化。生育率下降促使年龄结构更倾向于老人，因而会使更多的妇女进入劳动力市场，就像 Bloom、Canning、Fink 和 Finlay (2007b) 所指出的那样，这可能会对老年人的退休进行一些潜在的补偿。我们在表 13.5 中展示了这些影响的幅度。表 13.5 的最后一行分别显示了 2000 年只含有女性的实际 LFTP 值（第 1 列），以及总人口的实际 LFTP 值（第 2 列）。表中的上半部分显示了 2000—2040 年女性和总人口 LFTP 的预测值。像在表 13.4 中一样，假设特定年龄和性别的劳动力参与率保持在其 2000 年的水平，显示了对 2040 年 LFTP 值的估算结果。相对于表 13.4 显示的结果仅仅基于中等生育率的人口设定，我们现在将分别基于低和高生育率设定得到结果。如表 13.5 的上半部分所示，生育率急剧变化会使 2040 年的 LFTP 变化剧烈。在低生育率设定下，劳动力占总人口的比例从

2000年的0.465提高到2040年的0.509。在高生育率设定下,这一比例稍微下降至0.464。较高的生育率意味着2040年更高的未来年轻人抚养比和更低的预期LFTP。当把行为的变化考虑在内时,这种差别会更加明显。表13.5的下半部分计算了"反事实推理"的女性劳动力参与率,假设女性劳动力供给将随着生育率的变化而变化。Bloom、Canning、Fink和Finlay(2007b)估算了各年龄组劳动力供给的响应;我们利用他们的点估计,在2000年原有比率的基础上加上对生育率的修正计算出女性劳动力参与率。在低生育率设定下,这一行为响应是最大的,导致LFTP从2000年的46.5%提高至2040年的53.6%。在高生育率设定下,该影响没有那么显著,但仍意味着LFTP要相对2000年提高,而不是像不考虑行为响应时那样预期下降。

表13.5 2000年(实际)及2040年(预测)有和没有女性劳动力供给响应的LFTP值

比值与设定	人均劳动力 女性	人均劳动力 男性与女性之和	额外的年实际人均GDP增长率(百分点)
假设没有行为响应的2040年预测结果			
低生育率设定	0.384	0.509	0.23
中等生育率设定	0.369	0.486	0.11
高生育率设定	0.354	0.464	−0.01
假设存在行为响应的2040年预测结果			
低生育率设定	0.437	0.536	0.36
中等生育率设定	0.401	0.502	0.19
高生育率设定	0.368	0.471	0.03
实际比值(2000年)	0.373	0.465	

注:基于174个国家(地区)的数据,所有平均值都是人口加权的平均值。
资料来源:United Nations,2006;国际劳工组织的劳动力统计(http://laborsta.ilo.org/);笔者的计算。

LFTP改变对增长的潜在影响相对较小。根据每个工人的产出保持不变的假设(或不受LFTP影响),按照最乐观的低生育率设定下的行为响应预测,LFTP从46.5%提高至53.6%导致整个时期的年实际人均GDP增长0.36个百分点。在高生育率设定下,这些影响接近于零。对于OECD国家,预期的增长效果稍微为负值,就像表13.6所总结的那样。

由于生育率在所有设定下都预计保持在较低水平,行为响应几乎不会使总人口的劳动力参与率发生变化。然而,即使在最悲观的高生育率设定下,年实际收入增长下降的预计也只是一个相对适度的0.39个百分点。

表 13.6　2000 年（实际）及 2040 年（预测）OECD 国家有和没有女性劳动力供给响应的 LFTP 值

比值与设定	人均劳动力 女性	人均劳动力 男性与女性之和	额外的年实际人均 GDP 增长率（百分点）
假设没有行为响应的 2040 年预测结果			
低生育率设定	0.375	0.448	−0.19
中等生育率设定	0.368	0.436	−0.26
高生育率设定	0.360	0.424	−0.33
假设存在行为响应的 2040 年预测结果			
低生育率设定	0.385	0.453	−0.17
中等生育率设定	0.363	0.433	−0.27
高生育率设定	0.341	0.414	−0.39
实际比值（2000 年）	0.411	0.484	

注：基于当前 30 个 OECD 国家的数据，所有平均值都是国家加权的平均值。

资料来源：United Nations，2006；国际劳工组织的劳动力统计（http：//laborsta.ilo.org/）；笔者的计算。

总结与讨论

对于 20 世纪的大部分时间，主要问题是死亡率降低以及持续的高生育率引起的人口数量的极速增长。高人口密度和高人口增长速度负面影响的预测似乎并没有得到证实。回顾许多关于人口增长的贫困化影响的预测，它们似乎都过于危言耸听了。例如，1960—1999 年间，全球人口翻了一倍，从 30 亿上升至 60 亿，但人均收入变成了以前的三倍，坚决地反驳了从 Malthus 到 Ehrlich 的人口悲观者的预言。①

在 1986 年美国国家科学院人口增长报告发表之后，反对杞人忧天的思想主宰了经济学家关于人口的思考（Kelley，2001）。对于人口快速增长带来的问题，该报告认为，市场机制和非市场机构通常有足够的

---

① 根据 Malthus 在 1800 年左右当世界人口第一次冲过十亿大关时所写的，"人口增长看来……与社会存在的可能性是决然冲突的，它的所有成员应该生活在轻松、快乐和相对休闲中；感觉不到为自己和家人提供生计的焦虑"（Malthus，1798）。同样，Paul Ehrlich 在 20 世纪 60 年代后期也断言，"战斗已经结束。在 20 世纪 70 年代将会有上百万人饿死"（Ehrlich，1968）。根据佩恩表（6.2 版），2000 年全球人均 GDP 为 7 565 美元（按 2000 年购买力平价计算），而在 1960 年只有 2 495 美元。这意味着，在 1960—2000 年期间全球人均 GDP 增加了 202%（即三倍），而相同时间总人口增长了一倍。这相当于以年均 2.8% 的比率增长。

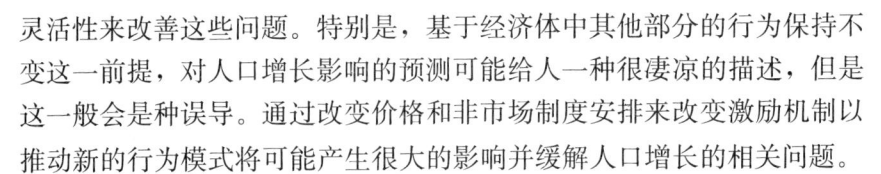

灵活性来改善这些问题。特别是，基于经济体中其他部分的行为保持不变这一前提，对人口增长影响的预测可能给人一种很凄凉的描述，但是这一般会是种误导。通过改变价格和非市场制度安排来改变激励机制以推动新的行为模式将可能产生很大的影响并缓解人口增长的相关问题。

人口辩论主要集中在人口数量上，却很大程度忽视了年龄结构变化的问题。生育率上升引起的人口增长与死亡率下降造成的人口增长很可能有完全不同的经济后果，因为它们对年龄结构的影响不同。我们在本章对这些后果进行了探讨。但是，重要的是记住那些早期的讨论带来的教训。基于会计影响——特别是基于随着年龄结构的变化特定年龄的行为保持不变的假设——的分析可能会造成误导。当这类分析预测福利大幅削减时，我们尤其应该怀疑，因为这些情况会产生改变行为的激励。

这个道理也适用于持续改善健康和降低死亡率使人活到老年以及婴儿潮一代的老龄化对经济增长的影响。国家如何应对人口老龄化的挑战将在很大程度上取决于其市场的灵活性以及制度与政策的适合程度。

上一节探讨了人口老龄化对经济增长的影响。探究的关键前提是劳动力供给、生产力和储蓄在整个生命周期的变动。这意味着，人口年龄结构可能间接地影响按人均收入衡量的经济表现。规模庞大的幼年和老年群组可能会减缓经济增长的步伐，而规模庞大的劳动适龄群组可能会加快经济增长的步伐。然而，除了这些会计影响（假设特定年龄的行为保持不变，我们可以简单地计算年龄结构变化所带来的后果），还有行为影响。例如，延长人口寿命——老龄化的关键驱动力——可以改变生命周期行为，从而导致较长年限的工作或为退休更多地储蓄。

一种观点认为，发达国家人口老龄化可能有一个很大的影响，主要通过伴随劳动适龄人群份额的减少而出现的人均劳动力供给的下降，降低了人均收入。然而，即使出现这种情况，由于五大因素，它可能也不会像最初出现时那么有害。

第一，如前一节所述，对于大多数国家而言，粗估的人口老龄化对劳动力参与率的影响程度以及随之而来的劳动力参与率变化对经济增长的影响程度都是适度规模的。

第二，人均收入不是福利的衡量标准。Nordhaus（2003）估计，在20世纪寿命的延长对美国福利的贡献大致与消费水平的提高相当。更长的预期寿命导致的老龄化可以被认为是通过扩大居民的终身预算集直接改善了福利。即使不断延长的寿命预期会导致每个阶段消费水平的降低，仍然难以认定寿命延长对福利的净效应将会是负的。

第三，福利依赖于消费而不是收入。通常家庭收入在退休时下降，但消费可能仍然保持相对较高的水平。由此可见，我们有两个群体，各自在相同的寿命都享有相同的消费流，但具有较大规模的老年人群组的人均收入将会较低。对于这个人群来说，人均收入将随着年龄结构的变化而变化，但生命周期的总福利将会相等。因此，老龄化引起人均收入的下滑不一定预示着福利也相应下跌。

第四，人均收入的下降对福利的影响可能没那么糟糕，而且没有明确显示出，人口老龄化就一定会导致人均收入的下降。美国过去两个世纪人口预期寿命的延长一直伴随着特定年龄疾病、残疾和发病率水平的下降（Costa，1998a，1998b；Fogel，1994，1997）。Mathers 等（2001）表明，健康修正引起的预期寿命（每个人一生年健康状况的测量加权）延长大约与整个国家的预期寿命变化相对应。其他研究——大多针对美国和其他富裕的工业化国家——表明随着预期寿命的延长，发病率既是相对地也是绝对地很多年连续降低了。对更长的健康寿命的期望将会引发工作时间的延长或更多的储蓄（也就是消费更少）。如果他们的工作时间更长，他们可以维持较高的消费水平却只需要按和以前一样的比例为老年而储蓄。如果他们决定享受额外的闲暇并且和以前一样在同一年龄退休，那么他们终生都会维持较低的消费水平并且需要在工作时进行较高比例的储蓄。Bloom、Canning 和 Graham（2003）以及Bloom、Canning 和 Moore（2004）在理论上探讨过这个问题并且提出当健康改善和寿命延长时，最佳对策是较长时间地工作，而非更高比例地储蓄。① 把工作生涯延长的程度和更长的寿命对应起来，收入水平就不会降低。事实上，人均收入和人均消费都能保持高位。特定年龄的劳动力参与率固定的假设假定习惯不会改变，事实上，可能会出现这样的

---

① 提前退休的趋势是通过收入效应解释的，人们希望随着收入的增加有更多的闲暇时间。

变化。

第五，老年人的"依赖性"是一种用词不当。Lee（2000）表明，在所有他能够掌握资料的前工业化社会，收入转移都是从中年人流向老年人和年轻人。在发达国家，无论是年轻人还是老年人都受益于政府的转移支付，并且净转移给老年人。然而，在美国的家庭中，老年人家庭显著转移给中年人家庭，这在一定程度上抵消了政府政策的作用。老年人依赖性造成的负担是适当的福利制度系统的一个函数而不是保持一个永恒不变的状态。[①]

人口老龄化对经济增长影响的分析是一个全新的领域。当前人口变化的规模和性质是前所未有的，所以过去的经验并不能提供参考。因此，人口学家和经济学家需要借助模型来解释。

由于人口老龄化导致劳动力供给减少，引起工资上涨，同时考虑到不同国家处于人口周期的不同阶段，很可能将会刺激国际移民流动。这种流动将会平滑年龄分布，因为劳动适龄人口将在国际移民中占很大比例。然而，根据历史经验判断，在广泛的针对移民的制度和社会限制背景下，平滑年龄分布所需的移民规模过于庞大，因而不可能成为一个有效应对人口老龄化的手段。虽然移民本身受益很大，但对于接收国来说，移民将导致经济净收益还是净损失目前尚不确定。Lee 和 Miller（2000）发现 21 世纪移民只对美国产生极少量的净财政影响。

政策的重要性

政策环境是老龄化对经济增长影响的决定性因素。比起人口结构变化本身的问题，人口老龄化问题更多的是政策和机构僵化及过时的问题。面对人口老龄化，需要政策来激励个人调整自身的行为。

其中被最常建议的政策变化是改变退休激励机制，使人们能够达成他们延长工作年限的愿望，以应对更长寿命的期望。更灵活的养老保险安排与法定退休年龄推迟相结合将鼓励劳动者更长时间地工作。通过法律和文化上的努力来阻止雇主进行年龄歧视可能也是必需的。终身教育

---

① Mason 等（2006）提出并探讨了"全国转移账户"的方法以帮助理解代际转移的程度与效果。

计划可以协助这些努力，帮助人们以使他们的技能和知识适应不断变化的经济需求。

投资改善那些60岁及以上的人的健康状况是一个进一步的政策选项。这不仅可以减轻保健和社会保障体系的负担，而且通过把疾病压缩到生命的更晚期使人们可以工作更长时间。尽管老年人依赖性的增加可能会增加医疗费用（Gray，2005），但Zweifel、Felder和Meiers（1999）表明，医疗费用会集中出现在生命的最后几年而与年龄无关，因此人口老龄化推迟而不是增加了成本。除了缓解财政紧张，疾病压缩也使老年人得以向经济体继续贡献自己的专长和知识。

政策还应该鼓励提高劳动力参与率。反对性别歧视的法律有助于使许多富裕国家的女性进入职场；老龄化的中等收入国家和低收入国家也可能会从类似的措施中受益。工资的上行压力也可能会提高女性的劳动力参与率，这可以与为有能力的母亲兼顾工作和家庭提供便利的政策——如国家资助的托儿服务及更灵活的工作时间——相互补充。后者当然也会刺激生育儿童，从而对年龄结构产生长期影响。

移民问题也很重要；老龄化的发达国家的政策制定者还没有在增加吸纳来自发展中国家的移民上取得成功，但是人口结构失衡意味着雇佣需求很可能在未来几十年变得更加强烈。对那些在此过程中受损的人提供补偿（比如移民接收国的低技术工人）可能有助于使开放移民政策更加灵活。

另外一个重要的政策考虑是解决现收现付健康和养老金制度中的代际转移所造成的资金缺口（Poterba，2004）。在一个老龄化社会，这意味着少量的劳动适龄人口将对大量的老年人进行转移支付。但是，即使在现收现付制度中，老年人对年轻世代转移支付的依赖也不是不可避免的。调整保费及收益或者向完全积累制以及个人账户系统过渡，由此个体至少能够有效地从他们工作时进行的投资中获取部分养老金，有助于减少老年人的"依赖性"。完全积累制意味着继续受到雇用的老年劳动者可以在他们最终退休时获得更大一笔收益。选择该制度需要强有力的机制，既可以吸引足够的储蓄，又可以进行安全且高回报的投资。有些人担心，增加储蓄需要脱离现收现付制度，这意味着稀缺的投资机会和回报的下降。尽管 Poterba（2004）发现，历史上人口结构对实际收益率的影响很小，但 Turner（2006）仍为这个讨论提供了一些重要的注意事项：（1）较高的储蓄率将会导致较低的投资回报；（2）当新世代规模较小时，现收现付和完全积累养老金制度都将面临资产价格的下降，所以后者并不能解决养老保险系统的困境；（3）完全积累制依赖于全球资本市场的表现，而不只限于任何特定国家资本市场的表现。他的结论是完全积累制不一定会为人口结构的变化提供一个完美的答案，而且现收现付制度可以通过调整以实现"许多完全积累制被认为具有的优势"。Heller（2003）强调，事实上各国政府已经做出的历史上前所未有的向老年人提供财政支持的承诺将成为这一领域未来政策制定的主要限制因素。[①]

不确定的未来

当然，基于未来人口预测进行决策时，谦虚是必要的。不确定性仍然是相当大的。例如人口预测不会一成不变。生育行为或健康冲击改变的可能性会使年轻人和老年人之间的平衡以不可预见的方式变化。如前面所讨论的，人口规模和结构的预测可以在很短时期内显著改变。长寿的预测被激烈讨论，也并没有定论。饮食和生活方式的发展趋势以及医疗和公共卫生的进步可以结合起来延长或缩短未来的预期寿命。科技将发挥至关重要的作用。如今发病率下降的部分原因是新的健康科技的推动，但目前尚不能确定未来科技进步将继续、减弱还是加速，以及它会带来什么样的成本影响。趋势比如肥胖的"流行"可能会抑制科技的积极影响。世界卫生组织预计，到 2025 年将会有 3 亿人肥胖，而肥胖患病率上升对健康的影响可以逆转一些国家预期寿命的延长（Visscher and Seidell, 2001）。非健康相关的事项如气候变化或者战争也会对寿命产生不可预知的影响。

目前尚不清楚老龄化的经济影响在各个国家间是否均匀。在发达国家，更长的寿命一直伴随着从家庭到国家对老年人扶持的增加。在许多

[①] Auerbach、Kotlikoff 和 Leibfritz（1999）讨论了使用世代核算方法研究这些问题以及更宽泛的代际转移问题。Barr 和 Diamond（2006）系统地探讨了许多关于养老金及其分配效应、储蓄、经济增长领域的问题与争议。

发展中国家，家庭仍然是照顾老人的主体；随着寿命变长，家庭结构可能会遭到破坏，导致向公共转移支付系统和储蓄转变，就像世界上的富裕地区所发生的那样。

虽然借鉴过去可能无法预知老龄化的未来，但我们知道，在过去的世纪中一些国家很好地应对了以人口增长为代表的主要人口结构变化。世界经济已经具备了吸收人口数量的急剧增长和从中获益的灵活性。如果今天的政策制定者迅速采取行动，为老龄化的影响做好准备，那么下一个主要变化造成的困难可能比许多人所恐惧的要小得多。

参考文献

Auerbach, Alan J., Laurence J. Kotlikoff, and Willi Leibfritz, eds. 1999. *Generational Accounting around the World*. NBER Books. Cambridge, MA: National Bureau of Economic Research.

Barr, Nicholas, and Peter A. Diamond. 2006. "The Economics of Pensions." *Oxford Review of Economic Policy* 22 (1): 15–39.

Blinder, Alan S. 2006. "Offshoring: The Next Industrial Revolution?" *Foreign Affairs* 85 (March-April): 113–128.

Bloom, David E., David Canning, Guenther Fink, and Jocelyn Finlay. 2007a. "Demographic Change, Institutional Settings, and Labor Supply." PGDA Working Paper 42. Harvard University, Cambridge, MA.

———. 2007b. "Fertility and Female Labor Force Participation." NBER Working Paper 13583. National Bureau of Economic Research, Cambridge, MA. www.nber.org/papers/w13583.

Bloom, David E., David Canning, and Bryan Graham. 2003. "Longevity and Life-Cycle Savings." *Scandinavian Journal of Economics* 105 (3): 319–338.

Bloom, David E., David Canning, and Pia Malaney. 2000. "Demographic Change and Economic Growth in Asia." *Population and Development Review* 26 (supplement): 257–290.

Bloom, David E., David Canning, Richard Mansfield, and Michael Moore. 2007. "Demographic Change, Social Security Systems, and Savings." *Journal of Monetary Economics* 54 (1): 92–114.

Bloom, David E., David Canning, and Michael Moore. 2004. "The Effects of Improvements in Health and Longevity on Optimal Retirement and Saving." NBER Working Paper 10919. National Bureau of Economic Research, Cambridge, MA.

Bloom, David E., David Canning, and Jaypee Sevilla. 2002. "The Demographic Dividend: A New Perspective on the Economic Consequences of Population Change." Paper 8808. Rand Corporation, Santa Monica, CA.

Bloom, David E., and Jeffrey G. Williamson. 1998. "Demographic Transitions and Economic Miracles in Emerging Asia." *World Bank Economic Review* 12 (3): 419–455.

Burtless, Gary, and Robert A. Moffitt. 1985. "The Effect of Social Security Benefits on the Labor Supply of the Aged." In *Retirement and Economic Behavior,* ed. Henry J. Aaron and Gary Burtless. Washington, DC: Brookings Institution Press.

Costa, Dora L. 1998a. *The Evolution of Retirement: An American Economic History, 1880–1990.* National Bureau of Economic Research Series on Long-Term Factors in Economic Development. Chicago: University of Chicago Press.

———. 1998b. "Unequal at Birth: A Long-Term Comparison of Income and Birth Weight." *Journal of Economic History* 58 (4): 987–1009.

———. 2002. "Changing Chronic Disease Rates and Long-Term Declines in Functional Limitation among Older Men." *Demography* 39 (1): 119–137.

Crimmins, Eileen M. 2004. "Trends in the Health of the Elderly." *Annual Review of Public Health* 25 (1): 79–98.

Crimmins, Eileen, Yasuhiko Saito, and Dominique Ingegneri. 1997. "Trends in Disability-Free Life Expectancy in the United States, 1970—1990." *Population and Development Review* 23 (3): 555–572.

Diamond, Peter. 2002. *Social Security Reform.* New York: Oxford University Press.

Dychtwald, Ken. 1999. "Ken Dychtwald on the Future." *San Francisco Chronicle,* November 15. http://sfgate.com/cgi-bin/article.cgi?file=/gate/archive/1999/11/15/dychtwaldtalk.DTL.

Ehrlich, Paul. 1968. *The Population Bomb.* New York: Ballantine Books.

Fogel, Robert W. 1994. "Economic Growth, Population Theory, and Physiology: The Bearing of Long-Term Processes on the Making of Economic Policy." *American Economic Review* 84 (3): 369–395.

———. 1997. "New Findings on Secular Trends in Nutrition and Mortality: Some Implications for Population Theory." In *Handbook of Population and Family Economics,* Vol. 1A, ed. Mark Rosenzweig and Oded Stark. Amsterdam: Elsevier.

Fries, James. 1980. "Aging, Natural Death, and the Compression of Morbidity." *New England Journal of Medicine* 303 (3): 130–135.

———. 1989. "The Compression of Morbidity: Near or Far?" *Milbank Quarterly* 67 (2): 208–232.

Gerland, Patrick. 2005. "From Divergence to Convergence in Sex Differentials in

第 13 章 人口老龄化与经济增长

Adult Mortality in Developed Countries." Poster #11—Session 1: Aging, Life Course, Health, Mortality, and Health Care. Population Association of America, Philadelphia, PA. March 31.

Gray, Alastair. 2005. "Population Ageing and Health Care Expenditure." *Ageing Horizons* 2: 15–20.

Greenspan, Alan. 2003. "Aging Global Population." Testimony before the Special Committee on Aging, U.S. Senate, Washington, DC. February 27.

Gruber, Jonathan, and David Wise. 1998. "Social Security and Retirement: An International Comparison." *American Economic Review* 88 (2): 158–163.

Heller, Peter S. 2003. *Who Will Pay? Coping with Aging Societies, Climate Change, and Other Long-Term Fiscal Challenges.* Washington, DC: International Monetary Fund.

Holzmann, Robert. 2000. "The World Bank Approach to Pension Reform." *International Social Security Review* 53 (1): 11–34.

Kelley, Allen C. 2001. "The Population Debate in Historical Perspective: Revisionism Revised." In *Population Matters: Demographic Change, Economic Growth, and Poverty in the Developing World,* ed. Nancy Birdsall, Allen C. Kelley, and Steven W. Sinding, 24–54. New York: Oxford University Press.

Kulish, Mariano, Kathryn Smith, and Christopher Kent. 2006. "Ageing, Retirement, and Savings: A General-Equilibrium Analysis." Research Discussion Paper 2006-06. Reserve Bank of Australia, Sydney, Australia.

Lee, Ronald. 2000. "A Cross-Cultural Perspective on Intergenerational Transfers and the Economic Life Cycle." In *Sharing the Wealth: Demographic Change and Economic Transfers between Generations,* ed. Andrew Mason and Georges Tapinos, 17–56. New York: Oxford University Press.

Lee, Ronald, and Timothy Miller. 2000. "Immigration, Social Security, and Broader Fiscal Impacts." *American Economic Review* 90 (2): 350–354.

Lutz, Wolfgang, Warren Sanderson, and Sergei Scherbov. 2008. "The Coming Acceleration of Global Population Ageing." *Nature* 451 (January 20): 716–719.

Malthus, Thomas R. 1798. *An Essay on the Principle of Population as It Affects the Future Improvement of Society, with Remarks on the Speculations of Mr. Godwin, M. Condorcet, and Other Writers.* London: J. Johnson.

Mason, Andrew, Ronald Lee, An-Chi Tung, Mun-Sim Lai, and Tim Miller. 2006. "Population Aging and Intergenerational Transfers: Introducing Age into National Accounts." NBER Working Paper 12770. National Bureau of Economic Research, Cambridge, MA. www.nber.org/papers/w12770.

Mathers, Colin D., and others. 2001. "Healthy Life Expectancy in 191 Countries, 1999." *Lancet* 357 (9269): 1685–1691.

McKibbin, Warwick J. 2006. "The Global Macroeconomic Consequences of a Demographic Transition." CAMA Working Paper 6/2006. Australian

National University, Centre for Applied Macroeconomic Analysis, Canberra, Australia. http://cama.anu.edu.au/Working%20Papers/Papers/2006/McKibbin_62006.pdf.

Nordhaus, William. 2003. "The Health of Nations: The Contribution of Improved Health to Living Standards." In *Measuring the Gains from Medical Research: An Economic Approach*, ed. Kevin H. Murphy and Robert H. Topel. Chicago: University of Chicago Press.

Oeppen, Jim, and James W. Vaupel. 2002. "Broken Limits to Life Expectancy." *Science* 296 (5570): 1029–1031.

Peterson, Peter G. 1999. "Gray Dawn: The Global Aging Crisis." *Foreign Affairs* 78 (January-February): 42–56.

Poterba, James. 2004. "The Impact of Population Aging on Financial Markets." In *Symposium Proceedings, Global Demographic Change: Economic Impacts and Policy Challenges*. Federal Reserve Bank of Kansas City, Jackson Hole, WY. August 26–28. www.kc.frb.org/ Publicat/sympos/2004/sym04prg.htm.

Preston, Samuel H. 1975. "The Changing Relation between Mortality and Level of Economic Development." *Population Studies* 29 (2): 231–248.

Turner, Adair. 2006. "Pension Challenges in an Aging World." *Finance and Development* 43 (3): 36–39.

Tyers, Rod, and Qun Shi. 2007. "Global Demographic Change, Policy Responses, and Their Economic Implications." *World Economy* 30 (4): 537–566.

United Nations. 1994–2006. *World Population Prospects*. New York: UN Population Division.

Visscher, Tommy L., and Jacob C. Seidell. 2001. "The Public Health Impact of Obesity." *Annual Review of Public Health* 22 (May): 355–375.

Zweifel Peter, Stefan Felder, and Markus Meiers. 1999. "Ageing of Population and Health Care Expenditure: A Red Herring?" *Health Economics* 8 (6): 485–496.

译后记

本书编者迈克尔·斯彭斯1943年生于美国新泽西州，为美国斯坦福大学商学院研究生院前任院长和现任名誉院长。迈克尔·斯彭斯最重要的研究成果是市场中具有信息优势的个体为了避免与逆向选择相关的一些问题发生，如何能够将其信息"信号"可信地传递给在信息上具有劣势的个体。2001年，他因在不对称信息市场分析方面所做出的开创性研究而和乔治·阿克洛夫、约瑟夫·斯蒂格利茨共同获得诺贝尔经济学奖。许多市场都有信息不对称的特性，因而表现出特定的市场规律和现象。他们在此领域的研究构成了现代信息经济学的核心。迈克尔·斯彭斯的主要论文和著作包括：《劳动力市场中的信号问题》（Job Market Signaling）、《市场信号：雇佣及相关筛选程序的信息传递》（Market Signaling: Informational Transfer in Hiring and Related Screening Processes）及《下一次融合：一个多速世界的未来经济增长》（The Next Convergence: The Future of Economic Growth in a Multispeed World）。

本书《全球化与增长：后危机时代的含义》是编者在2008年国际金融危机后主编的又一部著作。本书第1部分——全球金融危机：原因、缓解和改革，详细介绍了导致当前危机的事件和行为。第2部分——如何促进实际增长，考察了新兴和发展中市场经济体（EDMEs）的未来方向，提出了面临的具体问题和政策选择，以及推动经济实现实质性增长的途径。第3部分——增长的长期挑战，探索了气候变化、人口及新兴和发展中市场经济体增长的含义等问题。作为结论，本书试图围绕金融危机对新兴和发展中市场经济体增长模式的影响以及应对未来经济增长的挑战的新思路和新方法，对当前的争论提出一个总体看法。衰退的规模和范围毫无疑问会使危机前后的经济环境大不相同。尽管增长与发展委员会并不寻求对未来的经济前景做出具体的预测，但是本书的目的是在当前的辩论中，对未来可能面临的经济前景以及发展中国家如何积极适应提出一些有益的观点。

本书编者迈克尔·斯彭斯非常关注中国当前面临的经济问题，并且针对中国的改革提出了一些有益的见解。2013年6月7日，迈克尔·斯彭斯在《环球时报》上发表文章《单纯城镇化不是经济增长》。他肯定了中国领导人强调的"新型城镇化是以人为核心的城镇化"的正确性，提出了"单纯的城镇化不是经济长期可持续发展的药方，需要有其他结构调整和政策变革的配套推进"。2016年3月19日，迈克尔·斯彭斯在"中国发展高层论坛"上表示，中国金融体系的改革是必需的。此外，在谈到供给侧改革的问题时，迈克尔·斯彭斯提出了需求侧和供给侧都需要进行政策改革，因为这两者是互相联系的，否则不会产生太大的影响和成果。

本书由中国人民大学出版社经济分社在中国境内首次引进并翻译发行，译著的出版得到了译者的工作单位吉林财经大学的资助，得到了吉林省教育厅"十二五"社会科学研究项目"人民币区域化与长吉图先导区经济发展互动关系研究"（2015第360号）的资助（本译著为该项目的阶段性成果），此处一并表示由衷的感谢！另外，还要由衷地感谢中国人民大学出版社经济分社的王晗霞、王素克编辑给予的热诚帮助。

刘学梅

Globalization and Growth: Implications for a Post-Crisis World

Edited by Michael Spence and Danny Leipziger

Copyright © 2010 by International Bank for Reconstruction and Development/The World Bank

This work was originally published by The World Bank in English as GLOBALIZATION AND GROWTH: IMPLICATIONS FOR A POST-CRISIS WORLD in 2010. This Chinese translation was arranged by CHINA RENMIN UNIVERSITY PRESS. CHINA RENMIN UNIVERSITY PRESS is responsible for the quality of the translation. In case of any discrepancies, the original language will govern.

The findings, interpretations, and conclusions expressed in this work do not necessarily reflect the views of The World Bank, its Board of Executive Directors, or the governments they represent.

The World Bank does not guarantee the accuracy of the data included in this work. The boundaries, colors, denominations, and other information shown on any map in this work do not imply any judgment on the part of The World Bank concerning the legal status of any territory or the endorsement or acceptance of such boundaries.

© 2010年，版权所有

国际复兴开发银行/世界银行

本书原版由世界银行于2010年以英文出版，书名为《全球化与增长：后危机时代的含义》。中文版由中国人民大学出版社安排翻译并对译文的质量负责。中文版与英文版在内容上如有任何差异，以英文版为准。

本书所阐述的任何研究成果、诠释和结论未必反映世界银行、其执行董事会及其所代表的政府的观点。

世界银行不保证本书所包含的数据的准确性。本书所附地图的疆界、颜色、名称及其他信息，并不代表世界银行对任何领土的法律地位的判断，也不意味着对这些疆界的认可或接受。

All Rights Reserved.

图书在版编目（CIP）数据

全球化与增长：后危机时代的含义/（美）斯彭斯，（　）莱普泽格编；刘学梅译．—北京：中国人民大学出版社，2016.7
（诺贝尔经济学奖获得者丛书）
书名原文：Globalization and Growth：Implications for a Post-Crisis World
ISBN 978-7-300-22899-0

Ⅰ.①全… Ⅱ.①斯…②莱…③刘… Ⅲ.①世界经济-经济发展-研究 Ⅳ.①F113.4

中国版本图书馆 CIP 数据核字（2016）第 108092 号

"十三五"国家重点出版物出版规划项目
诺贝尔经济学奖获得者丛书
全球化与增长：后危机时代的含义
迈克尔·斯彭斯
丹尼·莱普泽格　编
刘学梅　译
Quanqiuhua yu Zengzhang：Houweiji Shidai de Hanyi

出版发行	中国人民大学出版社			
社　　址	北京中关村大街 31 号		邮政编码	100080
电　　话	010-62511242（总编室）		010-62511770（质管部）
	010-82501766（邮购部）		010-62514148（门市部）
	010-62515195（发行公司）		010-62515275（盗版举报）
网　　址	http://www.crup.com.cn			
	http://www.ttrnet.com（人大教研网）			
经　　销	新华书店			
印　　刷	北京宏伟双华印刷有限公司			
规　　格	160 mm×235 mm　16 开本		版　次	2016 年 7 月第 1 版
印　　张	21.75 插页 1		印　次	2018 年 1 月第 2 次印刷
字　　数	360 000		定　价	59.00 元

版权所有　侵权必究　　印装差错　负责调换